NF

リーマン・ショック・コンフィデンシャル

追いつめられた金融エリートたち

〔上〕

アンドリュー・ロス・ソーキン

加賀山卓朗訳

HAYAKAWA NONFICTION

早川書房

7330

TOO BIG TO FAIL

The Inside Story of How Wall Street and Washington Fought to Save the Financial System—and Themselves

by

Andrew Ross Sorkin

Translated by
Takuro Kagayama
Published 2014 in Japan by
HAYAKAWA PUBLISHING, INC.
This book is published in Japan by
arrangement with
McCORMICK & WILLIAMS
through THE ENGLISH AGENCY (JAPAN) LTD.

両親のジョーンとラリー、そして愛する妻ピラーに規模が大きいことは犯罪ではない。しかし規模は、それを達成するまでの方法、利用する方法のいかんによって少なくとも有害になりうる。

——ルイス・ブランダイス『他者の金——それを銀行がいかに使うか』（一九一三年）

目次

下巻目次

リーマン・ショック・コンフィデンシャル〔上〕

追いつめられた金融エリートたち

著者のことば

本書は、金融危機をめぐる出来事の当事者二〇〇名あまりに対しておこなった、五〇〇時間を超えるインタビューの所産である。ウォール街の最高経営責任者、役員、経営陣、アメリカ合衆国政府の過去または現在の職員、外国政府職員、銀行家、法律家、会計士、コンサルタント、その他の顧問といった当事者の多くは、本書の細部を支える同時発生的なメモ、電子メール、テープ録音、内部プレゼンテーション、中立書の草稿、台本、予定表、通話記録、請求記録、経費報告書などの証拠書類を示してくれた。彼らはまた、何時間もかけて当時の会話やさまざまな会合のくわしい内容を思い出してくれた。その多くは法廷での陳述を拒否できる秘密情報だったはずである。

本書で扱った事件の多数はまだ係争中であることから――執筆の時点で数件の刑事捜査が進められ、無数の民事訴訟が生じている――インタビューに応じてくれた人のほとんどは、情報源として名前を明かさないことを条件とした。また、あらゆる場面の確認に複数の情報源が用いられているため、本書で会話や感情を描写された個人がかならずしもその情報の提供者ではないことに留意していただきたい。当人が直接説明してくれることも多かったが、会合の同席者や、電話の話し相手（スピーカーフォンもよく用いられた）、会話直後に当人から説明を受けた人物が情報を提供してくれたこともあった。筆者はできるだけそのときのメモや書面による証拠で裏づけをとるようにした。

金融危機についてはすでに数多《あまた》の記述がある。本書も金融ジャーナリズムの尊敬すべき同僚たちが残した非凡な記録——参考文献は巻末を参照——にもとづいている。けれども、本書で初めて、史上類を見ない悲惨な出来事の時々刻々の進展が克明に伝えられていればうれしい。この物語を作り出した人々は、経済の底知れぬ深淵をのぞきこんでいると信じていたし、実際に目にしていたのかもしれない。

ガリレオ・ガリレイは言った。〝あらゆる真実は、発見してしまえばたやすく理解できる。重要なのは、発見することだ〟。本書が少なくともそのいくつかを発見していることを祈る。かつその過程で、めくるめくここ数年の金融業界の事象を多少なりとも理解しやすくしていることを。

プロローグ　大きすぎてつぶせない

パーク・アベニューのアパートメントのキッチンで、ジェイミー・ダイモンはコーヒーを一杯ついだ。これで頭痛がいくらかおさまればいいのだが。軽い二日酔いではあるが、頭が痛いのはじつは別の理由からだった——知りすぎていたのだ。

二〇〇八年九月一三日土曜の朝七時すぎ。全米三位の規模の銀行、JPモルガン・チェースの最高経営責任者（CEO）であるダイモンは、前夜、ニューヨーク連銀で開かれた緊急会合に参加していた。ウォール街でのライバルであるCEO十数名とそこで真剣に議論した課題は、全米四位の投資銀行、リーマン・ブラザーズを救う計画を練ることだった。これがうまくいかなければ、市場は巻きぞえを食って大混乱に陥るかもしれない。

ダイモンにとってそれはぞっとする危機であり、会合後にあわてて帰宅する途上でも頭はまだくらくらしていた。すでに妻のジュディが催しているディナーパーティに二時間以上遅れていた。この夜初めて会う、娘のボーイフレンドの両親のために開いたパーティだったので、遅刻は非常に気まずかった。

「こんなに遅れることはないんです」少しでも同情を引きたくてそう釈明した。しかし、言うべきでないことを口にしないですむように、会合の内容についてはあまり語らなかった。「冗談抜きで、いまの状況は深刻なんです」自分のマティーニを作りながら、ただならぬ気配を察した招待客に言った。「明日の新聞を読めばわかりますよ」

そのことばどおり、土曜の新聞は彼が仄《ほの》めかしたニュースを大々的に取り上げた。ダイモンはキッチンのカウンターにもたれ、ウォール・ストリート・ジャーナル紙を開いた。トップ記事の見出しは〝リーマン待ったなし。危機広がる〟だった。[注1]

リーマンはこの週末を乗りきれないかもしれない。そのことはわかっていた。この週の初めに、JPモルガンは融資の可能性を探るためにリーマンの財務状況を調べ、厳しいことを確認していた。倒産の怖れもあるので、リーマンに追加の担保を要求することも決めていた。あと二四時間以内に、リーマンは救われるか、滅びる。しかし、自分のしたことを知っているダイモンは、リーマン・ブラザーズだけを心配しているのではなかった。ウォール街を代表するもうひとつの企業、メリルリンチも問題を抱えており、ダイモンはそこからも担保をしっかり確保するようにとスタッフに言い渡したところだった。さらに彼は、世界規模の保険大会社、アメリカン・インターナショナル・グループ（AIG）に新たな危険が迫っていることも知りすぎるほど知っていた。AIGはJPモルガンの顧客であり、いま存亡をかけて追加資本の調達に取り組んでいる。ダイモンの予測では、あと一週間で解決策が見つからなければ、AIGもまた倒れるかもしれない。

政府関係者も含め、市場全体の危機について話し合っているひと握りの首脳のなかで、ダイモンはとりわけ重要な地位を占めていた。彼はリアルタイムで完全に近い情報を入手していた。そして〝ディールフロー〟によって、金融システムの布地のなかでほつれた糸を見きわめることができた。そうしたほつれは、急場を救ってくれると人々が考えているセイフティネットのなかにすらある。

ダイモンは最悪のシナリオを想定しはじめた。午前七時半になると自宅の図書室に入り、JPモルガンの経営陣二〇名あまりの電話会議に加わった。

「これからきみたちはアメリカの歴史上もっとも信じがたい一週間を送ることになる。絶対最悪のケースに備えなければならない」ダイモンはスタッフに言った。「われわれは、わが社を守らなければならない。社の存亡がかかっている」

経営陣は息を詰めて聞いていたが、ダイモンが何を言おうとしているのかはよくわからなかった。

ウォール街のほとんどの人と同様に――ウォール街の企業のトップとして、群を抜く長期政権を維持しているリーマンのCEOリチャード・S・ファルドも含めて――ダイモンの声を聞く幹部の多くは、いずれ政府が介入して倒産を防ぐだろうと考えていた。ダイモンはまずその考えを捨てさせた。「それは希望的観測だ。私の意見では、ワシントンは何があろうと投資銀行は救済しない。また、救済すべきでもない」と断言した。「諸君全員に、これは生きるか死ぬかという問題だと認識してもらいたい。私は真剣だ」

そうしてダイモンは爆弾を落とした。朝起きてからずっと考えていたこと、彼の世界終末の日のシナリオだった。
「次の手順でいく」彼は続けた。「ただちにリーマン・ブラザーズの倒産に備えてほしい」間を置いた。「そして、メリルリンチの倒産」また間を置いた。「AIGの倒産」また間。「モルガン・スタンレーの倒産」最後にひときわ長い間を置いて、「それから可能性として、ゴールドマン・サックスの倒産に備える」

電話の向こうでいっせいに息を呑む音がした。

この電話会議でダイモンが予告したとおり、続く日々は金融システムの崩壊に近いものをもたらし、政府は現代史上例のない救済措置に踏みきらざるをえなくなった。ほんの一八カ月のあいだに、ウォール街は最高の利益を享受する時代から、荒廃の一歩手前の新時代へと移り変わった。何兆ドルもの富が消え、金融システムの景観はすっかり様変わりした。この災難で、ことのほか大切にされてきた資本主義の原則のいくつかが、まぎれもなく砕け散った。金融の魔術師がローリスク・ハイリターンの新時代を作り出すという考え、アメリカ型の金融操作がグローバルな金科玉条になるという考えはすっかり消え失せた。

事態が明らかになるにつれ、ウォール街の企業の多くは、それまで出会ったことのない市場に直面した。それはどんな見えざる手も押しとどめようのない、恐怖と無秩序に支配された市場だった。怒濤《どとう》のような風聞《ふうぶん》と政策変更のただなかで、彼らは自分のキャリアで――ことによると人生で――いちばん重要な決断を下さなければならなかった。それらはみな、よくて推測の域を出ない数字にもとづいていた。賢明な選択をした者も、幸運を手にした者もいるが、己の決断を後悔しながら生きることになった者もいた。そして大勢にとって、彼らが正しい決断をしたかどうかはいまだはっきりしていない。

二〇〇七年、経済バブルがピークに達していたときに、金融サービスは富を生む機械となり、アメリカ全体の企業収益の四〇パーセント超を占めるまでになっていた。続々と登場する、CEOや経営陣ですら理解できないほど複雑な内容の証券を含めて、金融商品が国の経済をさらに発展させる原動力になっていた。なかんずく、住宅ローンを初めとするモーゲージ産業はこのシステムの重要な構成要素で、ウォール街はそれを絶妙なかたちで新商品に組み直して世界じゅうに売りさばいていた。

そうして生まれる利益によって、ウォール街は、活況を呈した一九八〇年代以来の新しい富の時代を築いた。金融業界の就労者の給与は、二〇〇七年、合計五三〇億ドルという驚くべき数字にのぼった。危機が始まった時点で五大証券会社のトップだったゴールドマン・サックス[注2]は、その合計額のうち二〇〇億ドルを占めていた。従業員ひとりあたり六六万一〇〇〇ドルを超えており、CEOのロイド・ブランクファインは、ひとりで六八〇〇万ドル[注3]を手にしていた。

しかし、金融の巨人たちは、たんなる利益以上のものを作り出していると信じていた。地球上のどこに輸出しても通用する、新しい金融モデルを生み出したという自信を持っていた。「全世界はアメリカ型の自由企業と資本主義市場のモデルに移行しつつある」二〇〇七年夏、シティグループの生みの親であるサンフォード・ワイルは言った。「自由企業制への移行を支えるアメリカの金融機関がない国々があるとしたら、じつに残念なことだ」[注4]

こうして金融価値の福音を説き、めまいがするほどの利益を生み出す一方で、大手証券会社は巨額の負債を抱えることによって大きな賭けに出ていた。ウォール街の企業の負債資本比率は、三二対一。成功しているときには、この戦略は目をみはるほどうまくいき、業界の複雑なモデルの数々が正しいことを証明しながら、記録的な利益を生んだ。が、失敗すると、結果は壊滅的だった。

ドットコム・バブルの崩壊と九・一一による景気低迷から生じたウォール街の絶対的な力は、大部分が低利の融資金によるものだった。アジアのだぶついた資金が、FRB（連邦準備制度理事会）元議長アラン・グリーンスパンのもとで導入されたアメリカの超低金利政策（二〇〇一年の不況後に経済成長をうながすためだった）と結びつき、世界に金があふれはじめたところだった。

流動性の異常の最たる例は、サブプライム住宅ローン市場だった。住宅バブルのさなか、銀行は点線の上にサインができる人間なら、ほぼ誰にでも喜んで住宅ローンを提供した。買い手は正式な所得証明書すら求められずに何十万ドルという給与所得を申告し、五〇万ドルの住宅ローンを契約して銀行を出ることができた。そして仕上げに、一カ月後、ホーム・エクイティ・ライン・オブ・クレジット（住宅担保ローン）を組んだ。当然ながら住宅価格は高騰し、過熱しきった不動産市場でごくふつうの人々が投機家となって、家を転売し、住宅担保ローンでSUVやモーターボートを買った。

当時ウォール街は、こうしたモーゲージを細分化して組み入れた――〝証券化した〟――新しい金融商品が、リスクを消せないまでも薄めることができると真剣に信じていた。銀行はローンをみずからの貸付債権に計上する代わりに、個々の債権に分割して投資家に個別に売り、その過程で莫大な手数料を受け取った。住宅ブームにおける銀行家の行動について何が言われるにしろ、彼らが〝自分で作った料理を食べていた〟[注5]ことは否めない。むしろ〝貪《むさぼ》っていた〟というべきか。途方もない量のモーゲージ資産を互いに売り買いしていたのだから。

しかし何より大きなリスク要因は、アメリカの金融機関のあいだに新たにできた〝超〟がつくほどの相互連関だった。多数の銀行がこの新しい金融商品をさまざまな形態で持つことによって、どの一行もほかの銀行に依存する体制ができあがり、彼らの多くはその事実すら認識していなかった。一行が倒れれば、ドミノ倒しのように倒産が相次ぐ事態になりえたのだ。

もちろん、こうした金融操作のすべてが破局をもたらすと予言する者は、業界内にも学界にもいた。ヌリエル・ルービニ、ロバート・シラーの両教授はこの世代を代表する悲観論者だったが、ほかにも先見の明のある予言者はすでに一九九四年からいた。ただ、注意を払われなかったのだ。

「アメリカのこうした巨大ディーラーのどれかひとつが突然倒産したり、商取引から撤退した場合、市場の流動性の問題が生じ、政府保証の銀行を含む他行や金融システム全体に危険を及ぼす可能性もある」通貨監査局長だったチャールズ・A・バウシャーは、成長中のデリバティブ市場の調査をまかされたあと、議会の委員会でそう発言した。「いくつかのケースでは政府が介入し、税金で支払われるか保証された緊急企業救済がおこなわれる可能性があったし、実際におこなわれてきた」[注6]

ところが、二〇〇七年に実際に亀裂が生じはじめたとき、それでも多くの人は、サブプライムローンのリスクはいくつかの住宅金融専門会社以外にはほとんど及ばないと主張していた。「サブプライム市場の問題が、より広い範囲の経済や金融市場に与える影響はそう大きくないと思われます」二〇〇七年三月、下院の合同経済委員会で、FRB議長ベンジャミン・バーナンキはそう証言した。[注7]

しかし二〇〇七年八月には、二兆ドルのサブプライム市場が崩壊し、世界規模の災厄を引き起こしていた。サブプライムに資金を大量投入していたベア・スターンズのふたつのヘッジファンドは破綻し、一六億ドルにのぼる投資家の金を失った。[注8] フランス上場銀行のなかで最大規模のBNPパリバは、サブプライム関連の債券を会計上正しく値づけできなくなったという理由で、顧客の預金引き出しを短期間停止した。[注9] 言い換えれば、まっとうな値段で買ってくれる相手が見つからなくなったということだ。

ある意味で、ウォール街はみずからの精鋭たちによって破滅させられた。モーゲージ証券があまりにも複雑化したために、価格が下落していく市場でそれらを値づけする方法が、ほとんど誰にもわからなくなってしまったからだ（本書執筆の時点でも、専門家はまだそれらの資産価値の見きわめに苦労している）。値段がつかないので、市場が麻痺した。資本にアクセスできないので、ウォール街はたんに機能できなかった。

ビッグ・ファイブのなかでいちばん弱く、レバレッジ（借入による資金調達で利益率を高める手法）がもっとも多かったベア・スターンズが最初に倒れた。しかし、投資家にパニックが広がれば、最強の銀行でさえ持ちこたえられないのはみなわかっていた。つまり、誰も安全だとは思えないし、ウォール街で次に誰が倒れてもおかしくない状況だった。

このまったく先の見えない不確かさ――ダイモンが電話会議でショッキングな潜在的倒産企業の名を挙げながら示した感情――ゆえに、この危機は、関連企業の経営者と規制当局にとって生涯に一度というほどの経験となった。二〇〇八年秋まで、彼らは控えめな危機しか経験していなかった。企業も投資家も打撃こそこうむったが、前進した。落ち着きを失わず、まもなく事態が改善するほうに賭けた者は概して最大の利益をあげた。けれども、今回の信用危機はちがった。ウォール街もワシントンも行き当たりばったりで動くしかなかった。

振り返れば、このバブルもあらゆるバブルと同じように、一八四一年の古典『狂気とバブル』でスコットランド人の著作家、チャールズ・マッケイが指摘したことのくり返しだった。銀行は、投資リスクのない〝すばらしい新世界〟を生み出す代わりに、金融システム全体を脅かすリスクを作ったのだ。

しかし本書は、理論よりも生身の人間、そしてニューヨークやワシントンや海外の舞台裏の現実に焦点を当てている。JPモルガン・チェースがベア・スターンズ買収に同意し、アメリカ政府がついに国家経済史上最大の公的介入に踏みきった二〇〇八年三月一七日月曜から、その後数カ月にわたる危機のあいだに、経済の帰趨《きすう》を決定したひと握りの人々が、オフィスや家で何を考え、何をしたか、その記録である。

過去一〇年間、筆者はニューヨーク・タイムズ紙で、ウォール街とそこでの取引に関する記事を書いてきた。幸いその間、アメリカ経済のめざましい発展を数かぎりなく目にすることができたが、今回の危機ほどビジネスのパラダイムが根本的かつドラマティックに変わり、名高い組織が次から次へと自滅していくのを目撃したことはなかった。

この異常な時期はわれわれに大きな疑問――謎《ミステリ》と言ってもいい――を残した。われわれはそれを解決して、己のあやまちから学ばなければならない。本書はそのパズルのピースを並べはじめる試みだ。

本書の核となるのは失敗の物語である。それは世界を屈服させ、資本主義の本質に疑問を投げかけた失敗だった。ここにくわしく描き出される個人は献身的で、幾度も途方に暮れる。多くは偉大な自己犠牲の精神から、しかし同じくらい多くは保身のために、世界と自分をこれ以上の災害から守ろうと懸命に努力した。本書の登場人物全員が、ほんの小さな譲歩から莫大な献身まで、程度の差こそあれ己の利益を顧みず、協力し合って最悪の事態を防いだと言えればどんなにいいだろう。ある場面ではそういうこともあった。しかし、読めばわかるとおり、彼らは決断を下す際に、苛烈な競争と権力争い――ウォール街とワシントンに長らく定着した文化——から完全には逃れられなかった。
つまるところ、これは人間のドラマであり、自分たちは大きすぎてつぶれない《トゥ・ビッグ・トゥ・フェイル》と信じていた人々のあやまちの物語である。

第1章 リーマン株急落

コネティカット州グリニッチの朝の大気は冷えきっていた。二〇〇八年三月一七日午前五時、あたりはまだ暗く、ドライブウェイでエンジンをかけている黒いメルセデスのヘッドライトだけが、一二エーカーの敷地の芝生に点々と残った雪を照らし出していた。運転手の耳に、リチャード(ディック)・S・ファルド・ジュニアが玄関から出、歩道の石を鳴らしながら歩いてきて、車の後部座席に入る音が聞こえた。注1

メルセデスは左折してノース通りに入り、狭く蛇行するメリット・パークウェイに向かった。行き先はマンハッタン。ファルドは車の窓から周囲に建ち並ぶ邸宅群をぼんやりと見つめた。ウォール街の幹部やヘッジファンド・マネジャーが所有するそれらのほとんどは、第二の〝金ピカ時代〟に何千万ドルという価格で購入され、豪華に改装されたものだった。その時代がまもなく完全に終焉することになろうとは、彼らの誰も――ましてファルドは――想像すらしていなかった。

窓に映る自分のげっそりした顔が目に入った。疲れた両目の下に深いしわが寄り、暗い半月状の隈《くま》を作っている。真夜中前に自家用機でウェストチェスター郡空港に到着し、どうにか四時間は寝たが、やはり睡眠不足なのだ。この七二時間は地獄だった。ウォール街で第四位のリーマン・ブラザーズのCEOであるファルドは、本来なら妻のキャシーといっしょにまだインドにいるはずだった。[注2] 億万長者の顧客たちと、ターリーの大皿や、積み上げられたナンや、ヤシ酒に舌鼓《したつづみ》を打っているはずだった。何カ月もかけて計画した旅行だったのだ。ファルドの時差ぼけの体にとって、いまの時間は午後二時だった。

二日前、彼はニューデリー近郊の軍用空港に停めた自家用ガルフストリームの後部で、昼寝をしているところをキャシーに起こされた。財務長官ヘンリー（ハンク）・M・ポールソンが電話をかけてきたという。一万二〇〇〇キロほど離れたワシントンDCのオフィスから、ポールソンは、巨大投資銀行ベア・スターンズが月曜までに売却されるか破産する、リーマンもまちがいなく影響を受けるだろうとファルドに告げた。「こちらに帰ってきたほうがいい」長官は言った。ファルドは、できるだけ早く帰国するために、ロシア上空を飛行する政府の許可をもらえないだろうかと尋ねた。それで少なくとも五時間は短縮できる。ポールソンは静かに笑って答えた。「その許可は私自身もまだもらえないのだ」

二六時間後、途中給油のためにイスタンブールとオスロに立ち寄りながら、ファルドはグリニッチの自宅に戻ってきた。

心のなかでファルドは週末の出来事を何度も思い返す。ベア・スターンズは、ウォール街のビッグ・ファイブのなかで最小だが、もっとも肝のすわった投資銀行だ。それが一株二ドル、で身売りだと！　しかも相手先はあろうことか、ＪＰモルガン・チェースのジェイミー・ダイモンだ。おまけに連銀はダイモンに取引の旨味が出るように、ベアの最悪の資産から生じた損失三〇〇億ドルまでを補塡《ほてん》することに同意したという。ニューヨークのスタッフから初めて二ドルという数字を聞いたとき、ファルドは飛行機電話の通信が切れて、総額の一部を聞きもらしたと思ったほどだった。

いつの間にか、一九二九年の大恐慌時のように、銀行の取り付け騒ぎが話題になっていた。インドへ出発した木曜には、パニックに陥った投資家がベアとの取引を拒否しているという噂があった。が、これほど破綻が早いとは夢にも思わなかった。投資家の信用に依存している業界で――投資銀行は自分たちが翌朝も存在していることを前提にして、他者から文字どおりオーバーナイトで資金調達している――ベアの破綻はファルド自身のビジネスモデルにも深刻な疑問を呈した。株価の上昇ではなく下落に賭け、実際に下落したときに利益をあげる空売り屋は、どこかに弱さを発見するや、古代ローマ帝国の壁を突き崩した西ゴート族さながら、かならず飛びついてくる。ファルドはインドからの機内で、いっそみずからベアを買ってしまおうかと考えた。そうすべきだろうか。できるだろうか。いや、状況はあまりにも非現実的だ。

ＪＰモルガン・チェースによるベア・スターンズの買収は、銀行業界――そしてファルド自身――の救命具だと彼も理解した。ワシントンが賢明にも仲介役を務めたのだ。市場はこれほどの規模の爆発には耐えられない。放置すれば、銀行による何十億ドルもの資金のやりとりを可能にしてきた〝信用〟が砕け散っていたことだろう。FRB議長ベンジャミン(ベン)・バーナンキも心ある判断から、リーマンのような企業にも初めて連銀の貸出枠を設定した、とファルドは信じていた。これで投資銀行も、政府が大手商業銀行に提供する低利の資金にアクセスできるようになった。これならウォール街にも事態を打開するチャンスはある、と。

ファルドには、次の最前線は明らかに、残るビッグ・フォーで最小のリーマンだとわかっていた。ベアがまだ一株三〇ドルで取引されていた金曜に、リーマン株は一四・六パーセント下げていた。これは現実だろうか？ ほんの二四時間あまりまえのインドでは、ウォール街の輝かしい影響力——世界の金融市場をことごとく植民地化しているさま——に驚嘆したばかりだというのに。このすべてが無に帰してしまうというのか。

街に近づく車のなかで、ファルドは心を落ちつかせるために、ブラックベリーのトラックボールを親指で転がした。アメリカ市場が開くまでにあと四時間半。が、ひどい一日になることは容易に想像できた。日本の日経平均株価はすでに三・七パーセント下がっている。ヨーロッパではオランダの巨大銀行INGが、リーマン・ブラザーズやほかの〝ブローカー・ディーラー〟——自社と顧客の利益のために証券を取引する企業をいくらか軽んじた呼び名——との取引を停止するというもっぱらの噂だった。[注3] 要するに、ウォール街をウォール街たらしめている取引を停止するということだ。

そう、とファルドは考えた。こいつはろくでもないことになる。

車がウェスト・サイド・ハイウェイに入り、南のマンハッタン・ミッドタウンに向かいはじめるころ、ファルドは長年の友人であるリーマン社長のジョゼフ（ジョー）・グレゴリーに電話をかけた。時刻は午前五時半前。ロングアイランドのロイド・ハーバーに住み[注4]、車で街にかようことを放棄して久しいグレゴリーは、通勤用のヘリコプター[注5]に乗りこむところだった。これはじつに快適な移動手段だった。ヘリコプターがウェスト・サイド・ヘリポートに着陸し、そこからは送迎車でタイムズ・スクウェアにあるリーマン・ブラザーズの高層ビルまで。ドアツードアで二〇分とかからない。

「このこっぴどい状況はどうだ」ファルドは惨憺《さんたん》たるアジア市場についてグレゴリーに言った。

ファルドがインドから戻ってくるあいだ、グレゴリーはバージニア州ロアノークであった息子のラクロスの試合も見にいけず[注6]、週末をオフィスでの戦略会議に費やしていた。証券取引委員会（SEC）と連銀から半ダースのごろつきがリーマンのオフィスにやってきて、会社の現状を確認するスタッフをベビーシッターよろしく監督した。

ファルドはひどく心配している、とグレゴリーは思った。ゆえなきことではない。だが彼らは以前にも危機をくぐり抜けてきた。生き残れるさ、とグレゴリーは自分に言い聞かせた。つねに生き残ってきたのだから。

前年の夏、住宅価格が急落して、業容を拡大しすぎていた銀行が急に新たな貸付を停止した際、ファルドは誇らかに宣言した。「帳簿上、回復困難なものはあるか？　あるとも。それでわれわれは倒れるか？　倒れるわけがない」[注7]そのときリーマンは磐石に思えた。過去三年にわたって儲けに儲け、ウォール街最大の利益創造マシンであるゴールドマン・サックスに比肩するとまで言われるようになっていたのだ。

　ファルドのメルセデスはがらんとした五〇丁目通りを走り抜けた。その日おこなわれる聖パトリックの祭日のパレードのために、清掃作業員の一団が群衆整理用の仕切りを五番街のほうへ運んでいた。車は裏口からリーマン本社ビルに入った。この堂々たるガラスと鋼鉄の建造物はファルド自身の記念碑と言ってもいい。ファルドは、グレゴリーに言わせれば〝看板選手〟だった。九・一一の悲劇とそれに続く混乱のなかで、リーマンの舵を取った。[注8]会社は世界貿易センターの向かいにあったオフィスを放棄せざるをえず、シェラトン・ホテルの部屋を借りて業務を続けたあと、二〇〇一年にモルガン・スタンレーからいまの新しい高層ビルを買い受けた。[注9]ＬＥＤの巨大テレビ画面に囲まれた外観はファルドの趣味からすると垢《あか》抜《ぬ》けないが、停滞知らずのニューヨーク市の不動産市場にあって大成功を収めた投資となり、ファルドはその点が気に入っていた。

　社内で〝クラブ31〟と呼ばれる、威圧感漂う三一階の役員フロアには、ほとんど人気《ひとけ》がなかった。ファルドはエレベータから出て、自分のオフィスに向かった。

　専用のバスルームの隣のクロゼットにコートとジャケットをかけ、毎日の儀式に取りかかった。まずブルームバーグの端末にログインし、テレビのスイッチを入れて、ＣＮＢＣ

（ビジネスニュース専門局）に合わせる。午前六時すぎだった。あと一時間以内に、アンジェラ・ジャッド、シェルビー・モーガンというふたりの秘書のうちのひとりが出社してくるはずだ。先物市場——市場が開いたときの株価の動きに投資家が賭ける場——をチェックすると、数字が目に飛びこんできた。リーマンの株が二一パーセント下がっている。ファルドは反射的に計算した——八九五〇万ドルの個人損失だ、市場がまだ開いてもいないのに。

CNBCでは司会者のジョー・カーネンが、バーナム・アセット・マネジメントのアントン・シュッツに、今回のベア・スターンズの措置の結果と、リーマンへの影響について訊いていた。

「われわれはリーマン・ブラザーズを、今日起きていることの前線または起点と考えてきました」カーネンが言った。「市場が開いているあいだに何が起きると思いますか？」[注10]

「投資銀行全般が弱くなるでしょうね」シュッツが答えた。「なぜなら、バランスシート上の資産評価がまちがっているのではないかという大きな怖れがあるからです。なぜJPモルガンがこれほど安値でベア・スターンズを買収できるのか。なぜ国が三〇〇億ドルもの不良資産を肩代わりしなければならないのか。疑問がたくさんあり、たくさんの答えが必要だと思います」

ファルドは無表情で画面を見つめていた。会話がリーマンから離れたので少し安心したが、それも束の間、また戻ってきた。「何千何万というリーマンの従業員は、今日の状況の推移を固唾《かたず》を飲んで見守ることでしょうが、あなたがそのひとりだったらどうします？」カーネンが訊いた。「本当にハラハラしているのは彼らです」

ハラハラ？　そんなことばじゃとうてい言い表わせない。

午前七時四〇分、ポールソン財務長官が状況確認の電話をかけてきた。ダウ・ジョーンズ・ニューズワイヤーズによると、東南アジア最大の銀行DBS・グループ・ホールディングスが前週後半、ベア・スターンズとリーマン関連の新規取引停止を命じる内部メモを、トレーダーに回覧したという。[注11]ポールソンは、リーマンの取引相手が減っているのではないかと心配していた。それこそ終わりの始まりだ。

「状況は改善する」ファルドは週末に何度も引き合いに出した収益報告書をまた持ち出して請け合った。それを火曜の朝、発表するつもりでいた。「その発表でこのごたごたはすべて治まるよ」

「まめに連絡してくれ」ポールソンは言った。

一時間後、ウォール街の取引フロアはどこも怒声が支配していた。ファルドはブルームバーグの画面に目を釘付けにして、リーマン株の取引開始を迎えた――三五パーセント安だった。ムーディーズによる長期債の格付けは変わらずA1だったが、見通しは〝ポジティブ〟から〝安定〟に下がっていた。[注12]インドからの帰路では、当初予定していた火曜ではなく、月曜の市場が開くまえに会社の現在の収益を発表するかどうかについて、グレゴリーと最高法務責任者（CLO）トマス・ルッソに相談していた。どうしても火曜を待たなければならない理由はない。収益は上向きだ。ファルドは自信満々で、アジアを発《た》つまえに従業員に向けて強気のメッセージを録音したほどだった。が、自暴自棄ととられてかえって不安をあおりかねないことを怖れたルッソが、発表を思いとどまらせたのだった。

リーマンの株価が下がりつづけるのを見ながら、ファルドはそのときの決定を悔やんだ。後知恵で批判する決定はいくらでもあった。リーマン・ブラザーズにいつか審判の日が訪れることは、ずっと覚悟していた——さらに悪くすれば、それが自分の任期中に訪れるかもしれないと。低利金融と負債による賭け金のつり上げ——業界では〝レバレッジ〟と呼ばれる——のリスクは頭のなかでは理解していたが、ウォール街の誰もがそうだったように、好機を黙って見すごすことはできなかった。未来を極度に楽観視した場合の報酬が大きすぎたのだ。「道路を安いタールで舗装するのと同じだ」ファルドはよく同僚に語ったものだった。「天候が変われば、穴ぼこは以前より深く醜くなる」[注13]いまや目の及ぶかぎり道路は穴ぼこだらけで、その惨状は予想をはるかに超えると認めざるをえなかった。しかし、そんな彼も心の底では、リーマンは生き残れると思っていた。そうとしか思えなかった。

グレゴリーはファルドの机のまえの椅子に坐った。ふたりの男はひと言も発さず、目で挨《あい》拶《さつ》した。CNBCが画面の下に〝次はどの会社？〟のテロップを流すと、ふたりで身を乗り出した。

「くそっ」話し手が次から次へとリーマンへの弔辞を述べるのを聞きながら、ファルドが大声をあげた。

一時間もたたないうちに、リーマンの株は四八パーセント落ちこんでいた。

「空売り！　空売りだ！」ファルドは怒鳴った。「そうに決まってる」

ブラジルへの家族旅行を中止して駆けつけたルッソが、グレゴリーの隣に坐った。六五歳の法律家は、グレゴリーを除いて数少ないファルドの朋友だった。しかしこの朝、ルッソは取引フロアに渦巻く最新の噂をファルドに伝えて火勢をあおった。〝ヘッジー〟――ヘッジファンド・マネジャーに対するウォール街の蔑称――どもが組織的にベア・スターンズを食い物にしたのだという。ベアから証券取引口座を引き上げ、ベアに対する保険――クレジット・デフォルト・スワップ（CDS）と呼ばれる――を買って、その株を空売りしたらしい。ルッソの情報源によれば、ベアをつぶした空売り屋が日曜の朝、フォー・シーズンズ・ホテルに集まり、一本三五〇ドルのクリスタル・シャンパンで作ったミモザ・カクテルのグラスを鳴らして乾杯したという話がまことしやかに伝えられていた。事実だろうか？　そんなこと誰にわかる？

三人の幹部は額を集めて反撃計画を練った。まずは神経をすり減らしているシニア・マネジャーたちの朝会からだ。ウォール街じゅうに流れているリーマンに関する悪い噂を、どうすれば変えられるか。ベアについて議論すれば、かならずリーマンに行き着くようだった。

「リーマンもベアに続いて、聖金曜日前に懺悔《ざんげ》室に入るかもしれない」注14 ニューヨークのメリディアン・エクイティ・パートナーズのオプション戦略家、マイケル・マッカーティが、ブルームバーグ・テレビジョンに語った。尊敬を集めるメリルリンチの最高投資責任者、リチャード・バーンスタインはその朝、顧客に警告通知を出していた。〝ベア・スターンズの破綻は、これから多数生じる破綻のおそらく最初のものと考えるべきでしょう〟と巧みにリーマンには触れずに書いていた。〝金融市場のバブルがいかに広範で深刻なものであったかという認識がようやく生まれつつあります[注15]〟

一〇時ごろには、ファルドはあらゆる人から電話を受けていた――顧客、取引相手、ライバルのCEO。誰もがこれからどうなるのか知りたがっていた。安心させてくれと迫る人もいれば、安心を与えようとする人もいた。

「大丈夫か?」モルガン・スタンレーのCEOで、古くからの友人でもあるジョン・マックが訊いてきた。「そっちはどうなってる?」

「大丈夫だ」ファルドは応じた。「噂は広まってるがね。もはや私の名前を受けつけない銀行が二行あるよ」リーマンとの取引を停止した銀行があるという呆然とする事実を、ウォール街ふうに表現した。最新の噂では、ドイツ銀行と香港上海銀行(HSBC)が取引を停止したということだった。「だが大丈夫。流動性は大量にあるから問題ない」

「オーケイ。われわれは一日じゅう取引するぞ」マックは請け合った。「トレーダーに話しておく。何か必要なことがあったら知らせてくれ」

ファルドは幹部たちに支援を求めはじめた。ロンドンのオフィスに電話をかけ、当地でのオペレーションの最高責任者であるジェレミー・アイザックスと話した。ファルドとの会話を終えたアイザックスは、チームのメンバーに言った。「今日の午後、破産するようなことはないだろう。だが一〇〇パーセントの自信はないな、こうひどいことが次々と起きちゃ……」[注16]

最近はレバレッジに熱をあげているが、ファルドはつねづね流動性が重要だと信じていた。嵐に乗り出すなら手元に大量の現金がなければならない、とよく言っていた。ラスベガスのブラックジャックの卓で同席した、あるギャンブラーの話をするのが好きだった。その〝クジラ〟は負けるたびに運が変わることを信じて賭け金を倍にし、四五〇〇万ドルを失った。ファルドはそこで学んだ教訓をカクテルナプキンに書き留めた——〝あんたが誰か知らないが、元手が足りない〟[注17]

金がありすぎて困ることは、ない、ない、ない。

それは、一九九八年にヘッジファンドのロングターム・キャピタル・マネジメントが破綻したあとでも学んだことだった。破綻直後、その巨大ファンドへのエクスポージャーが大きかったリーマンは危ないと見られていたが、からくも生き延びた。余分な現金の蓄えがあったからだ。ファルドも積極的に闘った。それもまた、ロングターム・キャピタルの大失敗から学んだことだ——噂は押しつぶさなければならない。噂を放置すれば、自己達成的な予言となる。当時、ファルドはワシントン・ポスト紙に不満をぶつけた。「噂はひとつ残らずまちがっていた。ああいう話を広めた人間をSECが探し出してくれるなら、まず私が一五分、

彼らとすごしたい」注18

その朝、電話が欲しいとファルドに伝言を残した人のなかに、ウォール・ストリート・ジャーナル紙で長年リーマンを担当してきた鼻っ柱の強い記者、スザンヌ・クレイグがいた。ファルドは彼女が好きで、よく〝裏話〟を聞かせていた。しかし、この朝クレイグは正式なインタビューを申しこんできた。リーマンが立てていた事前の対策をすべて説明して評論家を黙らせるいい機会になる、との提案だった。ファルドは自分のことを記事にされるのが大嫌いだが、インタビューに応じるのもいい考えかもしれないと思った。ロングターム・キャピタルの危機の際には、メディア対応がまずかったと反省していた。もっと早い段階で先手を取るべきだったのだ。「すぐに応じよう」とクレイグに言った。

正午までにファルドたちは計画を練り上げた――ウォール・ストリート・ジャーナル、フィナンシャル・タイムズ、バロンズのインタビューに応じる。クレイグには、社内の状況についていくらかくわしい経緯と背景情報を伝え、第一面で大々的に取り上げられることを期待する。ファルドたちは午後三時から連続して記者との会合を設定した。論点は明確だった――噂はでっち上げである。リーマンは、ゴールドマン・サックスやモルガン・スタンレーに匹敵するほどの流動性を確保しており、なんらかの支払いが必要となっても、それで充分カバーできる。

クレイグとのインタビューには、ファルドだけでなく、グレゴリー、ルッソ、新しい最高財務責任者（CFO）のエリン・キャランが電話会議で参加した。「われわれは大量の流動性が必要であることを学んでいる。噂が広まってからではなく、生じたそのときに対応すべきであることも」[注19]ファルドは記者に言った。連銀の貸出枠が使えるようになったいま、リーマンの足場がいっそう強固になっていることも強調した。「連銀が市場を安定させられないほうに賭ける人が多いようだが、その賭けははずれる」

「われわれには流動性がある」グレゴリーがくり返した。「いますぐ連銀からの貸出は必要ないが、それが可能という事実だけでも強いメッセージになるだろう。流動性は豊富だし、市場の誰もが利用できる」この発言は、連銀がリーマンのような企業に低利貸付の決定をおこなう際の不条理に触れていなかった。すなわち、この貸付を利用するのは自分の弱さを認めることであり、そのような危険はどんな銀行も冒したくないのだ。じつのところ、連銀の貸出枠に関する動きは、銀行を支えるためというより、投資家を安心させるためだった（皮肉にも、リーマン幹部であるルッソがその戦略の一端を担っていた。ほんの二カ月前、毎年スイスのダボスで開かれる資本主義国の会合、世界経済フォーラムで発表した白書[注20]のなかでそのことを提案したのだ。聴衆のなかには、ニューヨーク連銀総裁のティモシー（ティム）・F・ガイトナーがいた）。

インタビューが終わったあと、グレゴリーとキャランはそれぞれのオフィスに戻って、リーマンとの取引を縮小していると噂されるヘッジファンドに電話をかけ、現状を維持するよう最大限の説得に努めた。

電撃作戦が功を奏した。取引終了の一時間前にリーマン株は上昇に転じた。その日五〇パーセント近く下げたあと、終了時にはわずか一九パーセント安の三一・七五ドルまで持ち直した。四年半ぶりの安値で、好景気の増分を一日で失った恰好だったが、幹部たちは努力の甲斐があったと喜んだ。翌日には収益を発表するから、それでおそらくいい流れが続く。電話会議で投資家たちに報告書の内容を説明することになっているキャランは、リハーサルのためにグレゴリーのオフィスに引き揚げた。

ファルドは疲労困憊し、自宅でゆっくり眠ろうと車に乗りこんだ。気づくとまた、パーク[注21]・アベニュー六四〇番地にキャシーと購入した、ワンフロア一六部屋のアパートメントの改装が終わっていたらな、と考えていたが、妻は一度内装を全部取り払うことにしたのだ。ファルドはメルセデスの後部座席に身を沈め、ブラックベリーの電源を切り、ほんのいっとき世界を忘れて休息を楽しんだ。

リチャード・ファルドがウォール街の階段をここまでのぼりつめると予想していた者がいただろうか。

一九六四年、コロラド大学ボルダー校の新入生だった彼は、見るからに途方に暮れていた。学業では苦労し、専攻も決められなかった。答えを求めて、大学内の将校養成プログラムである予備役将校訓練団《ROTC》に加わった。[注22]

訓練がおこなわれていたある朝、大学役員でもある指揮官が、広大な大学の中庭に学生を全員整列させ、いつもの点検を始めた。

「ファルド、靴を磨いてないぞ」指揮官が怒鳴った。

「磨きました」ファルドは答えかけたが、そのことばが出てくるまえに、指揮官がファルドの左足を踏んで靴を汚し、学生寮に戻って磨いてこいと命じた。ファルドはおとなしくしたがった。そのあと戻ると、指揮官は今度は彼の右足を踏み、また寮に送り返した。

ふたたびファルドが戻ってきたとき、指揮官は列の隣の小柄な生徒に注意を向けていた。生徒の踵《かかと》に自分の軍用ブーツを押しつけ、ぐっと力を入れた。生徒は地面に倒れて苦痛の叫びをあげた。おまけに指揮官は生徒の顔を膝で押し、眼鏡まで壊した。

ファルドはそのクラスメイトを知らなかったが、見るべきものは充分見た。

「おい、おっさん」指揮官に言った。「せめて同じ体格の人間を選んだらどうだ」

「私に対することばか？」指揮官が言い、ファルドの顔のすぐまえまで詰め寄った。

「そうだ」ファルドは躊躇《ちゅうちょ》せず言い返した。

たちまち殴り合いが始まった。しまいにファルドと指揮官は血まみれで地面に転がり、ほかの士官候補生が止めに入った。一八歳のファルドはただちに大学のプログラムの責任者のまえに引き立てられ、追放を言い渡された。「きみは自分の指揮官と喧嘩をした」責任者は言った。「士官候補生に似つかわしい態度とはとても言えない」

「わかります。でもこっちの言い分も聞いてください」ファルドは抵抗した。「あそこであったことをちゃんと理解してください」

「いや、言い分はひとつしかない。きみは自分の指揮官と喧嘩をした。重要なのはそれだけだ。このプログラムにいさせるわけにはいかない」

それまでにも、ファルドを落胆させることはいくらでもあった。しかしこの出来事は、少なくとも彼が少しずつ自立してきたことの証《あかし》でもあった。

リチャード・セブリン・ファルド・ジュニアは、ニューヨーク州ウェストチェスター郡ハリソンの裕福な郊外住宅地で育った。家族は繊維会社のユナイテッド・マーチャンツ&マニュファクチャラーズを所有していた。注23 最終的に年商一〇億ドルに達したこの会社は、ファルドの母方の祖父、ジェイコブ・シュワッブがコーン・ホール・マークス社として共同設立したものだった。

ファルドの父親が息子を家業に引き入れたくなかったので、祖父のジェイコブ・シュワッブは長年取引していたウォール街の銀行、リーマン・ブラザーズに働きかけて、一九六六年、ファルドにデンバー支店の夏期パートタイムの仕事を世話してもらった。注24 そこは三人の事務所で、ファルドは雑用係だった。一日のほとんどを書類の複写（コピー機が出るまえの時代だった）と使い走りに費やした。しかし、彼はこの仕事こそ天職だと感じた。目にしたものが大好きになった。取引フロアで男たちが叫び、それまでどこでも見たことがないほど真剣に働いている。これがぼくの職場だ。リチャード・ファルドはついに自分を発見したのだった。

彼を惹きつけたのは、他人の金を運用する生涯の夢が叶ったということではなく、もっとはるかに直感的な、即座にピンと来る何かだった。「投資銀行業務を知ったのは偶然だった」と長年たったあとで言った。「目のまえの仕事が頭にすんなり入ってくるのがわかった。すべてのピースがぴったり合った」[注25]

けれどもこの会社にはあまり好きになれない男がいた――ルイス・L・グラックスマンだ。粗野で服装のだらしない威張り屋で、本社からときおりデンバー支店にやってきては、職員を脅しつけたり、ぶっきらぼうな口を利いたりする。ファルドは金融業界への就職を切望していたが、この暴君の下ではぜったいに働かないぞと心に誓った。

一九六九年二月、一学期遅れで大学を卒業したあと、彼は夏の研修生としてリーマンに戻った。今度の職場はウォール街の中心地、ウィリアム通り一番地に一九〇七年に建てられた壮麗なイタリア・ルネッサンス様式のビルだった。[注26]彼は両親と同居しながらマンハッタンに通勤した。仕事はコマーシャル・ペーパー――企業が日常の資金調達に用いる、おもに短期の約束手形――の取引。ファルドにとって願ったり叶ったりだが、ひとつだけ重要な問題があった――上司がグラックスマンだったのだ。デンバー支店の続きだと言わんばかりに、相手はまたファルドを威嚇しはじめた。

ファルドはさほど気にしなかった。リーマンでの仕事は一時的なものだと思っていたからだ。コロラド大学では結局、国際ビジネスを専攻していたが、これから経営学修士号《MBA》を取得しようと決意していた。研修期間のなかほどで、グラックスマンのところへ行き、推薦状を書いてもらえないかと尋ねた。

「なんでそんなくだらんことをしたい？」グラックスマンは大声で言った。「みな大学院に行くのは仕事が欲しいからだろうが。おれはおまえに仕事をやるぞ」

しかしファルドは、自分の計画にこだわった。

「あなたとはうまくやっていけない。やたら怒鳴るので」

「ここにいろ。おれの下で働く必要はない」グラックスマンは言った。

ファルドはリーマンに残ることに同意し、ニューヨーク大学の夜間授業で学位取得をめざすことにした。リーマンでの雑用は続いた。そのひとつは会社の最新技術――ビデオカメラ――を扱うことだった。ある日、グラックスマンの面接の模様をビデオに撮っていた。その最中にグラックスマンが訊いた。「撮ってるのは誰だ？」ファルドはカメラのうしろから顔を出した。

「おまえはいったい何してる」グラックスマンは言った。「明日の朝いちばんでおれのオフィスに来い」

翌日、ファルドがオフィスに行くと、グラックスマンは「ごみたいな雑用ばかりするのは馬鹿げてる。おれの下で働け」と言った。

「昇給してもらえます？」ファルドは尋ねた。

ふたりは親友となり、ファルドは出世の階段をのぼりはじめた。年俸は六〇〇〇ドル。三〇年ほどあとで会社のCEOとしてもらう額のほぼ一万分の一だ。その年の暮れには両親の家を出て、東六五丁目通り四〇一番地の一寝室、月二五〇ドルのアパートメントを借りることができた。オレンジ色のポンティアックGTOで道々同僚を拾いながら通勤した。なかのひとりがロジャー・C・アルトマン、のちの財務次官だった。

グラックスマンはファルドのなかに、トレーダー時代の若い自分を見ていた。「ディックは感情に流されて判断を誤ることがなかった」二〇〇六年に亡くなったグラックスマンは言った。[注27]「買うときには買い、売るときには売る。そこがわかっていた。あれは生まれもっての才能だ」[注28]

毎朝、窮屈な取引フロアに入りながら、ファルドは興奮で鼓動が高まるのを感じた。あの騒音。罵倒のことば。自分の知恵だけで生き残ること。自分の直感だけを信じること。そのすべてが好きだった。たまたま彼が入社したとき、リーマンは大きな変革をとげつつあり、それはファルドに莫大な利益をもたらしたのだった。

一八五〇年の創業以来、リーマン・ブラザーズは二〇世紀を代表する企業に銀行業務を提供し、そのシェアは自身の規模から考えると高すぎるほどだった。[注29]ことの始まりは、エマニュエル・リーマンが弟のヘンリー、メイヤーとともに南ドイツのバイエルン地方から移住してきて、アラバマ州モンゴメリーで、南北戦争前の換金作物だった綿花の商社を作ったことだった。二〇年後、三人兄弟はマンハッタンで開業し、ニューヨーク綿花取引所の設立に力を貸した。ニューヨークでリーマンはすぐに商社から投資銀行へと変容し、シアーズ、ウールワース、メイシーズ、RCAといった新企業の資金調達を支援した（現在に置き換えれば、アップル、グーグル、マイクロソフト、インテルを支援する銀行といったところだろうか——もしそんな銀行が存在すればだが）。

ファルドの入社一年目は、ちょうど伝説のシニア・パートナー、エマニュエルの孫であるロバート・リーマンの他界と一致していた。ロバートは一九二九年の大不況を乗りきり、会社を恐慌後のアメリカにおける一大金融機関に育て上げた人物だ。貴族的でイェール大学卒の彼は、リーマンの栄光の時代の統治者であり、〝アメリカの世紀〟の初期に、もっとも大きく重要だったアメリカ企業のいくつかを支えた銀行家だった。

一九六〇年代には、リーマンの投資顧問部門はゴールドマン・サックスに次いで二位になっていた。が、企業顧客がゴールドマンばかりに財務支援を求めることに我慢がならなかったロバート・リーマンとほかのパートナーたちは、独自のコマーシャル・ペーパー取引業を開始することにし、ウォール街の強力な投資銀行A・G・ベッカーからルイス・グラックスマンを雇い入れて、業務の舵《かじ》を取らせることにしたのだった。[注30]

ファルドがリーマンに入ったとき、グラックスマンの部門は会社の利益の大部分を生み出すようになっていた。取引フロアは騒然かつ雑然としていた。灰皿はあふれ、冷めたコーヒーのカップが並び、端末の上や電話の下に書類が積み上がっていた。ラスベガスのカジノの雰囲気を作り出し、トレーダーが当時ウォール街の標準だったクオトロンとテレレートの機械だけに集中できるように、グラックスマンは部屋の窓を黒く塗らせていた。電話機が宙を飛び、ゴミ箱が蹴られた。そしてラスベガスのカジノのように、毒々しい煙草の煙が充満していた。上品な銀行家の世界から銀河ひとつ分は離れていたが、徐々にそれがリーマン・ブラザーズの実体になっていた。

身長は一八〇センチ足らずだが、ファルドには相手を威圧するような存在感がある。グラックスマンが作り出した殺さなければ殺される環境で、確実にものを言う資質だった。髪は真っ黒で、広い額が急に落ちこみ、そこに暗く窪んだ、気むずかしくも見える目がある。フィットネスが大好きでウェイトリフターでもあるファルドは、こちらからは闘いをしかけたくない外見と、それに見合った気迫の持ち主だった。初期のコンピュータの緑の画面に視線をすえ、速射砲のようにことばを吐き出して、次々と取引をまとめていった。

ファルドはリーマンのなかで、誰からの冗談も受けつけない仕事一辺倒のトレーダーという評判を打ち立てた。ある日、自分の取引に署名してもらうために、フロア責任者であるアラン・S・カプラン（リーマンののちの副会長）の机に行った。当時、責任者は部下の取引をいちいち承認していた。つねに葉巻を手放さない丸顔のカプランは、ファルドが近づいたとき電話をしており、わざと彼を無視した。ファルドは去らず、秀でた額にしわを寄せて、自分の用紙を振りまわし、あんたのために働いてるんだぞと派手な身ぶりで示した。

カプランは受話器を手で押さえ、怒りもあらわに若いトレーダーのほうを向いた。「いつも自分がいちばん大物だと思ってるんだろう」大声で言った。「頭にあるのは自分の取引だけで、ほかのことはどうでもいいと思ってる。おれの机の書類が全部片づくまで、おまえの取引に署名などしてやるか！」ファルドは喧嘩腰で言った。

「本当に？」カプランが言った。「そのあとだ」

「ああ」ファルドは身を屈め、カプランの机に腕をのせるとなぎ払うように書類を机から落とした。何十枚もの紙が舞い散り、その何枚かが床に落ちるまえに、ファルドは断固たる口調で、しかし静かに言った。「さあ、署名してもらえます？」

そのころには社内で――だんだん社外でも――〝ゴリラ〟のあだ名で呼ばれていて、ファルド自身まんざらでもなさそうだった。のちにCEOとなったときには、オフィスにゴリラのぬいぐるみまで置いていた。[注31]そのぬいぐるみは、二〇〇一年九月一一日に崩壊する世界貿易センターの向かいにあった、ロワー・マンハッタンのリーマン本社が移転を余儀なくされるまで、そこにあった。

リーマンに入社して数年後、ファルドはモーゲージ・デスクに新顔がいるのに気づいた。ファルド自身は黒髪で陰気だが、この新顔は色白で人好きがした。自分に満足している人間の仕種《しぐさ》ですぐに手を差し出して自己紹介したのが好印象だった。「やあ、ジョー・グレゴリーです」それが四〇年近く続く交友の始まりだった。

気性の面では、グレゴリーはファルドの正反対だった――見た目は人懐こく、対決を嫌った。ファルドを尊敬していて、ほどなくファルドは彼のメンターとなった。

ある日、CEOになっても服装のことで役員を叱りつけるファルドがこの友人を呼び、服装の問題を指摘した。ファルドにとって受け入れられる制服はひとつだった――プレスの利いたダークスーツ、白いシャツ、おとなしいネクタイ。グラックスマンなら、ネクタイにスープの染みがついていようと、シャツの裾がズボンからはみ出していようとかまわないが、われわれはグラックスマンではない、と説明した。グレゴリーはその週末にブルーミングデール百貨店に出かけて、上等の服を買った。「ディックをがっかりさせたくないと考える人間のひとりだったよ」彼はのちに友人に語った。[注32]

ホフストラ大学を卒業したグレゴリーは、ファルドと同様アイビーリーガーではなく、偶然に近いかたちで一九六〇年代にリーマンに入社した。もともと高校の歴史の教師になるつもりだったが、夏にリーマンでメッセンジャーとして働いたのがきっかけで金融業界に進むことにした。一九八〇年代に入るころには、リーマンの出世街道を邁進するほかの幹部三人と、ロングアイランド、ノースショアのハンティントンから通勤していた。早朝の長い通勤時間中に、彼らはその日にまとめる取引について議論し――社内で彼らは〝ハンティントン・マフィア〟と呼ばれた[注33]――会社に着くまでに戦略を決めていた。仕事のあともよくいっしょに残って、会社の体育館でバスケットボールをした。

ファルドもグレゴリーも、自身優秀なトレーダーであるグラックスマンの下で急成長した。ファルドは明らかにグラックスマンに気に入られていた。毎朝、ファルドとジェイムズ・S・ボーシャート――もうひとりの新星――は、ウォール・ストリート・ジャーナルを読んでいるグラックスマンの机の横に坐り、実況解説を聞いた。グラックスマンの名文句は〝グラックスマニズム〟として知られていた。たとえば「取引に手錠をかけるな！」――最新の市況など知らなくても受話器を取れという意味だ。

グラックスマンのだらしない恰好は政治的な勲章のようなものだとわかってきた。グラックスマンは、社内のアイビーリーグ出身の投資銀行家に対し、彼らは特権がを手にしてうぬぼれていると憤激していた。銀行家とトレーダーの対立はウォール街の階級闘争と言ってもいい。投資銀行業務が芸術と見なされる一方で、トレーディングは、技術は必要だが知能や創意はかならずしも必要でないスポーツのようなもの。そういう考えが少なからずあった。トレーダーは、会社の収入を伸ばしはじめたときでさえ、つねに序列のひとつ下だった。闘争心あふれるグラックスマンは、ことあるごとに部下のトレーダーのまえで、この〝われわれ対彼ら〟という図式を持ち出した。「あの銀行屋ども！」が口癖だった。[注34]

一九七〇年代に、リーマンのロサンジェルス支店で成功したピーター・ラスクが、クリスタルのシャンデリア、ウッドパネルの壁、ホームバーなど、三六万八〇〇〇ドルを費やしてオフィスを装飾したことがグラックスマンの耳に入った。彼はただちに西海岸に飛び、脇目もふらずにラスクのオフィスに飛びこんだ。たまたまラスク本人は留守だったが、グラックスマンは室内の華美な装飾に激怒し、秘書の机をかきまわして一枚の紙を見つけ、大文字でこう書いてドアに貼りつけた――〝クビだ！〟

それで終わりではなかった。彼は秘書の机に戻り、紙をもう一枚取って追伸を書くと、ま

えの紙の下に貼った――〝このオフィスに使った費用を一セント残らずリーマンに返すこと〟[注35]

一九八三年、グラックスマンはウォール街の記憶に長く残るクーデターを引き起こす。[注36] 業界に桁はずれの人脈を持つ、ニクソン政権時代の元商務長官ピーター・G・ピーターソンを、ひとりの移民が――グラックスマンはハンガリー系ユダヤ人の二世だった――追い出したのだ。最後の対決でグラックスマンはピーターソンの目をまっすぐ見すえ、楽な道を選ぶもよし、困難な道を選んでもよしと言い渡した。ピーターソンは結局楽な道を選び、強大なブラックストーン・グループを共同設立した。歳をとるにつれ外交的になったグラックスマンは、そのときの衝突をあまり語りたがらなかった。「まるで最初の妻の話をするようなものだ」何年もたったあとでそう言った。[注37]

リーマンのトップとしてのグラックスマンの在職期間は短かった。八カ月後の一九八四年四月一〇日――ファルドの言う、人生でもっとも暗い日――一七名からなる取締役会が、会社を三億六〇〇〇万ドルでアメリカン・エキスプレスに売却することを決定したのだ。アメリカン・エキスプレスとの接触を開始したのはピーターソンの支持者たちで、これは事実上の反クーデターだった。この体制が一〇年以上続いたあとで、もとの反乱者が力を盛り返して勝利することになる。

新しい投資会社シェアソン・リーマン・アメリカン・エキスプレスは、リーマンと、アメックス傘下の個人向け証券会社シェアソンの統合によって生まれた。[注38] そもそもの発想は双方の頭脳と体力を合わせることだったが、両者の関係は最初から不穏だった。おそらく親会社が犯した最大のあやまちは、統合全体がまちがっていると公言していたリーマンのマネジャー陣をただちに解雇しなかったことだろう。合併の時点ですでにリーマンの取締役会に入っていたファルドは、売却に反対したわずか三人の取締役のうちのひとりだった。「私はここが大好きだった」彼は反対票を投じながら言った。[注39]

グラックスマン、ファルド、グレゴリー、残るグラックスマンの取り巻きたちは、それから の一〇年間、リーマンの自治とアイデンティティを守るために闘った。「一〇年の禁固刑のようなものだった」グレゴリーは当時を思い出して言った。[注40] 結束を強めるために、グラックスマンはファルドとほかのトップクラスのトレーダーたちを会社の会議室に集めた。何を思ったか、彼はHBの鉛筆を数ダース持ってきていた。それをひとりに一本ずつ配り、半分に折ってみろと言った。全員がたやすく折った。笑うどころか、にやりとする者すらいなかった。グラックスマンは、今度は鉛筆数本の束をファルドに渡して、折ってみろと言った。さすがの〝ゴリラ〟ファルドもそれは折れなかった。

「まとまっていれば、これからもずっと偉大なことをなしとげられる」グラックスマンはこの禅問答のようなやりとりのあとで一同に言った。[注41]

リーマンのトレーダーと幹部たちは〝金融スーパーマーケット〟の一部になることに苛立ちを覚えた。この呼び名自体も凡庸だ。さらに悪いことに、新しい経営構造が複雑そのものだった。ファルドは一九九三年、J・トミルソン・ヒルとともに、シェアソン・リーマン・ブラザーズ・ホールディングスの共同社長兼共同最高執行責任者（COO）に任命された。ふたりの上にはシェアソンのCEOがいて、その上にはアメリカン・エキスプレスのCEOであるハーベイ・ゴラブがいた。ファルドの腹心のT・クリストファー・ペティットが、投資銀行部門とトレーディング部門を統括していた。誰が責任者なのか――それを言えば、そもそも責任者がいるのかどうかも――まったくわからなかった。

業を煮やしたアメックスが一九九四年にとうとうリーマンを手放したとき、会社は資金不足で、ほぼ証券取引だけに集中していた。やがてブラックストーンのCEOになるスティーブン・A・シュワルツマンのようなスターも去っていた。リーマンが独立企業として長生きするとは誰も思っていなかった。はるかに大きな銀行による買収の餌食《えじき》になるのが関の山と思われていた。

アメリカン・エキスプレスのCEO、ハーベイ・ゴラブはファルドを指名した。シェアソン・リーマンのトップ・トレーダーだったファルドは、新しい独立企業体の共同社長兼CEOとなった。新企業の業務は彼にぴったりだった。リーマンは揺れていた。純収入はシェアソンの部門が売却されてから三分の一落ち、投資銀行業務もそれに近いくらい落ちていた。沈没船から水をかき出しているようなものだった。

内部抗争も続いた。ファルドは一九九六年には、もっと地位を上げてくれとうるさかったペティットを追い出した[注42]（ペティットはその三カ月後にスノーモビルの事故で亡くなった）。

そのあと、二〇〇二年にグレゴリーと、もうひとりの同僚であるブラッドリー・ジャックを共同COOに任命するまで、ファルドは長年ひとりで会社を経営した。しかしそのジャックも、ファルドの信頼が篤かったグレゴリーによって追放される。グレゴリーが信頼された理由としては、本人の才能もあるが、それ以上にファルドに脅威を感じさせない人柄がものを言ったのではないだろうか。

「きみは最高のまとめ役だ」ファルドはグレゴリーに言った。[注43]グレゴリーの支援があれば、一九八〇年代に会社をつぶしかけたような社内の誹謗中傷を根絶することができると断言した。ファルドは給与の大幅削減にも踏みきった。[注44]一九九六年末には職員数は二〇パーセント減り、約七五〇〇人になっていた。会社の規模を小さくすると同時に、より円滑な経営スタイルも取り入れた。本人も驚いたことに、ファルドは人の自尊心をくすぐり、優秀な新人を引き入れるのが得意で、トレーダーとしてはきわめて異例だが、顧客に媚びを売ることにも長けていた。ファルドが会社の公《おおやけ》の顔を演じだすにつれ、グレゴリーがCOOとしての力を増した。ファルドの〝ミスター・アウトサイド〟に対し、グレゴリーは〝インサイド〟になった。[注45]ファルドはあえて〝くそ銀行屋〟のひとりになったのだった。めざすゴールはたったひとつ、新規公開した会社の株価を跳ね上げることだった。リーマン株はますます従業員に分配され、最終的に従業員合計で三分の一の株を保有するまでになっていた。「うちの従業員には株主のように行動してもらいたい」ファルドは管理者層に言った。[注46]ファルドは息子のリッチーがホッケーのチームワークを奨励するためにポイント制も導入した。

ケーをするときに、これと似たやり方で褒めてやっていた。[注47] 息子が出た試合をビデオに撮り、あとでこう言うのだ。「ゴールは一ポイントだが、アシストで二ポイントだった」もうひとつ、父親から息子へのとっておきのアドバイスもリーマンに適用した。「チームメイトの誰かが攻撃されたら、死に物狂いで反撃しろ！」リーマンの上級幹部は、それぞれのチームの成績で給与が決まった。

ファルドに対して忠実であれば、彼のほうも忠実だった。ロウズのCEO、ジェイムズ・ティッシュの家族とファルドがすごした休暇の話は、リーマンでは知らない者がほとんどいないほどだった。[注48] 一行はユタ州ブライス・キャニオン国立公園にハイキングに出かけた。渓谷の縁から一キロ以上下ったところで、ティッシュの一〇歳の息子ベンが喘息《ぜんそく》の発作を起こし、吸入器を頂上に置き忘れてきたことを思い出してパニックに陥った。

ファルドとティッシュが少年を連れて、もと来た道を引き返すことになった。「ベン、先頭を歩きなさい」ファルドは少年に少しでも自信を持たせようと指示した。

半分ほど坂を登ったところで別のハイカーに出会った。ハイカーはベンを見て言った。「これはまたずいぶんゼーゼー言ってるね」

ファルドは足をゆるめず、その男を振り返って、忘れがたいほど激しい口調で怒鳴りつけた。「くそでも食って死ね！」

ベンはファルドの援護に力づけられ、ほとんど駆け上がるようにして残りの道のりを戻ったという。

ファルドのリーダーとしての最高の瞬間は、おそらく九・一一の攻撃のあとだった。まわりの世界が文字どおり崩壊しつつあるなかで、彼はみなの心に同志愛を呼び覚まして会社をひとつにまとめた。摩天楼が攻撃されたその日、ニューヨーク証券取引所で再開日を議論するために開かれた会合で、リーマンは取引ができるかと訊かれたファルドは、ほとんど涙ながらに「まだ従業員の誰が生きているかもわからないのだ」と告げた。

最終的に、亡くなったリーマンの従業員はひとりだけだった。が、世界金融センター三番地の本社の損傷は激しく、もはや使い物にならなかった。ファルドはミッドタウン七番街のシェラトン・ホテルに、従業員六五〇〇人のための間に合わせのオフィスを設け、数週間後、大敵モルガン・スタンレーとみずから交渉してビルを購入することにした。結果、モルガン・スタンレーは新しい本社ビルに移らずじまいとなった。ひと月以内に、リーマン・ブラザーズはまるで何事もなかったかのように新拠点で営業していた。ただひとり引っ越しの犠牲となったのは、ファルドのゴリラのぬいぐるみだった。このごたごたのなかで行方がわからなくなり、新たに購入されることもなかった。ファルドも会社もあれがいらなくなるほど成長したのさ、とのちに指摘したのはグレゴリーである。

変化について語ることの多いファルドだが、リーマンの企業文化については大改修というより微調整する程度だった。グラックスマンが広めていた偏執的、戦闘的な世界観の穏やかなバージョンを打ち出した。とはいえ、好戦的なたとえは残っていた——「毎日が戦闘だ」

「敵を殺せ」と幹部たちに吠えていた──が、トレーダーも銀行家もいがみ合うのをやめ、少なくともいっときリーマンは内部の不和に煩わされていなかった。[注49]
「投資銀行家に、自分たちの商品を理解させようとしたのだ」ファルドがCEOになったはるかあとで、グラックスマンは言った。「われわれは投資銀行家に取引フロアを見学させた先駆けだった。そして、ディックは私が会社を去ったときよりずっと先まで行った」[注50]

ファルドは、リーマンは堅実すぎ、証券等の短期売買に頼りすぎていると判断した。ゴールドマン・サックスが自己資金による投資で莫大な利益を上げているのを見て、リーマンも新しい分野に乗り出したいと考えた。ボスのこのビジョンを実現するのはグレゴリーの役目だった。もともと細かいことを気にするほうではないし、危機管理に長けているわけでもないが、グレゴリーは、リーマンが徐々に商業用不動産やモーゲージ、レバレッジド・レンディングに手を広げ、リスクの高い賭けをしていくうえで重要な役割を果たした。急速に進む強気市況も相まって、リーマンの利益と株価は前代未聞の高さに跳ね上がった。グレゴリーの二〇〇七年の報酬は、五〇〇〇万ドルの現金と二九〇〇万ドルの自社株だった（同年、ファルドの給与パッケージは四〇〇〇万ドルに達した）。[注51]

グレゴリーはまた、ファルドがあまり望まない会話も引き受けた。規律を要する人事問題が持ち上がると、叱責はグレゴリーから来るのがふつうだった。叱責されたほうは、かならずグレゴリーを〝新しいろくでなし〟と話題にした。社内で彼は〝ダースベイダー〟と呼ばれていた。ファルドが知らないあいだに、グレゴリーの厳格な態度は冷水器のまわりで語り種《ぐさ》になっていた。

二〇〇五年、グレゴリーは社内で伝説になるほどの、彼としても極端に厳しい人事決定を下した。長年子飼いの部下であり、エクイティ部門をグレゴリーと立ち上げてグローバル・ヘッドの地位にあったロバート・シャファーを、とくに理由も見当たらないのに説明抜きで左遷したのだ。グレゴリーは、別の役割を見つけてやると言ってシャファーを執行委員会から追放した。本人に意図が伝わらないことを考えて、執行委員会が開かれる会議室の真向かいにシャファーのオフィスを設け、残酷にも格下げを念押しした。そんなさなか、シャファーは娘が囊胞性線維症と診断されたためしばらく会社を休まざるをえず、戻ってきたときにはグレゴリーが仕事を見つけてくれているだろうと期待していた。

しかし数カ月後、彼が辞表を提出しないでいると、グレゴリーはオフィスに本人を呼び出した。「アジアへの転勤をどう思う？」気まずい沈黙のあとでグレゴリーは訊いた。

シャファーは愕然とした。「アジア？ 冗談でしょう。娘のことは知ってますよね、アジアになんか行けるわけない」

かくしてシャファーはリーマンからクレディ・スイスに移り、リーマン内に言う"ジョー《ジ ョ ー》の殺戮《イサイド》"のもっとも名高い犠牲者となった。注52

当時のグレゴリーの採用決定のいくつかは、人の目にはきわめて異例に映った。二〇〇五年、負債の専門家で債券部門のトップだったハーバート（バート）・マクデイドを異動させ、専門外のエクイティ部門のトップにつけた。地価バブルが弾けかかっていた二〇〇七年には、なぜ商業用不動産業務に何人もの素人幹部を割り当てるのかとくり返し質問された。「誰しも幅広い経験が必要だ」グレゴリーは説明した。「組織を動かす力の問題なのだ、個人ではなく」[注53]

グレゴリーが任命した人物のなかでもっとも物議を醸したのは、エリン・キャランだった。[注54]『セックス・アンド・ザ・シティ』ふうのピンヒールを好むブロンド美人である。二〇〇七年九月、グレゴリーがこの四一歳のキャランをCFOに選んだときには、リーマン関係者は呆気にとられた。たしかにキャランは優秀だが、リーマンの財務運用についてはほとんど何も知らず、会計の背景知識もゼロだった。社内のもうひとりの女性幹部、ロス・スティーブンソン――おそらくリーマンのなかで、ファルドを除いて、コールバーグ・クラビス・ロバーツの中心人物ヘンリー・クラビスと電話で話せるただひとりの幹部――はこの人事に激怒し、ファルドに不満をぶつけたが、ファルドはいつものようにグレゴリーを支持した。

キャランはファルドさながら経験豊富な闘士であることを、しきりに同僚に証明したがっていたが、金融業界の頂点に立つまでの彼女の経歴は、むしろファルド以上に常道をはずれていた。ニューヨーク市の警官の三人娘のひとりで、一九九〇年にニューヨーク大学のロースクールを卒業し、ウォール街の大手法律事務所シンプソン・サッチャー＆バートレットで、税務部門のアソシエイトとして働きはじめた。その主要顧客がリーマン・ブラザーズだった。

シンプソンに五年勤めたあと、彼女は思いきってリーマンの仕事相手に電話をかけ、「わたしみたいな人間がウォール街で働くのは奇妙かしら」と尋ねた。[注55]

奇妙ではなかった。キャランはリーマンに雇われ、早い時期に、税法改正によって課税上負債のように扱われるようになった証券の一大ブームをとらえた。税法の専門知識があった彼女は、ゼネラル・ミルズといった顧客の複雑な投資案件を巧みにまとめるようになった。抜け目がなく、自信にあふれ、手際のいい宣伝ウーマンはたちまち社内の階層を駆けのぼり、数年のうちに、グローバル財務ソリューションとグローバル財務分析の部門を率いることになった。ヘッジファンドがウォール街最大の顧客になってきたころで、二〇〇六年には、彼らとかかわりのある投資銀行部門の監督というきわめて重要な仕事をまかされた。

その職にあったキャランの支援で、フォートレス・インベストメント・グループは、アメリカのヘッジファンドおよびプライベート・エクイティ・ファンドの運用者として初の上場を果たした。彼女はのちに別のファンド、オク・ジフ・キャピタル・マネジメント・グループの新規株式公開（IPO）も手がけた。ケン・グフィリンのシタデル・インベストメント・グループ――リーマンの顧客として最重要のヘッジファンド――についても、ヘッジファンドによる調達としては空前の規模となる五億ドル相当の五年債の販売を支援し、さまざまな顧客との取引をまとめあげた。[注56]

ほどなくキャランは、多様性を重視するジョゼフ・グレゴリーの目に留まる。グレゴリーは、世の中は変化しており、リーマンもほかの金融企業と同じくもはや白人男性の聖域ではないと認識していた。若く優秀な人材――しかも女性――を登用することはリーマンのため、ひいては彼のためにもなる。キャランがテレビ画面で見映えがすることも害にはならなかった。

三月一七日の夜、タイム・ワーナー・センターのアパートメントで、エリン・キャランはいつまでも寝返りを打っていた。翌日は彼女のキャリアにとって最大の日だった。リーマンを呑みこもうとしている炎をたったひとりで消し、彼女に対する社内の批判を封じるチャンスだった。

あと数時間のうちにリーマン・ブラザーズを代表して、市場に、世界に語りかける。会社の四半期の成績をくわしく報告する電話会議を開くのだ。世界じゅうの大勢の金融アナリストがそれを聞く。彼らの多くは、わずかでも弱みを見せようものならリーマンをずたずたに引き裂く構えだ。リーマンの数字を発表したあとは、質疑応答。こういう状況だから、非常に厳しい質問もいくつか出るだろう。即座に考えなければならない。その答え次第で、文字どおり会社の浮沈が決まるのだ。

とても眠れないとあきらめてベッドから出、アパートメントのドアの外に配られたウォール・ストリート・ジャーナルを取ってきた。一面の記事で気持ちが安らぐことはなかった。見出しは〝リーマン、嵐の渦中〟。リーマンが傾いてきたという噂に対抗するおもな幹部として、キャラン自身を取り上げている。とはいえ、彼女は報道陣とのやりとりが好きだった。疲れているにもかかわらず、活力が湧いてきた。すらりとした体をアドレナリンが駆けめぐった。コーヒーを手に階下に駆けおり、バーグドルフ・グッドマンの店員が選んでくれたエレガントな黒いスーツに着替えた。髪はこの日、CNBCのマリア・バルティロモの番組に出るためにセットしてある。

キャランはタイム・ワーナー・センターの雨よけの下で車を待った。このアパートメントはいずれ出ていきたいと思っていた。新しい地位で得られる収入に期待して、より豪華な夢の住まい――セントラル・パーク・ウェスト一五番地三一階、二二〇平方メートルのアパートメント――を購入しようと交渉中だった。[注57] ニューヨーク市の誰もがうらやむ住所だ。ロバート・A・M・スターンの設計になるその石灰石の建物は、ゴールドマン・サックスのCEOロイド・ブランクファイン、シティグループの伝説の人サンフォード・ワイル、ヘッジファンドの大御所ダニエル・ローブといった名だたる金融人や、ロックスターのスティングが新居として購入している。六四八万ドルのアパートメントを買うのに、五〇〇万ドルを借りる予定だった。[注58] 社用車の後部座席に乗りこみながら、彼女は今朝の会議にどれだけのことがかかっているのだろうと考えた――希望している新しいアパートメントも含めて。

リーマンのオフィスで、リチャード・ファルドは気持ちを落ち着け、CNBCのポールソン財務長官のライブ放送を見はじめた。リモコンを取って音量を上げた。トゥデイ・ショーのマット・ラウアーがインタビュアーを務め、NBCとCNBCに同時放送されていた。「ですが、「私のほうからあまりしゃべるつもりはありません」ラウアーはそう切り出した。大統領はこ月曜の朝、大統領があなたと話し合ったことについてうかがいたいと思います。

う言いました。〝ポールソン財務長官から最新の情報を得た。われわれが困難な時期を迎えているのは明らかだ[注59]〟」

睡眠不足に見えるポールソンは、ホワイトハウスの記者室に立ち、右耳から入ってくる質問を懸命に聞き取ろうとしていた。

ラウアーは続けた。「そのことばと、アラン・グリーンスパンが最近の記事に書いていたことを比較したいのです」引用と同時にグリーンスパンの写真が画面に映し出された。「〝今回のアメリカの金融危機は、のちの時代から見て、第二次世界大戦後もっとも厳しかったと判断される可能性が高い〟

こうなると、大統領の〝困難な時期を迎えている〟は今年最大の控えめな表現に思えないでしょうか？」ラウアーは、あくまで丁寧だが強い口調で訊いた。

ポールソンは一瞬ことばに詰まったが、すぐに立ち直って、明らかに安心を狙ったメッセージを口にした。「マット、たしかにいま資本市場は乱気流のなかにいるが、それは八月から続いていることだ。われわれはそれに全力で対処し、解決策を見つけようとしている。私は市場に絶対の自信を持っている。市場は回復力に富み、柔軟だが、今回の事態の収拾には多少時間がかかる。われわれはそれに集中しているよ」

ファルドは徐々に苛立ちながら、ラウアーがベア・スターンズ救済の意味合いについて質問するのを待った。「連銀はこの週末、ベア・スターンズの状況に関して異例の措置をとりました」ラウアーがついに言った。「こう思っている人もいます。連銀は国じゅうで苦しんでいるいわゆる中産階級に起きることより、ウォール街に起きることに敏感に反応しているのではないかと」

ファルドはかっときて、ラウアーのこの質問は複雑な金融問題をまたしても階級闘争に置き換えるメディアの常套手段だと思った。ウォール街——そしてゴールドマンの元ＣＥＯであるポールソン——を、トゥデイ・ショーの視聴者である全国のサッカー・マム（子供にサッカーを習わせる中産階級の母親）にぶつけようというわけだ。

ポールソンはしばし黙ってことばを探した。「それにはこう答えよう。ベア・スターンズの状況は、ベア・スターンズの株主にとって非常に痛ましい。だから、彼らは救済されたとは考えていないだろう」送りたいメッセージは明らかだった——ブッシュ政権は企業救済はしない、以上。

そこでラウアーは、ウォール・ストリート・ジャーナルの一面から引用して訊いた。「政府は、金融機関が伝統的手法では立ち直れなくなったときに支えるという前例を作ったのでしょうか。言い換えれば、これが将来の通例ということでしょうか、長官？　今後、危機に陥った金融機関は政府に救済を求めるのですか？」[注60]

これはとりわけ毒を含む質問だった。ほんの数日前、ポールソンはウォール街の全ＣＥＯが参加した電話会議で〝モラル・ハザード〟について声高に非難したばかりだった。モラル・ハザードとは、リスクをとる者が失敗から守られているときに起きることを漠然と指す経済用語だ——つまり、彼らはより大きなリスクをとるようになる。

「すでに言ったように、ベア・スターンズの株主はいま救済されているとは思っていないはずだ」ポールソンはくり返した。「焦点ははっきりしている。われわれが集中しているのは、アメリカ国民にとって何が最善か、資本市場の混乱の影響をいかに少なくするかだ」

キャランは自分の机につき、ブルームバーグの端末のスイッチを入れて、ゴールドマン・サックスの四半期の報告を待った。市場はそれを今後の展開の大まかな指標とする。ゴールドマンの成績がよければ、リーマンにもさらに追い風が吹くかもしれない。

ゴールドマンの数字が画面に出ると、キャランは喜んだ。堅調だ。一五億ドルの利益[注61]。前年の三二億ドルは下まわったが、下まわっていない企業などない。ゴールドマンは都合よく期待を上まわってくれた。ここまでは順調。

その朝、リーマン・ブラザーズはすでに第1四半期の成績の概略を報道機関に送っていた。もちろんキャランも承知しているように、数字は自信を与えうるものだった。報告では、四億八九〇〇万ドル――一株あたり八一セント――の収入。前年から五七パーセント減だが、アナリストの予測値より高い。

収益発表に関する最初のニュース速報はポジティブだった。「リーマンはこの数字で悲観論者を驚かせました」民間投資会社ホランド&カンパニーのマイケル・ホランドはロイターに語った[注62]。バンク・オブ・アメリカ証券のアナリストであるマイケル・ヘクトも、この四半期の結果を〝全体的に堅調〟と評価した[注63]。

立会開始三〇分後の午前一〇時、キャランは三一階の役員室に入った。リーマンの報告はすでに市場の不安を抑えつつあるが、まだ多くが彼女の双肩にかかっている。世界じゅうの誰もが同じ質問をするだろう——リーマンはベア・スターンズとどうちがうのか。流動性は充分あるのか。不動産のポートフォリオをどう自己評価するのか。投資家はリーマンの〝時価評価（市場実勢価格に合わせた資産や負債の評価）〟を本当に信じてもいいのか。それともリーマンは都合のいい〝自己評価〟をしているのか。

キャランはそれらに対する答えをすべて用意していた。予習し、予行演習していた。週末には、部屋いっぱいの証券取引委員会の出席者——決して扱いやすい集団ではない——のまえでリハーサルまでし、みなを満足させて帰していた。数字はすべて暗記している。話すべき内容も。話し方も心得ていた。

市場は収益報告を手放しで歓迎した。リーマンの株価は急騰し、クレジット・スプレッドは縮小した。投資家は、リーマンが破綻する危険は減ったと見ている。いまキャランのなすべきことは、疑惑を一気に消し去ることだ。彼女は水をひと口飲んだ。四日間話しづめで声がかれていた。

「用意はいい？」投資家向け広報担当の役員エド・グリーブが言った。

キャランはうなずき、話しはじめた。

「ここ数日、私たちのセクターだけでなく、市場全体に前例のない不安定が生じたことは疑いありません[注64]」何十人もの金融アナリストが聞き入っているスピーカーフォンに語りかけた。

キャランの声は完全に落ち着いていた。続く三〇分で慎重に細部に立ち入りながら――ウォール街の用語で〝色をつけながら〟――リーマンの各ビジネスユニットの数字を説明していった。とりわけレバレッジを減らし、流動性を増やそうとしていることを強調した。退屈で飽きられてしまうほど丁寧に、すべてをきちんと説明した。

見事なプレゼンテーションだった。アナリストたちはキャランの率直さ、事実の掌握、確信、そして未解決の問題を進んで認める態度に感銘を受けたようだった。

しかし、電話会議はまだ終わっていなかった。次は質問だ。まず銀行の容赦ない批評家として名高いオッペンハイマーのアナリスト、メレディス・ホイットニーが発言した。前年秋、シティコープが減配に追いこまれることを正確に予言した人物だ。キャランは、同席するリーマンのほかの幹部と同様、息を詰めてホイットニーの追及を待った。「すばらしい仕事だわ、エリン」誰もが驚いたことに、ホイットニーはそう言った。「すべてを開示してくれて感謝しています。みんなまちがいなくそう思っている」[注65]

キャランは安堵《あんど》を顔に出すまいとしながらも、自分がうまくやりとげたことを知った。ホイットニーがそう信じるのならもう安心だ。会議の最中にもリーマンの株価は上昇しつづけた。市場も信じはじめていた。その日、株価は一四・七四ドル――四六・四パーセント――上がって四六・四九ドルとなり、一九九四年の公開以来、一日としては最大の上げ幅を記録した[注66]。ゴールドマン・サックスのアナリスト、ウィリアム・タノナは、リーマンの格付けを〝中立〟から〝買い〟に上げた。

会議が終わったあとのリーマン側の興奮は、肌で感じられるほどだった。グレゴリーがキャランに駆け寄って思いきり抱きしめた。そのあとキャランは証券取引フロアにおり、債務担保証券取引を統括するピーター・ホーニックの机の横を通りすぎた。ホーニックが手のひらを上げ、キャランはそこに自分の手をパチンと打ち合わせた。[注67]

短くも輝かしいそのとき、リーマン・ブラザーズにとってすべては順調に思えた。

しかしリーマンの外では、懐疑主義者がすでに懸念を表明しはじめていた。「まだこの数字は信用できない。帳簿上の負債がまだ正しく計算されていないと思う」ユーロ・パシフィック・キャピタルの社長兼チーフ・グローバル・ストラテジストのピーター・シフが、ワシントン・ポスト紙に語った。「いずれリーマンのこの利益はすべて虚偽だとわかるだろう」[注68]

マンハッタンの別の場所では、夜間飛行でロサンジェルスから到着し、オフィスに駆けこんでその朝の電話会議に参加した、先見の明のある若いヘッジファンド・マネジャー、デイビッド・アインホーンが同じ結論に達しようとしていた——リーマンは砂上の楼閣である。彼はファルドが〝ヘッジーども〟と罵《ののし》る投資家のひとりで、ほんの一文を口にするだけで市場を動かすほどの影響力を持っていた。彼自身、リーマンはキャランの報告より弱体であるということに、すでに多額の金を賭けており、その意見を世界に述べ伝えようとしていた。

第2章　ポールソン財務長官の怒り

緑豊かなワシントンDC北西部の住宅地で、ヘンリー・ポールソンは携帯電話をいつもの場所に置き、家のリビングルームを往ったり来たりしていた。復活祭の日曜、ベア・スターンズ買収のちょうど一週間後で、ポールソンは妻のウェンディに自転車でロック・クリーク・パークに出かけようと約束していた。首都を二分《にぶん》する広い公園で、彼らの家から通りを少し行ったところにある。ウェンディは、週末のあいだじゅう電話ばかりしている夫に嫌気が差していた。

「ねえ、ほんの一時間ぐらいいいでしょう」なんとか夫を家から連れ出そうとした。ポールソンもついにほだされた。この一週間あまりで仕事から心が離れたのは初めてだった。

電話がまた鳴るまでは。

数秒後、相手のことばに耳を傾けたあとで財務長官は叫んだ。「吐きそうになる！」[注1]

通話相手はジェイミー・ダイモンだった。マンハッタンのミッドタウンにあるJPモルガン・チェース本社の八階で、人気《ひとけ》のないパーク・アベニューを見おろしながら、スピーカーフォンでかけてきていた。ダイモンはまさに財務長官が聞きたくないことを言ったのだった

——ベア・スターンズの一株二ドルの取引を〝再編集〟して、一〇ドルに上げることにしたと。[注2]

まったく予想外のニュースというわけではなかった。いざとなると執拗《しつよう》なポールソンは、その週、ほぼ毎日ダイモンに電話をかけていた（早朝のトレッドミルでのジョギングを少なくとも一度は中断して）。そのときの会話から、ベアの買収価格が上がる可能性もあることは承知していた。買収発表のあと、当然ながらふたりは、低価格に不満を抱いたベアの株主が取引を否決し、会社をまた窮地に追いこむことを怖れていた。

それでも、ダイモンの決定はポールソンを憤慨させた。値段を上げるにしても、せいぜい一株八ドルぐらいまでだろうと思っていたのだ。

「話していたよりかなり高い」ポールソンは聞いたことがとても信じられず、いまやまぎれもないかすれ声で電話にささやいた。ほんの一週間前、ダイモンが一株四ドル支払う用意があると打ち明けたとき、ポールソンは「一株一ドルか二ドルという名目上の値段だったらわかる」と、こっそり値下げを指示していた。[注3]ベア・スターンズは、政府による二九〇億ドルの負債の肩代わりがなければ破産していたところだ。[注4]ポールソンは、ウォール街の友人たちに甘いお人好しと見られたくなかった。

「そもそも彼らが何かを得られること自体、納得がいかないのだ」彼はダイモンに言った。

これまで、当初のきわめて低い買収額の裏にアメリカ合衆国財務長官の働きかけがあったことを知っているのは、ダイモンだけだった。ポールソンは今後もそれを望んでいた。おおかたの保守派と同じく、彼も〝見えざる手〟の原則を重んじていた。公的機関の介入は、あるとしても最後の砦にとどめるべきだとする、いまだ広く信奉されている新古典派経済学の概念を。

ゴールドマン・サックスのCEOだったポールソンには、ダイモンの置かれた立場が手に取るようにわかった。ポールソンもまた市場に落ち着きを取り戻したいと思っていた。そのために一週間、胃が痛くなるような思いをしたのだ。一株二ドルの価格が発表されたあと、ベアの株主と従業員はいっせいに反発し、この取引だけでなく、市場全体をひっくり返してやると息巻いていた。[注5]さらに、性急にまとめられた買収合意のなかに、ダイモンは明白な瑕《か》疵《し》を見つけていた。ワクテル・リプトン・ローゼン&カッツ法律事務所の弁護士たちの失態だ。つまり、ベアの株主は投票によって取引を否決でき、厄介なことに、JPモルガン・チェースはそれでもまる一年間、ベアの業務継続を保証しなければならない。

ダイモンは、ベアの従業員に移行計画を説明するために招集した会議で、古参のブローカーであるエド・モルダバー――ダイモンの見立てでは〝くそったれ〟――に公然とからかわれた話をポールソンにした。「これはできちゃった[注6]婚じゃない」モルダバーは何百というベア職員のまえで嚙みついた。「レイプみたいなもんだ」

ワシントンにも似たような反発がある、とポールソンもダイモンに明かした。政府職員のほとんどは、ウォール街にいる人間はみな貪欲で給料をもらいすぎだと思っている、彼らを救済することは増税と同じくらい国民に疎《うと》まれるのだと。「四面楚歌だよ」と打ち明けた。

さらに状況を悪化させているのは、この年に大統領選挙があることだった。ベア・スターンズ買収が発表された翌日の月曜、民主党の大統領候補で、現在世論調査でわずかにリードしているヒラリー・クリントン上院議員が、ベア・スターンズ救済を批判し、ブッシュ政権による救済策をイラク問題にまで結びつけていた。

下院金融サービス委員会の民主党委員長、バーネット・フランクもこれに負けず辛辣《しんらつ》だった。同じように今回の措置を、ポールソンのボスであるブッシュ大統領の批判に用いていた。「共和党による長年の規制緩和と、新しい金融機関が成長した際の規制の欠如によって、こうした金融機関は経済の大部分を人質に取ってしまった」フランクは不満をあらわにした。「そして身代金を払うのはわれわれだ、好むと好まざるとにかかわらず」[注7]

救済策に対する攻撃は、ワシントンではめずらしい超党派的活動のひとつだったが、共和党は別の理由からそれを嫌った。市場がすべてを解決する、政府の介入はいかなるものでも事態を悪化させる、と党内の保守派が信じていたからだ。彼らはヒポクラテスの『流行病』を引用して、「まず、害をなさないこと」と言う。少し血は流れるかもしれないが、創造的破壊は資本主義の避けられない代償だ。一方、共和党の穏健派には有権者からの苦情が殺到していた。退職後のための積立金を台なしにした連中に、なぜ税金を使わなければならないというわけだ。

誰もが今回の措置を〝救済《ベイルアウト》〟と呼んでいた――ポールソンの嫌いなことばだ。彼としては、アメリカ経済を救うのに手を貸しただけだった。文字どおり、沈む船から水をかい出す《ベイルアウト》のであって、ほどこしをするのではない。そのちがいをワシントンの誰ひとりとして理解できないのが不思議だった。

しかし、ポールソンの判断の正しさがどれだけ証明されようと、支払いがある意味で地獄であることはたしかだった。ブッシュ大統領も、公式にはポールソンと今回の措置を讃えているが、個人的には激怒している。救済が必要なことは理解していても、これがどう政治化されるかもわかっていた。「これでわれわれは殺されるんじゃないか?」とポールソンに尋ねてもいた、答えはイエスだと充分承知のうえで。

ポールソンにとって、この問題に関する大統領の立場は教えられるまでもなかった。ベアの措置が決まるまえの水曜の午後を大統領執務室で費やし、金曜にヒルトン・ホテルでニューヨーク経済クラブ向けにおこなわれる大統領の演説に助言していた。[注8] ブッシュはその演説に、救済はぜったいにしないという一文を入れていた。

「これは言わないでください」ポールソンは草稿を読んで主張した。

「なぜ?」ブッシュは尋ねた。「救済はしないぞ」

ポールソンは大統領に悪い知らせを伝えた。「する必要が生じるかもしれない、どれだけ印象が悪かろうと」[注9]

つまるところ、状況はポールソンがもっとも怖れていた悪夢そのものになっていた——経済が政争の具となり、彼自身の評判が危機に瀕していながらも、ワシントンのルールにしたがうしかないのだ。

ヘンリー・ポールソンの理解するこの国の首都での仕事のやり方は、二〇〇六年春に財務長官職を打診されたときに一度ならず二度までも断った理由のひとつだった。ポールソンはワシントンを知っていた。大学卒業後の初めての職場が国防省だったのだ。その後、ニクソン政権下で長いこと働いた。[注10] だから、提案された仕事にともなう危険はきちんと理解していた。「心身ともに疲れるし、ああいう連中とは働けないし、辞めたときにはけなされる。彼らがスノーやオニールのことをなんと言っているか！」がポールソンの弁だった。[注11] 前任者のジョン・スノーとポール・オニールはともに斯界の名士としてワシントンに迎えられたが、長官を辞めたときには評判に傷がついていた。

決定を下すまでの数カ月は悩みに悩んだ。なんと言っても、ポールソンはすでに世界最高の職についていたのだ。ウォール街でもっとも尊敬される企業、ゴールドマン・サックスのCEOに。最高経営責任者として世界じゅうを飛びまわり、なかんずく中国に力を注いでいた。中国では資本主義を代表する非公式のアメリカ大使のような扱いで、国務長官コンドリーザ・ライスを含むワシントンの誰より、中国首脳部と深い関係を結んでいると言われていた。

ブッシュ大統領の首席補佐官ジョシュア・ボルテンが、とりわけ熱心にポールソンを推薦した。[注12] 中国経済が急速に発展し、地政学的に重要になっているいま、ポールソンと中国の強い結びつきはとてつもなく有用だと大統領を説得した。仕事の面でも、ボルテンはポールソンをよく知っていた。ボルテン自身もゴールドマン・サックス出身で、一九九〇年代にはロンドンで同社のロビイストとして働き、ジョン・コーザインがCEOだったときに短期間、首席補佐を務めたこともあったからだ。

しかし、ボルテンもポールソンの背中を押すことができなかった――と言うより、ポールソンの家族の背中を。まず障害となったのは、妻のウェンディが大統領を嫌っていることだった。それは夫が二〇〇四年にブッシュの〝パイオニア〟――大統領再選キャンペーンで一〇万ドル以上の調達者に与えられた称号――になったことでも変わらなかった。[注13] ポールソンの母親のマリアナは、長官職打診の話に愕然として泣きだしたほどだった。プロバスケットボール協会幹部の息子と、クリスチャン・サイエンス・モニター紙の記者である娘も、当初は父親の転職に反対した。

もうひとり疑問を投げかけた重要人物が、ポールソンのメンター、ジョン・ホワイトヘッドだった。ゴールドマンの元会長、多くの社員にとって父親的存在で、レーガン政権で国務次官も務めたホワイトヘッドは、指名を受けるのは大きなまちがいだと考えていた。「いまの政権は失敗だ。何をなしとげるのにも苦労することだろう[注14]」

四月のウォール・ストリート・ジャーナルのインタビューで、ポールソンはまだ、財務長官候補であるという話を退けていた。「私はいまの仕事を愛している。じつのところ、ビジネス界で最高の仕事だと思っている。ここには長くとどまるつもりだ[注15]」

それでもボルテンはあきらめなかった。四月下旬、ポールソンは大統領からの招待を受けた。しかし、レーガン政権とブッシュ（父）政権時代にジェイムズ・ベイカー（レーガン政権で財務長官、ブッシュ政権で国務長官）の下で働いたこともある、ゴールドマンの首席補佐ジョン・F・W・ロジャーズが、指名を受ける気がないかぎり会合には出るべきではないと強く助言した。「大統領相手に交渉はできない」とポールソンに言った。ロジャーズの言い分ももっともなので、ポールソンは気まずい思いで電話をかけて面会を辞退した。

　しかし、ポールソン夫妻は同じ月、ホワイトハウスで開かれた中国の胡錦濤《こきんとう》主席との昼食会には出席した。食事のあと、ふたりは首都を散歩した。財務省ビルを通りすぎたときに、ウェンディが夫のほうを向いた。

「わたしのために断ったのでなければいいけれど」彼女は言った。「あなたが本当にやりたいのなら、わたしはいいのよ」

「いや、きみのために断ったのではない」

　本人は気乗り薄だったが、周囲はポールソンの決定はまだ最終ではないと見ていた。ロジャーズも、ボスは内心指名を受けたいのではないかとひそかに思っていた。五月最初の日曜の午後、ロジャーズはジョージタウンの自宅でふと気づくと、思い悩んでいた。自分はポールソンに悪い忠告をしてしまったのではないか。ついに受話器を取り上げ、ボルテンにかけた。「ハンクが断ったのは知っている」ロジャーズは言った。「だがもし大統領が本当に彼の就任を望んでいるのなら、もう一度本人に頼んでみてくれ」

　ボルテンが電話をかけて申し出をくり返したとき、ポールソンは、自分のためらいは失敗への怖れから来ているのだろうかと思った。ゴールドマンで彼は〝問題に飛びつく〟男と呼ばれていた。それなのに、いまは問題から逃げるのか。

ポールソンは信仰篤いクリスチャン・サイエンティストで、大半の信徒と同じくメアリー・ベイカー・エディの著作に傾倒していた。エディは初期キリスト教の癒し重視への回帰を訴え、一八七九年、ボストンに第一科学者キリスト教会を設立した人物だ。〝恐怖は病の泉である〟と彼女は書いた。恐怖は〝神の均衡を取り戻すために追い払われなければならない〟と。[注16]

ボルテンに続いてジェイムズ・ベイカーが電話をかけてみると、ポールソンは指名辞退をすでに考え直しはじめていた。共和党の黒幕であるベイカーは、長官候補としてきみは図抜けてすばらしいと大統領に推薦しておいた、とポールソンに告げた。これに感激したポールソンは、申し出について真剣に考えていると請け合った。

同じ週、長年の友人で、サラ・リーのCEO、ゴールドマンの取締役、そしてポールソンがシカゴの投資銀行家だったときからの顧客であるジョン・ブライアンが彼にこう助言した。「ハンク、人生は舞台稽古じゃないぞ。八〇歳になったときに孫たちのまえで、おじいちゃんは昔、財務長官になってくれと頼まれたなんて言いたくないだろう。財務長官だった、と言うべきだ」

ポールソンは五月二一日、ついに提案を受け入れた。が、ホワイトハウスによる指名発表は身元調査を終えた翌週になる予定だったので、週末にシカゴで開かれたゴールドマンのパートナーの年次会合では、辞職することを誰にも言えず、居心地が悪かった（皮肉なことに、その日の招待講演者はイリノイ州上院議員バラク・オバマだった）。ただ相変わらず、政府に加わるのかどうかという新聞記者の詮索——同僚は言うに及ばず——が煩《わずら》わしいので、ポールソンはほとんど階上のホテルの部屋にこもりきりだった。

ウォール街には二種類の銀行家がいる——ウィットと魅力で成功する、シルクのように感触のいいセールスマンと、ブルドッグよろしく不屈の闘志で粘るタイプだ。ホワイトハウスは、ほどなくポールソンが後者であることを知った。ポールソンは正式な受諾のまえに、いくつか重要な細目の実現を約束させた。三二年間のゴールドマン・サックス勤務で学んだことがあるとすれば、それは可能なかぎり有利な取引をする方法だった。まず政府内で財務省が国防総省、国務省と同じ地位を得ることを書面で保証させた[注17]。ワシントンでは大統領の近くにいることが重要だ。ブッシュの気まぐれで呼び出されはするが、こちらからの電話には大統領の返答がないといったような、周辺的な役割に甘んじるつもりはなかった。さらにどう交渉したのか、ポールソンは国家経済会議（NEC）——ハーバード大学ビジネススクールでクラスメイトだったアラン・ハバードが委員長——の会合のいくつかを財務省ビルで開催することにまで、ホワイトハウスの合意を取りつけた[注18]。しかもそこには副大統領のディック・チェイニー本人が出席することになっていた。

もとの雇用者をひいきしていると思われることがいっさいないように、ポールソンは、在任期間をつうじてゴールドマン・サックスにいっさい関与しないという、六ページにわたる〝倫理〟契約に進んで署名した。通常の政府職員に求められる一年間よりはるかに長い期間だった。〝万全を期すため、財務長官に在任中、ゴールドマン・サックス・グループ、または同社が代表する当事者を含む集団にかかわる事項にはいっさい関与しない〟と、そのまま契約として使われた手紙に書いた。〝財務長官の職務遂行にあたって、これらの手順が利益の衝突を完全に回避させてくれるものと信じる〟[注19]。この宣言は確実にポールソンの力をそぐものだった。ゴールドマンの影響力はウォール街の事実上すべての局面に及ぶからだ。彼はのちに必死で打開策を探ることになる。

もうひとつの条件は指名とともに発効した。ポールソンはゴールドマン・サックスの大量の株式――三二三万株、約四億八五〇〇万ドル相当――と、中国工商銀行への投資を含むゴールドマンの高利回りのファンドを売却しなければならなかった[注20]。内国税歳入局（IRS）の新規則により、一億ドル以上の税金を節約することができ、これは彼個人としても最高クラスの取引だったはずだが、金融危機のまえには、ゴールドマンの株価が上がるのを何カ月も苦々しい思いで眺めていた。売ったときには一四二ドルだった価格が、二〇〇七年一〇月には二三五・九二ドルまで上昇していたのだ。

ヘンリー・メリット・ポールソン・ジュニアは、二〇〇六年五月三〇日、正式に財務長官に指名された。そのわずか一週間後、ワシントン・ポスト紙が彼の特集を組み、記事を次のように切り出した。〝残りわずか二年半の政権で、ブッシュ大統領から財務長官に指名されたヘンリー・M・ポールソン・ジュニアが、数多くの経済問題を解決するチャンスはほとんどないかもしれない〟

これほどポールソンを悔しがらせ、挑戦心をかき立てることばはなかっただろう。

ウォール街の基準からすると、ポールソンは不可解なほどのはぐれ者であり、カーネギー・ヒルで億万長者の生活を送ることにほとんど興味を示さない巨人だった。シカゴ郊外の農場で生真面目な中西部人として育ち、イーグルスカウト（ボーイスカウトの最高位）でもあった。彼とウェンディはマンハッタンの社交界からむしろ懸命に遠ざかり、可能なかぎり夜九時にはベッドに入り、自宅近くのセントラルパークでバードウォッチング——ウェンディが環境保護団体ネイチャー・コンサーバンシーの朝のツアーを運営していた——を楽しんだ。住まいは二寝室、一一〇平方メートルのアパートメントで、ウォール街でも最高の給与を得ている企業幹部としては控えめだった。ポールソンはプラスティック製のランニング・ウォッチをつけているが、それ以外のものに金を使おうとすると、ウェンディにたしなめられた。海兵隊将校の娘であるウェンディは夫に厳しく倹約を命じていた。ある日、ポールソンがバーグドルフ・グッドマンでカシミアのコートを買ってきた。一〇年来着ているコートが古くなったので新調したのだが、ウェンディは「どうして新しいコートを買ったの？」と訊いた。翌日、ポールソンは百貨店にコートを返した。

また、ブッシュ大統領の資金調達に大きく貢献したものの、彼は共和党の強硬派のイメージからほど遠かった。頑固な環境保護論者で、所有する唯一の車はトヨタのプリウス。二〇〇六年、南アメリカのティエラ・デル・フエゴ諸島にゴールドマンが所有していた六八万エーカーの土地を、野生動物保護協会に寄付したときには、かなりの悪評が立ち、憤慨した一部のゴールドマンの株主に苦しめられた。ポールソンはたまたま同協会の会長であり、息子も顧問のひとりだった。その環境問題がらみの南アメリカの土地は、ある不履行債務の担保権実行の結果、ゴールドマンが取得したものだったが、当時その皮肉は誰にも理解されなかったようだ。

ポールソンは昔からいつも他人の期待を上まわってきた。身長一八五センチ、体重九〇キロの体格はそう大きくもないが、ダートマス大学では全アイビーリーグ最高のタックルに選ばれ、苛烈なプレースタイルから〝ハンマー〟や〝ハンマリング・ハンク〟のあだ名で呼ばれた。しかし、パーティをとことん楽しむチームメイトとちがって、彼は所属する男子学生クラブのシグマ・アルファ・イプシロンのビアパーティでも、冷蔵庫に置いていたオレンジジュースとジンジャエールを飲んでいた(のちの妻ウェンディとは、彼女がウェルズリー大学にいたときに知り合った。当時、ウェンディのクラスメイトにヒラリー・ロダムがいて、ふたりはいろいろな意味でライバルだった。ウェンディは一九六九年クラスの総代、ヒラリーは生徒会長だった)。ポールソンは英文学を専攻し、伝統あるファイ・ベータ・カッパの会員として一九六八年にダートマス大学を卒業した。

ワシントンに初めて来たのは一九七〇年、ハーバード大学ビジネススクールを卒業したあとだった。当時はスーツ一着すら持っていなかった。ダートマス大学の教授に書いてもらった推薦状を武器に、国防総省で国防次官補の補助スタッフとして働くことになった。ほどなく、後年ゴールドマン・サックスでずば抜けたセールスマンとなる技能のいくつかを発揮し、わずか二年でホワイトハウスに移って、国内政策会議の副議長となった。ときの議長は大統領補佐官のジョン・アーリックマン――やがてウォーターゲート事件の隠蔽にかかわり、共謀、司法妨害、偽証の有罪判決を受ける人物――だった。ポールソンは財務省と商務省のあいだの仲介役を務めた。「ペンタゴンの低い地位からホワイトハウスに昇格したんだから、情報を収集する（ハンクの）アンテナの感度はそうとうよかったんだろうね」友人でゴールドマンの元幹部であるケネス・ブロディはそう振り返る。「だが、ウォーターゲート事件が起きると、ハンクはまったく話題にのぼらなくなった」[注21]

一九七三年、ウェンディが初めて妊娠すると、ポールソンは金を稼がなければと思い、ニクソン政権のホワイトハウスを去って金融業界に職を求めることにした――ニューヨークに住まないという条件付きで。いくつものシカゴの金融企業で面接を受け、さまざまな提案をされたなかでもっとも心惹かれたのは、シカゴに大きな支店を持つマンハッタンのふたつの企業、ソロモン・ブラザーズとゴールドマン・サックスだった。結局ゴールドマンに決めたのは、パートナーでのちに財務長官となるロバート・ルービン、社内の伝説の人であるガス・レビー、そしてジョン・ホワイトヘッドらが、わが社に来れればかならず成功する、ゴッサム・シティ（ニューヨーク市の俗称）に住む必要はないと彼を説得したからだった。初任給は三万ドルだった。

一九七四年一月、ポールソンは家族をともなって、シカゴ北西部の人口四〇〇〇人に満たない故郷の町、バーリントン・ヒルズへ引っ越した。宝石の卸売りをしていた父親から五エーカーの自営農場を買い、両親の家からつづら折りの私道を八〇〇メートルほどのぼったオークの林のなかに、慎ましい木造の家を建てた。

ゴールドマンでは、新入りの投資銀行家としては異例に、責任の重い仕事をまかされた。「わかってるだろうが、ハンク、われわれはふつう、きみほど若い人間にこの仕事をまかさない。だが、きみは老けて見える」シニア・パートナーのジム・ゲルダーは、急速に後退していたポールソンの髪の生え際を暗に指して言った。シアーズやキャタピラーといった中西部の重要顧客を相手にたちまち成功を収めたポールソンは、新星としてニューヨーク本社でもにわかに注目された。一九八二年にはパートナーとなり、賞与基金からより多くの額を手にするエリート集団に入った。投資銀行部門の共同責任者となり、経営委員会にシカゴから参加するようになると、電話にかなりの時間を割かざるをえなくなった。一日のどんな時間にも長ったらしい伝言を残すことで有名になったほどだった。

ところが、それからわずか四年後の一九九四年九月、ゴールドマン・サックスは危機にみまわれた。[注22] 世界じゅうで起きた予期せぬ利率の上昇で、その年前期の利益が六〇パーセント以上落ちこんでしまったのだ。CEOだったスティーブン・フリードマンが突然、辞任を発表した。まもなくほかに三六人のパートナーが、資本と顧客もろとも去っていった。

出血を止めるために、取締役会は債券部門の長だった物腰の柔らかなジョン・コーザインに目をつけた。彼らは自然にポールソンをナンバーツーと位置づけた。ポールソンはコーザインの職務を補完できるだけでなく、専門である投資銀行業務がこれまでどおりゴールドマンの主幹サービスであることを内外に示すサインにもなる。取締役会は、コーザインとポールソンが、フリードマンとロバート・ルービンのような、さらに古くはジョン・ホワイトヘッドとジョン・ワインバーグのような、力強い共同経営体制を築いてくれることに期待した。

この計画にはひとつだけ問題があった——どちらも相手があまり好きではなかったのだ。ビークマン・プレイスのフリードマンのアパートメントで開かれた会合で、ポールソンはコーザインの下で働くことに難色を示した。ニューヨークに移ることにも。これだけ長いあいだ、移住を頑《かたく》なに拒んできたのだ。そのとき一対一での説得力に定評のあるコーザインが、ポールソンにふたりで散歩に出ようと持ちかけた。

「ハンク、きみと緊密に仕事ができたらこれほどうれしいことはない」コーザインは言った。「いっしょに力を合わせよう。互いに本物のパートナーになろう」[注23]一時間もたたないうちに、ふたりは合意に達していた。

その年、ニューヨークに到着したポールソンの動きは速かった。わずか数日のうちに、妻と何十ものアパートメントを見てまわった。[注24]候補をふたつに絞り、携帯電話を耳に当てたままそれぞれの部屋を確認して、こちらにしようと妻に合図した。そうして飛行機に乗るために走った。

一九九四年秋、おのおの社長、COOとして、ポールソンとコーザインはゴールドマンの問題解決のために不休で働いた。世界じゅうを飛びまわって顧客や従業員と話し合った。ポールソンは支出の二五パーセント削減というあまりありがたくない仕事をまかされた。[注25] ふたりの努力の甲斐あって、ゴールドマン・サックスは一九九五年に業績が改善し、九六年と九七年には膨大な利益をあげた。一方、危機を経験したことによって、コーザインやほかの幹部たちは、将来のショックに耐えうる体制を作るには公的資本市場からの資金調達が欠かせないと確信した。そのための方策は、新規株式公開（IPO）だった。

とはいえ、株式を公開すべき理由を一九九六年に初めてパートナーたちに説明したとき、コーザインの会社に対する支配力はまだ充分ではなかった。会社のパートナーシップ体制や文化が崩れ去ってしまうのではないかと、IPOに対する抵抗は強かった。

しかし、一九九八年六月に共同CEOになったポールソンの強力な助けもあって、コーザインは最終的に勝利を収めた。[注26] その年の九月に、ゴールドマンのIPOが発表された。けれども、その夏にはロシアでルーブル危機が発生し、ロングターム・キャピタル・マネジメントも破綻しかかっていた。ゴールドマンは何億ドルもの営業損失をこうむっただけでなく、ニューヨーク連銀が主導したウォール街によるロングターム・キャピタル救済のために三億ドルを拠出しなければならなかった。[注27] 動揺したゴールドマンは、最後の瞬間に公開をあきらめた。[注28]

ごく親しい友人だけが知っていたことだが、ポールソンはこのころ、コーザインにも、ニューヨークにも、終わりなき社内政治にも疲れて、会社を辞めることを考えていた。しかし一九九八年一二月、社内の力関係が大きく変わる。コーザインの大きな支援者だったロイ・ザッカーバーグが引退[注29]し、ゴールドマンの強力な執行委員会のメンバーが、コーザイン、ポールソン、ジョン・セイン、ジョン・ソーントン、ロバート・ハーストの五名だけになったのだ。同時にゴールドマンの取締役会も、陰でメロン銀行と合併の話し合いを進めていたコーザインに対して、徐々に苛立ちを深めていた。

あちこちのアパートメントで一連の秘密会合が持たれ、古代ローマ帝国かクレムリンを思わせるクーデターが発生した。残って会社を経営するよう説得されたポールソンと、ほかの三人の委員会のメンバーが、コーザインを辞任させることになったのだ。決定を聞かされたコーザインは、目に涙を浮かべた[注30]。

ポールソンは単独のＣＥＯになった。セインとソーントンが共同社長兼共同ＣＯＯとなり、仮の後継者と見なされた。一九九九年五月、ゴールドマンの株式はついに上場を果たし、三六億六〇〇〇万ドルの時価総額を記録した[注31]。

二〇〇六年の春、ポールソンは予想したより長くＣＥＯを務め、まさにキャリアの頂点にのぼりつめていた。同年前期には一八七〇万ドルのボーナスを現金で与えられ、二〇〇五年にはウォール街で最高額の給与――総額三八三〇万ドル――を手にしたＣＥＯとなった。ゴールドマンのなかに挑戦者はおらず、彼自身が選んだ後継者のロイド・ブランクファインが辛抱強く舞台袖で出番を待っていた。ゴールドマン自体も、最大規模の合併吸収の顧問に優先して選ばれる銀行となり、コモディティおよび債券の取引額も業界トップだった。顧客のヘッジファンドの支払いで大いに潤い、プライベート・エクイティの分野でも独自の権力を獲得しつつあった。

ゴールドマンは、ウォール街のあらゆる企業が見習いたいと思うマネー・マシンになっていた。

ゴールドマンで三二年働いたあと、ポールソンが政府の生活に慣れるのはたいへんだった。まずはるかに多くの電話をかけなければならない。ゴールドマンのときのように、スタッフ全員にボイスメールの長いメッセージを送ることができないからだ。財務省のボイスメール・システムにそこまでの容量はないと再三言われた。電子メールの使用を勧められたが、昔から電子メールにはなじめず、ふたりいるアシスタントのうちのひとりに、自分あてのものを印刷させて、紙で読んでいるほどだった。どこへ行くにもついてくるシークレット・サービスの職員も無用だった。つねに警備員を連れ歩くCEOも知っているが、あれは究極の傲慢だと思っていた。

財務省の多くのスタッフは、ポールソンとその特異な性格にどう対応すればいいかわからなかった。財務次官でやはりゴールドマン出身のロバート・スティールのところに行って、変わり者の新しいボスとどうつき合うべきか、助言を求めた。スティールはいつも三つのことを伝えた。「その一、ハンクは本当に頭がいい。掛け値なしに。写真で撮るようにすべてを記憶する。その二、彼は信じられないくらいよく働く、本当に信じられないくらい。いままで会ったなかでいちばんの働き者だ。そして彼はきみにも同じくらい働くことを期待する。その三、ハンクの社会的ＥＱ（感情指数）はゼロ、完全にゼロだ。別に悪口を言ってるんじゃない。まったく持っていないというだけだ。手洗いに行ってもドアを半分しか閉めない」

就任してまもないころ、ポールソンが何人かのスタッフを自宅に招いたことがあった。ワシントンの北西の角に建つ四三〇万ドルの家である[注32]（奇妙な一致だが、そこはかつてジョン・コーザインの持ち家だった）。一同はリビングルームに集まった。大きな窓から周囲の森を見ていると、しゃれたツリーハウスのなかに坐っているような気がした。まわりの壁には鳥の写真がずらりと並んでいた。ほとんどはウェンディが撮ったものだ。

ポールソンは一同に熱心に自分の考えを説明していた。これほど暑い夏の日に飲み物ひとつ勧めない夫を奇異に思い、ウェンディは話に割りこんで、何か出しましょうかと訊いた。

「いや、彼らは何も飲みたくない」ポールソンは気もそぞろに答えてすぐに話を続けた。少しあとでウェンディが冷水の入ったピッチャーとグラスを出したが、ボスのまえであえて手を出す者はいなかった。

ポールソンが引き継いだ財務省は混迷のさなかにあった。鉄道会社ＣＳＸのＣＥＯだった前任者のジョン・スノーが政権の隅に追いやられ、やる気を失った職員は、無視され正当に評価されていないと感じていた。そこは修正できるとポールソンは思った。しかし、驚いたのは、有能な職員の数があまりにも少ないことだった。政府の非効率のゆえに充分活用されていない優秀な人間が何千人といるだろう、とポールソンは想像していたが、省内には一一万二〇〇〇人の職員がいるものの、金融面では弱かった[注33]。懸命に働くとはどういうことかを知っている、経験豊富なウォール街のベテランを呼び入れる必要があった。

いかにポールソンが不便を感じようと、ゴールドマンとのつながりには注意しなければならなかった。ゴールドマンの最高幹部が政府の仕事につくたびに、同社がワシントンに影響力を及ぼしているという陰謀説が盛んになることは知っていた。クリントン政権でロバート・ルービンが財務長官になったときもそうだったし、ニュージャージー州の上院議員に選ばれたジョン・コーザインに至っては、ゴールドマンを追放されたにもかかわらず、同じことを言われた（シティコープに移ったルービンも、ポールソンの就任前に、ゴールドマンの扱いには注意しなさいと念を押した）。

財務長官に就任して数週間、経済に暗雲がかかりはじめてはいるが、まだ誰も嵐を予測していなかったころ、ポールソンは省内の士気高揚に力を注いだ[注34]。長年閣僚の顔も見ていなかった部署をいくつも訪ね、地下のジムの改装も命じた。健康維持に対して真剣で、よく市内を自転車で走っていた。ウェンディが彼からうまく電話を取り上げたときだけではあるが。

ポールソンは早い時期から市場について心配していた。二〇〇六年八月一七日、キャンプ・デイビッドでおこなわれたブッシュ大統領への最初のブリーフィングでは、経済はいつ危機に陥ってもおかしくないと警告した。「乾いた可燃物が大量にあるときには、どこから火が発生するかわかりません。そういう時期が六年、八年、一〇年ごとに訪れる。いま過剰になっているものはたくさんあります」[注35]

政府は少なくともひとつ、深刻な問題に対処しなければならないとポールソンは明言した——すでに影響が出はじめていたサブプライム住宅ローン市場の混乱だ。ベア・スターンズらがこの市場に深く入りこんでいて、ポールソンとしては、窮状に陥ったブローカー・ディーラーに対して〝事態沈静化の権限〟を得る必要があった。[注36] 伝統的な銀行の場合、連邦預金保険公社（FDIC）や連銀が効率よく破産から守ってくれる。こうした機関には、経営困難な銀行をとどこおりなく財産管理下に置き、競売にかける移行の仕組みが備わっている。しかしFDICは、ゴールドマン・サックス、モルガン・スタンレー、メリルリンチ、ベア・スターンズ、リーマン・ブラザーズといった投資銀行に対する権限は持っていない。それらを管轄する、FDICに匹敵するような権限が財務長官に与えられないかぎり、市場は大混乱となる可能性がある、と彼は会合中に指摘した。

二〇〇八年三月二七日の午前八時三〇分、ベアの取引が〝再編集〟されてからちょうど三日後、ポールソンと部下たちは打ち合わせに集まった。ポールソンは数区画先のリッツ・カールトン・ホテルにあるスポーツクラブ／LAでいつものトレーニングを終えて、到着したばかりだった。彼のブレーンであるロバート・スティール、ジェイムズ・ウィルキンソン、デイビッド・ネイソン、ミシェル・デイビス、フィリップ・スウェイゲル、ニール・カシュカリ、ほか数名が、財務省ビル三階の長官室に詰めかけた。部屋からはホワイトハウスのローズガーデンが眺められ、南のほうにはワシントン記念塔が壮麗な姿を見せていた。

ポールソンは天井の高い部屋の隅の椅子に坐った。壁はすでに、妻が撮った何十枚もの鳥と爬虫類の写真で飾られていた。青いビロードのカウチに坐ることのできた者もいれば、立ったまま、ブルームバーグの端末が四台載った長官のマホガニーの机に寄りかかっている者もいた。

ポールソンは毎朝八時三〇分にこの内輪のミーティングを開いていた。例外は、バーナンキFRB議長と朝食をとる、隔週金曜だけだった。ポールソンとしてはスタッフ・ミーティングをもっと早い時間から始めたかったが、彼らは政府の職員であり、そうでなくても働かせすぎている。シニア・チームの大半は年に一四万九〇〇〇ドル前後の給与をもらっているが、おのおのが、民間ならこれをはるかに上まわる額を稼ぐだけの能力を持っていた。

ポールソンはベアの〝検死解剖〟をしながら部屋のなかを歩き、デイビッド・ネイソンのまえで立ち止まった。三八歳、金融機関担当のこの次官補は、二〇〇五年入省の政策担当官で、共和党員、自由市場推進派だった。この集まりでも何カ月もまえから、第二のベア・スターンズが出るかもしれない——第二、第三と続くかもしれない——と警鐘を鳴らしていた。いまやネイソンを初めとする財務省職員は、投資家から翌日資金提供があることを前提としたウォール街のブローカー・ディーラー・モデルは、そもそも危険な火口箱のようなものだと理解していた。ベアは銀行がいかに速く滅びうるかを教えてくれた。ほかの投資家の信頼だけが活力源である業界は、問題の気配が生じるやたちまち衰退する。しかし、全体の状況がいかに危うかろうと、ネイソンは断固として救済に反対だった。その概念自体が許せなかった。

財務省は救済ではなく、ふたつの局面に集中すべきだとネイソンは提案した。まず、市場を脅《おびや》かさない、系統立った方法で投資銀行を破産させる権限を得ること、そしてさらに火急の措置として、銀行により多くの資金を調達させること。過去六カ月、シティグループやメリルリンチ、モルガン・スタンレーを含むアメリカとヨーロッパの銀行は、どうにか新たに八〇〇億ドルの資本を蓄えていた。その多くは、中国やシンガポールやペルシャ湾岸の国家出資の投資ファンド――ソブリン・ウェルス・ファンドと呼ばれる――に株式を売ることによって得られたものだった。が、それだけでは明らかに足りず、銀行はすでに投資家のポケットのいちばん奥にまで手を伸ばさざるをえなくなっていた。

ベア・スターンズに関する議論が一段落ついたところで、ポールソンは、この朝の次の問題事項に注意を向けた――リーマン・ブラザーズだ。投資家はエリン・キャランの電話会議による収益報告にすっかり眩惑されているが、ポールソンの目はごまかせなかった。「リーマンも破産するかもしれない」彼は淡々と言った。資産価値の評価があまりにも楽観的であるだけでなく、資本をただの一セントも追加できていないことが心配だった。まさかとは思うが、一株当たりの利益を下げたくないあまり、ファルドが愚かにも資本調達をためらっているのではないだろうか。ファルド自身も二〇〇〇万株以上、所有している。

ポールソンによるリーマンの分析は、ゴールドマン・サックスにいたころの社内の共通認識を色濃く反映していた。すなわち、リーマンにはゴールドマンほどの品位も才能もない。とはいえ、ゴールドマン時代にリーマンを〝ごろつきども〟と呼んだことがある一方で、ポールソンもその猛烈な社風には敬意を抱き、攻めの姿勢を貫く社員に感心していた。しかも彼らは行きすぎと思えるほど会社に忠実だった。集団として強く結びついているさまが、ゴールドマンのパートナーシップを連想させた。

それでも、ファルドにはどこかポールソンを不安にさせるものがあった。ファルドは危険を冒す男だ――ポールソンに言わせれば、無謀なまでに。「彼は猫だ。九つの命を持っている」ポールソンはスタッフ・ミーティングでそう言った。彼の考えでは、一九九五年の初め、ゴールドマンのかつての同僚ロバート・ルービンが、財務長官としてペソ危機のメキシコに救いの手を差し伸べたときに、意図せずファルドも救済したのだった。リーマンは防衛策も講じず、メキシコ・ペソにとてつもない金額を賭けて失敗していた。当時のことをポールソンがよく憶えている――そしてスタッフにも話した――のは、ルービンが国際的救済を手配したのは、ゴールドマン・サックスを救うためだったという非難が生じたからだ。

フェアかどうかは別として、ポールソンはファルドをウォール街の抵抗勢力――ケネス・ランゴーンやデイビッド・コマンスキー（メリルリンチの元CEO）らの金融人――に含めていた。マンハッタンのサン・ピエトロ・レストランで毎日のようにパワー・ランチをし、過剰のシンボルであるリチャード・グラッソの友人、といったタイプだ。ポールソンはかつてニューヨーク証券取引所の人事・報酬委員会のメンバーだった。その委員会が、ときの取引所会長だったグラッソの一億九〇〇〇万ドルの給与を承認したのだが、ファルドも同じ委員会のメンバーで、ランゴーンが委員長だった。グラッソの巨額の給与が騒動を引き起こすと、ポールソンは彼の追放を望んだ。彼が見たところ、グラッソはたんに貪欲なだけでなく、嘘つきだった。当時ニューヨーク州司法長官だったエリオット・スピッツァーもほどなくこの問題を取り上げ、グラッソとランゴーンの両名を起訴した。その後の争いのなかで、ポールソンはグラッソの取り巻きが嫌いになった。己の目的のためならポールソンなど平気でバスに轢《ひ》かせるような連中に思えたのだ。

しかし、財務長官となったいまは外交家としてふるまう義務があり、ウォール街のCEO全員と良好な関係を維持しなければならなかった。彼らは長官にとってこの上なく有用な資産であり、市場において彼の目となり耳となる存在だ。ディールフローを知りたければ、それを専門に調べる、外部とのつながりのない財務省の古参職員より、CEOたちから直接情報を得たいと思っていた。

就任して一カ月ほどたった二〇〇六年夏、ポールソンはファルドに電話をかけた。ファルドは別荘のあるサン・バレーで友人とゴルフをしていた。七番ホール、パーファイブ、左曲がりのドッグレッグでちょうどティーショットを打ったときに、携帯電話が鳴った。コースで携帯電話の使用は認められなかったが、かまわず通話ボタンを押した。誰も文句は言わなかった。

「この電話がふつうでないのはわかっている」ポールソンが切り出した。「きみと私は、もう何年も互いに相手を滅ぼそうとしてきた」

ファルドは、ポールソンから対等の敵と見られたことに満足して笑った。

「ときどきこうやって話ができればいいのだが」ポールソンは続けた。「市場や取引や競争について、きみが何を気にかけているか知るために」

ファルドはその申し出を喜び、相手にもそう伝えた。

その後、ふたりは定期的に話すようになった。じつのところポールソンはファルドから市場の情報の多くを仕入れ、その代わりに、市場に関する自分の意見を述べるようになった。ファルドはそれを公式見解と見なした。ポールソン自身、ゴールドマンのCEO時代にはファルドをさんざんけなしたものだが、驚いたことに、話してみると相手はなかなか魅力のある男で、感心するほど現場に精通していた。まだ完全に信頼はしていないものの、いっしょに仕事はできるとポールソンは思った。

しかし、現在の市況では、過去数回の電話はことのほかむずかしかった。次の電話はさらに困難になる。

朝のミーティングの終わりに、ポールソンはスタッフにいくつもの宿題を出した。そのひとつはニール・カシュカリとフィリップ・スウェイゲルがすでに取り組んでいる作業で、もし金融システムのメルトダウンが始まった場合に、政府がその救済についてどう考えるべきかという悲観的な白書の草稿を緊急に仕上げることだった。

全員が部屋から出ていきはじめると、財務長官はロバート・スティールを引き止め、自分自身に課した宿題についてふたりだけで話し合った。「ディックに圧力をかけるよ」彼は言った。

一時間後、長官秘書のクリスタル・ウェストが、電話にリチャード・ファルドを呼び出した。

「ディック」ポールソンは陽気に言った。「調子はどうだ？」

オフィスで電話がかかるのを待っていたファルドは、「持ちこたえてる」と答えた。

ベアの措置のあと、先週は何度か連絡し合っていたが、立ち入った話はしていなかった。この朝の電話はちがった。ふたりは市場の変動とリーマンの株式について話した。銀行はみな被害をこうむっているが、もっとも打撃が大きいのはリーマンで、株価は前年比四〇パーセント以上落ちこんでいた。さらに心配なのは、空売り屋が血のにおいを嗅ぎつけていることだった。株価がさらに下がるほうに賭けるショートポジションが増え、リーマン株全体の九パーセント以上を占めていた。ファルドは、証券取引委員会のクリストファー・コックス委員長に話をつけて空売り屋を阻止させる、とポールソンに説明しつづけていた。

ポールソンはファルドの立場に同情しないでもなかったが、資本調達に関するリーマンの新しい情報はないかと訊いた。ファルドもすでにトップの投資家たちから、それが賢明な方策だと言われていた。とりわけ報道がリーマンに多少好意的ないまがチャンスだと。

「それこそまさに力の表示になる」ポールソンは相手が納得することを願いながら言った。

驚いたことに、ファルドはそれに同意し、すでに考えていると答えた。リーマンの社債所有者が、プラスの収益報告に加えて資本も増やせと強く要求していたのだ。

「ウォーレン・バフェットに働きかけようと思ってる」ファルドは言った。慎重に考えたうえでの発言だった。ポールソンが伝説のオマハの投資家の友人であることを知っていたからだ。バフェットは投資銀行家全般を嫌悪していることで有名だが、長年、業務の一部でゴールドマンのシカゴ支店を利用していて、ポールソンとも親交を結んでいた。

バフェットが投資するなら、金融業界では、万全の保証書をもらったに等しい。[注37] 市場は大いに好感するだろう。「ぜひ彼に話してみてくれ」ポールソンはようやくファルドがその方向に動きはじめたことに安心して言った。

そうする、とファルドは同意した。しかし、ひとつ頼みがあった。「そっちからウォーレンに何か言ってもらえないか？」

ポールソンはためらった。財務長官がウォール街の取引を仲介するのはおそらく名案とは言いがたい。バフェットがゴールドマンの顧客であることも、事態をさらに複雑にするだけだ。

「考えてみるよ、ディック。またあとで連絡する」ポールソンは言った。

三月二八日、生ける伝説となった投資家、ウォーレン・バフェットは、バークシャー・ハザウェイのオマハ本部のオフィスに坐り、父親が使っていた質素な木の机で仕事をしながら、リチャード・ファルドの電話を待っていた。会話の予約はその日の早く、リーマンの銀行家ヒュー・マギーから、バークシャー・ハザウェイが所有するミッドアメリカン・エナジー・ホールディングスのデイビッド・L・ソコル会長をつうじてなされた（バフェットはこの種の売りこみの電話を毎日のように受けていたので、またいつもと同じだろうと思っていた）。

バフェットはファルドをよく知らなかった。機会があって数回会っただけだった。最後に話したのは二〇〇七年、ワシントンで開かれた財務省の晩餐会で、バフェットは、ファルドとFRB元議長ポール・ボルカーのあいだに坐った。トレードマークの既製のスーツと鼈甲《べっこう》縁の眼鏡で彼らと話していると、デザートが来る直前に、思いがけずグラスの赤ワインをファルドの服に盛大にこぼしてしまった。ビル・ゲイツに次ぐ世界第二位の富豪は顔を赤らめたが、招待客たち――ゼネラル・エレクトリックのジェフリー・イメルト、JPモルガン・チェースのジェイミー・ダイモン、元財務長官のロバート・ルービンらがいた――は礼儀正しく見守っていた。ファルドはバフェットの失態を笑い飛ばそうとしたが、あいにくワインは膝の上に直接落ちていた。ふたりはそれから会っていなかった。

バフェットの長年のアシスタント、デビー・ワズニアックが、ファルドが電話に出たことを知らせた。バフェットはダイエット・チェリー・コークを置いて、受話器を取った。

「ウォーレン、ディックだ。調子はどうだい？　うちのCFOのエリン・キャランもこの会話に加わっている」

「やあ」バフェットはいつもの頼りになる親しみやすさで挨拶した。

「あなたも知っていると思うが、われわれは資本をいくらか追加しようと思っている。いま株価は最低だから、きわめて大きなチャンスだ。市場はわれわれのストーリーを理解していない」ファルドは売りこみにかかった。リーマンは三〇から五〇億ドルの投資を求めていると説明した。いくらかやりとりしたあと、バフェットはすぐに提案した——九パーセントの配当と、四〇ドルで普通株に転換できる転換予約権付の優先株に投資することを考えてもいいと。その週の金曜、リーマン株は三七・八七ドルで取引を終えていた。

オマハの賢人の提案は強気だった。九パーセントの配当は非常に高額だ。たとえば、バフェットが四〇億ドルの投資をすれば、一年で三億六〇〇〇万ドルの利子が得られる。しかし、これはバフェットの名前を〝借りる〟ことの費用だった。もっとも、この条件でも確約するまえに精査が必要だとバフェットは言った。「数字をいくらか検討させてほしい。また連絡するよ」とファルドに言って、電話を切った。

オマハでは、すでにバフェットが内省しはじめていた。はたしてまた投資銀行に金をつぎこむ気になれるだろうか。一九九一年、ニューヨークの名高い投資銀行ソロモン・ブラザーズが危機に瀕したときには救ってやったが、すぐにウォール街の文化にはなじめないと悟った。今回またリーマンを援助すれば、世界は彼の一挙手一投足に注目するだろう。自分の金だけでなく、評判まで左右されることはよくわかっていた。

バフェット自身、ヘッジファンドやデリバティブを扱う市場でたびたび取引をしているが、トレーダーの気風や高すぎる給与を嫌悪していた。それで金持ちになっている連中はと言えば、取り立てて知性的でもないし、大した価値を創造しているとも思えない。ソロモンのボーナスの支払い額が九億ドルにのぼったときに啞然としたことを、何かにつけ思い出す。なかんずく会長のジョン・グッドフレンドが、みずから招いた混乱から去ることだけで三五〇〇万ドルを要求したことには仰天した。「彼らは金を奪って逃げてしまった」バフェットはかつてそう評した。「すべてが従業員のためにあるのは明らかだった。投資銀行家はまったく金を生み出さないが、自分たちは貴族だと思っていた。そしてトレーダーを毛嫌いしていた。理由のひとつは、トレーダーが金を生み出し、ゆえにより大きな影響力を持っていたからだ」バフェットは、その日の夜はオフィスに残り、リーマンの二〇〇七年の年次報告書を読むことにした。新しいダイエット・チェリー・コークを机に置き、財務諸表と年次報告書を読みはじめたところで電話が鳴った——ヘンリー・ポールソンだった。裏でつながっているようだ。

ポールソンは、規制者と交渉者のあいだの細い線の上を歩いていることを承知して、あくまで社交上の電話のように切り出した。が、すぐに話題をリーマン・ブラザーズの状況に持っていった。「あなたが加われば、その名前だけでも市場をそうとう安心させることができる」友人に対して押しつけがましくならないように、慎重に言った。と同時に、ポールソンらしい遠まわしの表現で、リーマンの会計状況に太鼓判を押すわけではないことをはっきりと示した。今回の事情はどうあれ、ポールソンが長年ゴールドマンのトップの経営者として、投資行動と会計処理の両面でアグレッシブすぎる他企業を厳しく批判してきたことは、バフェットの耳にも入っている。

長い親交のなかで、バフェットはポールソンの行動様式を知っていた。ポールソンは勇猛果敢なタイプだ。心の底から何かを求めているときには、直接そう言う。バフェットには、相手がそれほど攻めてこないのがわかった。ふたりは連絡を取り合うことを約束し、おやすみと挨拶して電話を切った。

バフェットはまたリーマンの財務諸表に取りかかった。ある数字や事項が気になるたびに、そのページ番号を報告書の最初のページに書きためていった。読みはじめて一時間とたたないうちに、報告書の最初のページは何十もの番号で埋まった。これは明らかな危険信号だ。バフェットはひとつ単純なルールにしたがっていた――疑問が多すぎる企業には、たとえその答えが用意されていたとしても、投資してはならない。リーマンへの投資はなさそうだと結論づけて、その夜は終わりにした。

土曜の朝、ファルドがバフェットにまた電話をかけると、そんな財務的懸念とはまったく別のところに問題があるのがわかった。ファルドとキャランは前回の話し合いで、バフェットが九パーセントの配当と、株を〝四〇アップで〟買い戻す保証を要求したと受け止めていた。つまり、権利行使価格は、現行価格の四〇パーセント増しという理解だった。が、バフェットは、行使価格は現行より数ドル上の一株四〇ドルと明言したつもりだった。しばらくふたりは嚙み合わない話を続けたが、誤解があったのは明らかで、バフェットはこれをかえって好都合と考えた。話し合いは終わった。

ニューヨークのオフィスで、困惑したファルドはキャランに、バフェットの提案は常識はずれに高すぎ、ほかの投資家から投資を募るべきだと話した。

月曜の朝までにファルドは、利率七・二五パーセント、転換プレミアム三二パーセントの転換優先株による四〇億ドルの増資にこぎ着けていた。すでにリーマンに投資している大きな投資ファンドグループからの資金だった。リーマンにとってバフェットの提案よりはるかに好条件だが、バフェットの投資がもたらすような信頼はとうてい期待することができなかった。

その日の午前中にファルドはバフェットに連絡し、増資の努力が実を結んだことを知らせた。バフェットは祝いのことばを送ったものの、内心、自分の名前を売りこみに使ったのだろうかとも思った。

その後バフェットはこの話題を持ち出さなかったが、彼には重要と思えた前週末のニュース――〝リーマン、三億五五〇〇万ドルの詐欺被害〟――にファルドがまったく触れなかったことも気になった。日本の丸紅の従業員二名が偽造文書と詐欺師を使って、リーマンから三億五五〇〇万ドルを詐取したとされる事件だった。

またしてもバフェットは、ソロモンがらみの経験を思い出した。当時、ジョン・グッドフレンドとソロモンの法務チームは、会社が巨額の国債の不正入札に関与していたことを彼に話さなかった。あのスキャンダルでソロモンはほとんどつぶれるところだったのだ。ああいう連中は信頼できない。

第3章　NY連銀総裁ガイトナーの不安

二〇〇八年四月二日水曜の夜、苛立ったティモシー・F・ガイトナーはエスカレーターに乗り、ワシントンのレーガン・ナショナル空港のメイン・コンコースにおりた。[注1] USエアウェイズのシャトル便でニューヨークから到着したばかりで、いつもならセキュリティの外で待っている運転手が見当たらなかった。

「迎えはどこにいる?」同じ便に乗ってきた主席補佐のカルビン・ミッチェルに厳しい口調で訊いた。

ニューヨーク連銀の若き総裁ガイトナーは、めったにストレスを表に出さない。けれども、いまはまさにストレスを感じていた。ベア・スターンズを破産寸前から救い出す取引をぎりぎりの瞬間にまとめたのが、ほんの三週間前。そのときの行動と自分自身について、明日初めて上院の銀行委員会——そして世界——に説明しなければならないのだ。すべて完璧に進める必要があった。

「迎えがいないなんて」ミッチェルは不満げに言い、運転手を呼び出そうと携帯電話のボタンを押した。

連銀は通常、ガイトナーのために特別警護の車を手配する。いまやガイトナーは世界最大の銀行の泡のなかで生きることに慣れていた。一分刻みで予定されている生活は、彼の几帳面で気むずかしく、きわめて計画好きな性格に合っていた。まさにこんなこと——運転手との行きちがい——もあるのではないかと、公聴会前夜に首都に飛んできたのだ。

この一週間、ああでもないこうでもないといじってきた原稿を、機内でもう一度丹念に読み返していた。ぜったい明言したいことがあり、その個所を何度も練り直した。ガイトナーの意見では、ベア・スターンズは、誰もが示唆するようにこれだけで孤立した問題ではない。それを公《おおやけ》に表明すれば不興を買うかもしれないが、ベア・スターンズははるかに大きな国の金融システム全体の一症状にすぎないという事実は、なんとしても強調するつもりだった。レバレッジ比率の高さ、たんに生き延びるためだけに日ごとのレベルで他者の出資に依存しなければならないこと、そして何百というほかの組織と互いに結びついた取引の実態は、ベアにかぎったことではない。

〝最大のリスクはシステミックなものです。いまの動きが衰えることなく続けば、結果として破産が広がり、金融システムへの深刻なダメージが長期化し、最終的に経済全体を損なう可能性がさらに高まるでしょう〟と原稿に書いていた。〝これは理論上のリスクではありません。市場の力だけで解決できる問題でもない〟[注2]着陸直前まで機内のトレイテーブルを使って、こうしたアイデアを改良してはメモをとっていた。

三月一五日の週末にかけて、ベアを破産から救い、二九〇億ドルの政府融資を取りまとめ、ためらっていたJPモルガン・チェースのジェイミー・ダイモンを説得して業務を引き継がせたのは、報じられているようにボスのベンジャミン・バーナンキではなく、ガイトナー自身だった。[注3] この保証によって、ベアの債務保有者と契約相手——ベアと取引していた何千という投資家——は守られ、グローバルな金融システムの壊滅的損傷は回避された。少なくともガイトナーは上院でそう説明するつもりだった。

銀行委員会のメンバーは公聴会でかならずしも事態をそうとらえないだろうし、あからさまにガイトナーを冷笑しないまでも、懐疑の目で見ることだろう。彼らは今回のベアの措置を、あまり歓迎できない大規模な政策変更の代表格と考えていた。ガイトナーはすでに厳しい批判にさらされているが、介入の規模を考えればそれは想像にかたくない。だからと言って、政治家たちが昨日その用語を習ったかのように投げつける〝モラル・ハザード〟がらみの批判が癪《しゃく》に障らなくなるわけではまったくないけれど。

あいにく今回の措置を非難しているのは、無知で情報不足の人々だけではなかった。たとえば、FRB元議長のポール・ボルカーといった友人や同僚までもが、今回のベア救出を、一九七〇年代に財政が逼迫《ひっぱく》していたニューヨーク市への援助拒否（政府によるこの悪名高い拒否は、ニューヨークのデイリー・ニューズ紙の見出しの古典〝フォード（大統領）より市へ——のたれ死ね〟に結実した）と比較して冷ややかに評価していた。[注4] 識者の意見はおおむね次のようなものだった——これまで連銀が民間にこれほど巨額の融資をしたことはない。なぜ今回にかぎって介入する必要があったのか。つまるところ、危険にさらされているのは罪のないブルーカラーではない。リスクを気にせず突き進む、高給の銀行家ではないか。ガイトナー、ひいてはアメリカ国民は、柄の悪い連中にいいように利用されたのではないか？

ガイトナーには支持者もいたが、わけあって金融業界の不安定な状態をすでに知っている人物が多かった。仕事仲間であるダラス連銀のリチャード・フィッシャーはラテン語で電子メールを送ってきた。〝イレギティミ・ノン・カルボルンドゥム――愚か者相手に気を落とすな〟

今回の危機に驚いたと上院で宣言したいのは山々だが、そうする気はなかった。石の要塞、ニューヨーク連銀の上階のオフィスから、ガイトナーは、クレジット・デリバティブ――投資家が取引相手の債務不履行から身を守るために買えるさまざまな形態の保険――の爆発的成長は、債務不履行のドミノ効果を生むことによって、最終的に投資家を守るどころか危うくする可能性がある、と長年警告を発してきた。ウォール街のブームは続かない、必要な予防策を講じておくべきだ、とくり返し主張してきた。講演でもこうした考えを再三強調してきたのに、誰が耳を傾けただろう。実際問題として、金融業界の外にいる人間はニューヨーク連銀総裁の言うことなど気にも留めない。グリーンスパン、グリーンスパン、グリーンスパンに続いて、バーナンキ、バーナンキ、バーナンキになっただけだ。

空港に突っ立ったガイトナーは気持ちがなえてきた。差し当たっては運転手がいなかったことが大きかった。「タクシーに乗ります？」ミッチェルが訊いた。

ガイトナー――おそらくバーナンキに次いで、国で二番目に権力のある中央銀行職員――

は二〇人以上いるタクシーの列に並んだ。ポケットをあちこち叩き、おどおどした目でミッチェルを見た。「現金は持ってるか？」

ほんの数カ月前、人生がほんの少しちがった方向に進んでいたら、ティモシー・ガイトナーはシティグループのCEOに着任していたかもしれなかった――それを規制する側ではなく。

二〇〇七年一一月六日、信用危機が初めて兆していたころ、シティグループ帝国の設計者であり最大の個人株主のひとりであるサンフォード（サンディ）・ワイルは、午後三時半にガイトナーと電話で話した。二日前、シティのCEOだったチャールズ・O・プリンス三世が、記録的な損失を発表したあと辞任に追いやられていた。[注5] ジェイミー・ダイモンの若い才能を発掘して伸ばしたことで有名な、昔ながらの親善家のワイルは、ガイトナーを役員に迎えることについて話し合いたかった。「シティを経営してみないか？」と彼に持ちかけた。

ニューヨーク連銀に在職四年のガイトナーは興味をそそられたが、すぐに利益の衝突に気がついた。「私は正しい選択ではありません」ほとんど反射的に答えた。[注6]

しかし、続く一週間はほとんどシティのこと――仕事、金、責任――しか考えられなかった。妻のキャロルにも相談し、飼い犬のアドービを連れてラーチモント――ニューヨーク市から一時間ほどの裕福な郊外住宅地――を歩きながら、ワイルの提案について考えた。[注7] 家族はすでに快適な生活を送っている。年収は三九万八二〇〇ドルで、規制者としては異例の高額だが、メイプル・ヒル・ドライブ沿いの隣人たちに比べれば明らかになかほどだ。ジョコ・スパ&サロンで毎月八〇ドルかけて髪を切ってもらうことを除けば[注8]、趣味に金をかけるほうではないが、娘のエリーズはハイスクールを来年卒業して大学に進むし、いま八年生の息子のベンジャミンにもまちがいなく金がかかる。

ガイトナーはついに昔からの友人ロバート・ルービンに電話をかけた。元財務長官でシティグループの上級取締役である彼に、自分の決定はまちがっていなかったか確かめようと思ったのだ。昔からガイトナーのメンターであるルービンは、CEOにはビクラム・パンディットを推していると言い、ガイトナーにはいまの仕事を続けなさいと忠告した。ともあれ、これほど重要な地位の候補に挙げられたのは、ガイトナーにとって金融業界での存在感と信用が増してきたことの現われではあった。

連銀に入ってから、ガイトナーはウォール街から敬意を払われることが少ないと感じていた。問題のひとつは、金融業者が伝統的につき合いやすいと考えるタイプの中央銀行総裁ではないことだった。連邦準備制度の九五年の歴史のなかで、ニューヨーク連銀の総裁を務めた人物は八人いたが、いずれもウォール街で銀行家や法律家やエコノミストとして働いていた。対照的にガイトナーは財務省のキャリア組の官僚で、ローレンス・サマーズ、ロバート・ルービンというふたりの元財務長官の弟子だった。彼の権威は、四六歳でありながらティーンエイジャーのように見えること、ときにスノーボードを愉しむこと、そして発言にともすれば〝ファック〟を入れてしまうことで、多少損なわれてもいた。[注9]

ワシントンの高官やジャーナリストのなかには――少数ながら銀行家も含め――ガイトナーに魅了される者もいた。彼のしなやかな強さと控えめなウィットは、政策立案にたずさわる学者といったイメージを作り出すのに役立った。会合では気もそぞろで注意を払っていないように見えることもよくあるが、全員が何かしら発言したあとで、議論全体を鋭く分析し、理路整然と淀みなく意見を述べた。

しかし、魅了されない者たちにとって、ガイトナーのそういう態度は規制者のこけおどしのようなものだった。毎月、ニューヨーク連銀はウォール街のトップ――連銀がまさに監督すべき人々――を集めた昼食会を開いていたが、ガイトナーは毎回、椅子にだらしなく坐り、足をもぞもぞ動かし、ダイエット・コークを飲んで、ほとんど何もしゃべらなかった。尊敬してやまないグリーンスパンに劣らぬ予言ができるのに、そうするための厳粛さに欠けていた――とりわけ、ウォール街の大物プレーヤーたちにとって。

「彼は一二歳だ！」[注10]

リーマン・ブラザーズの元CEO、プライベート・エクイティ投資会社ブラックストーン・グループの共同設立者であるピーター・G・ピーターソンが、二〇〇三年一月に初めてガイトナーと会合したときの感想はそれだった。ピーターソンは、一〇年間ニューヨーク連銀の舵を取ったあと引退するウィリアム・マクドノーの後任探しを主導していた。ファースト・ナショナル・バンク・オブ・シカゴの魅力的な銀行家だったマクドノーは、一九九八年九月、一四の投資銀行と商業銀行のCEOを招集して、破綻しかかったヘッジファンド、ロングターム・キャピタル・マネジメントに対し、総額三六億五〇〇〇万ドルの民間救済をアレンジしたことで有名だ。[注11]

後任探しは難航していた。ピーターソンが選んだ有力な候補者はみな興味を示さなかった。リストを下におりていくと、ティモシー・ガイトナーというよく知らない名前に行き当たり、会ってみることにしたのだった。しかし面接で、ガイトナーのつぶやきに近い穏やかな話し方と、痩せて若々しい外見にがっかりした。

ガイトナーを推薦したローレンス・サマーズは、ピーターソンの疑念を晴らそうとした。ガイトナーは見た目よりずっとタフで、「いっしょに働いたなかで、私のオフィスに入ってきて〝ラリー、この件ですが、くそでたらめです〟と言える唯一の人間だった」と説明した。

ガイトナーのその率直さは、つねに新しい人、新しい環境に適応しつづけた子供時代の産物だった。[注12]軍人の子として生まれ、開発経済の専門家だった父親のピーター・ガイトナーに連れられて諸国を転々としたのだ。父親の仕事は多岐にわたり、最初は米国国際開発庁、次はフォード財団だった。ハイスクールに入るまでに、ティモシーはローデシア（現在のジンバブエ）、インド、タイに住んでいた。一族は公職だらけだった。母方の祖父チャールズ・ムアはアイゼンハワー大統領の顧問兼スピーチライターだったし、おじのジョナサン・ムアは国務省で働いていた。

父親や祖父やおじに倣《なら》って、ティモシー・ガイトナーもダートマス大学に進み、行政学とアジア研究を専攻した。一九八〇年代初め、ダートマスのキャンパスは文化闘争の主戦場だった。火をつけたのは、ダートマス・レビューという右翼の大学新聞だった。ディネシュ・デスーザやローラ・イングラムといった著名な保守派の書き手を生み出したこの新聞は、学内のゲイ学生協会の会員リストを特集したり、〝黒人英語〟と呼ばれるものへの差別修正措置に反対するコラムを載せるなど、扇情的な記事を数多く発表した。[注13] この餌に食いつく恰好で、リベラルなダートマスの学生が抗議行動を起こした。ガイトナーは調停役を務め、抗議者を説得して、怒りのエネルギーを対抗新聞の発行に向けさせた。[注14]

大学卒業後はジョンズ・ホプキンス大学高等国際研究大学院にかよい、一九八五年に修士号を獲得して卒業した。同じ年、ダートマス時代の恋人キャロル・ソネンフェルドと結婚した。式はケープ・コッドにある両親の夏の別荘でおこなわれ、父親が新郎付添人を務めた。ジョンズ・ホプキンスの学長の推薦状のおかげで、[注15] ガイトナーはヘンリー・キッシンジャーのコンサルティング会社の職を得、この元国務長官にたいへん気に入られた。[注16] 大物が居並ぶなかでただの追従者にならず、効果的に動く方法をすぐに学んだ。大物だと認識していることをうまく本人たちにわからせる方法を直感的に理解した。ガイトナーはキッシンジャーの支援で財務省に入り、東京のアメリカ大使館に金融担当補佐官として勤めた。敷地内のテニスコートでは、果敢な攻撃でほかの職員を圧倒した。コートはまた、東京にいる大新聞の特派員や外交官、日本の金融担当者と非公式に話し合う場でもあった。

日本にいるあいだに、ガイトナーは大規模なバブル経済によるハイパーインフレと壊滅的なデフレをつぶさに目撃した。大使館での仕事をつうじて、当時財務次官だったラリー・サマーズに注目された。サマーズはガイトナーを次々と責任の重い地位へ昇進させた。一九九七年と九八年のアジア金融危機とロシアのルーブル危機のときには、ガイトナーはタイム誌の言う〝世界を救う委員会〟の陰の一員として、開発途上国のための一〇〇〇億ドルを超える救済資金調達に力を貸した。[注17] 救済計画が提案されたあとは、自動的にサマーズのオフィスに迎えられた。その点でガイトナーは運がよかった。偶然とはいえ、急にきわめて重要になった分野の専門家だったからだ。ダートマス大学で初めて発揮された外交術にも磨きをかけており、大胆な政府介入を主張するサマーズと、より慎重なルービンとのあいだの論争を調停することも多かった。

韓国経済が一九九七年秋に崩壊の手前まで行ったときには、アメリカの対応策を練る作業にも加わった。感謝祭の日、自宅にいたガイトナーはサマーズからの電話を受け、アメリカが状況の安定に手を貸さなければならない理由を、ひとつずつ冷静に説明した。[注18] クリントン政権内で盛んに議論が交わされたあとで浮かび上がった計画――国際通貨基金（IMF）やほかの国際機関からの三五〇億ドルに加えて、アメリカから数十億ドルを融資する――は、ガイトナーの当初の提案とほとんど変わらないものだった。翌年、ガイトナーは国際担当の財務次官に昇進した。

財務長官サマーズとの親しい関係は続いた。手のこんだ悪いいたずらをしかけたこともある。何度か長官が演説に出かけたときに、通信社から届くニュース記事を書き換えて、演説をまちがって引用しているように見せかけたのだ。長官が財務省ビルに戻ってくると、ガイトナーは手を加えた記事をさも本物であるかのように手渡し、サマーズが記者に連絡して訂正させると怒りを爆発させたあとで、いたずらだったことを教えた。ふたりの仲のよさは、長年ほかの財務省の同僚たちとフロリダのテニススクールにかようほどだった。コーチは、アンドレ・アガシやボリス・ベッカーを育てたニック・ボレッティエリだった。腹筋が六つに分かれたガイトナーは、政策立案に匹敵する巧みさでプレーした。「彼はボールを制御でき、安定していて、ストロークがじつにすばらしい」元財務省職員のリー・サックスは言った。[注19]

クリントンが政権を離れると、ガイトナーはＩＭＦに移り、そこからニューヨーク連銀に雇われることになった。彼自身は民主党政権に仕えたが、仕事を斡旋したピーターソンは人脈豊かな共和党員だった。

ニューヨーク連銀総裁は、アメリカの中央銀行システムの上から二番目の職位で、責務はきわめて重い。ニューヨーク連銀は、国の金融の首都における政府の目であり、耳であると同時に、財務省の国債管理の多くをまかされている。一二の地区連銀のなかで唯一、ニューヨークの総裁は金利を設定する連邦公開市場委員会（ＦＯＭＣ）の常任メンバーだ。ニューヨークの物価が比較的高いことから、総裁の年収はＦＲＢ議長の二倍である。

少々風変わりな性格にもかかわらず、ガイトナーは徐々にニューヨーク連銀の仕事に慣れ、思慮深い合意形成者として名をあげてきた。知識を蓄える努力も怠らず、デリバティブ市場についても学んで、最終的にそのリスク分散の概念に疑問を抱くようになった。彼の考えによれば、リスクの分散は、それがなければ隔離できていた問題を悪化させる効果がある。ただ、最初の上司のアラン・グリーンスパンは意見を異にしていた。「こうした変化は、より広範かつ容易にショックを吸収できる金融システムを作り出したかに見えますが、リスクを解消したわけではありません」ガイトナーは二〇〇六年の演説で言った。「ときに躁状態やパニックを生じる市場の傾向を終わらせてはいない。おもだった金融機関が破綻する可能性をなくしたわけでもないし、そうした破綻の効果からより大きな金融システムを守りきることもできません」[注20]

ガイトナーには、ウォール街のブームが最終的に去るのがわかっていた。そして日本での経験から、その終わり方が平和ではないことも。もちろん、それがいつ、どのように起きるのかを正確に知るすべはなかった。勉強や準備をどれだけしようとも、二〇〇八年三月初めに起きた一連の出来事に対処するのはむずかしかった。

マシュー・スコーギンが財務次官ロバート・スティールの角部屋に顔を突っこんだ。「次の殺人会議の準備はいいですか？」

スティールはシニア・アドバイザーを見てため息をついたが、こうするのが最善であることはわかっていた。「オーケイ。じゃあ、やろうか」

四月三日の朝、上院銀行委員会にはヘンリー・ポールソンが、ガイトナー、バーナンキ、証券取引委員会（SEC）のコックス委員長と出席して証言をおこなう予定だった。ベア・スターンズのアラン・シュワルツと、JPモルガン・チェースのジェイミー・ダイモンもあとから来る。しかし、ポールソンにはどうしても延期できない中国への公式訪問があったので、代わりに次官のスティールが出席することになったのだった。

ガイトナーと同様、スティールも金融業界の外にはほとんど知られておらず、銀行委員会での証言を一種の好機ととらえていた。彼のスタッフは伝統的なワシントンのやり方で準備を手伝った――〝殺人会議〟を何度もおこなうのだ。スタッフが一人ひとり議員を演じて、政治家らしい質問を矢継ぎ早にぶつける。このゲームには、スティールが集中砲火を浴びてもできるだけ流暢かつ明確に答えられるようにする狙いもあった。

経験豊富で自信に満ちた演説家のスティールは、以前にも議会の委員会に呼び出されたことがあるが、責任の重さは今回の足元にも及ばなかった。〝ベアの週末〟と呼ばれるようになった事態に関して厳しい質問がなされるだけでなく、もうひとつ別の議論が生じそうな雲行きだった――ファニーメイ（連邦住宅抵当公庫）とフレディマック（連邦住宅金融抵当金庫）という、住宅ローン債権を買い取る政府支援法人（GSE）の問題だ。住宅バブルの元凶と呼ばれるこれらの企業は何十年ものあいだ、政治的、イデオロギー的な争点だったが、いまほど問題があらわになったことはなかった。

ベア・スターンズの破綻で、上院議員たちは点と点を結んで大きな絵を描きはじめているかもしれない。信用収縮の最初の犠牲者は、サブプライムローン担保証券に多額の投資をしている、ベア・スターンズのふたつのヘッジファンドだった。このローンがいまや住宅市場の信頼を揺るがしている。ファニーとフレディは住宅市場で圧倒的な位置を占め、住宅ローンの四〇パーセント以上を引き受けているが、そのローンが急速に価値を失いつつあった。[注21]それがまた、あらゆる銀行貸出に悪影響を与えている。「彼らの証券はすべての金融機関のあいだを水のように流れている」ポールソンはファニーとフレディについてそう言っていた。[注22]

機知に富みハンサムなスティールは、じつのところポールソンよりはるかにコミュニケーションの達人で、定例の財務省の会議でもことばを詰まらせる上司より好評を博すことも多かった。ふたりは一九七六年からの知り合いだった。[注23]スティールがデューク大学を卒業したあと、ゴールドマン・サックスのシカゴ支店に就職したのだ。ポールソンと同じく、スティールも中流家庭に生まれ、[注24]デューク大学キャンパスの近くで育った。父親はジュークボックスの修理屋で、のちに生命保険を販売した。母親はデューク大学の精神医学研究所でパートタイムの職を得ていた。ゴールドマンに入ってから、スティールは野心的な銀行家として見る見る頭角を現わした。一九八六年にはロンドンに異動して、ベンチャー・キャピタル市場向けのグループを始動させ、ゴールドマンがヨーロッパで地歩を固めるのに貢献した。

しかし四年前、IPOの時期にパートナーだったことから一億ドル以上の収入が約束されていたにもかかわらず、スティールは退社を決めた。さまざまな上級職についてきたが、次に会社をリードする立場にはなかったからだ。民間に華々しく復帰する心づもりはつねにあったものの、ゴールドマンの多くの退職者のように、しばらく公職につきたかった。ハーバード大学ケネディスクール（公共政策大学院）のシニア・フェローになるなど、公共分野での信用を獲得したあとで、二〇〇六年一〇月一〇日、ポールソンの誘いに応じて国内財務担当の財務次官に就任した。

仕上げの殺人会議のためにスコーギンと会議室に入りながら、スティールは最高の受け答えをしなければならないと思った。財務省の同僚であるデイビッド・ネイソン、首席補佐官のジェイムズ・ウィルキンソン、広報担当次官補で政策計画官のミシェル・デイビスが、小さな集団とすでに机の向こうに坐っていた。

一同はみな、次の厳しい質問が投げかけられることを知っていた――ベア・スターンズの当初一株二ドルとなった交渉で、政府はどのような役割を果たしたのですか？　実際に起きたことについて、その日の後半でほかの証人――ＪＰモルガンのジェイミー・ダイモンとベアのアラン・シュワルツ――が何を言うかは、財務省の誰にもわからなかった。

スティールは、政府の救済で株主が潤ってはならないという明確なメッセージを発するために、ポールソンが価格を下げたことは知っていた。しかし、財務省のなかにその事実を確認した者はおらず、ポールソンとほかの全員のためにも、本当に起きたこと――三月一六日の日曜の午後、ポールソンがダイモンに電話をかけて「非常に低い価格にすべきだと思う」と言ったこと――を認めないのが最善だった。

スティールには、公聴会でその問題を回避しなければならないことがわかっていた。殺人会議やほかの会合でデイビスらがくり返し強調したのは、二ドルが適正な価格かどうかという議論にぜったいに巻きこまれないことだった。それを言えば、価格がたとえ一〇ドルだったとしても。スティールが打ち出すべきアイデアの柱は、税金が使われる以上、株主に報酬が与えられてはならないという、ポールソンの基本的な問題意識だった。スタッフたちはさらに重要なこととして、財務省はベアがらみの交渉にいっさい関与していないという立場を貫くべきだとスティールに提言した。もし何かあれば、質問を連銀に振り向けるべきである、なぜなら、そのようなやりとりに加わることが法的に認められるのは連銀だけだからだ。

ロールプレーイングを始めるまえに、ネイソンがおもな事態の進展について説明した。上院銀行委員会のメンバーで共和党の大物議員であるリチャード・シェルビーと最近交わした会話を、スティールに伝えた。「シェルビーはかなり厳しく責めてきます」ネイソンは警告した。

それでもまだ控えめな言い方だった。シェルビーはポールソンの政策に苦りきっていた。ベア・スターンズの救済にとどまらず、ポールソンの別のプロジェクトに対してもだ。それはベア救済のわずか数日後に発表された、ブッシュの景気刺激策のなかの一項目、ファニーメイとフレディマックが購入できる住宅ローン債権の上限額を引き上げることだった。怒ったシェルビーは、財務長官から幾度か電話がかかってきたのに、かけ直さず何日も放っておいた。しまいにポールソンは「彼は私が財務長官だということを知ってるのか」と吠えたという。

ジム・バニング上院議員にも注意が必要だった。〝市場は全知〟の純粋主義者として有名だ。殺人会議のなかでバニングの写真が掲げられると、スティールは「ジム・バニング上院議員、共和党、ケンタッキー州。われわれがやること？　そう、すべてでたらめです。われわれは社会主義者です。ご指摘ありがとう、上院議員」とふざけた。

リハーサルは、スティールが公聴会に出発する数分前まで続いた。おもな目的は、予想もしていなかったような事態からスティールを、そして財務省を守ることだった。スタッフはこの日の朝刊の隅から隅まで目を通し、ベア・スターンズに関して新たな事実は見つかっていないか、議員が引用しそうな厳しい論調のコラムはないかと調べた。幸い何もなかった。

スティールは側近たちと公用車に乗りこみ、財務省から議事堂までの短い距離を移動した。ダークセン上院ビルの公聴室はすでにさまざまな動きで騒然としていた。撮影クルーが機材を設置し、写真家が光の具合を確かめていた。スティールが席につくと、その日の午後に証言することになっていたベア・スターンズのアラン・シュワルツがすでに到着していて、挨拶した。スティールの左隣はガイトナー、右にはコックス、コックスの隣にバーナンキがいた。一列に並んで坐ったこの面々こそが、世界の誰にも増して今回の金融問題の解決をまかされた男たちだった。

「今回の措置は金融市場全体の崩壊を防ぐための正当な救済だったのでしょうか」コネティカット州の民主党員で、銀行委員会の議長を務めるクリストファー・ドッド上院議員が訊いた。「それとも、ある人々が言うように、一般大衆が住宅ローンの支払いに窮しているなか

で、三〇〇億ドルの税金をかけてウォール街の一企業を救済したということなのでしょうか」[注25]

開始後まもなく発砲が始まった。委員会のメンバーは、規制当局の金融企業監視の甘さを鋭く批判した。さらに重要な点として、ベア・スターンズ買収への融資は危険な先例を作ったのではないかと問い質《ただ》した。ほかの会社も失敗を税金で補ってもらえることに安心して、ますます危険な賭けをするだけではないかと。

バーナンキは急いで政府の立場を説明した。「われわれの念頭にあったのは、アメリカの金融システムの保護、アメリカ経済の保護です。ウォール街の誰かではなく、経済を守ろうとしていたことを国民が理解するなら、われわれのとった行動もより正しく評価されるでしょう」

そして、スティールが練習しておいた質問が発された――一株二ドルの価格を決定したのは財務長官ですか？

「ご指摘のとおり、この九六時間、財務長官も財務省のほかのメンバーも、事態の収拾に積極的に参加してきました」スティールは答えた。「さまざまな議論がありました。また、この種の合併ではかならずそうですが、多数の契約条件があります。財務省の見解はふたつにまとめられると思います。第一点はバーナンキ議長が示した考え、すなわち、安全に合併を進めることが市場全体にとって建設的と考えられたこと。第二点は、連銀または政府の資金が投入される以上、それにふさわしい考慮が必要であること。ポールソン長官はそのことについて見解を示しました。

取引価格はあまり高くすべきではない、最低額に近づけるべきだ、さらに、政府が介入するのだから、財務省としての見解もそうあるべきだという意見がありました。しかし、実際の細かい取引条件については、ニューヨーク連銀と二当事者が交渉しました」

連銀、財務省、SECは、銀行委員会の尋問におおむね持ちこたえていた。が、それはおもにベア救済を、初期の政策の失敗ではなく、生涯一度かぎりの極端な窮策と位置づけて弁解したからだった。そういう状況では、破綻によって金融システム全体を滅ぼしかねない巨大銀行を救助するのは、合理的な判断だった。

この状況は一九〇七年の大恐慌時と似ていなくもない、とガイトナーは委員会に説明し、ウォール街のパニックと国の経済的繁栄を直接関連させた。「力強い政策発動がなければ、結果として労働者の家族の収入は減り、住宅の賃料、教育費、日々の経費は上がり、退職後の蓄えの価値は下がり、失業率は上昇します」

つまり、世界とは言わないまでも国全体のためになることをした、とスティールは自信満々で議員たちに言った。われわれの努力によって堤防の穴は埋められたのだと。

ジェイミー・ダイモンは、たとえを探していた。

チャールズ・シューマー上院議員のオフィスの先の会議室に坐り、CSPAN（政治専門チャンネル）で朝の会合の模様を確認しながら、コミュニケーション・チーフであり、腹心の友でもあるジヨゼフ・エバンジェリスティと戦略を練っていた。ベアに支払った低額の買収金を、どうすればいちばんうまく説明できるだろう。納税者の助けを借りて贈り物をしたような印象を与えてはならない。

「われわれが膨大なリスクを負ったことを、ごくふつうの人が理解しなければならないな」ふたりでさまざまなアプローチを検討しながら、エバンジェリスティが助言した。「それをわかりやすい英語で説明しなければならない」

スティールとちがって、ダイモンはパーク・アベニューのオフィスで殺人会議のロールプレーイングをいっさいしていなかった。その代わりに、傍聴席で待たなくてもいいようにと上院議員のスタッフが貸してくれた会議室で、直前の準備をすることにしたのだった。

ひとつシンプルで明快な一文を思いついた。これでおそらくベア・スターンズ買収を簡潔に説明することができる。「家を買うことと、火の手がまわっている家を買うことは同じではない」[注26] これでいいだろう。誰もが理解できるはずだ。

伝えたいメッセージは単純だった——連銀と財務省の職員たちは、とった行動について綿密に審査されてもやむなしだが、ダイモンとしては、なんら常軌を逸したことはしていない。彼の仕事はアメリカの納税者の利益を守ることではなく、自社の株主の利益を守ることだけだ。その意味で、今回のベアの取引に想定外の問題はないと考えていた。

公の場では謙遜しているものの、ダイモンは今回の取引は大当たりだったと自覚していた。少なくとも金融メディアの目から見れば、ベア買収はホームランだ。つねづねメディアにはダイモンに妙に執着するところがあって、彼を栄光に包まれたけちん坊のように描くことが多い。経費削減のためにオフィスの新聞代を切り詰めるような経営者であって[注27]、金融業界の未来を指し示す本物の指導者ではないと。だが、JPモルガンが銀行業界のトップに躍り出たことで、ダイモンは一九〇七年の恐慌をおさめるのに協力した一九世紀の銀行家、ジョン・ピアポント・モルガンの再来に近い扱いを受けるようになっていた。

ニューヨーク・タイムズ曰く、ダイモンは〝突如として今日の世界でもっとも話題にのぼる――そしておそらく最大の権力を持つ――銀行家になった〟[注28]。ウォール・ストリート・ジャーナルには〝急速にウォール街の最後の砦になりつつある〟[注29]と書かれた。バロンズはシンプルに〝ジェイミー・ダイモン万歳！〟[注30]と唱えた。

そこまで追従されているせいか、ダイモンは今日の公聴会で話すことを考えるだけで、めまいがするほどうれしかった。ほとんどのCEOは議会に引き出されることを怖れる――ベア・スターンズのアラン・D・シュワルツは何日もかけて、ワシントンの有力弁護士ロバート・S・ベネットと、自分の証言内容を吟味していた――が、ダイモンは議会での初めての証言を名誉の印と考えた。

公聴会前夜、彼は両親に電話をかけて、テレビでかならず見るようにと伝えた。

ジェイミー・ダイモンの成功はことさら大きな驚きでもなかった。銀行家としては三代目だからだ。祖父はギリシャのスミルナからニューヨークに移住してきて、名前をパパデメトリオからダイモンに変え、当時華やかな職業とは言いがたかった株式仲買人の仕事を見つけた。ジェイミーの父親のセオドア――一二歳のときに仲間内の遊びでジェイミーの母親シーミスと出会った――も仲買人になり、大成功を収めた。あまりに成功したので、家族はクイーンズからパーク・アベニューのアパートメントに移り、ジェイミー、ピーター、テッドの兄弟はそこで育った。ジェイミーが九歳だったある日、父親が息子たちに、大きくなったら何になりたいと尋ねた。長男のピーターは医者になりたいと答えた。ジェイミーの双子の弟のテッドはわからないと言った。しかし、ジェイミーにはわかっていて、自信たっぷりで答えた。「金持ちになりたい」[注31]

ジェイミーは、マンハッタンのアッパー・イースト・サイドにあるブラウニングスクールにかよったあと、タフツ大学で心理学と経済学を学び、ハーバード大学のビジネススクールに進んで、知性と同時に横柄さでも評判になった。入学初年の秋学期が始まってまだ数週間のころ、生産管理の入門クラスの教授がクランベリー協同組合のサプライチェーン・マネジメントに関するケーススタディ[注32]を解説していた。その途中でダイモンは立ち上がり、「ちがうと思います！」と割りこんだ。教授がびっくりして見ているうちに、ダイモンは教壇まで歩いていき、黒板に供給問題の解決策を書いた。ダイモンが正しく、教授は恐縮してまちがいを認めた。

夏休み中にゴールドマン・サックスで働いたあと、ダイモンはある人物に就職のアドバイスを求めた。太鼓腹で葉巻を次々と吸い、次々と取引をまとめるその人物が、サンフォード

・ワイルだった。ジェイミーの家族は一九七〇年代なかごろにワイル家と親しくなっていた。ワイルの証券会社がシェアソン・ハミルを買収したときに、ダイモンの父親がそこのトップ・ブローカーだったのだ。タフツ大学時代に、ダイモンはヘイドン・ストーンのシェアソン買収について論文まで書いていた。それを母親に見せられたワイルは、ダイモンの分析に感銘を受けた。[注33]

「うちの人間に見せてもいいかね」とダイモンに訊いた。[注34]。

「もちろんです」ダイモンは答えた。「夏の仕事をもらえます？」ワイルは喜んで願いを叶えてやった。

ハーバード大学ビジネススクールを卒業したあと、ダイモンはゴールドマン・サックス、モルガン・スタンレー、リーマン・ブラザーズから採用のオファーを受けた。ワイルもアッパー・イースト・サイドのアパートメントにダイモンを招き、採用の提案をした——シェアソンを一〇億ドル近くで売却したあと、ワイルが最高幹部になっていたアメリカン・エキスプレスで、彼の補佐にならないかというものだった。「それほど給料は払えない」ワイルは二五歳の青年に言った。「だが学ぶことはたくさんあるし、ふたりで大いに愉しめる」[注35]ダイモンはこれに乗った。

結局、アメリカン・エキスプレスでのワイルとダイモンの在任期間は短かった。「ユダヤ人がアメリカン・エキスプレスを乗っ取るぞ！」[注36]と息巻いたワイルだったが、気づくとワスプ（アングロサクソン系白人プロテスタント）の階層組織に阻まれて、単独の決定ができなかった。徐々に同僚グループや役員会から締め出されて、一九八五年、アメリカン・エキスプレスの社長を辞任した。CEOのジェイムズ・ロビンソンから才能を見込まれていたダイモンは慰留された。ダイモンはそのとき、妻がちょうど第一子を生んだばかりで、同じ立場なら多くの人間が安全策をとる人生の岐路に立っていた。しかし彼は、次のプロジェクトも決まらず、小さなオフィスに移ったばかりのワイルについていくと決断した。[注37] そうして数カ月がすぎ、ワイルが昼食でマティーニを飲んでカウチで眠るのを眺めながら、自分はまちがったほうに賭けてしまったのだろうかと思った。ワイルは何も軌道に乗せられないようだった。わがメンターは打つべき手をすべて打ってしまったのか、とダイモンは自問した。

ワイルがバンク・オブ・アメリカの買収に失敗したあとのことだった。ボルティモアに本拠を置くサブプライムの貸付業者、コマーシャル・クレジットの幹部がふたりやってきて、ワイルとダイモンに、親会社から同社を買ってくれないかと持ちかけた。ワイルは六〇〇万ドルを出して取引をまとめ（ダイモンは四二万五〇〇〇ドルを投資した）、会社はスピンオフして、ワイル自身がCEOになった。ダイモンは経営をまかされ、徹底した経費削減に取り組んだ。贅肉をそぎ落としたコマーシャル・クレジットを礎石として、ワイルとダイモンは一〇〇以上の買収をくり返し、新たな金融帝国を築き上げた。一九八八年、ふたりはスミス・バーニー証券の親会社であるプライメリカを一六億五〇〇〇万ドルで買収し、ウォール街への帰還を果たした。[注38] 続いて一九九三年には、アメリカン・エキスプレスから一二億ドルでシェアソンを買収した。[注39]

ダイモンの評判はワイルのそれと同時に高まった。ふたりはチームだった——戦略家で交渉役のワイル、そして彼より二〇歳以上若い、会計と業務管理の達人のダイモン。彼らは師匠と弟子という関係から、結婚して久しい争いがちなカップルといった関係に移行していた。マンハッタン、ミッドタウンのプライメリカのオフィスで、会長とCFOは猛烈に口論し、その声が廊下に響き渡った。打ち合わせでワイルが馬鹿なことを言うと、かならずダイモンはぐるりと目をまわした。

「このくそったれが！」ワイルがダイモンに怒鳴った。

「いや、くそったれはあんただ！」ダイモンが怒鳴り返した。[注40]

一九九六年、四〇億ドルでトラベラーズを取得したあと、資産管理を統括する人物が必要になった。[注41]ワイルはひそかに、自分の娘のジェシカ・ビブリオウィッツをダイモンに推薦していた。ビブリオウィッツは三七歳、スミス・バーニーの投資信託業務の責任者だった。ダイモンはティーンエイジャーのころから彼女を知っていたが、第一級のマネジャーとは言いがたく、これほどの重職はまかせられないと思った。[注42]ワイルはダイモンを呼び出し、「彼女を昇進させろ。でないと痛い目に遭うぞ」と脅した。けれどもダイモンは譲らず、ワイルとほかの幹部に、彼女はまだこの仕事にふさわしくない、もっと経験豊富な幹部を優先させるべきだと言った。

翌年、ビブリオウィッツは会社を去ることにした。父親には、この決断にダイモンは関係ないと説明し、「これでやっとまた父と娘に戻れるわね」と退職の明るい面を強調したが、[注43]

ワイルは激怒して、その後ダイモンとの関係は修復不可能となった。会社が急速に拡大するにつれて、緊張はますます高まった。一九九七年にトラベラーズがソロモンを買収すると、ワイルはダイモンと並んでデリク・モーン——国債スキャンダルの時期にソロモン・ブラザーズの舵を取ったイギリス人——をソロモン・スミス・バーニーの共同CEOにつけた。この新たな権力分担は論理的ではあったが、ダイモンの感情をいちじるしく傷つけた。

さらに厳しい仕打ちがシティコープとの合併後に待っていた。この八三〇億ドルの取引は、アメリカ金融システムのルールを書き換えるものだった。注44 その背景には、テキサス州の共和党上院議員フィル・グラムとアイオワ州の共和党下院議員ジム・リーチが提出した法案によって、大恐慌後の商業銀行と投資銀行の最後の垣根——一九三三年のグラス・スティーガル法——が取り払われたことがあった。ダイモンはこの合併のために不眠不休で働いたが、合併会社の一八の役員人事をトラベラーズとシティコープで分け合う段になって、自分が取り残されていることに気づいた。社長にはなったが、部下はたったひとり、CFOのハイディ・ミラーだけだったのだ。

受け入れがたい状況は、新生シティコープが不甲斐ない第3四半期の報告をしたあとで頂点に達した。夏のあいだにロシアが債務不履行に陥り、ヘッジファンドのロングターム・キャピタル・マネジメントが破綻しかかるという混乱の結果だった。その週末、四日間の日程で幹部がウェストバージニア州の保養地グリーンブライアに集まって会議を開いた。会議を締めくくるのは正装のディナーとダンスだった。真夜中近く、多くのカップルがダンスフロアでパートナーを取り替えて踊っていた。ダイモンの側近のひとりであるスティーブ・ブラックがモーン夫妻に近づき、夫人にダンスを申しこんだ。社内の派閥闘争は忘れてという、いわば和解の印だった。が、デリク・モーンは同じ行動をとらず、ブラック夫人はダンスフロアにひとりで立っていた。怒り心頭に発したブラックはつかつかとモーンに歩み寄った。「おれに対する態度も充分ひどいが、妻をあんな目に遭わせるのは我慢ならない」いましも手を振り上げる勢いで脅した。「ここで殴り倒してやる」[注45]

ダイモンは仲裁に入ろうとして、部屋から出ていこうとしているモーンを追った。「ひとつ簡単な質問をしたい。ブラッキーの奥さんを馬鹿にするつもりだったのか、そうじゃなかったのか？」

モーンは背を向けて去ろうとした。ダイモンはかっときて相手の腕をつかみ、くるりと振り向かせた。勢いでモーンのジャケットのボタンが飛んだ。「こっちがしゃべってるときに背中を向けるんじゃない！」ダイモンは叫んだ。[注46]

この事件を知ったワイルは、ダイモンの行動を不適切と判断した。一週間後、ワイルと共同CEOのジョン・リードはダイモンをニューヨーク州アーモンクの社屋に呼びつけ、辞任を求めた。[注47]

これは結局、ダイモンの身に起きた最悪かつ最良の出来事となった。まさにワイルがアメリカン・エキスプレスを辞めたときのように、ダイモンはゆっくりと時間をかけて次の仕事を探した。いくつもの申し出を断った。そのなかにはインターネット小売店のアマゾンからの申し出もあったと伝えられる。ダイモンは銀行業以外のことはほとんど知らなかったので、得意分野の仕事が来るのを待ち、ついにバンク・ワンのCEOの座を射止めた。オペレーションが混乱したこのシカゴの二流銀行こそ、彼が探していたロケット発射台だった。さっそく取引を整理し、バランスシートを改善し、その成果で二〇〇四年にはJPモルガンとの合併にこぎ着けて、ウィリアム・ハリソンのあとを継ぐCEOとなった。

かつてウォール街でもっとも誇り高い銀行だったJPモルガンは、競争相手の好業績に押されて、数ある銀行のなかのひとつに成り下がっていた。[注49] ダイモンはみずから経費削減と企業統合の専門家チームを雇い入れ、仕事に取りかかった。マネジャーの給料は大きく削られた。ジムには閉鎖命令が下った。バスルームから電話線が引き抜かれた。毎日届いていた生花がなくなった。ダイモンが胸ポケットから手書きのメモを取り出すと、幹部たちは目に見えて緊張した。メモの片面には、その日対処が必要なことがら、もう一方の面にはダイモンの言う〝私に借りがある人物〟が書かれていた。

二〇〇八年までに、JPモルガン・チェースは称讃されるようになった。一方、ダイモンが構築を手伝ったシティグループは、あらゆる面で酷評されていた。そんなシティとちがって、JPモルガンは規模を有利に使った。組織や業務の重複をなくし、当座預金の顧客に住宅ローンを販売したり、その逆をおこなったりした。もともと偏執的なところのあるダイモンは、（同業の多くのCEOに似ず）複雑な銀行業務のほぼあらゆる面を理解し、リスクを減らした。会社のそれぞれの部署から、文字どおり利益が搾り出された。いちばん大きかったのは、信用危機が広がりはじめたときに、競争相手と比べてきわめて用心深かったことだ。レバレッジで収入を急激に増やそうとはせず、新機軸の簿外取引も他行よりはるかに少なかった。サブプライム住宅ローン市場が崩壊して、ほかの企業が軒並み深刻な打撃をこうむったときにも、JPモルガンは強靭で安定していた。ベア・スターンズがらみのパニックが発生する一カ月前には、投資者会合で〝鉄壁のバランスシート〟を自慢したほどだった。[注50]「鉄壁のバランスシートは多額の流動性資金でもあり（ママ）、これは将来にわたって大いに役立つでしょう。そうした機会がやってくるかどうかはわかりません。私の経験上、このような環境が機会を生み出しますが、かならずしもすぐに生み出すとはかぎりません」

機会はダイモンが思っていたより早く訪れた。

三月一三日木曜、ダイモン夫妻と三人の娘は、四八丁目通りのギリシャ料理店アブラで、ダイモンの五二歳の誕生日を祝う食事をしていた。[注51]午後六時ごろ、食事が始まってさほどたたないうちに、家族と会社の緊急時だけに使うダイモンの携帯電話が鳴った。ダイモンは困惑しながら通話ボタンを押した。

「ジェイミー、たいへんな問題が起きた」ラザードでベア・スターンズの代理人を務める銀行家ゲイリー・パーが言った。「アランと話してもらえるか？」

ダイモンは驚いて店から歩道に出た。ベアについては何週間も噂が飛び交っていたが、この電話は事態が想像以上に深刻であるという意味だった。数分でベア・スターンズのCEO、アラン・シュワルツがかけ直してきて、会社が資金不足になった、援助が必要だと言った。

「いくら？」愕然としたダイモンは、平静を保とうとしながら訊いた。

「三〇〇億ドルほどになるかもしれない」

ダイモンは夜気に軽く口笛を吹いた——多すぎる。桁《けた》がちがう。それでも、もし可能なら援助しようとシュワルツに答えた。すぐに電話を切ると、今度はガイトナーにかけた。JPモルガンはそれだけの現金をただちに調達できないが、解決策には喜んで加わる、とガイトナーに告げた。

翌日の三月一四日金曜、連銀はJPモルガンをつうじてベア・スターンズに資金を貸し出した。これで喫緊の流動性の問題は解決し、ベアは二八日間で長期的な解決策を探ることになった。が、連銀も財務省も状況をそこまで長く未解決にするつもりはなく、その週末、さっそくダイモンに買収するよう積極的に働きかけた。JPモルガンから三〇〇人のチームがベアのオフィスに派遣され、関連資料をダイモンと幹部たちに持ち帰った。

日曜の朝までにダイモンは充分な内容を見ていた。ガイトナーに、JPモルガンは手を引くと連絡した。ベアのバランスシートの問題は深すぎて、実質的に把握できないほどだった。

しかしガイトナーは撤退を認めず、どんな条件なら受け入れられるのかと迫った。結局彼らは、連銀がベアの疑わしい担保物件について三〇〇億ドルまで融資することで合意した。JPモルガンには一〇億ドルまでの損失を自己負担する可能性が残された。

驚くにはあたらないが、上院銀行委員会の質問はこの最終交渉に集中した。ＪＰモルガンはベアの負債の大きさを知ったうえで、政府に過度に厳しい要求を突きつけたのではないか？　結局は納税者の負担になるというのに。

ダイモンは銀色の髪と、スーツからのぞく完璧にプレスされた白いシャツの袖で、威厳すら漂わせていた。謝る様子も、守りの姿勢も見せずに、ベア買収に至った事情を説明した。「交渉のためのポーズではありませんでした」落ち着いた声で言った。「たんにそれが真実だったのです」[注52]ダイモンに言わせれば、真相は明白だった――彼とガイトナーは途方もない困難に立ち向かって急場を救った善人である。「私が自信を持って言えるのは、もし今日ここにいる民間、政府の当事者が、めざましい協力体制でベア・スターンズの倒産を防いでいなかったら、私たちはみな、いまよりはるかに厳しい状況に直面しているということです」

結局その日の公聴会では、決定的証拠の開示も、語り種となるようなやりとりも、誰かが英雄となる瞬間もなかった。しかし、その後の六カ月で非常によく知られることになる一連の人物たちを、国民に紹介する役割は果たした。巨大な金融業界――この時点で不安定だったとはいえ――の頂点に立つひと握りのプレーヤーを垣間《かいま》見る、めったにない機会だった。とはいえ、上院議員たちはベア買収について意見をまとめられる状況からほど遠かった。この買収は実際にどのくらい必要だったのだろう。これで本当に問題は解決したのだろうか。それともたんに、より厳しい審判の日を先延ばしにしただけなのか。

銀行委員会のメンバーのなかで、強力な自由市場擁護者のバニングがいちばん批判的だった――そしておそらく、いちばん先見の明があった。「私はベア・スターンズの破綻に困惑している。しかも連銀があの会社の救済に加わるというアイデアが気に入らない……これは社会主義だ、少なくとも私はそう習った。

それに、もし」と不吉につけ加えた。「メリルやリーマンや似たような企業がこれに続いたら、どうなるのかな?」注53

第4章　バーナンキFRB議長の苦闘

二〇〇八年四月一一日金曜のじっとりと湿った夜、リチャード・ファルドは財務省ビルのまえの階段をのぼり、南の入口を見おろすように立っている、アレクサンダー・ハミルトンの三メートルのブロンズ像を通りすぎた。G7サミット終了と、IMF、世界銀行の毎年春の会合開始を祝うために、ヘンリー・ポールソンが個人的に開いた食事会に招かれていた。[注1]招待客には、最大の影響力のある経済政策立案者や学者の一団が含まれていた。ウォール街のCEOも一〇人いるし、ジャン＝クロード・トリシェを初めとする、世界の名だたる財務大臣や中央銀行総裁もそろっていた。

ファルドはかなり楽観的な気分だった——まちがいなく以前より自暴自棄ではなくなっていた。二週間前に四〇億ドルの増資を発表したことで、リーマンの株価は少なくとも一時的に安定していた。[注2]市場全体も、ゴールドマン・サックスのCEOロイド・ブランクファインのコメントに力づけられ、回復しつつある。ブランクファインは同社の年次総会で、信用危機の最悪の部分は終わったようだと強調し、「われわれは始まりというより終わりに近づいている」と宣言したのだ。[注3]

しかし、金融業界の暗雲が完全に消えたわけではなかった。その日の朝も、ファルドはマンハッタンのダウンタウン、ニューヨーク連銀でおこなわれた会合で、ティモシー・ガイトナーと侃々諤々《かんかんがくがく》の議論を交わしていた。空売り屋はひと息ついているだけだ、連中をなんとかしてくれ、とガイトナーに要求した。同席したSEC市場規制局長エリック・シリは、なんでもいいから違法行為の証拠を見せてほしいと再三ファルドに迫った。「事実でも、名前でも、とにかく何か教えてくれ」しかし、ハーバード大学ビジネススクール元教授のシリを、本物の実地経験がない自由市場信奉者と見なしていたファルドは、具体的なことは何もないと答えた。ただわかるから、わかるのだと。

この夜、財務省の白黒格子の大理石の通路を案内されながら、ファルドは邪念を払って楽しもうと思った。

食事会の開催場所はキャッシュ・ルーム。一九七〇年代なかばまで、人々が政府紙幣や国債を持ちこんで現金に換えた部屋なので、その名がついた。一八六九年から使用され、南北戦争中に導入された新しい連邦の紙幣――〝グリーンバック〟（ドル紙幣は裏面が緑色であることからこう呼ばれる）――への信頼を高めるのが目的だった。それからほぼ一世紀半がたった今日、その信頼が揺らぎはじめていた。

ファルドはその週のあいだじゅう食事会を待ち焦がれていた。ぜひともポールソンと会って話したかった。過去数週間、電話で何度も話していたが、ことの重大さを考えると、じかに会うことがなんとしても必要だった。それで自分が真剣に努力していることを長官に印象づけ、リーマンがワシントンでどうとらえられているかを正確に知ることができる。

ゆっくりとキャッシュ・ルームに入っていく金融人の列に並んだファルドは、隅《すみ》に古い友人がいることに気がついた。モルガン・スタンレーのＣＥＯ、ジョン・マック。ファルドの置かれた立場を完全に理解している数少ない客のひとりだった。ウォール街のＣＥＯのなかで、ファルドはこのマックにいちばん親しみを感じていた。ふたりとも大企業を誰よりも長く経営しているリーダーであり、ときどき妻を同伴して食事もしていた。

部屋のなかには、立ち止まって握手はするが、よく知らない人物も大勢いた——もっとも、ファルドの人生で彼らがまもなく重要人物になることはまちがいないが。たとえば、ロバート・ダイアモンドという銀行家。アメリカ人だが、イギリスの巨大金融組織の投資銀行部門であるバークレイズ・キャピタルを経営している。ファルドは彼と何度か話したことがあった。と言っても、たいていは肩入れしている慈善事業への寄付を求めるためだった。ファルドが挨拶したとき、ダイアモンドは礼儀正しく応じたが、明らかによそよそしかった。ニューヨークではなくロンドンで働いていることをファルドが知らず、一度気軽にコーヒーに誘ったせいかもしれない。ダイアモンドはそれをちょっとした侮辱と受け止め、根に持っているのだ。ダイアモンドの会社を規制するイギリス大蔵省のトップ、アリステア・ダーリングや、イングランド銀行総裁のマービン・キングとも表敬のことばを交わした。多額の資金を動かすこの業界は、総じて非常に狭い世界だ。ただ、このときの出席者は誰も、それがどれほど狭くなっているかを理解していなかった。

人混みのなかを歩きながら、ファルドはポールソンを探した。できれば食事が始まるまえにつかまえたかった。しかし、少しサイズが大きすぎる青いスーツ姿のポールソンが、逆にファルドをつかまえた。「よくやっているようだね」彼はファルドの手を力強く握って言った。「増資は正しい判断だった」

「ありがとう」ファルドは言った。「がんばってるよ」

ポールソンはまた、リーマンの法務責任者であるトマス・ルッソ、リーマンのグローバル主要戦略グループを率いるリック・リーダーと、財務次官のロバート・スティール、上院議員のジャッド・グレッグのあいだで〝思慮深い〟話し合いがおこなわれたことにも感謝した。ルッソはかねてから、政府が特別な機関――ルッソの言う〝グッド・バンク〟――を設け、もっとも有害な資産を切り離す仕組みを作ることによって、ウォール街の企業に追加の流動性を与えるという計画を提案していた。が、これには抵抗があった。人の目にはまた別の救済のように映るので、ワシントンはまだそこまで踏みきれない、というものだった――少なくともいまは。

「心配なことがたくさんある」ポールソンはファルドに言い、一例としてIMFの最新の報告書を挙げた。[注4] モーゲージと不動産関連の評価減が今後二年間で九四五〇億ドルに達するかもしれないというものだった。ポールソンは、投資銀行が利益を増やすためにまだ利用しているレバレッジ――自己資本に対する負債の割合――が信じがたいほど大きいことも懸念していた。これではシステムに過大なリスクが加わるだけだと不満を表わした。

たしかにその分野の数字は不安だった。リーマン・ブラザーズのレバレッジ比率は三〇・七対一。メリルリンチはわずかにましで二六・九対一。[注5] ポールソンは、メリルもリーマンと同じように不良資産を大量に抱えていることを知っており、メリルの新しいＣＥＯ、ジョン・セイン（かつてゴールドマンでポールソンのナンバーツーだった）が苦労していることに触れた。しかし、このときのファルドの最大の関心事は、レバレッジでもメリルの問題でもなかった。彼はまだ空売り屋に腹を立てていて、彼らをどうにかしてほしいとポールソンに訴えた。空売り屋を抑えることができれば、リーマンもほかの会社も足場を固め、バランスシートを良好に保つことができる。だが空売り屋の横行が許されれば、状況は全体として悪化するばかりだ。

元ＣＥＯのポールソンには、ファルドの苛立ちがよくわかった。空売り屋は己の利益のことしか考えず、金融システムへの影響などどこ吹く風だ。「同情するよ」ポールソンは言った。「行動に問題のある連中は排除しよう」

一方、ポールソンは、ファルドが空売り屋を言いわけに使って、リーマンの真の問題に取り組んでいないことも心配した。「だが忘れないように、増資はもちろんいいことだが、あくまでひとつの策にすぎない」と言った。「それで終わりではないよ」と、リーマンの潜在顧客ベースは決して大きくないことを指摘した。

「いいか、ディック」ポールソンは続けた。「投資銀行にどうしても財産を預けなければ、という人は大勢いない。可能な選択肢を考えはじめることだ」

リーマン全体の売却を考えよと取れなくもなかった。この会話にファルドは少しむっとしたが、まえにも似たような議論をしたことがあるので、いつものようにポールソンの助言を受け入れた。

招待客が席につき、話し手が順に演壇に立つにつれ、危険な経済状況がますます明らかになった。信用危機はアメリカだけでなく、世界に広がっていた。イタリア銀行総裁マリオ・ドラギも、ゴールドマン・サックスの元パートナーも、世界の金融市場の資金に対する不安をざっくばらんに語った。欧州中央銀行総裁のジャン＝クロード・トリシェは一同に、自己資本比率——ある企業が借りられる金額に対し、手元に置いておくべき金額——について統一基準を定めるべきだと言った。さらに重要なのは、レバレッジと流動性の基準を設けることだった。それこそ銀行の〝取り付け〟への耐性を示すはるかに有力な指標だとトリシェは言った。

その夜、ファルドは財務省ビルの外でようやく自分の車と運転手を見つけると、ブラックベリーでルッソにメールを送った。〝いまポールソンの食事会が終わった〟と、午後九時五二分に書いた。[注6]

1 財務省でのわれわれのブランド価値は絶大

2 増資は大好評

土産がいくつか。

3　きみとリーダーのアイデアが高評価
4　悪いヘッジファンドをつぶし、残りを厳しく規制したい考え
5　全Ｇ7参加国で採用したいこと
値洗い（時価評価損益の計算）の基準
資本の基準
レバレッジ＋流動性の基準
6　ＨＰ［ヘンリー・ポールソン］はＭＬ［メリルリンチ］を心配
全体として出席の価値あり
ディックより

翌週の四月一五日火曜、ニール・カシュカリとフィリップ・スウェイゲルが、財務省ビルの守衛所のまえを足早に通りすぎた。ヘンリー・ポールソンとロバート・スティールが長官専用の黒いサバーバンで待っていた。一行は午後三時——あと一〇分——に連銀に着かなければならず、すでに遅れていた。

ふたりは奇妙な取り合わせだった。カシュカリは色黒でスキンヘッド、つい最近まで投資銀行家だったが、まさにそんな恰好だ。一方、スウェイゲルは色白、黒髪、眼鏡で、政府の朴訥《ぼくとつ》な役人といった印象だった。元学者のスウェイゲルはすらりとした体格を維持していて、三四歳のカシュカリより若く見えるが、じつのところ八歳上だった。

ポールソンは若いふたりの次官補をベン・バーナンキとの会合に連れていき、彼らが作成した極秘メモを説明させる考えだった。それは、徐々に不安定さを増すアメリカの金融システムの遠い将来を見越したメモだった。

ポールソンの要求で、ふたりは金融の完全なメルトダウンが起きたときに何をすべきかという計画をまとめたのだった。そこで財務省が踏まなければならない手順と、第二の世界大恐慌を防ぐのに必要な新しい力の概略を示していた。彼らはこの提案に〝ガラスを割れ――銀行資本増強計画〟という刺激的なタイトルをつけていた。[注7] ガラスに閉じこめられた火災報知器のボタンのように、この計画は緊急時にのみ実行に移すことを想定していたが、一日がすぎるたびに、これがただの演習だとは思えなくなってきていた。

バーナンキのオフィスへ疾走するサバーバンのなかで、何事にも動じない性格のカシュカリは落ち着いていた。彼は人工衛星の技師として短期間働いたあと、サンフランシスコのゴールドマン・サックスで投資銀行家となった。[注8] その仕事に向いていることは人に指摘されるまでもなかった。顧客と会い、自分の販売の腕を試すのが大好きだった。カシュカリはポールソンのように、果敢にすべてをやりとげる男だった。そしてポールソンのように、まず撃ってから職務質問をするアプローチでよく相手を怒らせたが、彼の知的な火力を疑う者はまずいなかった。

カシュカリは昔から政府で働きたかった。ポールソンが財務長官に指名されたときには、本人と一度しか会ったことがなかったにもかかわらず、祝福のボイスメールを残した。驚いたことに、ポールソンが翌日連絡してきてこう言った。「ありがとう。財務省に来てもらえるとうれしいのだが」

カシュカリはすぐにワシントン行きの便を予約し、機内でポールソンへの売りこみ文句をくり返し練習した。ふたりは、ポールソンが上院の承認を得るまで仮に与えられている旧行政府ビルのオフィスで会った。カシュカリは、まだろくにプレゼンテーションも始めていないうちに、ポールソンの顔に、興味のなさそうな表情とかすかな苛立ちを認め、文の途中で口を閉じた。

「いいかな、私はこうしたいと思っている」ポールソンが言った。「小さなチームを作って、政策問題を検討する。あらゆる問題を検討し、結果を出すためになんでもする。きみはどう思う？」

カシュカリは驚くと同時に理解した。仕事をくれようとしてるんだ！

契約が決まって握手をしているところで、ポールソンはふと重要なことを思い出して訊いた。「ああ、そうだ、もうひとつあった。きみは共和党員か？」運よくカシュカリは共和党員だった。ポールソンは彼を見送り、数区画先のホワイトハウス人事局までの行き方を指示した。ほどなくカシュカリはチームに加わった。そして、これから自身のキャリア最大の売りこみをするところだった——世界経済全体に対してもっとも影響力のあるひとりの人物に。

二〇〇六年二月一〇日にFRB議長になった瞬間から、ひとつのフレーズがベン・バーナンキを悩ました――〝まねのできない偉業〟。[注9]ワシントン・ポストの著名な記者ボブ・ウッドワードが〝巨匠《ザ・マエストロ》〟と呼ぶこともあった男の仕事を形容するのだから、決して誇張ではない。その男は、アラン・グリーンスパン。財政におけるグリーンスパンは、投資におけるウォーレン・バフェットと同義だ。彼は未曾有の繁栄の時期――レーガン政権から二〇年以上続いためざましい上昇相場――にFRB議長を務めた。経済界の外にいる人にとって、グリーンスパンのしていることがわかりやすかったわけではない。言っていることすら、ほとんどわからなかったかもしれない。彼の公式発表の難解さは語り種になるほどだったが、それも偉大な知性という神秘的な雰囲気を作り出しただけだった。

これと対照的に、バーナンキはキャリアのほとんどで大学教授をしており、八〇歳だったグリーンスパンの後継者に指名されたときの専門分野はいささか風変わりだった――世界大恐慌と、一九二〇年代から三〇年代にかけて連銀が実施した政策のあやまちである。[注10]世界大恐慌の原因を特定することは、たしかにマクロ経済学の聖杯かもしれないが、世間の目から見れば、政府の要職で現実に適用できそうなテーマではなかった。あれほどの規模の経済危機は、はるか昔にすぎ去った話に思えたのだ。

しかし二〇〇七年の夏、アメリカの第二の〝金ピカ時代〟は意表を突いて終わり、グリーンスパンの評判は地に落ちた。市場には自己修正能力があるという彼の信念は、突如として致命的に先見性がないと見なされた。グリーンスパンの謎めいた発言は、あとから振り返ればたんなる空想家の世迷い言だったと判断された。

大恐慌の研究者だったバーナンキは、出身の畑こそちがえ、自由市場に対するグリーンスパンの信念を共有していた。危機の分析において、ミルトン・フリードマンとアンナ・Ｊ・シュウォーツの考えを進展させた。このふたりの経済学者は、著書『米国金融史　一八六七―一九六〇』（一九六三年初版）で、大恐慌の原因は、金融システムにただちに低利の金をばらまいて経済を刺激しなかった連銀にあったと論じていた。その後の対応は結局少なすぎ、遅すぎた。ハーバート・フーバー大統領のもと、連銀はまさに逆のことをしたのだ――マネーサプライを減らして、経済を窒息させてしまった。

バーナンキの確固たる思想を知って、多くの人が、これは政治に邪魔されずに正しいと思うことをやる独立した議長になると楽観した。まずは信用危機が彼の真の力を試すことになったが、はたして八〇年前の経済的失敗を理解していることが、現実の危機管理にどのくらい役立つだろうか。信用危機は歴史ではない、リアルタイムで起きていることだった。

ベンジャミン・シャロム・バーナンキは一九五三年に生まれ、煙草倉庫のにおいが充満する小さな町、サウス・カロライナ州ディロンで育った。一九六五年、一一歳のときに、全国スペリング大会出場のためにワシントンに出てきて、二回戦で〝エーデルワイス〟の綴《つづ》りをまちがえて敗退した。その日から、『サウンド・オブ・ミュージック』がちっぽけなディロンで上映されていたらどうなっていただろうと考えることになる。言うまでもなく、「エーデルワイス」という挿入歌が親しまれている映画だ。

バーナンキ一家は、人種差別の時代が終わったばかりの保守的な福音主義キリスト教の町に住む、正統派ユダヤ教徒だった。祖父のヨナス・バーナンキが、一九四〇年代初頭にオーストリアから移住してきて、ディロンでドラッグストアを経営し、ベンの父親がそれを手伝っていた。母親は教師だった。ベンは若いころ、州間高速道路九五号沿いの観光スポット、サウス・オブ・ボーダーで週に六日、ウェイターとして働いた。

ハイスクールでは微積分を独学した。教えてくれるクラスがなかったからだ。卒業の一年前にはSAT（大学進学適性試験）でほぼ満点（一五九〇点）をとり、翌年、ナショナル・メリット奨学金でハーバード大学に進んだ。そこで経済学を専攻して最優等で卒業すると、栄えあるマサチューセッツ工科大学大学院プログラムに受け入れられた。経済学博士号を取得した論文はビジネスサイクルに関するもので、両親と妻のアンナ・フリードマンに捧げられた[注11]。アンナとは、彼女が一九七八年にウェズリー・カレッジを卒業した週末に結婚していた。

若いカップルはカリフォルニアに移った。バーナンキはスタンフォード大学のビジネススクールで教鞭をとり、妻は大学院でスペイン語を学ぶことになった。六年後、バーナンキはプリンストン大学経済学部に終身在職権付きの教授職を与えられる。三一歳で、経済問題の分析に統計的手法とコンピュータモデルを用いる〝計量経済学〟の研究者として注目され、広く称讃されていた[注12]。

知的な評判が高まるにつれ、バーナンキは政治的手腕も発揮するようになった。プリンストン大学経済学部長として、対立を巧みに仲裁し、自己顕示欲の強い人々をうまく扱った。

一連の新しいプログラムを創設し、ポール・クルーグマン（たまたま思想的には正反対だったが）など将来有望な経済学者を雇い入れた。六年後にバーナンキは、グリーンスパンの後継者として迎えられた。

二〇〇七年八月初旬まで、彼はＦＲＢでの仕事を大いに楽しんでいた。その月には休暇をとって、アンナと車でノース・カロライナ州シャーロット、サウス・カロライナ州マートル・ビーチとまわり、家族や友人たちとすごす予定だった[注13]。南に出発するまえに、ひとつだけ仕事が残っていた。アメリカの強力な政策決定機関――数ある責務のひとつが金利の設定――である連邦公開市場委員会が、八月七日に開かれることになっていたのだ。その日、バーナンキと同僚たちは、近年珍しく〝成長の下ぶれリスク〟[注14]の存在を認めたが、フェデラル・ファンド金利は九回連続で五・二五パーセントに据え置いた。利下げで経済活動を刺激するより、現状維持でいくことにしたのだ。「委員会の政策上の最大の懸念は、インフレが期待どおりゆるやかに推移しないというリスクです」続く発表で彼らはそう述べた[注15]。

しかし、それはウォール街が聞きたかったことではなかった。景気の失速で投資家が利下げを強く求めていたからだ。四日前、ＣＮＢＣの午後の番組で経済評論家のジム・クレイマーは、連銀が積極的な行動をとらずに〝眠って〟いることを厳しく非難していた。「彼らは頭がおかしい！　何もわかっちゃいないんだ！」と吠えた[注16]。

連銀の政策決定者が、気づいてはいるが公に認めなかったことは、住宅バブルの空気が徐々に抜けて、金融市場がその影響をこうむりはじめていることだった。昔から低利金融は経済のロケット燃料だった。別荘、新車、家の改装、休暇――対象はなんであれ、低利金融は消費者に次々と借金をうながした。それはまた、過去に例のない熱狂的な取引の引き金にもなった。プライベート・エクイティ投資会社が買収資金を膨大な借金でまかないはじめ、レバレッジド・バイアウト（買収先企業の資産を担保にして資金調達する買収法）が激増した。その結果、取引のリスクはいっそう増えた。年金などの基金を初めとする元来保守的な機関投資家にも圧力がかかり、ヘッジファンドやプライベート・エクイティ・ファンドへの投資でハイリターンを求めるようになっていた。連銀としては、火に油を注ぐだけの利下げの要求に抵抗したのだった。

けれども二日後、世界は変わった。八月九日早朝に、金融の世界が深刻な危機に陥っていることを示す最初の大きな徴候が現われた。フランス最大の銀行BNPパリバが、合計資産二〇億ドルにのぼる、三つの現金運用ファンドからの引き出しを停止すると発表したのだ。[注17]問題は何か？　ある種の資産市場、とりわけアメリカの住宅ローンで支えられているものが実質的に干上がって、価値を評価できなくなってしまったのだ。[注18]「アメリカの証券化市場の一部セグメントに流動性がまったくなくなり、一定の資産を、その質や信用度にかかわりなく、公正に評価できなくなってしまった」と銀行側は説明した。

そのぞっとする知らせで、トレーダーはいっせいに住宅ローン関連資産を放射性物質のように扱いはじめた――いかなる値段でも買ってはならない。欧州中央銀行はただちに反応し、九五〇億ユーロ（一三〇〇億ドル）近い現金をヨーロッパ金融市場に投入した。額としては九・一一テロのあとの措置より多かった。[注19]一方アメリカでは、住宅ローン最大手のカントリ

ーワイド・ファイナンシャルが、市場の〝前例のない崩壊〟によって財務状況が悪化していると発表した。[注20]

これに反応して、銀行間で金を貸す際の利率が、公定歩合のはるか上に跳ね上がった。バーナンキにとって、起きていることは明白だった――パニックだ。銀行も投資家も、こうした不良資産に感染することを怖れて流動性の確保を急ぎ、ほぼすべての貸付を拒否した。どの銀行がもっともサブプライム・ローンを抱えているかわからないので、銀行はみな無実が証明されるまで有罪と見なされた。何から何まで一九三〇年代初めの再現だった――世界の金融システムの信用が急速に失われ、流動性が消えていた。一九世紀のウォルター・バジョットの有名な箴言《しんげん》が思い出された――〝銀行家はみな、自分が信頼に足る人間であることを証明する必要が生じたら、どれほどうまく言い繕おうと、すでに信頼は失われていることを知っている〟[注21]

バーナンキは妻に休暇旅行の中止を告げ、オフィスに部下たちを呼び出した。別の場所にいた者たちは電話会議に加わった。連銀の職員が次々と電話をかけ、市場で何が起き、誰が支援を必要としているかを探ろうとした。バーナンキは毎朝七時前にオフィスに到着した。わずか二日後に次のショックが訪れた。毎日劇的に変わる状況に懸命に追いつくのが、連銀の日課となっていた。翌日、バーナンキは連銀の政策決定者と電話会議をおこない、公定歩合を下げることを検討した（公定歩合は連銀が銀行に直接貸付をする場合の金利であり、通常は象徴的な数字である）。結局、連銀は、市場ができるだけ正常に機能するように、銀行に対して、現金代わりにいくつか拡張的な担保を認めることで流動性を提供すると発表した――とはいえ、ヨーロッパほどの規模ではなかったが。さらに、銀行には〝貸出枠〟の利用が可能であると念を押した。それから一週間たたないうちに、市場の混乱が一向におさまらないのを見て取ったバーナンキは、まえの決定を翻し、公定歩合を〇・五パーセント切り下げて五・七五パーセントとしたうえ、連銀のもっとも強力な景気刺激手段であるフェデラル・ファンド金利の引き下げもありうると仄《ほの》めかした。[注22] これほど安心材料を提供したにもかかわらず、市場は相変わらず緊張して不安定だった。

いまやバーナンキ自身も、状況の厳しさを把握し損ねたと認識していた。六月五日においてすら、演説で「現時点では、サブプライム市場での問題がより大きな経済や金融システムに波及しそうな見通しはありません」と宣言していたのだ。[注23] 住宅問題は、信用度の低いサブプライムローンの借り手が増えることだけだと考えていた。サブプライム市場が二兆ドル規模に急成長していたとはいえ、一四兆ドルのアメリカ住宅ローン市場のほんの一部にすぎないのだからと。

だがこの分析は、ほかにも数多く重要な要素があることを考慮していなかった。たとえば、新型のデリバティブの増加によって、住宅市場と金融システムのつながりがいっそう複雑化していたことだ。さまざまな住宅ローンへの担保を収入源とし、価格もそこから算定される証券が混ぜ合わされ、細分化され、再構成されて、債務担保証券（CDO）という新しい投資商品の土台になっていた。

　JPモルガンやリーマン・ブラザーズといった企業のビジネスは、いまや伝統的な銀行がおこなってきたものとは似ても似つかなかった。もはや銀行はただ金を貸して帳簿につけているだけではない。貸付は業務のたんなる起点であり、何千何百とは言わないまでも、何十という当事者に貸付リスクを分散する〝証券化〟の鎖の最初の環だった。証券化はリスクを減らし、流動性を高めると考えられていたが、現実に発生するのは、数多くの機関と投資家が良かれ悪しかれ密接に結びつく状況だった。ノルウェイの市役所の年金基金のポートフォリオに、カリフォルニアのサブプライム住宅ローンが含まれ、関係者がそれに気づかないこともありうる。さらに悪いのは、多くの金融企業がそれらの証券を担保に多額の負債を抱えていること――利益増加を目的とした、いわゆるレバレッジ――で、これにより、証券が価値を失いはじめるといっそう被害が大きくなった。

　世界の規制当局は全体像を理解するのに苦労していた。グリーンスパンでさえ、何が起きているのか正確には把握していなかったとあとで認めている。「数学の知識はそうとうあるつもりだ」彼は議長の座をおりて二年後に言った。「だが、CDOに使われていた複雑な手法のいくつかは私の理解を超えていた。そういう手法の細かい内容だとか、CDOの中間部分やさまざまなトランシェからどうやって利益を生み出すのかといったことは、わからなかった。数百人の博士に尋ねることもできる私にすらわからないものが、世界の残りの人たちにどう理解されるのかと思うと、途方に暮れた」[注24]

　グリーンスパンだけではなかった。商品を実際に売っている企業のCEOですら、すべてを充分理解しているとは言えなかったのだ。

議長室のドアがさっと開き、バーナンキが財務省の一行を温かく迎え入れた。スウェイゲルと同じく、バーナンキも学者らしく態度にぎこちないところはあるが、経済学者にしては驚くほど世間話がうまく、ポールソンと彼のチームにオフィスを見せてまわった。一行は小さなコーヒーテーブルのまわりに落ち着いた。机上にブルームバーグの端末があるのは当然だが、バーナンキは目立つ位置にワシントン・ナショナルズの野球帽も飾っていた。

数分歓談したあとで、スウェイゲルがフォルダーのなかから〝ガラスを割れ〟白書の一〇ページの梗概を取り出して、バーナンキにそっと手渡した。カシュカリが、安心させるように同僚たちに視線を送って、話しはじめた。

「入り組んださまざまな政治的要素は、ここにいる全員が理解していると思います。すなわち、法的にわれわれができることの限界と、崩壊を防ぐ権限を連銀が得る方法について」バーナンキが同意してうなずいた。カシュカリは続けた。「そこでご承知のとおり、財務省はここ数カ月、こちらのスタッフと相談しながら選択肢を検討してきました。基本的な枠組みはできたと思います。つまり、万一パニックが生じて緊急対策が必要になったとき、議会に〝これがわれわれの計画です〟とただちに提出できるものが」

カシュカリはバーナンキを見た。バーナンキはすでに書面に集中し、計画の主要部分をつかんでいた。

「財務省は競売の手続きを経て金融機関から五〇〇〇億ドル分の証券を購入す

る。多種多様な証券にどれだけ支払うかが主要な課題となる。財務省は入札者に現金ではなく、新規発行の財務省証券で支払う。そのように資産変換をすれば、連銀による不胎化政策は必要なくなる。財務省は民間の複数の資産管理者を雇い、納税者にとっての価値を最大化し、時間をかけて（可能性として一〇年間まで）状況を緩和するポートフォリオを運用させる」

バーナンキは発したことばの意味をじっくりと考えながら、五〇〇〇億ドルという数字はどうやって出したのかと訊いた。

「不良資産をおおよそ一兆ドルと見積もりましたが」カシュカリは説明した。「初期の効果をもたらすのにすべてを買う必要はないでしょう。そこで半分としました。ですが、六〇〇〇億ドルに近いかもしれません」

バーナンキがまた白書を読んでいるあいだ、カシュカリとスウェイゲルはいっとき満足感に浸った。彼らは神殿の番人――ＦＲＢはよくそう呼ばれる――に対して、前代未聞の金融システム救済についてブリーフィングをしているのだ。この規模の政府介入は少なくとも五〇〇年間、考えられたこともなかった。これに比べれば、一九八〇年代後半の貯蓄貸付組合の救済などほんの小さな点にすぎない。

〝ガラスを割れ〟の計画が議院を通過した場合――のちに彼らが取り組むことになる問題である――に備え、ウォール街の不良資産の競売処理を財務省がニューヨーク連銀に委託する手順も、すでに細かく決められていた。そうして政府が買い上げた資産は、両者共同で、資格のある民間の投資家に預けられ、管理される。ニューヨーク連銀は、毎週おこなわれる競売の最初の一〇回を開催して、一回五〇〇億ドル相当のモーゲージ関連資産を買う。競売によって、政府にもっとも有利な価格がつくことを期待する。選ばれた一〇の資産管理者が、それぞれ五〇〇億ドルを一〇年にわたって管理する。

非常に複雑な提案であることはカシュカリにもわかっていたが、危険を冒すだけの価値はあると主張した。ことの進み具合を見るかぎり〝軟着陸〟のチャンスはほとんどなく、思いきった行動が必要だからだ。「この法案成立によって、財務省が一時的に証券を買い上げる権限を持たなければなりません。資金調達も含めてです」彼は言った。「債務限度を引き上げることも必要です。いまの限度額ではあと四〇〇〇億ドルほどの余裕しかありませんから。しかし、民間の力を大規模に活用する計画なので、政府の間接費はほとんど上がりません。たとえば、財務省で大量の人員を雇う必要はない。ですが、全体の構成には注意しなければなりません。この計画にふさわしいのは一般の金融機関だけです。ヘッジファンドや外国銀行は含めるべきではないでしょう」

それからカシュカリは、財務省から見たこの提案の長所と短所を要約した。まずもっとも重要な点は、政府が動けば銀行は貸出業務を続けられるということだった。ただ、今回の危機を招いたような無責任なやり方でないことが望ましいが。一方、提案に対する最大の反論は、計画がうまくいった分だけ〝モラル・ハザード〟が生じることだった。言い換えれば、そもそも無謀な賭けをして今回の問題を引き起こした当人たちが、なんら経済的苦痛を味わわずにすむことになる。

続いてふたりの財務省職員が、別のアプローチについて説明した。それは四つにまとめられた。

不良資産のさらなる価値低下から銀行を守るために、政府が銀行に保険を売る。

ＪＰモルガンのベア・スターンズ買収時のように、連銀が銀行にノンリコース・ローンを提供する。

連邦住宅局が個別に借換融資をおこなう。

財務省が銀行に直接投資をおこなう。

バーナンキは話を聞きながら顎ひげをなで、ときどきわかっているといった笑みを見せた。会合は、計画を必要なときまで――必要がなければずっと――棚上げしておく以外の結論もなく終わったが、議長が予想外に理解を示してくれたのでカシュカリは喜んだ。実際、金融市場介入について初めてボスのポールソンに説明を試みたときより、はるかに反応はよかった。

三月のある夜遅く、カシュカリがポールソンのオフィスに押しかけたときの話は、財務省の側近グループの誰もが知っていた。長官はいつになく上機嫌で、首席補佐官のウィルキンソンと雑談していた。

「長官、救済について相談したいんですが」カシュカリは割りこんで言った。

「何を言っている？　出ていってくれ」ポールソンは迷惑そうに言った。

「実際の行動に必要な権限を得るために、政治家をどう説得するかという話を以前からしてますよね。われわれが少なくとも努力はしたということを、記録に残しておかなければなりません。次の大統領が言いますよ、〝これこれの手順を踏まなければならなかったが、前政権はそうしたくなかったか、できなかった〟とかなんとか。意味がわかります？　次の大統領にみすみす人質を渡してやるということです。オバマです！　オバマに人質を渡してやるんですか！」

ポールソンは、一九七〇年代末にロナルド・レーガンがイランのアメリカ大使館人質事件を非難したように、オバマが今回の金融危機を非難するという考えを笑い飛ばした。カシュカリを指差して言った。

「は、は、オバマに人質を渡してやるだと？　傑作だ。冗談もほどほどにしてくれ」

四月の夕刻、ロンドンの赤みがかった灰色の曇り空が暮れかかるころ、バークレイズ・キャピタルのCEO、ロバート・ダイアモンドの電話が鳴った。スクウェア・マイルとして知られるロンドン東部の新興金融街、カナリー・ワーフの同社のオフィスで、気分よくパットの技術を磨いていたところだった。カーペットに作ったホールのまわりに、一〇いくつのゴルフボールが転がっていた。オフィスの壁にはボストン・レッドソックスの記念品がずらりと並んでいる。ニューヨーク市からの訪問者――大勢いる――を苦しめる目的もあるが、生粋のニューイングランド人であるダイアモンドは筋金入りのソックスファンなのだ。[注25]

貴重な数分の休憩を邪魔されるのは好きではないが、このときには喜んでパターを置き、受話器を取った。かけてきたのは友人のロバート・スティールだった。ついこのまえワシントンの財務省ビルで催された食事会でも顔を合わせ、少し話したところだった。

ふたりは二〇〇五年の同じ時期にバークレイズの取締役会に加わって、親しくなった。[注26]出身もビジネス分野もちがうが――スティールはノース・カロライナ州ダラムで、ゴールドマンのエクイティ部門、ダイアモンドはマサチューセッツ州スプリングフィールドで、モルガン・スタンレー、クレディ・スイスの債券取引担当役員――互いに似た資質があると思っていた。どちらも中産階級の出で、苦学生だった。

最近ふたりがたどったキャリアもほとんど同じだった。スティールもダイアモンドもイギリス人の職場で働くアメリカ人として、ロンドンで大いに注目された。スティールはヨーロッパに進出したゴールドマンのベンチャー・キャピタル部門で成功した。その快挙を当時のボスだったヘンリー・ポールソンは決して忘れなかった。一方ダイアモンドは、従業員数三〇〇〇人ほどの小さな投資銀行を、いまや一万五〇〇〇人が働くロンドン屈指の有力企業に育て上げた。バークレイズ・キャピタルはその銀行の利益の約四分の一を生み出している。

ふたりの友情は、スティールがバークレイズの取締役会を辞めて、ポールソンの財務省に移ったあとも続いていた。どちらかが相手に電話をかけたときには、用件がなんだろうと、かならず受話器を取るような関係だった。

「いいかな、私の仕事のひとつはブレインストーミングなんだが」挨拶を交わしたあとで、スティールがややぎこちなく言った。「それで、あー、さまざまな計画のシナリオを書いている。それについて、きみにひとつ質問があってね」

スティールらしからぬ他人行儀な口調に、ダイアモンドは驚いて尋ねた。「これは公式の仕事なのか？」

「いやいや、ちがう。誰かを代表してかけてるわけじゃない」スティールは請け合った。

「市場はいま多少落ち着いてるが、もし事態がいまより悪化して、われわれがあるレベルに達したらどうなるかを考えてる。つまり、あらゆることが起こりうるからね」

「わかった。質問してくれ」

スティールは大きく息を吸って訊いた。「きみにとってリーマンを買ってもいいという価格はあるかな？　もしあるとしたら、そのときわれわれからどんな援助が必要になる？」

ダイアモンドは一瞬ことばを失った。財務省は明らかに、リーマンがベア・スターンズのような状況になったときの戦略的解決策を打ち出そうとしている。長いつき合いで、ダイアモンドはスティールが実直な現実主義者であり、むやみに観測気球を揚げる人間ではないことを知っていた。

「いますぐ答えが出てこない。考えてみるよ」彼は慎重に言った。

「ああ、だが真剣に考えてみてくれ」スティールが言った。

「ぜったいないとは言いきれない」ダイアモンドが答え、ふたりは笑った。昔ダイアモンドは、買収の可能性はありますかと記者にしつこく訊かれたとき、いつもそう答えたものだった。スティールが言われる側になったのはこのときが初めてだったが。

スティールは、バークレイズ・キャピタルがアメリカでの事業を拡大したがっているのを承知していた。それは、サビル・ロウ仕立てのスーツを着たダイアモンドの偽りない野心だった。大投資銀行を一から築き上げてロンドンを瞠目させた彼だが、かねてよりウォール街の大物になることに憧れている。その目標があればこそ、一九九二年に突然モルガン・スタンレーを辞めて、[注27]クレディ・スイス・ファースト・ボストンに移ったのだ。現先取引業務の多くを持ち出しての転職だったので、ＣＥＯジョン・マックの逆鱗に触れた。四年後、ダイアモンドはＢＺＷ（バークレイズ・デ・ゼット・ウェド）に移り、売却された同社の残余業務がバークレイズ・キャピタルの基礎となった。

ダイアモンド――そしてもちろん、彼のボスとロンドンの取締役会――が一夜にしてバークレイズをニューヨークの有力投資銀行にしたいなら、リーマンは論理的な合併の選択肢だった。しかしダイアモンドには、リチャード・ファルドが経営しているかぎりリーマンは高い買い物だということがわかっていた。それでも、これほどのチャンスはそうそうめぐってこない。

そのときウォール街の他社が知らなかったことがあった。バークレイズは別の買収を検討していたのだ。ダイアモンドはＵＢＳの投資銀行部門を買い取る交渉をしていて、その週の後半も会合のためにチューリヒに飛ぶ予定だった。そのことをスティールに伝え、ただUBSとの交渉は端緒についたばかりなので、くれぐれも外にはもらさないでくれと念を押した。取引が成立しない可能性はつねにある。

リーマンはいずれにしても、まったくリーグのちがう企業だった。何カ月かまえ、オランダABNアムロ銀行の高額の入札合戦で負けてから用心深くなっている取締役会に、これだけの規模の買収を売りこむのは容易ではない。[注28]けれども、リーマンはアメリカで四番目に大きな投資銀行だ。それを買い叩けるのなら、ダイアモンドとしても真剣に考えるべきかもしれない。

「ああ」彼は言った。「まちがいなく考える価値はあるな」

第５章　リーマン収益報告への疑念

放送中でないときには驚くほど物腰の柔らかな、ＣＮＢＣ局の猛々《たけだけ》しい市場解説者、ジム・クレイマーは、リーマン・ブラザーズ本社の外にいた守衛に丁寧に話しかけた。七番街と五〇丁目通りの角に建つその社屋で、朝食を兼ねてリチャード・ファルドと打ち合わせをすることになっていた。回転ドアからなかに案内され、爆弾探知犬ベラのまえを通りすぎ、受付でよくあるセキュリティ手続きをすませた。いつものしわだらけの服装だったが、一〇億ドルの取引の交渉にきた重要顧客のように仰々しく三二階の待合エリアに通された。ＣＦＯのエリン・キャランと、ニュージャージー州サミットで彼の隣人でもあるグローバル・エクイティ部門の責任者、ジェラルド・ドニーニが待っていた。

相変わらず空売り屋に対する聖戦を熱心に続けているファルド自身が、この打ち合わせを設定した。空売り屋に対抗するには同盟を作らなければならないと考えていたが、これまで誰も戦線に加わろうとしなかった。コックスもだめ、ガイトナーもだめ、財務省で最近会話したポールソンもだめ。だが、クレイマーなら協力してくれるかもしれない。クレイマーの出演番組の膨大な視聴者数と、ヘッジファンドとの深いつながりをもってすれば、世論を動かし、リーマンの株価を上げることも可能かもしれない。

ファルドは一〇年前からクレイマーを知っていた。一九九八年にロングターム・キャピタル・マネジメントが破綻したあと、多額の資金を投入していたリーマンが次に危ないという噂が広まった。そんなとき、CNBCの新顔だったクレイマーが、リーマンは自社株を買い戻して株価の大幅下落を止め、空売り屋を締め出せばいいだけだとテレビで宣言して、ファルドは大いに力づけられた。翌朝、面識のなかったクレイマーに電話をかけて、「一株三一ドルで一〇〇万株を買い戻すよ」と話した。会社の株価はほどなく持ち直した。

かりにウォール街がシェイクスピア悲劇だとすれば、クレイマーはコミック・リリーフ的役柄になりそうだった。

テレビで目をぎらつかせてしゃべりまくるクレイマーのスタイルは、頭が回転しすぎて爆発するのではないかと思わせるほどだが、ウォール街の人々は、そんなカーニバルの呼びこみのような滑稽さと裏腹に、彼が愚か者ではないことを知っていた。クレイマーはみずからヘッジファンドを運用しているし、早い時期から影響力のある投資家向けウェブサイト、ザ・ストリート・ドットコムを設立し、市場の仕組みをくわしく理解している。

ファルドとクレイマーは、人柄はまったくちがうものの、互いに相手を厳しいストリートファイターとして尊敬するようになっていた。クレイマーはメディアの人気者で、頑固なハーバード大学出身者、かつてゴールドマンで働き、親友のひとりはウォール街の天敵エリオット・スピッツァー（元ニューヨーク州司法長官、元ニューヨーク州知事）だ。[注1]一方ファルドは、アイビーリーガーを嫌悪し、アンチ・ゴールドマンを自認していて、コミュニケーションが得意なほうではない。それでも彼は、クレイマーがつねに正直なブローカーであり、いかに不評を買おうと自分の意見を包み隠さず発表することを評価していた。リーマンの給仕スタッフが全員の注文をとったあと、ファルドは、真剣に耳を傾けるクレイマーに要点を説明していった。リーマンはレバレッジを減らし、投資家の信頼を回復することに全力を注いでいる。第1四半期に四〇億ドルの増資をしたが、株価に正当に反映されないのは〝空売り屋の陰謀団〟が妨害しているからだ。いまリーマンの株価は過小評価されている、と。

クレイマーは力強くうなずいた。「わかるよ。空売り屋は本当に問題だ。リーマンに殺到しているからね」

ファルドは同調者が現われたことを喜んだ。狙いどおり、空売りによる被害は、世間の関心は薄いけれどクレイマーにとっては深刻な問題——アップティック・ルール[注2]——に触れるのだ。それは、価格が下落している株の継続的な空売りを防ぐために、SECが一九三八年に設けた規則だった(すなわち、株を空売りするまえに、市場に積極的な買い手がいることを示す価格の上昇がなければならない。これで理論的には、空売り屋が飛びついて株価が下方スパイラルに入ることを防げる)。ところが委員会は二〇〇七年にこの規則を廃止した。クレイマーのような批評家に言わせれば、この廃止決定は、金融システムからもっとも穏やかな規制すら取り払いたがる自由市場信奉者がおこなったものだった。それ以来、クレイマーは聞く人すべてに、この規則がなければヘッジファンドは良好な会社に電撃作戦を展開し、好きなだけ株価を下げることができると主張していた。

しかし今回の危機が生じるまで、彼の警告に耳を貸す者はほとんどいなかった。ウォール街は、得意先のヘッジファンドがこの規則の廃止を求めるものだから、喜んで決定を支持していた――自分たちが空売りの標的となり、あわてて逃げ場を探すはめになるまで。

「あなたもアップティック・ルール支持の強力な同盟者になってくれそうだ」クレイマーは言った。

ファルドは招待客の熱心な態度を見て、胸の内で、ケーブル・ニュースのスターの活動に会社の名前を貸すことの是非について考えた。規則廃止がリーマンを苦しめているのは、おそらくクレイマーの指摘するとおりだが、リーマンの裁定取引部門の顧客には、空売りをするヘッジファンドが複数いて、多額の手数料を落としてくれている。何があってもそのヘッジファンドは手放したくないが、同時に、クレイマーの主張の正当性もわかる。またファルドには、いかに規則が株価の保護に腐心しようと、投資家はオプションやデリバティブを使っていくらでも回避できることもよくわかっていた。

アップティック・ルールがリーマンにとって最大の問題かどうかを疑うドニーが、ファルドに代わって質問した。「最終目的は何かな、ジム？」

「空売り屋は偉大な会社を破滅させている」クレイマーは答えた。「ベア・スターンズを滅ぼし、リーマンも滅ぼそうとしている」ファルドの自尊心に訴えるかのように言った。「それをやめさせたい」

「それが目的なら」ドニーニが応じた。「そして、空売り屋が問題だと思うのなら、とるべき手段はアップティック・ルールではないと思う」ドニーニは、市場で真に問題なのは〝裸売り〟だろうと説明した。通常、投資家が空売りをするときには、まずブローカーからその株を借り、売ったあと、できればより低い価格で買い戻す。そうして借りた株を返し、差益を手にする。しかし、もとより違法な裸売りでは、株をそもそも借りずに市場操作が可能となる。

クレイマーはドニーニの答えに興味を示したが、意外に思ったのもたしかだった。打ち合わせに呼ばれ、支援しようと言っているのに、その申し出が拒否されたのだ。そこでリーマンの問題に話を戻そうとした。「ポジティブなストーリーを話せるように、何かネタをもらえないかな」と提案した。

部屋の空気が緊張するのを感じ取ったキャランが初めて口を開いた。「最近、ペロトンからすばらしいポートフォリオを買ったの。帳簿をすぐに増額修正できる」彼女としてはいい知らせと思っているものを明るい声で告げた。[注3]

ところが、クレイマーは思わず眉間にしわを寄せた。ペロトンのことはよく知っていたからだ。ロンドンを拠点とするこのヘッジファンドは、ゴールドマン幹部だったロン・ベラーが設立した。ベラーの妻はゴードン・ブラウン首相の政策顧問だった。ペロトンはかつて世界屈指の好業績を誇ったが、経営が悪化し、資産を事実上の処分特売で売っていた。「なんと」クレイマーはできるかぎり如才なく答えた。「ペロトンの高評価を聞くとは驚いたな。レバレッジ比率が三〇対一で、質の悪いものがそうとう含まれているという話だから」

「いや」ファルドが熱心に言った。「格安で買ったのだ」

クレイマーは納得しなかった。「どうしてもわからないことがひとつある。たとえばゴールドマンは大幅にレバレッジを減らしているのに、ここでは〝レバレッジを減らす〟と言いながらじつは増やしている」

その評価をありがたくないと思ったファルドは答えた。「われわれがしていることは、値段よりはるかに価値の高い重要なポートフォリオを買い、価値の低いポートフォリオを手放すことだ」

リーマンは会計上レバレッジ比率を急速に下げているとキャランが言った。さらに「私たちが充分自信を持っている資産が帳簿の上では低く評価されている」とつけ加え、一〇分かけて、リーマンが所有するカリフォルニアとフロリダの住宅用不動産についてクレイマーに説明した。いまいちばん打撃を受けている資産だが、まもなく反発するはずだと。

クレイマーとの協調はいずれにしろ波乱含みになると判断したファルドは、話題を変え、相手から情報を引き出そうとした。「きみにはどういう噂が聞こえてくる？　われわれを追いつめようとしているのは誰だ？」

ファルドは実名こそ挙げなかったが、アメリカでもっとも有力な金融人のふたり、コネティカット州グリニッチのＳＡＣキャピタル・アドバイザーズのスティーブン・Ａ・コーエンと、シカゴのシタデル・インベストメント・グループのケネス・C・グリフィンが、空売り攻撃と風説流布にそうとう関与していると告発した。

「連中は嘘つきだ!」と空売り屋をあくまで非難した。「嘘つきだと世間に言っても、なんら問題はないと思う」

クレイマーは同情こそすれ、追加の情報がないかぎりあえてリーマン株は擁護できないと突き放した。ただ、「みんなが噂は怪しいと考えることもありうる」とつけ加えた。「政府に相談したらどうだろう。空売りがそこまでひどくて、売り崩しがおこなわれ、嘘をつく連中がいるのなら、SECに話してみては？」

しかし、徐々に苛立ってきたファルドはただくり返した。「われわれの悪い噂を流している連中の名前を教えてくれないか」

クレイマーは顔に血をのぼらせた。「そんな連中はいない、いない。私は自分の仕事をしているだけだ。その仕事で得た勘によると、リーマンは帳簿にゴミをたくさん載せていて、ゴミをあまり売ることもできず、よって深刻な資金不足に陥っている」

ファルドは挑戦されるのが好きではなかった。

「それは完全な言いがかりだ。われわれはすべてわかりやすく開示している。資金不足ではない、資金は山のようにある。バランスシートがこれほど良好だったことはない」と力強く言った。

しかし、クレイマーはまだ疑っていた。「もしそうなら、その資金で株価をもっと上げる方法があるはずだ。社債をいくらか買うとか」

ファルドは鼻息も荒く会合を終了した。

「私はニューヨーク連銀の理事だぞ」彼はクレイマーに言った。「どうしてきみに嘘をつかなければならない？　彼らがすべてを見ているというのに」

五月中旬、デイビッド・アインホーンは講演の原稿を書いていた。六〇〇億ドル超の資産を管理するヘッジファンド・マネジャーの彼は、アイラ・W・ゾーン・インベストメント・リサーチ・カンファレンスで講演をおこなうことになっていた。毎年一〇〇〇人ほどの参加者がひとり三二五〇ドルも支払って、著名な投資家が勧める――または、けなす――株式について聞く会議である。[注4] 彼らは参加費がトゥモローズ・チルドレン基金[注5]という小児がん治療の慈善団体に寄付されることを知ったうえで、たいていよく考え抜かれた投資のアイデアを持ち帰ることになる。

少なくとも一〇歳は若く見える三九歳のアインホーンは、グランド・セントラル駅から数区画のオフィスに坐って、何を話そうかと考えていた。わずか七人のアナリストと、ひと握りの支援スタッフだけが働く彼の会社、グリーンライト・キャピタルには、リラクゼーション・スパのように平和な静けさが漂っていた。誰も取引注文を叫んでいないし、誰も同僚とハイファイブをしていない。

グリーンライトは投資に対する忍耐強い知的なアプローチで有名だった。「われわれは、ある証券がなぜ市場でまちがって評価されやすいのかという問いから始めます」アインホーンはそう語ったことがある。「そうして理論を立てたうえで、その証券が実際に安いのか、過大評価されているのかといったことを分析する。投資するには、そこになぜチャンスがあるのかを理解し、取引相手をかなり上まわる分析をしていると信じることが必要です」[注6]ほとんどのファンドとちがって、グリーンライトは利益を上げるためにレバレッジを使わず、金も借りなかった。

アインホーンのアナリストたちは、〝経常外ルーム〟[注7]などという堅苦しい名前の会議室で、日々さまざまな財務諸表を検討していた。〝経常外〟は一度きりの利益や損失が発生したときに使う会計用語で、財務諸表をよく見せたい会社が頼りがちなカテゴリーである。アインホーンにとってそれは赤信号であり、空売りすべき企業の選定に用いる指標でもあった。最近のリサーチで選び出したそういう企業のなかにリーマン・ブラザーズがあり、演説の理想的なトピックになるかもしれないと思った。このところ、リーマンの経営が危ないというのはウォール街で大流行のゴシップだが、アインホーンは前年夏からひそかにこの会社のことを心配していた。

二〇〇七年八月九日、ベア破綻の七カ月前だった。アインホーンは、報告を読んだり電子メールを書いたりするため、夜明けの数時間前にニューヨーク州ライにある家のベッドから出た。その日の見出しは異様だった。夏のあいだじゅう、サブプライム住宅ローンが崩壊して信用市場を揺るがし、モーゲージ証券を大量に扱っていたベア・スターンズのふたつのへッジファンドが破綻していた。

そして今度はフランスの大銀行、BNPパリバが、三つのマネー・マーケット・ファンドでの解約や返金を凍結すると発表していた。[注8]

バーナンキと同じく、アインホーンも週末の予定をキャンセルし、何が起きているのかを正確につかもうとした。「ファンドの顧客はフランスの労働者だ。マネー・マーケット・アカウントを設けるのは、金を稼ぐためじゃない。目的はただひとつ、いつでも必要なときにその金を引き出すことだ。マネー・マーケット・アカウントはそのためにある。それを凍結させるなんて考えられない」彼は自分のチームに言った。

会社の七人のアナリストを呼び集めて特別なプロジェクトを与えた。「これから、ふだんのリサーチではやらないことをやってもらう」一社またはひとつのアイデアをいつものように苦労して掘り下げるのではなく、この土曜と日曜で、サブプライムに投資している金融企業を徹底的に洗い出すという課題だった。ここから問題が始まったことはわかっていたが、いまアインホーンが知りたいのは、この問題がどこで終わるかだった。価値が下落する不動産に投資している銀行は、ひとつ残らず危機に陥る可能性がある。そうした不動産は証券化商品のなかに整然と組みこまれ、所有している銀行すらそれを自覚していないかもしれない。このプロジェクトには〝信用諸問題〟[注9]という呼び名がつけられた。

日曜の夜までに、彼のチームは、グリーンライトが空売りすべき二五社のリストを作っていた。リーマン・ブラザーズもそのなかに入っていた。ちょうど一週間前、アインホーンがわずかながら空売りした会社だ。そのときの六四・八〇ドルという株価は高すぎると直感的に思ったからだった。

続く数週間で、いくつかの名前が信用諸問題のリストから消えていった。グリーンライトはそれらの空売りをやめ、資本をひと握りの企業に集中させるようになった。リーマンはまだリストに含まれていた。

九月に入ってリストの銀行が四半期の成績を発表しはじめると、アインホーンは注意深く検討し、とりわけリーマンの九月一八日の電話会議による第3四半期の収益報告に疑問を感じた。

まず、そのころのウォール街幹部はみなそうだったが、会議に出てきたリーマンのCFO、クリス・オマラは楽観的すぎるように思えた。「将来の見通しを語るのは時期尚早ですが、すでに言ったとおり、今回の信用危機の最悪の時期はすぎたように思います」オマラはアナリストにそう宣言した。[注10]

さらに重要なこととして、リーマンの疑わしい会計操作に関する説明は充分ではないとアインホーンは思った。自分の発行した社債の価値が下がったときに、より低い値段で買い戻せば差益が生じるという理屈で収入に計上する手法がある。ウォール街のほかの企業もこれを採用しているが、リーマンは他社より慎重で、増分の正確な数字を明らかにしなかった。

「これほどおかしな会計はないよ。どうして計上できるのか理解できない」アインホーンはスタッフに言った。「これによれば、破産前日が会社史上いちばん利益があった日ということになる。社債は無価値だと言えるわけだから。それを収入と呼ぶのか。彼らはそんなことをしてボーナスを払ってる。考えるだけで腹が立つ」注11

六カ月後の二〇〇八年三月一八日、アインホーンはリーマンの収益報告を真剣に聞き、エリン・キャランの相変わらず強気の予測に当惑した。キャランがしゃしゃり出て会社を擁護しはじめたことで、彼の思考が活発に働くようになったと言ってもよかった。財務の経験もなく、CFOになってたった六カ月の税務弁護士が、この複雑きわまる査定をどうして理解できるというのだ。いったい何を根拠に、会社の資産を正当に評価しているとあれほどまで確信しているのだ。

二〇〇七年一一月、同僚も交えてキャランと直接話をする機会があった。以来アインホーンは、彼女はどうしようもない深みにはまっているのかもしれない――または、会社が数字を捏造《ねつぞう》している――と思っていた。もっとよく理解しようとリーマンに電話をかけたときには、幹部が何人か出てきて説明した。大物投資家に対しては、多くの会社がおこなうサービスだ。

しかし、その電話でかえって苛立ちが募った。アインホーンは、不動産など非流動性の資産をどのくらいの頻度で時価評価――〝再〟評価――しているのかとくり返し尋ねた。時価評価は概念としては理解しやすいが、日々おこなうのは負担が大きい。従来ほとんどの銀行は、不動産であれモーゲージであれ、保有しつづける予定の非流動性の投資に値づけすることはめったになかった。ある時点での価値をあえて見積もらず、たんに支払った金額を記載するにとどめ、あとで支払額より高い値段で売れば利益、低く売れば損失としていた。けれども、二〇〇七年に新しい会計基準FAS157が発効して、その単純なやり方は通用しなくなった。非流動性の資産――たとえば本社が建っている土地――を所有する銀行は、株式の所有と同じ会計処理をしなければならなくなった。そうした資産の市場が全般的に上向きになったときには、会計上、新しい価値をつけなければならない。トレーダーの言う〝評価増し〟である。逆に落ちたときには〝評価減〟となる。もちろん、誰しも資産価値は落としたくない。理論的に興味深い処理ではある――資産が売られるまで利益や損失は〝現実化〟しないからだ――が、この時価評価にはじつに大きなインパクトがあった――巨額の評価減のある会社は価値が低くなるのだ。

アインホーンが知りたかったのは、リーマンのその時価評価は毎日か、毎週か、四半期ごとかということだった。

これはきわめて重要な質問だった。事実上あらゆる資産価値が落ちつづけている現状で、リーマンが低下をバランスシートにどのくらい勤勉に反映させているかを知りたかった。オマラは毎日評価しているといった発言をしたが、そのあと経理担当が出てきて、時価評価は四半期に一度だけだと言った。キャランは最初から会話を聞いていて、両者の食いちがいに気づいたはずだが、割りこんで矛盾を認めるようなことはしなかった。アインホーンもあえて問い質さなかったが、リーマンに対する評価がこれでまたひとつ下がった。

彼は四月下旬には、リーマンの問題点と考えるものをすでに公然と語りはじめていた。投資家に対するプレゼンテーションでも、〝バランスシートとビジネスミックスから見るかぎり、リーマンはベア・スターンズと大きく変わらない〟と示唆した。[注12]

アインホーンのこのコメントは市場でほとんど注目されなかったが、リーマン側の怒りは買ったらしく、結局またキャランと一時間にわたって電話で話すことになった。キャランは彼の満足がいくまで質問に答えると言い、なんとかリーマンに対する否定的評価を覆そうとしたが、上辺の愛想のよさとは裏腹に頭が混乱している、とアインホーンは感じた。

二〇〇八年五月下旬のいま、大切な講演の準備をしながら、アインホーンがリーマンを話題の中心にしようと考えたきっかけは、そのときのキャランとの会話だった。最後にもう一度、彼女に連絡をとることにした。電子メールを送って、アイラ・W・ゾーン・インベストメント・リサーチ・カンファレンスの講演で以前の会話を引用するつもりだと伝えた。

キャランはすぐに返事をよこした。上品さなどかなぐり捨てて、〝罠にはめられたと感じざるをえません。あの会話から講演に都合のいいところだけを拾うんでしょうね〟と書いていた。[注13]

アインホーンは敵意をあらわにする会社に慣れていた。金融業界で愛されたいなら、そもそも空売りをしてはならない。彼はただちに厳しい内容のメールを送り返した。〝あなたに対して、いかなる意味でも不誠実な態度をとったつもりはまったくない。あのときの議論を機密扱いすべきだと考える理由はないでしょう〟そうして講演の原稿を書き終えた。

アインホーンは五月二一日、タイム・ワーナー・センターのフレデリック・P・ローズ・ホールの舞台袖に立って、講演の順番を待っていた。

午後四時五分に話しはじめる予定だった。市場が閉まったすぐあとというのは、会議開催者が周到に計画したタイミングだった。業界内のアインホーンの影響力と今回の講演内容、加えて会議に参加している投資家たちの影響力からすると、市場に――とりわけリーマンの株価に――動揺を引き起こすことは想像にかたくない。

アインホーンは舞台の隅から前座のリチャード・S・プジーナの講演を見ていた。この大物の投資家は持ち時間をすぎて、話の締めくくりに大事な投資のアイデアを伝えていた。「シティグループの株を買いなさい」その日の終値の二一・〇六ドルは、何がなんでも買いだと指示した。「標準的な値段です。いまは多大なストレスがある。ここを抜け出せば、とんでもない上げ幅になるでしょう！」[注14]

その忠告にしたがった投資家は巨額の金を失うことになる。しかし聴衆は礼儀正しく拍手し、メインイベントを待った。

アインホーンはこの講演で、リーマンについて話すだけでなく、『黒の株券』という自分の新刊を紹介しようとも思っていた。執筆のきっかけは、当局相手にもめることになった二〇〇二年の同じ会議での講演だった。そのとき彼は、ワシントンに拠点を置くアライド・キャピタルというプライベート・エクイティ投資会社の会計手法に疑問を投げかけた。中規模の会社の未公開株式を専門に扱う同社を批判したところ、その日のうちに株価が一一パーセント近く落ちこんだ。[15]当時三三歳だったアインホーンはたちまち投資界のヒーロー——批判される側にとっては極悪人——になった。

公の場で意見を述べるのは初めてだったその講演のあと、アインホーンは自分の告発にもとづいて規制当局がアライドの詐欺行為を調査するだろうと思っていた。が、SECはアインホーン自身を調査しはじめた。[16]コメントによって市場を操作しようとしたのではないかというわけだ。アライド側も反撃に出た。私立探偵を雇ってアインホーンの通話記録を手に入れたが、その方法は、別人を装って他人の個人情報を入手するという、違法の可能性すらある感心しないものだった。

アライドとの闘いはそこから六年にわたって続いていたが、この日のアインホーンは、名調子の矛先をはるかに大きな敵に向けようとしていた。

ようやく彼は演壇に立ち、メモを演壇に置いて、聴衆を見まわした。最前列だけでも数十のブラックベリーが光っている。投資家たちはメモをとり、一刻も早く自分のオフィスに送ろうとしていた。

市場はもう閉まっているかもしれないが、どんな時間だろうと、トレーディングの世界で貴重な情報には千金の価値がある。かならずどこかに金を生む方法があるものだ。

アインホーンは少し鼻にかかった中西部の単調な話し方で、まずアライドの件を総ざらいし、話題をリーマン・ブラザーズに結びつけた。

「六年前、私がアライドについて提起した大きな問題のひとつは、会計上公正な評価をおこなっていないということでした。アライドは直近の景気後退で生じた投資の評価減を、正しく帳簿に反映させようとしなかった。現在の信用危機においても、同じ問題が、はるかに大きな規模で発生しています」注17

アインホーンの主張は、リーマンが前四半期の損失を正直に認めていないということだった。しかも今回の損失は、はるかに規模が大きいはずだった。

そういう挑発的な内容をひととおり説明したあとで、逸話をひとつ紹介した。

「最近、ある金融機関のCEOがわが社を訪ねてきました。彼の会社はモーゲージ債券を原価で保有していて、CEOはいつものように、この債券の格付けはまだトリプルAで、全損になるとは思えない、いずれにせよ、この債券を評価できる流動市場はない、と話しました。私は〝大嘘もはなはだしい〟と答えました。その債券にも流動市場はあり、いまならおそらく額面の六〇から七〇パーセントの価値があるけれど、全損になるのは時間の問題だ、と。驚いたことに、彼はそのとおりだと認めました。もしそこで同意しなければ、会計士に評価減を迫られると考えたのです」

アインホーンはそこからまたなめらかにリーマン・ブラザーズの話題に戻り、現在の証拠から判断して、リーマンは不動産資産の価値を大きく見せていると思う、株価の急落が怖いので損失の本当の大きさを見きわめたくないのだと断言した。

そしてベア・スターンズの処分特売の翌日にキャランがおこなった、いまや有名な収益報告をどのくらい真剣に聞いたか証明した。

「あの日の電話会議で、リーマンのCFOエリン・キャランは〝すばらしい〟ということばを一四回使いました。〝挑戦しがいのある〟を六回、〝強い〟を二四回、〝困難な〟を一回。〝信じられないほど〟を八回。私があの報告にコメントを求められたら、〝信じられない〟を別の意味で使うでしょうね」

その華麗な言いまわしのあとで、アインホーンはキャランに電話をかけようと思った経緯を語った。関連する数字がうしろのスクリーンに映し出され、彼はキャランにした質問をくり返した。リーマンは第1四半期で、とりわけ劣悪な資産であるCDO六五億ドルにつき、わずか二億ドルの評価減しか計上していない――CDOのプールに投資等級を下まわる証券が一六億ドル分含まれているにもかかわらず。

「ミズ・キャランは、趣旨はわかった、あとで連絡すると言いました」アインホーンは語った。「けれどもそのあと届いたメールでは、評価減が少ないことに関する説明を拒み、代わりに、現在の価格動向からするとリーマンは第2四半期に〝おそらく追加の損失を計上することになる〟と書いていました。そもそもなぜ第1四半期にもっと大きな評価減がなかったのでしょう」

アインホーンはまた、いわゆるレベル3資産――市場が存在せず、その会社の内部モデルのみで価値が評価される資産――に関して、リーマンの収益報告の電話会議と、数週間後におこなわれたSECへの四半期報告のあいだに、一一億ドルの乖離《かいり》があるという問題も指摘した。

「そこでリーマンに質問しました。〝あなたがたは、プレスリリースと財務諸表の届出のあいだのどこかで、一〇億ドルを超えるレベル3資産の評価増しをしたのですか〟。彼らの答えは〝ありえない、ぜったいにしていない〟でした。しかし、こちらが納得できる説明はなかったのです」

大きく咳払いをしてから、アインホーンは警告で講演を締めくくった。

「私の希望は、リーマンが生み出している金融システムへのリスクに、コックス、バーナンキ、ポールソンといった人たちが注意を払い、リーマンの資本増強と損失の認識をうながしてくれることです——それも、できれば税金による援助が必要になるまえに。ここ数週間、リーマンは空売りに対して文句を言いつづけています。学術研究によっても、われわれの経験からしても、経営層がそういう行動に出るのは、深刻な問題から投資家の目をそらしたいときです」

彼が演壇からおりて数分のうちに、講演内容は金融業界の隅々にまで行き渡った。リーマンは翌日の市場が開くと同時に大きな苦痛を味わう——株価が五パーセントも下がるのだ。

新刊書を祝うパーティに参加するため、アインホーンはブロードウェイをシュン・リー・ウェスト中華料理店へ向かいながら、出てきたばかりの会議のパンフレットを眺めていたが、ふとあることに気づき、悲しい笑みを浮かべた。

会議のパトロン・スポンサーに、リーマン・ブラザーズが名を連ねていた。彼らは二万五〇〇〇ドルを支払ったうえ、アインホーンが世界に向けて会社の信用を傷つける講演を聞いたのだった。

第6章　襲いかかる空売り

「誰がしゃべった！」リチャード・ファルドは怒りを抑えきれずに訊いた。[注1]机の向かい側に跳んで誰かの首を絞めそうな勢いだった。

六月四日の水曜、リーマンの執行委員会のメンバー——会社の最高経営陣——が会議室に集まっていた。みな居心地悪そうに坐り、ひと言も発さなかった。

ファルドはその日のウォール・ストリート・ジャーナルを握りしめていた。その朝、C1ページに、彼の言う〝私のキャリア上、最大の裏切り〟の記事が載っていた。その朝、ファルドは新聞の見出しを見て窒息しそうになった——〝リーマン、外資を模索〟[注2]。小見出しにはご丁寧にも〝株価下落、ウォール街企業は資金を韓国に求めるか〟とあった。

この朝のニュースで、まだ力があることを示して評論家に反撃しようというファルドの秘密の計画が、一気に全世界の知るところとなった。会社を強化しようとこの一カ月懸命に働いてきたが、その努力もこのリークで水の泡と消えるかもしれない。

ここ数カ月、ファルドは問題の記事を書いたスザンヌ・クレイグと公式、非公式に何度も話していた。しかしこの件については、いっさいもらしていない。クレイグの記事は箇にして要を得ていた。リーマンが韓国産業銀行――国営の政策銀行――と交渉していて、成立すれば巨額の国際取引になること、ソウルにいるリーマン最高幹部のチョ・クンホが橋渡しをしていることを正確につかんでいた。ここまで詳細を知るには、内情につうじた者――まさにその朝、会議室の机についている誰か――のリークがあったとしか考えられない。

五月にデイビッド・アインホーンがリーマン批判の講演をした直後から、株価は二一・六パーセント落ちていた。またしても広報がらみの大被害だ。銀行家がときに顧客のことで口をすべらせるのは、ファルドも重々承知していたが、今回の件は彼が生涯を捧げてきた会社の、それも生死にかかわる問題だ。この裏切りは胸に深々と刺さった。

ほんの前日にも、リーマンが流動性不足でついに連銀の貸出枠を利用したという噂が広まった。事実無根だったが、それでも株価は一五パーセント下落した。[注3]

この二週間、ファルドはほぼ毎日この手の風評対応に追われていた。アインホーンのコメントが信用され、リーマンの信用に疑惑の種をまいている。ファルドに言わせれば、それこそがアインホーンの狙いだった。ファルドと並ぶ最高管理責任者（CAO）であるスコット・フライドハイムは、市内の半数近くの広報担当者に連絡して、必死でアインホーンと空売り屋に反撃していた。「われわれを追いまわしているあの男のどこが信用できる？」フライドハイムは危機管理専門家のジョエル・フランクやスティーブン・フランケルに訊いた。「難癖をつける相手全員に報復するわけにはいかない」と広報担当の別の幹部スティーブン・リピンに言った。その間、会社はあらゆるメディア対応用に明確な台本を作成した。もはや即興の余地はなかった。ひとつたりともまちがいを犯してはならない。

クレイグの記事は一線を越えているとファルドは思った。まっとうなスクープだとしても、怒りに駆られた彼には、クレイグは意図的にリーマンを陥れようとしているように思えた。アインホーンと同じだ。クレイグの記事のせいで、リーマンはまるでつまらないハイスクールの学生集団か、ゴシップ工場のように見える。これまで、信頼できる数少ない記者のひとりだと思っていたのに。先週など、クレイグはリーマンの幹部会議に出席したいとまで言ってきた。ファルドは内心馬鹿げた頼みだと思ったが、丁寧に断った。「希望は叶えてあげたいが、それは無理だ」

記事が掲載された日の午後、クレイグはファルドに電話をかけてきた。ファルドは容赦なく責め立てた。「責任あるジャーナリストのふりをしていても、ほかの連中と同じじゃないか！　出入り禁止だ」と叫んで、受話器を叩きつけた。以後ウォール・ストリート・ジャーナルとは、広報部でさえ話をすることが禁じられた。

このファルドの絶対命令を知ったリーマンの広報責任者アンドルー・ガワーズは、逆上した。「わけがわからない。この騒ぎの最中にアメリカ最大の経済紙を締め出して、いったいどういう得があるというんだ」

「さあね」フライドハイムは答えて肩をすくめた。「ディックとあの新聞のあいだのことだから」

フライドハイムには、リークした人間がわかっていた。少なくとも彼はそう思っていた。四二歳のフライドハイムは、ファルドの側近のなかで最年少だった。チキータの元CEOの息子で、ファルドの理想的な部下だった。確実に命令を実行する忠臣であり、非情な本能を持っている。会社の共同CAOとして、銀行家というより高給の戦略家という位置づけだった。ファルドをけなす人間から見れば、フライドハイムは会長の子飼いのひとり、無数の醜い真実からファルドを守る、王座の無知な護衛官だった。幹部のタイプとしてはジョゼフ・グレゴリーに似ていた。グリニッチに大邸宅を構え、何台もの車を取っ替え引っ替え乗りまわしている。最近も、友人のひとりでヘッジファンドの大物エディ・ランパートがかつて所有していた〝移動オフィス〟を購入したところだった――車内でインターネットが使える黒のGMCデナリで、毎日運転手がマンハッタンまで送ってくれる。「すごいだろう!」フライドハイムが興奮して同僚に見せびらかすその車のステレオからは、『ミッション・インポッシブル』のテーマ曲が大音量で流れていた。

新聞記事のことでファルドが怒りくるった打ち合わせのあとで、フライドハイムはボスのために、情報をもらした犯人を見つけ出そうと決意した。じつは前夜、リーマンの広報担当者ケリー・コーエンと、記者のクレイグに何度か電話をしたときに、何かおかしいと感じていたのだ。掲載される記事の内容についてはっきりした答えが得られず、苛立ちを覚えた。

翌朝早く、エリン・キャランが珍しく彼のオフィスに立ち寄って、さり気なく記事のことを訊いた。「これで株価が上がると思う?」

そこでフライドハイムにはピンと来た。リークは彼女のアイデアだったのだ。フライドハイムはすでに、キャランはまちがった仕事についているという結論に達していた。社内のさまざまな部署の幹部も、同じ意見に固まりつつある。彼女のやたらと元気がよく自信満々なところも鼻についた。あのメディアのまえでのふるまいは、まるで視聴者登場のリアリティ番組だ。三月の収益報告はうまくやってのけたかもしれないが、〝雇用の多様性〟を掲げて彼女を登用したグレゴリーの決定はやはりまちがっていたのではないか。キャランが誰にも相談せず勝手にアインホーンと話したのも信じられなかった。その火消しにフライドハイムは一週間かかりきりだったのだ。同じウォール・ストリート・ジャーナルの四月の記事で、クレイグがキャランを〝リーマンの真面目人間〟と持ち上げた[注4]のも我慢ならなかった。まるで残りの社員がろくでもない嘘つきのようではないか。そもそもキャランは限度というものを知らない。自家用ジェット機のモデルを机に飾り、買い物代行者のことを得々とメディアに語り、のんきにも顰蹙《ひんしゅく》を買っていることに気づいていない。最悪なのは、リムジンから出てくる自分[注5]の写真——コンデナストのポートフォリオ誌で〝ウォール街最強の女性〟として特集されたときのもの——を額に入れて、オフィスの壁にかけていることだ。自意識過剰にもほどがある。あんなものはグレゴリーがはずさせるべきなのだ。

　もはや喧嘩腰のフライドハイムは、セキュリティ担当に電話をかけて、会社の通話記録を調べさせた。ほどなく充分な証拠と思われるものが見つかった。キャランは前日、本当にクレイグと話していた。それで記者に韓国出張の件をもらしたとは決めつけられないが、少なくともファルドに報告する口実はできた。

ファルドのオフィスに入ってみると、グレゴリーもいたので、フライドハイムは発見したことをふたりに話した。みずからキャランを問い質《ただ》したいと言い、「解雇の選択肢もあります」とつけ加えた。

キャランのメンターであるグレゴリーは、彼の告発に愕然とした。解雇はしないし、自分の意見を言えば、キャランと話す必要もない、と主張した。「彼女にはやるべきことが多すぎる」と援護した。ファルドもうなずいて同意した。いまの状況でCFOを失うわけにはいかないからだ――たとえ彼女が情報漏出という信じがたいことをしたのだとしても。

ファルドは内心、今回の韓国の件はヘイル・メアリ・パス（試合終盤で苦戦中のチームが最後の賭けとして投げるロングパス）だとわかっていた。ソウルでのリーマンの業務は幻影のようなもので、ファルドの注意を惹くまでのビジネスが生まれたためしはなかった。社内のあらゆる人間から、本件にかかわるプレーヤーに大きな疑問があるとくり返し指摘されてもいた。努力が実を結ぶかどうかは、完全にふたりの人間にかかっていた。まずチョ・クンホは、すぐれた人脈を持つ銀行家で、ふるまいも申し分ないが、万人にわかるとおり、何ひとつ取引をまとめることができない。もうひとり、ミン・ユソンは、韓国のリーマン・ブラザーズで働いていたが、退社後どうしたことか韓国産業銀行（KDB）の頭取という名誉ある地位についていた。ファルドは昔からミンに好感を抱いていた。だいぶまえ、ウリ・フィナンシャル・グループで働いていたミンが、リーマンに声をかけて、運用難に陥った八四億ドルのローン・ポートフォリオを共同購入したことがあったのだ。[注6] けれども、リーマンのなかにはミンの栄転に驚いた者もいた。KDBの多くの職員も同様で、ミンには頭取になる資格がないと着任に反対したが、阻止できなかった。[注7]

ミン本人は毅然《きぜん》としていた。彼には壮大なビジョンがあった。新しい同僚との食事会では、金融業界で力強い存在になりたいという願いをこめて、『キリマンジャロのヒョウ』なる曲を歌った。[注8] リーマンとの話し合いは、その目標を達成する最初の機会だった。公式に頭取になるまえから、友人のチョに取引を持ちかけていた。これに対してチョも、東京にいるリーマンの気さくなアジア・パシフィック業務責任者、ジャスジット・バッタルを紹介し、アイデアが具体的に動きはじめたのだった。

ファルドとしては、最後までこれにつき合うほかにどんな選択肢があっただろう。リークから一週間とたたない六月九日には、第1四半期の損失を発表することになっていた。それも二八億ドル——アメリカン・エキスプレスがリーマンをスピンオフして以来の損失である。三日間で株価はすでに一八パーセント下がっていた。新たな資本を見つけなければならず、この状況でどんな道も閉ざすわけにはいかなかった。AIG元会長で旧友のハンク・グリーンバーグにも出資を強く求めているし、ゼネラル・エレクトリックからの融資も得ようとしているが、どちらもうまくいくとはかぎらない。

たしかに韓国人との交渉がまとまって建設的な合意が得られる可能性もあった。リーマンの一団がアジアに向かうまえの月曜、最高戦略責任者のデイビッド・ゴールドファーブがファルドの期待を高めていた。

〝韓国の状況はかなり見込みがある〟ゴールドファーブはファルドとグレゴリーあての電子メールに書いた。〝彼らは本気で組織を再編し、さまざまな金融サービス業を始めようとしている。その核となるものを求めていて、リーマンが当てはまるかもしれない。個人的にはまだハンク［グリーンバーグ］かGEによる解決策が好ましいと思うが、もしそれらがうまくいかないなら、韓国を戦略に取りこむことは可能だ。

クンホとES［ミン］には、出資は実現できるという感触がある。もし五〇億ドル調達できれば、市場に積極的に乗り出してそのうちの二〇億ドルを使い、株を大量に買い戻す（そしてアインホーンを痛めつける！）。やるべきことはたくさんある。ジェシー［バッタル］とクンホと頻繁に話しているが、韓国人はこの件に真剣で、何か積極的なことをしたがっているようだ。彼らにとっても意義のあるタイミングかもしれない。急速に発展するまわりのアジア経済から自分たちに注意を引き戻すという意味で。興味深いことになるかもしれないが、周知のとおり、この手のことはなかなかまえに進まない。[注9]

六月一日、リーマンから小さな集団が[注10]ニュージャージー州のテターボロ空港に向かい、社有のガルフストリームで韓国へ旅立った。機上で最年長のトマス・ルッソ、リーマンの最高法務責任者は、ほとんど取引の経験がないものの、ファルドの腹心の友としてすべてを見届けることになっていた。グローバルM&Aの責任者であるマーク・シャファー（グレゴリーがいきなり辞めさせたロバート・シャファーの兄）が交渉をリードする。アメリカの巨大通信会社を少数の強力なプレーヤーと合併させることにほとんどのキャリアを費やしてきた、才能あるM&A専門家、ブラッドリー・ホイットマンがシャファーを補佐する。そしてあとふたり、リーマンのグローバル財務の責任者ラリー・ウィズネックと、サリバン&クロムウェル法律事務所の弁護士ジェイ・クレイトンが同行していた。韓国ではクンホとバッタルが待っている。

給油でアンカレッジに立ち寄ったあと、ジェット機は一九時間飛行した。疲れきったリーマンの一行は、数台の車に分乗してソウルの宿泊地に向かった。新羅ホテルは、ロビーが宇宙船のように見える一風変わったホテルだったが、少なくともバーはあった。

ソウルでの最初の会合には、KDBと、やはり投資を考えているハナ・フィナンシャルの事務レベルの職員だけが参加した。[注11] シャファーとホイットマンはたちどころにこの取引は成立しないと思った。どちらの韓国企業も弁護士を連れてきていないし、アメリカ人の顧問も雇っていない。まだ正式にKDBの頭取になっていないミンは、話し合いに顔を出すことすらできなかった。

「まったく無意味だ！」最初の休憩でウィズネックが叫んだ。彼はほとんど自己紹介だけで終わっていた。会合が先に進んでも、リーマンのチームは誰に話しかけているのかもわからなかった。ある時点で、ルッソがひとりの出席者と有意義なやりとりをしたと思ったが、その相手は外部の会計士だった。「クンホに頼るのは、ワールドシリーズの九回裏ツーアウトで、シーズン中まったくヒットがなかった打者を送りこむようなものだ」その日の夜、シャファーはアメリカの同僚たちにそんな不満をもらした。

リーマン側は一株四〇ドルから議論を始めたかったが、初日の終わりに株価は三〇ドルになっていた。いくら取引に前向きな韓国人でも、三三パーセントの上乗せはしたくなかった。

すべてが非現実的な様相を帯びてきた。

会合で食事が出なかったので、リーマンの一行はホテルに戻るころには腹ぺこだった。なのに、ホテルで食べるものはたいてい不味かった。メニューでどうにか口に合うのはマグロだけで、滞在中ほとんど全員が毎日それを食べていた。

しかし、ぱっとしない宿泊場所も、韓国人の一貫性のない言動も、ルッソの意欲を妨げることはなかった。ルッソは断固取引をまとめるつもりだった。「彼らは乗ってくる」と同僚たちを励ました。クンホとバッタルも賛同した。「一〇〇億ドルは出すつもりだ。バランスシートに手を加えて、融資ができるようにする」

いや、しない、とシャファーは思った。彼らはそんなことはぜったいしない。

一行はホテルの部屋のベッドにスピーカーフォンを置き、まわりに集合して、ニューヨークのファルドに電話をかけた。会話の中心はルッソだった。「非常にいい感触だと思う」ルッソは熱心に言った。「おそらく七〇パーセントの確率で、彼らから何かを引き出せる」

その知らせを聞いたファルドの喜びは長続きしなかった。一行は六月五日、なんの成果もなくニューヨークに戻った。ごく基本的な条件概要書を作ろうという試みすら、完全に失敗した。どう見ても、韓国人はリーマン株の急落に腰が引けていた。たんに、これだけ大きなビジネスを買い取る資力がなかったのかもしれない。ルッソでさえ自信を失っていた。「どれだけやろうと、あいつらとは取引できない」とファルドに言った。

報告を受けたファルドは例によって苛立ち、廊下に大声を響かせながら、執行委員会のメンバーであるスティーブン・バーケンフェルドのところへ行った。

「韓国人は信用できないと言ったのはきみじゃなかったか？」ファルドは尋ねた。

「そんな言い方はしなかったと思うけれど」バーケンフェルドは言った。

「言ったとも。ちなみに、きみは正しかった」

しかし、韓国との取引は立ち消えにはならなかった。数日後、ミンがまだ何かをなしとげたいとファルドに電話をかけてきた。ファルドは、もしわずかでも可能性が残っているとしたら、それは韓国人が本物の顧問を雇ったときだと考えた。そこで最近、ペレラ・ワインバーグ・パートナーズという新会社を作ったばかりのM&A専門家、ジョゼフ・ペレラに連絡をとった。

「きみにひとつ仕事がある」ファルドは言った。「ESからそっちに電話がいく。彼は知ってるか？　昔、私の下で働いていた」

ファルドはこの取引で得なければならないものを明確に指示した。「いまうちの株価は二五ドル前後。簿価は三二ドルだ。これに上乗せして、三五ドルから四〇ドルなら手を打つ」

このプロジェクトを社内のゲイリー・バランシクにまかせたペレラは、見通しは明るくないと思っていた。KDBは見たところ国内専門の金融機関だ。危ない国際取引をして業容を広げる理由がない。「ロングアイランドの電力会社がロシアで何か買おうとするようなものだ」ペレラはバランシクに言った。

とはいえ、彼らはできるだけのことはするとファルドに約束した。

四八歳のテキサス人、ヒュー・マギーは、リーマンの投資銀行業務を監督するために、毎週ヒューストンからニューヨークにかよっていた。リーマンが契約するネットジェッツの自家用機で日曜の午後七時半ごろ離陸し、真夜中にニューヨークに到着し、車でアッパー・ウエスト・サイドの賃貸住宅まで行く。木曜の夜になると、コンチネンタル航空のファーストクラスでヒューストンに帰る。これのくり返しだった。

保守的で陽気な気質のマギーは、明らかに野心家だった。プリンストン大学を最優等で卒業したのちロースクールを出てから、二〇年近くリーマンで働いていた。最初は近所の油田地帯の山師を相手にする銀行家、やがて出世の階段をのぼり、投資銀行業務全体の責任者となって、ファルドの栄えある執行委員会に加わった。

ここしばらく、マギーと部下たちはリーマンの経営手法に大きな疑問を抱いていた。合併と株式公開に関するアドバイスを企業顧客に提供するマギーのチームは、二〇〇七年に三九億ドルの収入をもたらし、過去最高の成績を残した。[注12] にもかかわらず、全員のボーナスの大きな財源である株価は、会社の反対側で起きていること——不動産資産への投資——の不安のために瀕死の態だ。さらに悪いことに、引きも切らぬ風説とリーマン危うしという見出しのせいで、マギー自身のチームの顧客獲得にも影響が出てきた。顧客がリーマンとの契約をためらうのも無理はない。悪くすると、契約書に〝キーマン〟条項を入れてほしいという顧客までいた。リーマンが売却されるか破綻しても、その人物が引きつづき彼らの仕事を担当することを保証しろというわけだ。

マギーは一カ月前、ファルドから社を挙げての増資活動を統括してくれと言われたときに、こうした不安を伝えていた。それまで増資はおもに三一階の経営層が監督していた。マギーに言わせれば、彼らはプロの交渉者ではない。「これで生計を立てている投資銀行部門が社内にあるんだから、利用しないのは馬鹿げている」マギーはファルドに言った。「投資銀行部門に安心してまかせられないのなら、私は去らなければなりません」ファルドはこれに同意した。マギーの〝兵士たち〟――シャファーとホイットマン――が韓国旅行の一団に加わったのも、そんな経緯があったからだった。

しかし、その後も会社の状況は悪化するばかりだった。次の四半期で大きな損失を報告すれば、これに拍車がかかるのは必定だ。社員のあいだに恨みと憤りが広がっていた。その矛先はもはやエリン・キャランだけに向けられてはいない。銀行家たちは、キャランはより大きな問題の一症状にすぎないという結論に達していた。

リーマンの問題の多く――危険な企業不動産への投資、幹部の能力を超えた業務への度重なる配置換え――に責任があると考えられるのは、社長でファルドのいちばんの側近、ジョゼフ・グレゴリーだった。マギーとグレゴリーは最初からそりが合わなかった。互いに相手を強情だと思っていた。ここ数カ月、グレゴリーはマギーを追放する方法をあれこれ模索していた。たとえば、ヒューストンで新しく始めたコモディティ取引ビジネスをまかせる。マギー自身は先行きを考えるだに気乗りがしなかった。

収益報告の事前通知のために、幹部全員が三一階で数字を検討していた六月八日の日曜、ゴルフシャツとカーキ色のズボンという恰好のマギーが、会社の収入と今後の予測について話し合うためにファルドのオフィスに入った。概要を説明し終えて出ていくまえに、マギーは言った。「これが終わったら、真剣に話したいことがあります」

「なんのことだ？」ファルドが訊いた。

「経営層の変更について」マギーはいきなり言った。

「なんだって？」ファルドは手元の数字から目を上げた。

「いっそいま話したほうがよさそうだ」マギーは立ち上がってドアを閉めた。グレゴリーのオフィスはほんの一メートルほどしか離れていない。

また椅子に戻ると、マギーは直截に言った。「ジョーを辞めさせなければなりません」

ファルドは啞然とした。「ジョー・グレゴリーは問題外だ」声が大きくなった。「ジョーは二五年ものあいだ私のパートナーだ。フェアじゃない。鏡で自分の顔を見られなくなる」

「フェアであろうがなかろうが、彼をどうにかしないと」マギーは答えた。「あのCOOはあなたに充分貢献していない。事態は彼の能力を超えている。巧みに仕事を処理しているとは言えないでしょう。ひどい人事決定はするし、危険をあなたに警告することもないし」ファルドは、執行委員会のメンバーであるマギーにも、ほかの全員とともに重要決定の責任があることを強調した。「執行委員会全体が危機管理委員会なのだ」

論旨が伝わっていないと感じたマギーは、慎重に言った。「あなたはすばらしいリーダーだ。しかし、評伝が作られるときには、おべっか使いの弱者を見きわめられなかったのがアキレス腱だったと書かれるでしょう」

ファルドはマギーのことばを最後まで聞いていなかった。グレゴリーのことを考えていたからだ。「彼はおろさない」ようやくそう言って、議論を終えた。

マギーはファルドのオフィスをあとにした——グレゴリーの地位は自分より安泰だと確信して。

マギーが出ていったあと、ファルドはオフィスで呆然としていた。グレゴリーのいない会社など想像もつかない。が、いま起きていることは明らかにおかしかった。彼自身の手で再建させた会社が、あらゆるところで崩壊しつつあった。

リーマンの資産管理部門のニューバーガー・バーマンでは、幹部らが公然と反旗を翻し、リーマン本社の混乱から抜け出そうとしていた。リーマンがニューバーガーを買収したのは二〇〇三年。好景気が続いているかぎり有益な部門で、比較的問題もなく会社の収益を支えてくれていた。しかし、リーマンの株価が急激に下がりはじめると、富裕者の資金管理をして安定した収入を得ることに慣れているニューバーガーの従業員は、パニックに陥った。ボーナスの大部分を占めていた株式がいまや紙くずになりかけているからだ。

一週間前の六月三日、ニューバーガーで一五〇億ドルの小型株ファンドを運営しているジュディス・ベイルが、リーマンの執行委員会（ファルドを除く）に電子メールを送り、リーマンの経営層はボーナスをあきらめ、ニューバーガーのスピンオフの準備を進めてほしいと要求していた。

〝いまNBの士気は危険なまでに下がっている。その大きな理由は、給与の多くをリーマン株でもらっていて、目減りを自分たちの力で防ぎようがないことです〟ベイルはそう書いた。〝リーマンの問題の本質は、たんに周期的な変動ではなく、構造的なものだと多くの従業員が信じています。三番街六〇五番地の「昔の」ニューバーガーはほとんど変わっていない。しかしこれは人によるビジネスであり、組織がこのまま健全でいられるかどうかは、生産性の高いプレーヤーと支援部隊を維持できるかどうかにかかっています。経営層がよそで犯したあやまちのために、彼らのボーナスを暴落させないでほしい〟

リーマンの投資管理部長で、ブッシュ大統領のはとこであるジョージ・H・ウォーカー四世が、ただちにベイルの批判を封じようとした。

〝チームの諸君、申しわけない〟とベイルのメールを受け取った者全員に返信した。〝彼女が提起した給与の問題は……ニューバーガーのごく一部の職員にかぎられたことで、いまEC［執行委員会］が時間を費やすべき問題とは言いがたい。私は当惑している。諸君に迷惑をかけたことを謝る〟

そのやりとりはファルドに転送され、ファルドは返信した。〝心配するな──自分のポケットのことを考えているのは彼らだけだ[注13]〟。この会社でいまだに忠実な社員なんているのか。

ジョゼフ・グレゴリーの職位はまだCOOだが、リーマンの多くの幹部にとって、彼はすでに過去の人になっていた。グレゴリーほど富を誇示する人間はなかなかいない[注14]。ヘリコプターによる通勤は序の口だった。妻のニキとブリッジハンプトンに一九〇〇万ドルの家を買い、すべて装飾がすんでいたのに、わざわざデザイナーを雇って隅から隅まで改装した。自身はベントレーに乗り、妻には自家用ジェット機でロサンジェルスへの買い物旅行に行かせた。年間出費がおそらく一五〇〇万ドルを超える派手な生活を送っていたが、資産のほとんどはリーマンの株式だった。そこで現金を手に入れるために、二〇〇八年一月に証拠金勘定の七五万一〇〇〇株を質入れし、当時の取引価格にもとづいて約四〇〇〇万ドルを借りた。

しかし、リーマンの社員を不快にしたのは、グレゴリーのそういった浪費癖ではなかった。現に金があるわけだし、散財が好きな人はほかにもいる。社員が納得できないのは、グレゴリーの責任の所在だった。彼は全盛期においてさえ大きな取引を呼びこんだことがなく、みずから交渉するのも得意ではなかった。彼の仕事はいわばファルドの無二の親友でいることで、それが続くかぎり、あらゆる権限を手にしていた。社内に君臨する哲学王、職場の多様性の伝道者、マルコム・グラッドウェルのベストセラー『第1感』の理論の信奉者でいるのが好きだった。その本をみんなに配るだけでなく、著者本人を呼んで、むずかしい決断では直感を信じるべきだということについて従業員に講演してもらったほどだった。未加工データの分析が基礎となる業界で、グレゴリーは挑発するかのように直感で動く男だった。

マイヤーズ・ブリッグズ・タイプ指標（就職適性検査）の信奉者でもあった。ユング心理学の原則を用いて、人を一六種類のパーソナリティのどれかに当てはめる検査だ（典型的な質問は「自分の外の世界に集中するのが好きですか、それとも自分のなかの世界に集中するのが好きですか」）。その結果にもとづいて人事決定をしていた。専門技術は過大評価されている、生来の才能と知能は経験に勝るのだから、賢く才能豊かな人間ならどんな仕事を与えてもこなせると堅く信じていた。社員のキャリアでチェスをするように、やたらと人事異動をくり返して楽しんでいるように見えた。

そんなグレゴリーのこれまでで最大の実験は、エリン・キャランをCFOに指名したことだった。グレゴリーとキャランはつねに行動をともにするようになり、多くの社員は、確証こそないものの、ふたりは恋愛関係にあると確信していた。ちょうどキャランはCFOに昇格するころ、すでにリーマンを辞めていた元バイス・プレジデント、マイケル・トンプソンとの結婚を解消していた。

グレゴリーはキャランに代表される若い幹部のメンターになるのが大好きだった。また、ファルドの階級組織で果たすべき役割をしっかりと認識し、むずかしい社内問題があると、自分の出番だとばかりに乗り出してきた。その点で、グレゴリーとファルドは正反対だった。

ファルドは一見、乱暴でタフ・ガイふうだが、とくに人事がらみのむずかしい決断を迫られると、感情に流されて苦悩するという弱みがあった。一方、グレゴリーははるかに社交的で、部下を擁護し、会社のために高い目標を設定するリーダーだった。慈善事業——とりわけニキがかかったことのある乳がんに関するもの——に多額の寄付をし、アトランタの黒人女子大学スペルマン・カレッジと共同で、まる一年かけて社内指導教育プログラムも開設していた。[注15]ウォール街では珍しい行動だ。

ところが、リーマンの社員の忠誠心を判断するとなると、グレゴリーは非情きわまりなく、怒りに駆られて性急な決定をしがちだった。二〇〇六年の夏、ファルドがリーマンの上級幹部をアイダホ州サン・バレーの別荘に招待して研修会を開いた。信用商品のグローバルな責任者であるアレックス・カークがプレゼンテーションをすることになっていたが、病気で旅行に参加できなかった。グレゴリーは以前、そのカークを不誠実なトラブルメーカーだと思ったことがあった。研修期間中、具合がよくなったカークは、ビデオ会議で発表をおこなうことにした。グレゴリーは画面に映る彼の姿がいかにも健康そうなのを見て取り、激怒した。明らかに仮病だと思いこみ、カークが研修に来なかったのはファルド個人に対する侮辱にほかならないと考えた。「あいつをクビにする」グレゴリーは叫んだ。社内のカークの支持者たちが、エクイティ部門の責任者ハーバート・マクデイドに訴えて取りなしてもらい、ようやくグレゴリーの怒りはおさまった。最終的には冷静な頭脳が勝利した一幕だった。

ファルドとグレゴリーの下でもっとも成功した交渉者は、マーク・ウォルシュだった。人前ではおどおどして見えるワーカホリックで、リーマンの不動産運用を担当していた。ニューヨーク州ヨンカーズ生まれのアイルランド系アメリカ人のウォルシュは、一九九〇年代初期に、レゾリューション・トラスト・コーポレーション――貯蓄貸付危機対応のために設立された政府組織で、関連債権を証券化していた――から商業用モーゲージ証券を買い上げて注目された。ロースクール出身の弁護士だった彼は、リスクを怖れず、そこに惚れこんだファルドとグレゴリーから完全な裁量権を与えられた。ウォルシュはそれを利用して、競争相手の誰よりも早く交渉をまとめていった。[注16] 開発業者のアビー・ローゼンがわずか四週間で三億七五〇〇万ドルのシーグラム・ビル購入を決めたときには、友人たちに自分の交渉のすばやさを自慢したという。

成功するたびにますます意欲が湧き、サンカル・カンパニーズとの提携といった巨大契約を成立させるまでになった。おもにロサンジェルス郊外の土地を購入する投機企業のサンカルは、宅地開発許可を取得し、破格の利益を上乗せして住宅建築業者に売却していた。リーマンはその一見失敗しようのない商売に二〇億ドルを投入した。ウォルシュは事実上無制限でリーマンの資金を使うことができ、それに乗じて、なんでもありでリスク回避なしのアメリカ不動産市場――小さな投資銀行がひとつついた巨大なREIT(不動産投資信託)――に果敢に参入した。これは、一気に失敗するまで、異常なほどうまくいった戦略だった。

絶好調の市場でウォルシュは最後の大型契約を結んだ。バンク・オブ・アメリカと共同で、一七一億ドルの負債と四六億ドルのブリッジ・エクイティによってアーチストーン・スミスを買収したのだ。高級アパートメント・コンプレックスなどハイエンドの不動産を扱う同社の所有物件は、たしかに最高だが、賃料が堅調に上がることを見越した価格が、あまりにも高すぎた。ほぼ買収直後から、この取引には疑問が生じはじめた。信用市場が硬直してからはなおさらだった。しかし、一度取引解消のチャンスを与えられたファルドは、これは会社の決定であり、あくまで成立させると断った。グレゴリーは社内に「この状況は一時的なものだ。最後まで闘い抜くぞ」と檄を飛ばした。

グレゴリーもファルドも、もとは債券のトレーダーだが、一九八〇年代以降、劇的に変化する市場のスピードについていけなかった。ふたりとも最初に扱ったのはコマーシャル・ペーパーだった。社内でおそらくいちばん退屈でリスクの少ないビジネスだ。いまや債券は、彼らの時代からすっかり様変わりしていた。基礎となる資産から何段階も経た、ますます複雑な商品が生み出されていた。リスクははるかに大きくなっているのに、ふたりともそれを完全には把握しておらず、学びたいという気持ちもほとんど失せていた。最高リスク管理責任者（CRO）マデリン・アントンシクを雇ってはいるが、インプットはゼロに等しかった。[注17]彼女は執行委員会でリスクが問題になったときにも退室を命じられることが多く、二〇〇七年の終わりには執行委員会そのものから追放された。

トレーディングの幹部がいるときには、グレゴリーはいつも市場通であるところを見せたがり、ジョークの種にされるほどだった。しまいにトレーダーたちは、彼のヒントを逆にとらえるようになった。油の値段の反発はまだまだ続くとグレゴリーが宣言すれば、油を空売りするという具合に。

しかし近年、グレゴリーを脅威と考えるリーマン幹部が増えていた。グレゴリーは現状を知らなさすぎると彼らは思った。会社はもはや健全な範囲を越えた賭けをしているのに、最高経営層は誰も気づいていないか、気にしていないように見える。会社の方針を批判すれば、裏切り者扱いされ、放逐される。

警鐘を鳴らそうとした人間のひとりに、二年間、債券取引の責任者で、グレゴリーとは二〇年来の知り合いのマイケル・ゲルバンドがいた。二〇〇六年末のファルドとのボーナス交渉の場で、ゲルバンドは、「時代が困難な局面を迎えようとしているのに会社の準備が整っていないと指摘した。「多くのことを変えなければなりません」と警告した。ファルドは不機嫌な顔をして、答えらしい答えを口にしなかった。

債券部門では、アメリカ経済にやがて訪れる大惨事について話すことが多くなっていた。二〇〇七年二月、リーマン最高のディストレスト・デット・トレーダーであるラリー・マッカーシーが、みずからのグループにおこなったプレゼンテーションで、不吉なシナリオを提示した。「ドミノ効果が生じる」マッカーシーは言った。「次に倒れるドミノは商業銀行だ。彼らはたちまち怖くなってレバレッジを減らす。それで消費者の借入が縮小し、クレジット・スプレッドが広がる。どんなものにも、何もリスクがないと誰もが思っているいまの状況が長続きするわけがない」

マッカーシーは次のように結論した。「いま多くの人は、グローバリゼーションが自然なビジネスサイクルを滅ぼしたと考えている。それはまちがいだ。グローバリゼーションは何も変えていない。リーマンのバランスシートの現状はかなり危険だ。リスクが高すぎ、われわれは弱すぎる。われわれには深刻な転換に耐えるだけの余力がない」

同じころ、グレゴリーが「ちょっと話をしよう」とゲルバンドを昼食に誘った。それまで面と向かって話したことがなく、ゲルバンドは特別な話題があるのではないかと思った。ふたりは三一階の幹部用の食堂で会った。しばらく雑談したあと、会話は厳しいものになった。

「わかるね」グレゴリーは断固たる口調で言った。「われわれは少々やり方を変えなければならない。きみはもっと積極的にならないと」

「積極的？」ゲルバンドは訊いた。

「リスクに対して。きみは腰が引けている。そのせいでリーマンは契約を失っている」

ゲルバンドの考えは逆だった。リーマンは筋の通らない契約をやたらと結んでいる。レバレッジを大量に積み上げ、リスクを無数に冒し、経験の足りないビジネスに足を踏み入れている。会社を導く戦略がまったくないように思えるときもある。なぜリーマンは、大して重要でもないオーストラリアの証券会社、グレインジ・セキュリティーズに一億ドル近くも払ったのか。[注18]そのまえには、コモディティ市場に積極的に参加すべきだという議論があった。チャールズ・ワトソンが設立した、天然ガスと電力の取引業者イーグル・エナジーの買収にまっとうな理由はあったのだろうか――ワトソンが長年のリーマンの顧客であり、ヒュー・マギーの親友であることを除いて。[注19]ほかの企業による買収にも見境なく資金を提供しているように見えた。プライベート・エクイティ企業への融資が膨れあがっている。そのうちいくつかは精査されて売られるだろうが、パイプは詰まりはじめていた。

そのどれも、グレゴリーは気にかけていないようだった。グレゴリーが本当に気にしているのは、リーマンが取得に失敗したもの、たとえば、マンハッタンのイースト・サイドに一万一二〇〇戸以上のアパートメントを持つ大型集合住宅施設、スタイベサント・タウン・アンド・ピーター・クーパー・ビレッジ――五四億ドルの特大物件――だった。[注20]リーマンは、タイム・ワーナー・センターの開発者であるスティーブン・ロス・リレーテッド・カンパニーズと、このプロジェクトに共同入札したが、ティシュマン・スペイヤーとラリー・フィンクのブラックロック・リアルティ・アドバイザーズに敗れたのだった。リーマンは二〇〇五年に、ティシュマンによる一七億ドルのメットライフ・ビルディング買収を支援したことがあり、ティシュマンを顧客と考えていたから、この敗北には損害と同時に侮辱も与えられたと感じていた。

組織上、不動産部門は債券部門が管轄することになっていたので、グレゴリーはスタイベサント・タウンの取得失敗をゲルバンドの責任と考えていた。「いくつか変えなければならないことがある」彼は言った。ゲルバンドに何人か部下の首を切れということだった。

翌日、ゲルバンドはエレベーターでグレゴリーのオフィスに上がった。グレゴリーは会議中だった。ゲルバンドはノックもせず部屋に入って言った。「いくつか変えなければならないと言ったね。変わるのは私だ」

「なんの話だ？」グレゴリーは訊いた。

「私が変わる。会社を辞めるよ」

「じつに残念だ」[注21]六月九日午前六時三〇分に発表されたリーマンの第２四半期の収益報告[注22]について、リチャード・ファルドの反応を集約することばがそれだった。二八億ドル――一株あたり五・一二ドル――の損失。結果を論じるために午前一〇時に電話会議が予定されていたが、すでにCNBCでは苛烈な論陣が張られていた。

「リチャード・ファルドはリーマン、リーマンはリチャード・ファルド」サンダーズ・モリス・ハリス・グループのジョージ・ボールが言った。「会社のロゴを胸につけた経営者がいるとき……被害は甚大なものになります」[注23]

ファルドとグレゴリーが、ファルドのオフィスでその放送を見ていると、グリーンライト・キャピタルのデイビッド・アインホーンが画面に現われた。

「〝だから言ったでしょう〟と言われるのでしょうか」CNBCのインタビュアーが訊いた。[注24]

「まあ、このところ私が指摘してきた多くのことが、今日のニュースで裏づけられたと言っていいでしょうね」アインホーンは努めて謙虚な口調で言った。

そして、サンカルとアーチストーンの評価損がどのくらいになるのか、どうしてもっと早く発表しなかったのかと懸念を述べ、強いことばで警告を発した。「そろそろ個人攻撃はやめて、このビジネスで本当に何が起きているのかを分析すべきときです」

その日の午後、CNBCの執拗な記者チャーリー・ガスパリーノが、リーマンの広報担当者のケリー・コーエンに食らいつき、グレゴリーとキャランが解雇されるという噂は本当かと尋ねた。[注25] コーエンはオフレコでそんな噂はでたらめだと否定した。

しかしガスパリーノは納得せず、上司のフライドハイムに確認するよう迫った。「たしかな筋から、ジョーとエリンが退職すると聞いたんだ。公式に否定されないかぎり、そのまま報道するよ」

市場を動かす情報を流すぞと彼に脅されると——記者が相手から情報を引き出す常套手段ではあるが——たいていの企業幹部は、いかにくやしかろうが逆らえない。フライドハイムもまさか人事異動はなかろうと思ったが、公式に否定するまえにファルドのオフィスに確認しにいった。

「私の名前で発表することになります」とファルドに言い、自分の信用がかかっていることを強調した。「あなたがそういうことを考えているのかどうか、教えてもらえますか」

「いや、そんなことは考えていない」ファルドは答えた。

「グレゴリーとも話します」フライドハイムは言った。「彼自身が辞職を考えていないことも確認しないと。ぜったい起きないことだとわかるまで、自分の名前は使えない」

「ぜったいにない」フライドハイムに訊かれて、グレゴリーは答えた。「本人に確かめたが、答えはノーだったとガスパリーノに言ってやれ」

ガスパリーノの口を封じるより、社内で高まる圧力に蓋をするほうがむずかしかった。みな、不安、苛立ち、怒りを交互に感じていた。

その日の夕方、マギーがある電子メールをファルドに転送した。リーマンのロンドン支店のベノワ・ダンジュラン――マギーと共同で長期にわたって投資銀行部門を率いた人物――から送られたメールだった。[注26] 明らかにマギーは、ファルドに明確なメッセージを伝えようとしていた。

ここ数日、数えきれないほどの社員が電話をかけてきた。いま社内の雰囲気はじつにひどい……私も初めて、この六、七年間懸命に働いて築いてきたものが一気に崩れてしまうのではないかと本当に不安になっている。私の考えでは、ふたつのことがすぐに起きなければならない。

一、上級幹部の何人かはいまよりずっと謙虚になり、大きなあやまちを犯したことを社内に認めなければならない。「われわれは偉大だ、市場はそれを理解していない」と言いつづけるわけにはいかない。

二、上級幹部の何人かはただちに退任しなければならない。この混乱に対して誰も責任をとらず、いつもどおりのビジネスだと強弁することは、社員にとって永久に理解できない。

ファルドは憂鬱な気分で読み、幹部と昼食会を開いて苦情を聞くことにするとマギーに返事を書いた。

そのときファルドが知らなかったのは、宮廷革命がすぐそこに迫っていたということだった。一週間前、マディソン街のはずれの東六二丁目通りにある、会員制のリンクス・クラブで、一五人のトレーダーが夕食会を開いていた。会の目的は、ファルドにプレッシャーをかけてジョゼフ・グレゴリーを辞めさせる方策を相談することだった。ファルドが実行しないなら、まとめて辞めさせるまでだ、と彼らは合意していた。

金融サービス部門を率いるジェフリー・ワイスも、ジェラルド・ドニーニも、その夕食会には出かけなかったが、おもな議論にはスピーカーフォンで参加していた。ワイスは直接対決に反対した。「ディックの反応はあまりよくないはずだ。コーナーに追いつめても、彼を動かすことはできない。時間をかけよう。事態はいい方向に進んでいる。あと数日かけて、様子を見ながら行動しよう」

翌朝の執行委員会で、ファルドは一ラウンド余計に闘ったボクサーのように疲れきって見えた。まだ試合をあきらめたわけではないが、別のアプローチが必要なのはわかっていた。会社をまとめるには、自分のほうから折れなければならない。

「不安が広がっている」ファルドは認めた。「われわれはまとまっていなかった。いくつかまちがいを犯した」そして出席している幹部に、ひとりずつ次の質問に答えてくれとうながした――いかにして信頼を回復するか。

全員が出席していた――ジョゼフ・グレゴリー、トマス・ルッソ、ヒュー・マギー、ハーバート・マクデイド、スティーブン・バーケンフェルド、それからスピーカーフォンで五人ほど。ただし、エリン・キャランはいなかった。まだ投資家に電話をかけていたのだ。

ファルドはまずマギーを指名した。「これほど社内の士気が下がったことはない」マギーは言った。「まちがいを犯したことを公式に認めるべきだ。われわれは、何もまちがっていないと言い張って破滅するほど愚かではない」

マギーはそこで間を置き、静かにつけ足した。「経営層を替える必要がある」

「どういう意味だ？」ファルドがすぐに切り返した。

「われわれは説明責任を果たさなければならない。市場はそれを求めている。社員もだ」

グレゴリーの名前こそ挙げなかったが、誰のことを言っているのかは明白だった。じつは、ほんの一カ月前の執行委員会でグレゴリー自身が辞職を提案していた。「誰かが弾を受けなければならないのなら、私が受ける」冷静にそう言った。そのときには、誰もがことばの綾《あや》だと思って相手にしなかった。実現の可能性がまずないときに口にする、気軽な冗談だと。

幹部は順に発言していった。各人がさまざまな提案をしたが、経営者を替えようというマギーの案に賛成した者はいなかった。

ルッソはじっとマギーを見つめながら、あえてチームワークが重要だと言った。それにグレゴリーも同調した。「事後にあれこれ批判するのはやめなければならない。われわれは行動をともにしてきた。長年、数多くの決定をしてきた——みんなでだ。中身の良し悪しはあったが、全員で決定したのだ」

ほかのメンバーが話しているあいだに、マギーはブラックベリーを机の下に隠し持ち、同僚のワイスに二語のメッセージを送った——〝私は終わりだ《アイム・デッド》〟

マギーはオフィスに戻ると、ヒューストンにいる妻のスージーに電話をかけ、いきなり「今週中にここを辞めるかもしれない」と告げた。

その日の午後、三一階はゴシップ製造所と化した。次に起きることを予測しようと、いろいろな集まりができては消えた。執行委員会に出席しなかったエリン・キャランも、話の内容はもちろん耳にしていた。最前線にいるのはグレゴリーではなく、自分だと確信した。CFOを辞めることになっても、社内のどこかで働きたかったので、ファルドにタイトルなしの二文の電子メールを送った——〝私は一幹部として喜んで説明責任を果たします。会社の業績と密接にかかわり、公の顔も務めていますから、この職に別の人をつければ事態改善の

役に立つかもしれません〞
ファルドから返事はなかった。

六月一一日水曜、ファルドが三二階のウッドパネルのプライベート・ダイニングルームで一部の幹部と昼食をとったときには、リーマンの株価はさらに二一パーセント下がっていた。[注27]ファルドは、この昼食会の主役はマギーであり、自分は試されることになると覚悟していた。そのとおりだった。五対一。マギー、ロス・スティーブンソン、マーク・シャファー、ジェフリー・ワイス、ポール・パーカーが相手だった。彼らはこのチャンスに飛びつき、なぜ経営層の変更が必要なのかを熱弁した──不動産投資が会社を苦しめている。優秀な人間が辞めさせられ、エリン・キャランのような素人が本人の手に負えない地位についている。グレゴリーはどこに目を向けているのか、リスクにまったく気づいていない。もしひとつ問題を挙げるとすれば、彼だ。

「つまり、誰かが責任をとらなければなりません」マーク・シャファーが言った。

「ジョーは三〇年間、私と働いてきた」ファルドは鋭く言い返した。「有能だし、キャリアもすぐれている。この会社にずいぶん貢献してくれた。たった一度、四半期の成績が悪かったせいで彼を放り出せと言うのか」

「一度の四半期の問題じゃない」マギーが答えた。「事態はもっと深刻です」

ファルドは口を閉じ、手をつけていない食べ物に目を落とした。「きみたちは私に辞任─

――」

「ちがう！」マギーたちは叫んだ。彼らが求めているのはファルドの辞任ではなかった。ファルドがいなくなるのは死の宣告に等しい。とはいえ、現状は維持できない。ファルドは、会社と彼を隔てる側近の壁を破り、もっと運営にたずさわらなければならない。

ファルドはその批判を喜んで受け入れた。「わかった。そういうことは以前から言われている。もっと運営にかかわることにする。正しいことをやる」それでもグレゴリーを辞めさせるとは言わなかった。

「このあとまわりにどう言うつもりだ？」ファルドはマギーたちに訊いた。

「あなたは納得しなかったと」ワイスがずばりと答えた。

「なるほど」ファルドは言った。

一団は席を立ち、エレベーターホールに向かった。ファルドがこれからどうするつもりか、誰にもわからなかった。グレゴリーを辞めさせることはなさそうだ。食事中の会話から判断するかぎり、それほど思いきった方法はとりそうにない。それでもマギーたちは、ついにファルドに言いたいことを言ったという思いで満足した。

その昼食会がおこなわれているころ、グレゴリーは階下のオフィスを歩きまわっていた。噂は耳に入っていた。自分への反感が急速に高まっている。ファルドがあれだけ社内で士気の問題を口にするのは、グレゴリーが窮地に立たされているということだ。痛烈な批判があるのも知っているし、オフィスの噂の出どころもわかっていた。グレゴリーはつねづね彼の言う〝文化〟に注目していたが、その文化がほころびはじめていた。

グレゴリー自身の力も数カ月前から弱まっていた。ファルドはだんだん、エクイティ部門を統括するハーバート・マクデイドに頼るようになっていた。会社でもっとも人気の高い幹部のひとりだ。正直で、規律正しく、明るく、本人のためにならないのではと思うほど評価されている。実際、ベア・スターンズの破綻救済のあと、ファルドはマクデイドを事実上の〝リスク担当〟にしていた。

マクデイドは長らく債券部門を運営して成功させていたが、二〇〇五年にそれほど利益を生まないエクイティ部門に異動となった。社内の多くの見方は、ライバル候補を蹴落とすジョゼフ・グレゴリーの典型的なやり方というものだった。あるいは、いかにもグレゴリーらしく、マクデイドのような才能ある人間は、もっとも困難な場所で活用できるという勘が働いたのかもしれないが。

礼儀正しいマクデイドは執行委員会では何も言わなかったが、グレゴリー本人に対しては、リーマンにおける自分の役割を考えてほしい、会社のためになることをしてほしいと、はっきり考えを伝えていた。また、マギーのように力ずくではないが、ファルドにも、グレゴリーはもう信用できないと明言していた。彼の指摘を待たずとも、そのことはすでにほぼすべての従業員に明らかになっていたが。

ファルドがオフィスに戻って数分後に、グレゴリーが立ち寄った。「辞めたほうがよさそうだ」グレゴリーは自信なさげに言った。「何を言ってる」ファルドは手を振って退けた。「オフィスに戻るんだ。私は五一パーセントの議決権を持ってる。きみは辞めない」

五分後、今度はファルドがグレゴリーのオフィスを訪れた。グレゴリーはさっきファルドと話したことをルッソと議論していた。

市場はリーマンになんらかの行動を求めているとグレゴリーは断言した。「首が必要なのだ。首が転がることが。それはあなたであってはならない」グレゴリーはファルドに言った。「私が引き受けるしかない」

「きみの出る幕ではない」ファルドは言った。「これは病気なのだ、すべての会社がかかっている。きみの責任ではない」

ずっと黙っていたルッソが割りこんだ。「ジョーの言うことが正しいと思う」いまの状況では、そうすることが最善だった。

もはや誰もが避けられないと思っている事態を受け入れはじめたファルドは、涙をこらえてつぶやいた。「気に入らない。まったく気に入らない」

エリン・キャランのオフィスへ、グレゴリーが知らせを伝えに入ってきた。会社のために辞職する、と言った。キャランのメンターとして、彼にはひとつ頼みたいことがあった——

いっしょに地位を捨ててほしい。彼の辞職は社内の士気のためだが、ウォール街にとって重要なのはキャランのブランドだと説得した。「同時におりるべきだ」グレゴリーは言った。

キャランはファルドにメールは送っていたものの、打ちひしがれた。ついにこんなことになったのが信じられなかった。

数分後、彼女はファルドのオフィスに行った。「私は投資家の信頼を失いました。おりるべきだと思います」声を震わせて言った。

またしてもファルドは胸を詰まらせた。涙がこみ上げてきた。だが、こういう場面はまえにもあった。乗り越えられる。オフィスにひとり残されたファルドは、新しい人事を考えはじめた。ジェフリー・ワイスに電話をかけた。

「さあ、何か言いたいことは？」ファルドはワイスにうながした。

「あー、オーケイ」ワイスはファルドの意図をつかみかねて答えた。

「何か言いたいことは？」ファルドは昼食時のワイスのコメントに対抗するかのように、くり返した。

「マクデイドについてどう思うか、話さなければなりませんか？」ワイスは言った。グレゴリーの後任にマクデイドを推すということだ。

「いや」ファルドは言った。「その必要はない」

その夜、マギーが五〇丁目通りのステーキハウス、マロニー&ポルセリで大学時代の友人と食事をしていると、携帯電話が鳴った。ファルドからだった。マギーは店の外に出て、緑の日除けの下で話しはじめた。

「オーケイ。きみの助言を受け入れたことを伝えたかっただけだ」ファルドは言った。「手は打った」

「なんですって？」マギーは訊いた。

ファルドは答えなかった。

「のろまなテキサス人だと思うかもしれませんが」マギーは言った。「もう少し具体的に話してもらえませんか」

「きみの助言を聞いた」ファルドは言った。「手は打った」

そして、翌朝八時きっかりに特別執行委員会を開くから出席するようにと言った。

それでようやくマギーにもわかった。

木曜の朝、ケリー・コーエンは六時からチャーリー・ガスパリーノのボイスメールを受け取りはじめた。

「やあ、ケリー。いますぐ電話をくれ。問題が生じた……あんたたちは、私が聞いた噂をはっきりと否定したが、どうやら噂は本当だったようだ。だから早く電話するように！　いますぐ。よそのスクープにしたくない。信用にかかわる大問題だぞ、あんただけじゃなく、リーマン全体の。だからすぐに電話を！」二〇分後にまたかけてきた。

「早く電話してこない

と、ニュースに流す。冗談じゃなく！」

じつのところ、コーエンは朝の五時半に起こされて、グレゴリーの辞職とキャランの降格を伝えるプレスリリースの草稿をスコット・フライドハイムと作っているところだった。キャランはファルドと交渉して、別の役職で社内にとどまることになっていた。発表ではくわしく触れないが、グレゴリーも非常勤の顧問役としてリーマンに残ることになっていた。会社の年金と未払いの給与を受け取れるようにという、ファルドの計らいだった。グレゴリーのキャリアは終わったが、旧友は引き金を完全には引いていなかった。ファルドはグレゴリーについて次のように発表した――〝彼は三〇年にわたる私のパートナーで、いまに至るまで会社の業績を伸ばしてきた原動力でした。今回の決定は、私たちふたりがこれまで下したなかでもっとも困難なものでした〟

フライドハイムはファルドからスタッフへのメモの作成も手伝っていた。〝われわれの信頼は失われた〟とファルドは書いた。〝いまの市場の状況を考えると、顧客全員の信頼を回復するために多くの策を講じていくしかない〟注28

珍しくその朝は、新聞に何もリーマンのことが載っていなかった。

ファルドがオフィスに入ると、フライドハイムが草稿を見てもらうために手渡した。そして執行委員会が始まった。ファルドは動揺していた。

「いままででいちばんつらい決定だ」そう言って、グレゴリーが友人かつビジネスパートナーとして果たした役割を説明した。「ジョーはチームのために長く働いてくれた」

「もし誰かが弾を受けるのなら、それは私でなければならないとずっと言ってきた」グレゴリーは応じた。「このことを有意義に使おう」

ファルドがまた泣きそうな顔で彼を見ると、グレゴリーはその手を取って静かに「大丈夫だ」と言った。

「言いたいことはあるかな？」ファルドはキャランに訊いた。

「いいえ、ありません」彼女は涙をふきながら答えた。

グレゴリーの後継者にはハーバート・マクデイドを指名するつもりだと発表してから、ファルドは言った。「彼はいまいるなかで最高の経営者だ」

とはいえ、これはマクデイドの指名を祝う場ではなかった。会議が終わると、ファルドは最後にもう一度、親愛の情をこめてグレゴリーを抱きしめ、部屋からゆっくりと出ていく相手を見つめていた。

第7章　揺れるメリルリンチ

六月一日の午後、無防備なほど若々しく見える四五歳のメリルリンチ社長、グレゴリー・フレミングが本社で顧客と会っていると、秘書が〝緊急〟と書かれたメモをこっそり手渡した。投資マネジメントの巨大企業ブラックロックのCEO、ラリー・フィンクからの電話だった。

割りこんでくるほど重要な案件があるとは思えなかったが、このところの市場の混乱があるので、フレミングは電話に出ることにした。午前中の噂では、ブラックロックがリーマン・ブラザーズの買い手になるかもしれないということだった。その日のCNBCにフィンクが登場して次のように宣言し、ますますその印象を強めていた。「リーマンはベア・スターンズのような状況ではない。リーマン・ブラザーズには、流動性の危機を回避するだけの体制が整っている」[注1]

フィンクとフレミングは親しかった。五五歳のフィンクは、九・一一の攻撃のあとダウンタウンの本社を放棄せざるをえなかったフレミングと彼のチームに、オフィススペースを貸したことがあった。メリルとブラックロックはビジネス上のパートナーでもあった。フレミングの働きかけで、二〇〇六年にメリルの五三九〇億ドルの資産管理部門がブラックロックに統合され、代わりにメリルはブラックロックの株式を五〇パーセント近く取得していた。[注2]この取引は、長らく証券会社として知られていたブラックロックを一兆ドルの資産運用会社に成長させ、一九八〇年代に生まれた不動産担保証券市場の功労者であるフィンクの地位をいっそう高めていた。

「いったいどうなってるんだ！」そのフィンクがフレミングの挨拶も聞かず、怒りに呼吸すら困難な様子で叫んだ。「何がどうなってるのか教えてくれ。どうして彼はこんなくそみたいなことができる？　この私になぜ？」

「ラリー、ラリー」フレミングは相手を落ち着かせようとした。「なんの話だ？」

「セインだよ！」フィンクは吠えた。メリルリンチのＣＥＯ、ジョン・セインのことだ。「ＣＮＢＣで、あいつがブラックロックを売りに出すと言ってた。あのくそ、何を考えてる」

「ラリー、初めて聞いたよ」フレミングは心から当惑して答えた。「いつそんなことを？」

「講演でだ！　全世界に向かって、うちの株を売りに出すと宣言しやがった。どんなくそばかがそんなことする？」フィンクは怒って叫んだ。

「ジョンが講演をしたなんて知らなかった。でも——」

「ロックアップ（株式公開後の一定期間、株主が持株を売却しないという契約）があるんだぞ、グレッグ！　わかってるだろう。ジョンも知ってる。私の許可を得なきゃならない。なのに電話もなし——何もなしだ！　あいつにはブラックロックを売るくそ権利などない！」

「ラリー、ロックアップがあるのはわかってる。まず深呼吸して、ちょっと聞いてくれ」フレミングは語調を強めた。

「考えてみろ」フィンクは続けた。「これから売りますと世界に発表する売り手がいるか？　それがどんなに馬鹿げたことか考えてみろ」

「私が知るかぎり、あなたとの関係を変えたいと思ってるメリルの人間はいない」フレミングは答えた。「ブラックロックはわれわれにとって戦略的にきわめて重要な資産だ。ジョンと話してみる。どういうことなのか聞いて、それから三人で相談しよう」約束して電話を切った。

　フレミングが知っているセインの講演は、前日、ウォール・ストリート・ジャーナルが主催する会議でおこなわれたものだった。そこでセインはブラックロックのことは何も言わなかった。むしろフレミングは、セインが示した客観的な現状分析に感心したのだった。「誰もがバランスシートを縮小させています。レバレッジと信用過多の時代が長く続きすぎたのです[注3]」セインは業界の長老然とした態度で言った。「私たちはみな、新聞に何を書かれるかと心配している[注4]」

　セインのオフィスに電話をかけると、外出中だと言われた。ブラックロックのバランスシートが悪化しつづけているのはフレミングも知っていた。除去できないサブプライム住宅ローンが大量にあり、資金調達が必要になりそうだった。しかし、多くの人がメリルのもっとも安定した資産だと考えているブラックロックを、セインが売る気になっているとは思えなかった。売却を発表すれば、メリルがいっそう苦しくなるだけだ。

リーマン・ブラザーズと同じく、メリルも信頼失墜に悩まされていた。過去数カ月、セインは投資家に、メリルは資産を控えめに見積もっている、増資の必要はないと言いつづけてきた。が、投資家の疑いは晴れず、メリルの株価は前年比で三二パーセント落ちていた。[注5]

かつてゴールドマン・サックスでポールソンのナンバーツーだったセインは、ほんの七カ月前、会社史上最大の損失を出してスタンレー・オニールCEOが追われたあと、上辺だけでも秩序を取り戻すためにいまの職についたばかりだった。そのときラリー・フィンクは、自分が新CEOの第一候補だと思っていたのだが、ある日ニューヨーク・ポストのウェブサイトで、セインに負けたことを知った。その週の後半に彼自身の面接が予定されていた事情もあって、今回のセインへの怒りがさらに募っているのかもしれなかった。

ときに〝ロボット〟[注6]とも揶揄《やゆ》される〝超〟生真面目な経営者として、セインはメリルの取締役会に好印象を与えた。最近では経営立て直しの達人という評判もあった。ゴールドマンで急速に出世したあと、ニューヨーク証券取引所（NYSE）のCEOとなって、リチャード・グラッソの法外な給与が世の怒りを買った取引所の全面改革に取り組んだ。[注7]皮肉なことに、フィンクは、セインを選んだNYSEの調査委員会のリーダーを務めた。驚くにはあたらないが、セインはグラッソ後の一六〇〇万ドルの減給を受け入れ、時代遅れで排他的だった世界最大の証券取引所を根本から揺るがし、変えていった。ウッドパネルの軽食クラブを閉鎖し、専属の理髪師を辞めさせるなど特権を廃棄し、NYSEを利益重視の開かれた企業体にした。[注8] 頑固に旧弊を守るトレーダーや専門家たちも、抵抗むなしく、セインによって電子取引の時代に引っぱり出された。

ミシガン湖のすぐ西にある小さな町、イリノイ州アンティオクで育ったセインは、つねに問題解決の才能を発揮してきた。マサチューセッツ工科大学三年生のときに、研修生としてプロクター&ギャンブルで働いた彼は、監視していた流れ作業のラインに、単純だがきわめて重要な問題があることに気づいた。[注9] 作業員は石鹸を作っていたのだが、技術的な問題でラインが止まるたびに、みな作業の手を休めて、ラインがまた動きだすのを待っていた。大学生のセインは、休む必要はまったくないと彼らを説得した。石鹸を作りつづけ、ラインがまた動くまで箱を横に積み上げておけばいいのだと。そうすれば、生産量にもとづく彼らのボーナスが減ることもない。セインはみずからラインに入って箱を積み上げるのを手伝い、ついに作業員をしたがわせることに成功した。

世間から冷たい官僚タイプと見られがちなのは気の毒だが、セインにはたしかに弱点があった。エンジニアリングの学歴のせいか、ときに純粋に直線的な思考をして、まわりの状況がまったく見えなくなることがあったのだ。「話しはじめると、あまりに細かいことまで説明するので、こちらは彼が何をしゃべっているのかわからなくなるほどだった」セインのハイスクール以来の友人であるスティーブン・バスケスは語った。[注10] 一九九九年、ゴールドマンでおこなわれたある打ち合わせで、セインは部屋いっぱいの銀行家や法律家に向かって言った。「少しは私の機嫌取りをしたらどうだ？」[注11]本人は冗談のつもりだったが、誰にも理解されなかった。

フィンクを激怒させた一件も、結局、場の雰囲気を解さないセインの性格が招いたいつものごたごただった。フレミングが調べたところ、セインはドイツ銀行の投資家との電話会議に参加していた。そこで会議を主催していたアナリストのマイケル・メイヨーが質問した。「たしか以前、あなたはブラックロックとブルームバーグへの投資に満足していると言いましたね。いまもそうですか？　どういう状況になれば、投資している意味がなくなると思いますか？」[注12]

無理からぬことだが、セインはこれをあくまで仮定にもとづく質問と考え、もちろんメリルはすべての資産を調べ、現金化できるものを見つけておかなければならない、現状ではどの投資銀行もそうする必要があると答えた。「去年の末に増資を考えたとき、われわれはさまざまな選択肢を検討しました。普通株の売却とか、転換社債の売却とか。しかしそのほかに、ブルームバーグやブラックロックといった、バランスシート上の価値ある資産を活用することも考えました。

もし増資するとなったら、どのような選択肢があるか、そのどれが資本効率の観点からもっとも有益か、という評価をしつづけなければなりません」[注13]

その答えはセイン自身にとってはきわめて筋の通ったものだったかもしれないが、増資はいくらでもできるとくり返し発言したために、投資家たちはそれをあからさまなヒントととらえ、厄介な事態になったのだった。[注14] それから七二時間のうちに、メリルは〝リーマンの次に危ない投資銀行〟と呼ばれるようになった。[注15]

ジョン・セインは、働きはじめてからずっと望んできた仕事に、一日だけつくことができた——ゴールドマン・サックスのCEOだ。[注16] その日は不幸なことに、二〇〇一年九月一一日だった。ときのCEOヘンリー・ポールソンが飛行機で香港に向かっていたときに、テロが起きた。ゴールドマンの共同社長だったセインは、ブロード通り八五番地の本社にいた最上級の役員で、誰かが指揮をとらなければならなかった（もうひとりの社長のジョン・ソーントンは、ワシントンDCのブルッキングス研究所の会合に出席していた）。

セインは、自分の運命はいつかゴールドマンを経営することであると信じて疑わなかった。一九九八年のクリスマスの休日には、ジョン・コーザインを追い出し、ヘンリー・ポールソンをゴールドマンのトップにすえる宮廷革命に参加した——というより、みずから扇動したほうだった。ロバート・ハーストの五番街のアパートメントで、セインとソーントンはポールソン支持を決めたのだが、交換条件として非公式な約束を交わしたつもりだった。[注17] ポールソンは、二年間だけCEOを務めてシカゴに戻り、あとはふたりにまかせると言った。コーザインがコロラド州テルライドにスキーに行っているあいだに、彼らはそんな契約を結んだのだった。[注18]

コーザインの長年の側近であり、友人でもあったセインにとって、それは胸が痛む決断だった。[注19]しかし、リーダーとして明らかにコーザインより優秀に思えるポールソンを支持することは、彼自身の昇進にもつながった。執行委員会のメンバーのなかでもっともコーザインと親しかったことから、セインは本人にニュースを伝える役目をまかされ、上司が涙をこらえるところを見るしかなかった。[注20] かくして一九九九年一月一一日の朝、多くは休暇から帰ってきたばかりのゴールドマンのパートナーたちは、ポールソンとコーザインから簡潔な電子メールを受け取った――〝ジョンはCEO職を去ることになった〟[注21]

ところが、その後二年がすぎてもポールソンはいっこうにCEOを辞めようとしなかった。やり残したことがあまりにも多く、後継者がそれを達成してくれるか自信が持てなかったからだ。ゴールドマンのほかのシニア・パートナーと同様に、セインもIPOによって数億ドル相当の株式を有する大富豪になっていたが、ボスに辞職する気がない以上、ゴールドマンを経営したいという彼の夢は果たされない。[注22] ポールソンとは良好な関係を保っていたが、徐々に緊張が生じてきた。セインとしては約束と思っていたものをポールソンが守らないのは心外だった。ポールソンのほうでは、セインは才能ある金融人ではあるけれど、CEOにふさわしい判断力があるか疑問に思っていた。ゴールドマンらしからぬセインの富のひけらかしも気になった。多くの点で控えめなところはあるものの――たとえば、新聞や雑誌の社会面に一度も登場したことがない――セインはライに一〇エーカーの不動産を購入し、BMW五台を所有していた。[注23] 休暇のとり方も派手だった。たしかにふだんは一生懸命働くが、何があってもクリスマスの二週間はコロラド州ベイルですごし、イースターの一週間、さらに夏の二週間も休む。[注24] 働きづめのポールソンにしてみれば、受け入れがたい習慣だった。二〇〇三年には、セインもソーントンも、ポールソンはCEOにとどまるつもりだと悟った。昇進できないことに苛立ったソーントンは会社を去ることにした。退社後すぐに、セインを食事に誘った。[注25]

「ハンクのことばは当てにならないぞ」ソーントンは言った。「私がきみだったら、やはり出ていくな」

それからほんの数カ月のうちに、ポールソンはロイド・ブランクファインという元コモディティ・トレーダーを、セインと並ぶ共同社長に指名した。社内で独自の権力を築いていたブランクファインの昇格は、政治的配慮というだけでなく、利益を単純に反映したものでもあった。ブランクファインの統括するビジネスがゴールドマンの八〇パーセントの収入をもたらしていたからだ。セインにとっては、まさしく引き際を考えるときだった。

セインがポールソンのオフィスに入り、会社を辞めてNYSEのCEOになると告げたとき、ポールソンは押し黙った。セインはその新しい地位で実力にふさわしい成功を収めた。

四年後の二〇〇七年秋、信用危機が深刻となり、大銀行が次々と多額の損失を計上して、CEOを解雇しはじめた。セインは当然ながら、業績改善を望むいくつかの銀行のCEO候補となった（メリルリンチだけでなく、ティモシー・ガイトナーと同時期にシティグループのCEO候補にも挙げられていた）。メリルの職を提示されたら引き受けるべきかと自問し、妻のカーメンとも相談していた。みずからメリルの財務状況をくわしく調べ、バランスシート上、不安なローンとデリバティブが九〇〇億ドル程度あるが、マネジメントは可能だと判断していた。それより重要なのは、大手投資銀行のCEOになれることだった——ゴールドマンで到達できなかった地位についに手が届く。自分の人脈と評判をもってすれば、メリルを使ってこの業界でゴールドマンを負かすこともできると思った。その実現には少なくとも五年かかる——バランスシートを健全化するのに二年、会社を次のレベルに引き上げるのに三年。メリルの取締役会にはそう話した。結局、セインはメリルからの申し出を受け入れ、一五〇〇万ドルの契約賞与と年間七五万ドルの給与を受け取ることになった。[注26] 取締役会は、彼がメリルの株価を一〇〇ドル超に上げることができたら、さらに七二〇〇万ドル相当の株式オプションも与えると約束した。セインがCEOに就任するというニュースに、メリル株は一・六パーセント上昇して五七・八六ドルになったが、まだその追加ボーナスがもらえるまでには長い道のりだった。

就任するなり、セインは問題解決の一ステップとして、メリルの資本強化に取りかかった。参考にしたのは、一九九〇年に破産申請したマイケル・ミルケンの会社、ドレクセル・バーナム・ランベールだった。「ドレクセルの問題はまさに流動性だった」セインは水曜朝に開かれるリスク管理委員会で、メリルに充分な手元資金がないことを説明しながら言った。「流動性がもっとも重要なのだ」一二月から一月にかけて、メリルはシンガポールのテマセク・ホールディングスや、クウェート・インベストメント・オソリティ（KIA）といったソブリン・ウェルス・ファンドから一二八億ドルを調達した。[注27]

　同時に、オニール帝国の解体にも取り組んだ。セインはグラウンド・ゼロの向かいにあるメリル本社にCEOとして初めて入ったとき、エレベーターホールの一区画に守衛が立ち、まるごと彼のために空けられていることに気づいた。ほかのエレベーターに歩いていき、なかに入ると、すでにいた従業員が全員外に出た。「どうした？　どうしてみんなおりるんだ？」セインは訊いた。「同じエレベーターには乗れないんです」従業員が答えた。「そんな馬鹿な。さあ、戻ってきなさい」セインは言い、守衛に命じてCEO用の区画を従業員に使わせるようにした。会社のガルフストリームG4やヘリコプターも売却して経費を削減した。[注28]どんなに小さなものも削減の対象になった──年に二〇万ドルかかっていた生花は、シルクの造花に替えられた。[注29]

　一方、スタッフには矛盾と受け止められたが、セインは優秀な人材には途方もない金をかけた。四月下旬には取締役会の許可を得て、ゴールドマンから旧友のトマス・K・モンタグを引き抜き、トレーディング・セールス部門の長とした。モンタグを誘い出すために、実際の就任は八月だったにもかかわらず、三九四〇万ドルの契約金を払うことにした。[注30]五月には、またもやゴールドマンからピーター・クラウスを獲得し、二五〇〇万ドルの契約金を保証する。[注31]

　それからオフィスの問題もあった。セイン夫妻はオフィスを大改装することにした。オニールの白いフォーマイカの家具は、メリルのほかの装飾と合っておらず、隣の会議室は、エアロバイクとウェイトが置かれたオニール専用のジムになっていた。セインはオフィスと会議室、受付エリアの改装——色の塗り替え、内装工事、電気工事を含む——のために、有名なインテリアデザイナーのマイケル・S・スミス（顧客にスティーブン・スピルバーグやダスティン・ホフマンがいる）を雇った。セイン自身は、NYSEで愛用していた机をスミスが喜んで運んできたことにすっかり気を取られ、細かいことまで注意していなかったが、スミスから会社への請求は八〇万ドルにのぼった。明細書には、八万七〇〇〇ドルのカーペット、六万八〇〇〇ドルの戸棚、三万五一一五ドルのトイレなどが記されていた。小切手を書いた経理部門の幹部はこの放蕩にあきれ返り、領収書のコピーをとっておいた。これがのちに、セインにとって不利に使われることになる。注32

社内の士気を高めようと努力したにもかかわらず、彼はまさに逆の効果を及ぼしたようだった。取引フロアでは、卑語の代わりにモンタグの契約金を指す〝三九・四〟が盛んに使われた。メリルの幹部たちも、セインの先見の明のある増資努力を讃えはしたが、経営者としては細かいことに口を挟みすぎるか、逆に現実離れしすぎていると不満を抱いていた。セインはメイ・リーという新しい首席補佐を雇ったが、会社の一部トップにそれを報告しなかった。リーは勤務初日に、執行委員会で全メンバーと顔を合わせた。そこへブローカー業務を統括するロバート・マッキャンが入ってきて、見知らぬ顔に気づき、怪訝《けげん》そうにセインを見た。「ああ、言っておけばよかったかな」セインは平然と言った。「彼女は私の新しい首席補佐だ」

また執行委員会には、セインの派手なメディア対応に眉をひそめるメンバーもいた。メディアで彼はメリルの救世主としてふるまった。ブッシュ（父）政権の報道官だったマーガレット・タトワイラーを雇って、広報を担当させた。共和党の有力候補ジョン・マケインの勝利を見越して、財務長官職を狙っているのではないかと考える社員もいた。[注33]

昨年一二月にソブリン・ウェルス・ファンドから調達した資本ではまだ足りないことが明らかになっていた。しかも、タマセク、KIAとの取引は当時の予想よりはるかに高額になっていた。契約条件によると、両ファンドは、メリルが新株をより安い値段で発行して希薄化が生じたときには、追加の配当を得る資格があった。このところメリルの株価は急速に落ちている。二〇〇七年分の補償を考えると、新たに一〇億ドルの増資をするには、いまや三倍近い額の資金調達が必要になるかもしれなかった。さらにセインには、第2四半期の業績が第1四半期より悪くなるのがわかっていた。最終的にどのくらい落ちるかはまだわからないが。

メリルの問題はすでにウォール街のほかの企業にも知れ渡り、セインは会社をしっかり経営していないという評判が立っていた。銀行アナリストのメイヨーは、フィンクを怒らせる原因となった例の電話会議でセインにこう言った。「〝場当たり的な増資〟にも見えます。損失が出たらさらに増資する、といったような。あなたは否定するかもしれませんが、これはむしろ業界全体の考え方です。あなたはどの時点で、先手を早めに打っておこうと言いだすのですか[注34]」

「その見解には賛成しかねます」セインは答えた。「われわれは年末に一二八億ドルの増資をおこなった。損失はわずか八六億ドル。その五割増しの増資をしたわけです。明らかに損失より調達した額のほうが大きかった。同じことが第1四半期にも言えます。増資は二七億、損失は二〇億。資本は増えているのです」

しかし、それではまだ足りなかった。

メリルの取締役会からCEOに指名されて数週間後、セインはとりわけデリケートな事態に直面した。前任者のスタンレー・オニール（ちょうど総額一億六一五〇万ドルの退職金を交渉で勝ち取ったばかりだった）に電話をかけ、ふたりで会えないかと尋ねた。新聞には知られたくなかったので、彼らはミッドタウンにあるオニールの弁護士のオフィスで、朝食がてら話すことにした。

いくつか冗談を交わしたあと、オニールはまっすぐにセインを見て訊いた。「さて、何を話したいのかな」

セインは、メリルリンチがこうなった理由を説明できる人間が世界にひとりいるとしたら、それはオニールだと思っていた。なぜメリルは、サブプライムに代表される二七二億ドルもの危険な投資をしてしまったのか。[注35] 言い換えれば、ウォール街全体がこうなってしまった理由が知りたかった。

「ご承知のとおり、私は新任で、あなたは五年間CEOでした」セインは慎重に切り出した。

「メリルに何が起きたのか、誰がどうかかわっているのか、どんなことであれ考えを聞かせてもらえると、私もメリルも助かるのですが」

オニールはしばらく黙って、皿のフルーツをつついていた。やがてセインに目を上げた。

「申しわけないが、私はその質問にうまく答えられる人間ではない」

オニールはメリルの最高幹部のなかでは、きわめて異例の人間だった。[注36] アフリカ系アメリカ人ということだけではない――それだけでも、アイルランド系カトリックの白人が続いた歴代CEOからそうとう離れてはいたが。あらゆる面から見て、オニールは驚くべき出世物語の体現者だった。祖父が生まれつき奴隷だったので、幼年時代のほとんどを、アラバマ州東部の農場に建つトイレのない木造の家ですごした。一二歳のときに、父親の考えで家族はアトランタの公営団地に移り、ほどなくオニールは近所でゼネラル・モーターズ《GM》の仕事を見つけた。GMはスタンレー・オニールの貧困脱出の切符となった。ハイスクール卒業後、彼は工学大学のゼネラル・モーターズ・インスティテュート（現在のケタリング大学）に入った。ミシガン州フリントの組立ラインで六週間働いたあと教室で六週間勉強する、勤労奨学金制度を利用した。GMの支援でハーバード大学ビジネススクールにかよい、一九七八年に卒業した。その後ニューヨークのGMの経理部で働き、一九八六年、メリルリンチに移っていたGMの元経理部長に説得されて、メリルのジャンクボンド部門に転職した。本人の努力と強力なメンターの支援によって、オニールはたちまち出世し、とうとうジャンクボンド部門の責任者となった。彼の率いるこの部門は、〝リーグテーブル〟として知られるウォール街のランク付けでトップに立ち、オニールは一九九七年に大口法人顧客ビジネスの共同責任者、翌年にCFO、そして二〇〇二年にCEOとなったのだった。

　オニールが経営することになった投資銀行は、一九一四年、チャールズ・メリルという小太りのフロリダ人が設立したものだった。[注37] 友人たちに〝気のいい《グッド・タイム》チャーリー〟と呼ばれたチャールズの使命は〝ウォール街《ストリート》をメイン・ストリートにすること〟ことだった。メリルは国じゅうの一〇〇近い都市にブローカーの支店を設け、テレタイプで本社と連絡できるようにした。シリアル食品会社ウィーティーズ主催のコンテストで株式を無料配布するなど、株式市場の民主化、一般化を図った。そうして雄牛のロゴのメリルリンチは、ミューチュアルファンドの巨人フィデリティやほかのどんな銀行にも増して、第二次世界大戦後の数十年で現われた新しい投資階級に知られるようになった。直接または間接的に――ミューチュアルファンドや退職金制度に含まれるかたちで――株式を所有するアメリカ人の割合は、一九八三年から一九九九年のあいだに倍増し、国の人口の半分近くが市場に投資している状況となった。メリルリンチは〝アメリカに対して楽観的〟（一九七一年に初めて使われた宣伝文句）であり、アメリカもまたメリルリンチに対して同じくらい楽観的だった。

　しかし二〇〇〇年には、〝突進する群れ〟は少々太りすぎ、満足もして〝無気力な群れ〟と化していた。メリルは一九九〇年代に買い物狂となり、世界に支店を拡大し、従業員を七万二〇〇〇人に増やしていた（いちばん近いライバルのモルガン・スタンレーは六万二七〇〇人だった)。一方で、会社の伝統的な強みだった個人向け証券業務は、イー・トレードやアメリトレードといった新興の割安なオンライン証券会社に徐々に奪われていた。もともとメリルリンチの投資銀行業務は利益ではなく取引量に頼るものだったので、前年の株式市場のドットコム・バブル崩壊で、体質は弱くなり、高コストと低利益の問題を抱えていた。

そんなメリルを管理可能な規模に縮小する仕事をまかされたのが、オニールだった。職員を三人失った九・一一のトラウマのことを考えて、ゆっくりと前進すべきだと同僚は主張したが、オニールは、会社の士気と文化が損なわれることを覚悟のうえで改革を断行した。それから一年のうちに従業員数は二五パーセントも——一万五〇〇〇人以上——減ったのだった。

「メリルリンチは偉大な会社だと思う——だが、偉大ということですべてが認められるわけではない」当時オニールは言った。「われわれの文化にも変えたくない点はいくつかある……けれども私は、マザー・メリルの愛称に象徴されるような、企業における温情主義は好きではない」[注38]

オニールの就任にともなう経営層の交替も同じくらい劇的だった。二〇〇二年一二月の正式な着任のまえに、一九人の執行委員会のメンバーのうちすでに半数近くが去っていた。オニールが少しでも不信を抱いた人物が辞めさせられるのは明らかだった。「非情さはつねに悪いわけではない」オニールはよく側近たちに言った。

彼は、対抗する同僚がいれば反撃することで有名だった。社内一の弁護士ピーター・ケリーがある投資について異議を唱えたときには、警備員を呼んでオフィスから連れ出させたほどだった。側近の経営陣を〝タリバン〟、オニールを〝ムラー・オマル〟と呼ぶ従業員も現われた。[注39]

厳しい経費削減と同時に、オニールにはメリルをまた偉大な会社にするための計画があった――より危険だが利益の多い戦略に切り替えることだ。このアプローチの参考になったのは、すでに顧客のために取引するだけでなく、積極的に自己資金を使って勝負に出ているゴールドマンだった。オニールはゴールドマンの四半期の数字を熱心に追い、自社の業績を伸ばすよう側近たちを責め立てた。たまたまロイド・ブランクファインと同じ建物に住んでいたので、みずからの目標と毎日顔を合わせることになった。ブランクファイン夫妻は彼のことを、ふざけて〝うろうろスタン〟と呼ぶようになった。ロビーで偶然見かけると、かならず動いていたからだ。ぐるぐる歩きまわっていることもあった。おそらく会話を避けるためだろうと夫妻は考えた。

オニールの思いきった改革によって、メリルは最初の数年、大儲けをした。二〇〇六年には自己資金と顧客資金を使って七五億ドルの利益をあげた。二〇〇二年の利益は二六億ドルである。一夜にして、メリルリンチは活況を呈するプライベート・エクイティ・ビジネスの一流プレーヤーになった。

オニールはまた、とくにモーゲージ証券の分野でレバレッジの利用を加速させた。モーゲージ関連の投資でリーマンのような会社が大きな収益をあげているのを見て、その仲間入りをしたいと思ったのだ。二〇〇三年には、クレディ・スイスから三四歳のモーゲージ証券のスター、クリストファー・リチャルディを引き抜いた。メリルは、モーゲージ証券のトランシェから作られることの多いCDOの市場で、取るに足らない存在だったが、わずか二年のうちにウォール街最大のCDO発行者になった。

　CDOの作成と販売は、他行と同様メリルリンチにも潤沢な利益をもたらしたが、それでも充分ではなかった。メリルはモーゲージを発行し、証券化し、細分化してCDOを作り出す、フルラインの生産者をめざした。そのために、合計三〇を超えるモーゲージ・サービサーや商業用不動産会社を買収し、二〇〇六年一二月には、国内最大規模のサブプライム住宅ローン貸付業者、ファースト・フランクリンを一三億ドルで買収した。[注40]

　しかし、メリルがモーゲージ市場に深くかかわりはじめたころ、住宅市場には最初の不安な徴候が現われていた。二〇〇五年の終わり、住宅価格はピークに達していたが、クレジット・デフォルト・スワップによってCDOを保証する最大の保険会社のひとつ、AIGが、サブプライムのトランシェを含む証券の保証をいっさい取りやめた。メリルをCDOの一大業者に成長させたリチャルディは、二〇〇六年二月にブティック型投資銀行コーエン・ブラザーズに移っていた。[注41] 彼の転職のあと、メリル幹部のダウ・キムが、CDOの最前線にいる職員のまとめ役となり、〝何があっても〟トップのCDO発行者という地位を守ると約束した。[注42] そうして、コスタ・ベラと称するプロジェクトで五〇〇〇億ドルのCDOを発行し、メリルは五〇〇〇万ドルの手数料を稼いだ。

しかし、かつてリチャルディの引き抜きにも協力したメリル幹部のジェフリー・クロンサルは、コスタ・ベラのような派手なプロジェクトだけでなく、CDO市場全体に嵐が近づいていると感じ、徐々に不安になった。社内に注意をうながし、サブプライムのトランシェを含むCDOには三〇億ドルの上限を設けるべきだと主張した。が、彼の懸念は、ウォール街でモーゲージのリーダーになるというオニールの野心ともろに対立し、それはオニールにとって断じて受け入れられないことだった。二〇〇六年六月、一級のリスク管理者だったクロンサルは退社となり、後任にメリルのロンドン支店で働いていたオスマン・セメルシがついた。[注43] セメルシはトレーダーではなく、デリバティブの販売員で、アメリカのモーゲージ市場にかかわった経験は皆無だった。

経営層がもめていたにもかかわらず、メリルはモーゲージの証券化とCDOビジネスを増やしつづけた。一方、二〇〇六年末には、サブプライム住宅ローン市場は目に見えてほころびていた――価格が下がり、延滞が増えてきた。メリルはAIGの保険で損害をカバーできなくなるという危険信号を察知していたはずなのに、その年、前年の三倍にあたる合計四四〇億ドル近いCDOを大量発行した。

たとえ心配していたとしても、メリルの経営層はそれを表に出さなかった。前進しつづける強い動機があったのだ。CDOの作成と取引で得た七億ドルの手数料で、巨額のボーナスが約束されていた（CDOのすべてが販売されていたわけではないが、会計上、証券化した商品を条件付きの販売として計上することができた）。二〇〇六年、キムは三七〇〇万ドル、

セメルシは二〇〇〇万ドル以上、オニールは四六〇〇万ドルを手にした。[注44]

二〇〇七年に入っても、メリルはアクセルペダルを踏んだままだった。最初の七カ月だけで三〇〇〇万ドル相当のCDOを発行した。信じられないほど実入りがよかったために、オニールはひとつ重要なことを忘れていた——かならず訪れる売上減少に対してまったく準備していなかったのだ。遅きに失するまで、リスク管理にほとんど注意を払わなかった。たしかに市場リスクと信用リスクを扱う部門はあったが、オニールの直属ではなく、CFOのジェフリー・N・エドワーズと、元エクソン幹部でオニールの側近であるCAOのアーマス・ファカハニーの手にゆだねられていた。

ほどなく断層線が現われはじめた。五月に、モーゲージ部門の責任者だったキムが退職してヘッジファンドを創設すると宣言した。会社の戦略はこのまま維持できるのかという社内の声に対し、セメルシとデイル・ラタンツィオは反論に打って出た。七月二一日の取締役会で、会社のCDO残高はほぼ完全にヘッジされている、最悪のシナリオでも損失はたった七七〇〇万ドル程度だと主張した。オニールは立ち上がって、ふたりの幹部の仕事ぶりを讃えた。

しかし、その楽観的な査定に全員が満足したわけではなかった。「ふざけるにもほどがある！　あんなでたらめで私をだますつもりか」歯に衣着せぬメリルの弁護士ピーター・ケリーが、会議のあとでエドワーズに言った。「どうしてみんな恐怖のあまり失禁しないんだ？」

市況はさらに悪化した。セメルシらの試算に現実的根拠がなかったのはもはや明らかだった。七月の取締役会の二週間後、フレミングとファカハニーはメリルの取締役会に手紙を送り、会社の業績悪化について説明した。[注45]

そのころオニールは気が滅入って引きこもることが多くなり、サウサンプトンのシネコック・ヒルズなどの有名ゴルフクラブで、平日、それもたいていひとりで一三ラウンドをまわるようになっていた。

メリルのCDOのポートフォリオは八月から九月にかけても下落しつづけた。一〇月初旬には、四半期の損失が約五〇億ドルと見積もられた。二週間後にはその数字が七九億ドルに膨れあがった。自棄《やけ》になったオニールは、ワコビアに合併の提案をおこなった。[注46] 一〇月二一日の日曜に取締役たちと夕食会を開き、バランスシート改善の議論になったときに、じつはワコビアに合併話を持ちかけたと報告した。そして市場の混乱について次のように予言した。「もしいまの状態が長いあいだ続いたら、オーバーナイトやショート・ターム・レポの資金調達に頼っているわれわれのような会社は、みな問題を抱える」しかし、取締役たちはこの最後の点にはあまり注意を払わなかった。むしろオニールが独断で合併交渉を始めたことに怒りを爆発させた。「だが、私の仕事は選択肢を考えることだ」オニールは反論した。二日後、取締役たちはオニール抜きで集まり、全員一致で彼の追放を決めた。同情する者はほとんどいなかった。かつての同僚はニューヨーカー誌に語った。「私ならスタンを窓ふきにも雇わないね。彼がメリルリンチにしたことはまちがいなく犯罪だ[注47]」

六月下旬のある朝、ニューヨーク市長のマイケル・ブルームバーグは、七九丁目通りのブラウンストーン建築のアパートメント・ハウスを出て、黒いサバーバンの後部座席に乗りこみ、朝食を兼ねた打ち合わせのためにミッドタウンへ向かった。いつものようにアメリカ国旗の襟章をつけたブルームバーグは、外に警備員を待たせておいて、五〇丁目通りの駐車場の向かいの小さな食堂、ニューヨーク・ランチョネットに入り、ジョン・セインに挨拶した。そこは彼の大好きなレストランで、つい先日も、将来の有望な大統領候補、バラク・オバマを連れてきたところだった。

ブルームバーグは個人的にセインをあまり知らなかったが、自分の名を冠した金融情報会社を設立時から支援してくれているメリルリンチとは、長く実り多い関係を結んでいた。債権取引の有力企業ソロモン・ブラザーズのパートナーだったブルームバーグは、そこで情報システムを統括していたが、退社後の一九八一年に端末ビジネスを開始した。メリルはそのとき融資をしてくれ、トレーダー向けの金融情報をリアルタイムで届けるブルームバーグの端末を最初に買ってくれた顧客でもあった。一九八五年、メリルはブルームバーグLPの三〇パーセントを三〇〇〇万ドルで取得したが、のちに持ち分を三分の一減らした。

ニューヨーク市長に就任後、マイケル・ブルームバーグは会社の六八パーセントの持ち分を白紙委任し、経営から退いた——といっても現実には、半歩しか退いていなかった。とりわけ、いまジョン・セインが切り出そうとしているような、会社にとって重要な案件の場合には。セインはどうしても資本を増やさなければならず、ラリー・フィンクの騒ぎのあとでブラックロックは売却できないと判断して、メリルが所有するブルームバーグの二〇パーセントの株式を買い戻してもらおうと思っていたのだ。ただ、もし市長が買わないといった場合、メリルに公開市場で持ち分を売却する権利があるかどうかははっきりしなかった。ふたりとも、一九八六年に結ばれた契約内容があいまいであることはわかっていた。

人目をはばかるように隅のブース席に坐り、ふたりはコーヒーを飲みながら楽しく会話した。ともに元債権トレーダーで、熱烈なスキーヤーだったことから、彼らは驚くほど馬が合った。

「この夏、おそらくそういうことを検討します」セインはパニックを嗅ぎ取られないように、できるだけさり気なく言った。三〇分以内に、ふたりは買い戻しの件で合意していた。

これはセインが当てにしていた命綱だった。市長に挨拶して別れたあと、セインは急いでオフィスに戻り、即刻このプロジェクトを進めるようにとフレミングに告げた。

第8章　瀕死の巨人AIG

ジェイミー・ダイモンの午前一〇時のミーティングは長引いていた。

「ボブにもうすぐ行くからと伝えてくれ」彼はアシスタントのキャシーに言った。

ロバート（ボブ）・ウィラムスタッドとダイモンは、ともにサンフォード・ワイルの金融帝国建設にたずさわったメンバーだった。異なる時点でどちらもワイルの後継者と見なされていた。自分たちが築いた巨大なシティグループを率いる可能性もあったが、最終的にはふたりともリーダーシップを発揮するチャンスを与えられなかった。一〇年前にダイモンが追放されてからも、彼らは親しくつき合っていた。[注1]

ウィラムスタッドは長身で白髪、いかにもマンハッタンの銀行家という風貌だった。六月上旬のこの日、かつてユニオン・カーバイド社が入っていたJPモルガンの八階の待合室で、辛抱強く待っていた。ガラスのキャビネットには、グリップが木製の拳銃が二挺飾られていた。歴史の香り漂うその銃は、アーロン・バーとアレクサンダー・ハミルトンが一八〇四年の決闘で使ったものの複製で、そのとき初代財務長官だったハミルトンは亡くなった。[注2]

ダイモンと同様、ウィラムスタッドもやはり策略でワイルに負け、二〇〇五年七月にシティを去っていた。[注3] その後、プライベート・エクイティ・ファンドのブリサム・グローバル・パートナーズを創設して、ラテンアメリカとロシアの消費者金融に投資していた。パートナーのマージ・マグナー[注4]も、シティグループから追放された人物だ。[注5] ダイモン率いるJPモルガンは、ウィラムスタッドのファンドで最大の投資者だった。ブリサムのオフィスはパーク・アベニューのJPモルガン本社の向かいにあり、ウィラムスタッドとマグナーの経営のもとで黒字化していたが、ウィラムスタッドには、それよりはるかに重要なもうひとつの顔があった――巨大保険会社AIGの会長だ。[注6] この日、ダイモンを訪ねた理由もそれだった。

「ひとつ考えていることがある。アドバイスをもらえないかと思ってね」ようやくダイモンのオフィスに招かれたウィラムスタッドは、いつもの穏やかな口調で言った。先日、AIGの取締役会からCEO職を打診された件だった。いまのCEO、マーティン・サリバンは週末に解雇されることになっていた。ウィラムスタッドは会長として明日AIG本社を訪れ、サリバン本人に、解雇の怖れがあることを伝える役だった。

「いまの仕事は気に入っている」彼は真剣な表情で言った。「肩越しにチェックされるようなことがないからね」

「私を除いて」AIGの最大級の財務支援者であるダイモンは、笑って言い返した。

ウィラムスタッドは、AIGが信用危機に呑みこまれたこの数カ月、みずから会社の舵取りをすべきかどうか考えていた。会社の経営をまかされる見込みはますます高まっているが、胸が痛むほどの葛藤も感じていた。昔からCEOにはなりたかったけれど、もう六二歳であり、自動車レースといった別の興味を満たす時間も手にしていたからだ。

ウィラムスタッドはノルウェーからの移民三世で、労働者階級の家族に生まれ、ブルックリンのベイ・リッジ、そしてロングアイランドで育った。一九八〇年代なかばには、ケミカル銀行の経営層にいた。そんなある日、元上司のロバート・リップの依頼でボルティモアに飛び、ワイルと彼の右腕のダイモンに会った。彼らが経営していたサブプライムの貸付業者、コマーシャル・クレジットを視察するためだった。ワイルとダイモンのチームの活力と起業家精神は、ケミカルの息苦しい官僚主義からかけ離れていた。それはニューヨークの銀行業界で目にしたどんな企業ともちがっていた。

ワイルたちからいっしょに働かないかと提案され、ウィラムスタッドは受け入れた。[注7]もっとも、着任初日、フロリダ州ボカラトンで開かれた会議でコマーシャル・クレジットの七五人の支店長に会ったときに、多少幻滅はした――ポリエステルのレジャースーツを着た中年男性をこれほど見たのは初めてだった。[注8]けれども、ウィラムスタッドはショックから立ち直り――ゴルフと酒も乗りきって――やがて会社の雰囲気に慣れた。一九九八年には、電撃作戦さながらの買収劇――プライメリカ、シェアソン、トラベラーズ、そして金融合併史上最大のシティコープ――で主導的役割を果たした。[注9]短い期間、三人は傑出した人物が大勢いる金融業界で、とりわけ傑出した存在となった。しかし、ダイモンがワイルと喧嘩してシティを去ったあと、四年が経過しても、ウィラムスタッドは社長のままだった。結局それがシティで到達した最高位となった。

ウィラムスタッドとダイモンはたっぷり三〇分間、AIGのCEO職の長所と短所について話し合った。会長であるウィラムスタッドより同社の問題にくわしい人間はいない。それらを解決するのは想像を絶する難事だった。危険を知っていればこそ、ウィラムスタッドは何度も同じ結論に立ち戻った。「暫定ベースで引き受けるべきだと思う」断固たる口調で言った。

ダイモンは首を振った。「ありえない。CEOになるか、ならないかです」

「わかる」ウィラムスタッドは認めた。「わかるよ」

「あなたは話をややこしくしている」ダイモンは言った。「まず、暫定CEOは非常に複雑でむずかしい役目だし、仕事の内容は通常のCEOとまったく変わらない。もし私が取締役だったら、暫定は認めないし、もし私があなただったら、暫定CEOにはならない。自分の手足をもぐようなものです」

「ザーブもやるか、やらないかのどちらかだと言っている」AIG元会長のフランク・ザーブのことだ。「三年で三人のCEO、さらに四人目まで約束されているのは望ましくないと」

「もしうまく処理したとしても、最低二年はかかるでしょう」ダイモンは身を乗り出し、拳を振って強調しながら、今後の見通しを語った。「問題は、あなたが馬の鞍にまた乗りたいかどうかだ。戻るのなら、その鞍はものすごく固いことを覚悟しておかなければならない」

ウィラムスタッドは同意してうなずいた。しかし、もうひとつ心配があった。「まわりからどう見られるかも気になる。いかにも私がマーティンを追放して後釜に坐ったかのようだ」と言ったが、ダイモンはそれは大した問題ではないと請け合った。

取締役会はウィラムスタッドが受諾してくれることを望んでいた。彼の妻のキャロルも引き受けるべきだと言った――シティでＣＥＯになるはずだったのに、機会を奪われたと思っていたからだ。そこにダイモンも賛成票を投じた。


翌日、ウィラムスタッドは黒いリンカーン・タウンカーで、パイン通り七〇番地のＡＩＧのオフィスまで行った。マーティン・サリバンのオフィスに入って椅子に坐ると、単刀直入に切り出した。「マーティン、この日曜に取締役会が開かれる。そこできみがいまの職にとどまるべきかどうか議論される」

サリバンはただため息をついて言った。「取締役会は、市場がどれほどむずかしくなっているか、きちんと理解していない。この仕事を引き継いだときには、規制当局とのごたごたを解決しなければならなかった。私はＣＥＯとしてこの困難を乗りきってみせますよ」

「わかっている、マーティン」ウィラムスタッドは言った。「だが、ここ数カ月で起きたことを考えてみたまえ。誰かが責任をとらなければならないというのが取締役たちの意向だ……日曜の取締役会の結論には三つの可能性がある。きみを全面的に支援するか、きみに辞めてもらいたいと言うか、最後のひとつは〝次のことをこれこれの期間にやってもらいたい、できなければ辞めてもらう〟と言うかだ」

サリバンは床に目を落とした。「それで、どの可能性がいちばん高いんですか」

「変化を起こしたいという強い感情があるのはたしかだが、どうなるかなんて誰にわかる？」ウィラムスタッドは答えて、肩をすくめた。「会議室に一二人いれば、どんなことだってありうる」

六月一五日の日曜、AIGの顧問法律事務所シンプソン・サッチャー&バートレットのリチャード・ビーティ会長のオフィスで、取締役会が開かれた。サリバンが議題となったが、本人は出席を認められなかった。短い議論のあと、取締役会はサリバンを退任させ、代わりにウィラムスタッドをCEOにすると決定した。[注10]

ウィラムスタッドが経営をまかされることになった会社は、アメリカのビジネス界できわめて特異な成功を収めた企業だった。一九一九年にアメリカン・アジアティック・アンダーライターズの名で上海に小さなオフィスを設けたのが始まりで、半世紀ののちには、アジア、ヨーロッパ、中東、南北アメリカの各地に事業を拡大していたが、それでもこの私企業は時価総額三億ドル、保険契約額一〇億ドル相当と控えめで、とうてい巨大金融機関とは呼べなかった。[注11]

しかし二〇〇八年には、AIGに対して〝控えめ〟ということばはめったに使われなくなっていた。わずか数十年で世界最大級の金融企業となり、時価総額は八〇〇〇億ドル弱（その年の初めに株価が急落したにもかかわらず）、帳簿上の資産価値は一兆ドルを超えていた。[注12]

この並はずれた成長をもたらしたのは、おもにひとりの男の狡知と意欲だった――その男の名は、モーリス・レイモンド・グリーンバーグ。友人たちには、デトロイト・タイガーズの強打者ハンク・グリーンバーグにちなんで〝ハンク〟、社内ではたんに〝MRG〟と呼ばれていた。

グリーンバーグは、ディケンズの小説の主人公を思わせるような貧しい家庭で育った。父親のジェイコブ・グリーンバーグは、マンハッタンのロワー・イースト・サイドでタクシーの運転手をしながら菓子店を経営し、ハンクがわずか七歳だった世界大恐慌のときに亡くなった。母親が酪農家と再婚すると、家族はニューヨーク州北部に移り、ハンクは毎日のように夜明けまえに起きて、牛の乳搾りを手伝った。一七歳になると、年齢を偽って陸軍に加わった。二年後、グリーンバーグはDデイ（第二次世界大戦中のノルマンディー上陸作戦決行日）にオマハ・ビーチに上陸し、ダッハウ収容所を解放した部隊に所属していた。帰国してロースクールにかよったあと、また軍に戻って朝鮮戦争で戦い、青銅星章を授けられた。

その後ニューヨークに戻った彼は、巧みな話術で週七五ドルのコンティネンタル・カジュアルティの研修保険員となった。[注13]そこでまたたく間に、災害および医療保険担当のアシスタント・バイス・プレジデントまで出世したが、[注14]一九六〇年、のちにAIGとなる企業の創始者、コーネリアス・バンダー・スターに誘われてそちらに移った。

カリフォルニア州フォート・ブラッグで喫茶店を経営していたスターは、二〇世紀の気ぜわしいアメリカ人の典型だった。山師、発明家、起業家として名をあげるタイプだ。不動産業で腕試しをしたあと、保険業に乗り出し、二七歳のときに上海に渡って保険を売りはじめた。当時、市場の大勢をイギリスの保険会社が占めていたが、販売相手は西洋の会社や在住外国人にかぎられていた。そこでスターは中国人相手に商売を始めた。一九四九年の共産党政権樹立で中国から追い出されると、ほかのアジア諸国に手を広げた。軍の友人だったダグラス・マッカーサー将軍——戦後日本のGHQ最高司令官——の力を借りて、数年間アメリカ軍に保険を販売する契約も結んだ。日本が外国の保険会社に市場を開放するまで、AIGジャパンは海外損害保険事業で同社最大の売上をもたらすことになる。

一九六八年、スターは七六歳となり、体も弱っていた。酸素タンクと薬の小壜が手放せなくなり、アメリカ市場への本格的進出はグリーンバーグにまかせることにして、グリーンバーグを社長に、ゴードン・B・トゥィーディを会長に指名した。グリーンバーグはさっそく、どちらが主導権を握るのかをはっきりさせた。指名のすぐあとの打ち合わせで、彼とトゥィーディは意見が対立し、トゥィーディが立ち上がって大声で論点を強調しようとした。「坐ってくれ、ゴードン。それから黙ってくれ」グリーンバーグが言った。「責任者は私だ」いまもAIGのアールデコ調の本社ビルに、ブロンズの半身像が飾られているスターは、その年の一二月に他界した。翌年、AIGは株式を公開し、グリーンバーグはCEOになった（トゥィーディはほどなく会社を去った）。

グリーンバーグの指揮下でAIGは急速に成長し、拡大と買収を通して利益を増やしていった。一三〇カ国でビジネスを展開し、航空機のリースから生命保険まで経営を多角化した。

グリーンバーグ自身も、絶大な権力を誇るＣＥＯの見本となった——株主に崇《あが》められ、従業員に怖れられ、会社と関係のない人にとってはつまらない人物だった。体つきは小柄だが、人を怯《ひる》ませるような存在感があった。つねに容赦なく自分を駆り立て、昼には魚と蒸し野菜しか食べず、定期的にステアマスターかテニスで体を鍛えていた。[注15] 誰に対しても愛情をほとんど示さなかったが、妻のコリンと、飼っているマルチーズのスノーボールだけは例外だった。[注16] 短気なことで有名で、いつも精力的に、自分の会社のなかで起きているあらゆることを知ろうとしていた。元ＣＩＡ諜報員を雇っているという噂もあった。そう言われてみれば、本社の至るところに警備員が配置されているようだった。

外の世界にとって、ＡＩＧ最大のドラマは、グリーンバーグが王朝を築こうとしたことだった——しかし現実に起きたのは、保険の王族内での果たし合いだった。

ブラウン大学とジョージタウン大学ロースクールを卒業した息子、ジェフリー・グリーンバーグ[注17]がハンクの跡を継ぐために育成されていた。しかし一九九五年、父親とひときり対立したジェフリーは、一七年間勤めたＡＩＧから去った。その二週間前に、彼の弟のエバンがエグゼクティブ・バイス・プレジデントに昇進していた。一六カ月以内に三度目の昇進で、エバンはジェフリーのライバルになっていた。兄の退職により、父親のビジネスを継ぐことに長年なんの興味も示していなかった元ヒッピーのエバンは、明らかに後継者候補となった。ところが、いかなる権力にも屈しない家長とすぐに衝突し、これも兄のジェフリーと同じように会社を飛び出した。ジェフリーはやがて世界最大の保険ブローカー、マーシュ＆マクレナンのＣＥＯに、エバンもやはり世界最大級の再保険会社、エース・リミテッドのＣＥＯになる。

最終的にハンク・グリーンバーグの凋落をもたらしたのは、家族ではなく規制当局との対立だった。強情で闘志あふれるグリーンバーグは、まずい時期に連邦政府に盾突いた。エンロンの崩壊と、新世紀初めの新聞一面を次々と飾った企業スキャンダルによって、規制、検察当局は強気になり、進んで協力しない企業に厳しい態度をとっていた。二〇〇三年、ＡＩＧは、証券取引委員会（ＳＥＣ）が起こした訴訟の和解金として一〇〇〇万ドルを支払うことに同意した。[注18]起訴内容は、インディアナ州の携帯電話卸売業者による一一九〇万ドルの損失隠蔽に協力したというものだった。ＳＥＣも認めたとおり、和解金が比較的高かったのは、ＡＩＧが主要な証拠文書を隠そうとし、当初調査官にした説明が、のちにその文書の内容と矛盾することがわかったからだった。

翌年、またしても連邦調査官との長い抗争のあと、ＡＩＧは、ＰＮＣ金融サービスに七億六二〇〇万ドルの不良債券の簿外処理を認めた刑事および民事責任に対して、一億二六〇〇万ドルを支払うことになった。[注19]その和解条件のひとつとして、ＡＩＧの一部が訴追延期合意の管理下[注20]に置かれることになった――会社が合意内容に一三カ月間したがえば、司法省は刑事訴追を取り下げるということだ（巨大監査法人アーサー・アンダーセンが崩壊してから、政府はある種の執行猶予として訴追延期合意を柔軟に用いることが増えていた。かつて麻薬犯罪においてよくとられた措置である）。

その一三カ月の執行猶予の対象となったAIGフィナンシャル・プロダクツ、略してFPが、やがてAIGそのものを破滅寸前に追いこむ爆心地となる。

FPは一九八七年に、グリーンバーグと、ベル研究所出身の金融学者ハワード・ソーシンとの非凡な取引から生まれた。ソーシンは〝デリバティブのストレンジラブ博士〟として有名になった。[注21] デリバティブは大量の金を生み出す。簡単に言えば、住宅ローンから気象条件に至るまでのさまざまな原資産から作られる金融商品である。映画『博士の異常な愛情』に出てくる最後の爆弾のように、デリバティブは爆発しうるし、実際に爆発した。ウォーレン・バフェットはデリバティブを大量破壊兵器と呼んだ。[注22]

ソーシンは、マイケル・ミルケンの不運なジャンクボンド会社、ドレクセル・バーナム・ランベールで働いていたが、時代を象徴するスキャンダルでビバリー・ヒルズの同社が一九九〇年に破産するまえに転職していた。より資金が豊富で信用格付けが高いパートナーを求め、ドレクセルの従業員一三人を引き連れて、一九八七年にAIGに逃げこんだのだ。[注23] そのうちのひとりが、三二歳のジョゼフ・カッサーノだった。

マンハッタン三番街の窓のない部屋で、ソーシンの小さな組織はレバレッジを大いに活用して、ほとんどひとつのヘッジファンドのように活動した。FPは設立当初、ぎくしゃくしていた。オフィスに家具を借りたところまちがったものが届き、従業員は子供用の椅子とちっぽけな机でなんとか働くしかなかった。それでも彼らはすぐに、ドレクセルのころのように莫大な利益をあげはじめた。いくつかのヘッジファンドの慣行どおり、トレーダーが利益の三八パーセントを獲得し、残りを親会社に渡していた。注24

ビジネス成功の鍵は、スタンダード＆プアーズによるＡＩＧのトリプルＡの格付けだった。それがあるために、資本コストはたいがいの企業よりはるかに低く、低コストで高リスクをとることができた。グリーンバーグはトリプルＡの格付けがいかに大切であるかをつねに意識し、細心の注意を払ってそれを守っていた。「もし私のトリプルＡの格付けをＦＰが変えるようなことをしたら、ピッチフォークを持って追いかけてやる」グリーンバーグは彼らにそう警告した。注25

しかし、ソーシンはうるさ型の経営層に苛立ち、一九九四年にグリーンバーグと仲たがいしたのを機に、ほかの設立者たちと会社を去った（けれども、ＦＰの利益創造力に魅せられたグリーンバーグは、ソーシンが去るはるかまえから、彼のビジネスモデルを研究する〝影のグループ〟を作り、ソーシンが辞めると言いだしたときに備えていた。注26プライスウォーターハウスクーパース（ＰＷＣ）と共同で、ひそかにソーシンの取引を記録するコンピュータシステムを構築し、あとで解析、模倣できるようにしていた）。

グリーンバーグの力強い説得で、カッサーノはＦＰに残ることに同意し、ＣＯＯに昇格した。

警官の息子としてブルックリンに生まれたカッサーノは、ソーシンが連れてきた優秀な人材の大半とちがって、金融に関する洞察力より、ものごとをまとめあげるスキルに秀でていた。そこは、ＦＰの持ち味である複雑な取引プログラムを開発する博士――定量分析者《クオンツ》――たちと異なるところだった。

一九九七年の冬、アジア風邪が猛威を振るい、タイの通貨が暴落して金融の連鎖反応が起きると、カッサーノは安全な投資先を探しはじめた。そんなとき、新しい種類のクレジット・デリバティブ商品を売りこむＪＰモルガンの銀行家に会った。その商品とは、ブロード・インデックス・セキュアード・トラスト・オファリング――長ったらしい名前だが、頭文字を取ったビストロ（ＢＩＳＴＲＯ）でよく知られていた。銀行を初め世界経済がアジアの経済危機の痛手をこうむっているあいだに、ＪＰモルガンは不良債権からリスクを減らす手法を探ったのだった。注27

ビストロにおいて、銀行は帳簿上の何百という融資を取りまとめ、それぞれ債務不履行に陥りそうなリスクを計算し、特別目的事業体（ＳＰＶ）経由で、投資家に少しずつ商品として販売することによってリスクを最小化する。将来の不安はあるにせよ、一見隙のない戦略だ。この債権投資によく似た投資手法は、一種の〝保険〟――ＪＰモルガンは融資が焦げつくリスクから守られる一方、投資家はリスクをとることによって割増金を受け取る――とされた。

最終的に、カッサーノはＪＰモルガンからビストロを買わなかったが、大いに興味をかき立てられたので、ＦＰの分析者たちに商品の研究を命じた。何年分もの社債データにもとづくコンピュータモデルで検討した結果、この新しい工夫――クレジット・デフォルト・スワップ――はほぼ安全という結論に達した。債務不履行が波のように一気に押し寄せる確率は、第二の世界大恐慌でも起きないかぎり、きわめて低い。大恐慌規模の災害を別とすれば、スワップの保有者は年に何百万ドルもの割増金を手に入れられる。何もせずに金をもらえるようなものだった。

二〇〇一年にＦＰのトップに立ったカッサーノは、ＡＩＧをクレジット・デフォルト・スワップのビジネスに進出させた。二〇〇五年初めには、この分野の大プレーヤーとなり、カッサーノ自身にもこれほど急成長した理由がわからないほどだった。「どうしてこんなに大量の契約ができるのだ？」彼はコネティカット州ウィルトンの支店との電話会議で、マーケティング責任者のアラン・フロストに訊いた。[注28]「ディーラーはどんどん契約できることを知っている」フロストは答えた。「だからこそ、顧客に頼られるんです」

バブルが膨らんでも、カッサーノたちはほとんど心配しなかった。二〇〇七年八月に信用市場が硬直しはじめたときですら、カッサーノは投資家にこう言っていた。「不遜に聞こえるかもしれませんが、理性が及ぶかぎり、この取引で一ドルでも失うシナリオはとうてい思いつきません」上司のマーティン・サリバンも同意した。「だから夜も安心して眠れるのだ」[注29]

債務担保証券（ＣＤＯ）のピラミッド構造はじつに美しい――もしあなたが金融工学の複

雑さに魅了されるタイプなら。銀行家は信用格付けと利益に応じて債務のピースを寄せ集め、ＣＤＯを作り出す。ＣＤＯに夢中になったＡＩＧやほかの会社が犯したあやまちは、信用格付けが高い資産に安心するあまり、ＣＤＯが損失を生じるまれなケースのために充分な資金を確保しておかなかったことだった。

収益の大きさに舞い上がって、ＡＩＧの上層部は会社が磐石であるという考えにしがみついていた。二〇〇五年末、サブプライムローン担保証券が用いられたＣＤＯの保険を引き受けない決定をしたときに、これで銃弾はよけたと思いこんでしまった。その決定で、続く二年間に発行された最悪のＣＤＯは遠ざけることができた。

とはいえ、ＡＩＧの自信の最大の根拠は、会社の成り立ちそのものだった。ＡＩＧは投資銀行ではないので、短期金融市場に振りまわされない。負債は非常に少なく、四〇〇億ドルの手元資金があった。一兆ドルを超えるバランスシートを持つこの企業は、たんにつぶれるには大きすぎたのだ。

二〇〇七年一二月、マンハッタンのメトロポリタン・クラブでおこなわれた投資家向けの講演で、サリバンは、ＡＩＧは世界で五本の指に入る規模の会社だと自慢した。「わが社は、資産を担保にしたコマーシャル・ペーパーや、証券化市場の動きに頼っていません。さらに重要な点として、価値の下がった投資を復活させる能力があります。これはきわめて重要です」[注30]

サリバンは、その時点で将来が危ぶまれていた金融商品の保険をＡＩＧが大量に引き受けていることは認めた。「しかし、保険は慎重に引き受け、予測される複数の損失に対応できるよう非常に高いレベルで構造化してあるので、経済的損失が持続する可能性はかぎりなくゼロに近いと考えます」

ところがそのころには、AIG自身が見る会社像と、外部から見る会社像が急速に乖離《かいり》しはじめていた。AIGが提供するスーパーシニアCDSを買った顧客はまだ支払いの途中だったが、新聞を見るたびにその価値はどんどん下がっていた。CDOに対する市場の信頼は地に落ちていた。信用格付け機関は、何百万ドルに相当するCDOの格付け――まだトリプルAがついているものもあったが――を下げていた。

二〇〇七年、AIGの最大級の顧客であるゴールドマン・サックスが、クレジット・デフォルト・スワップの契約に関して数十億ドルの追加担保を要求した。[注31] AIGは一一月に、担保に関する論争が起きていることを発表した。一二月の会議では、クレディ・スイスの古参の保険アナリスト、チャールズ・ゲイツが辛辣《しんらつ》な質問を浴びせた。「スーパーシニアCDSと、関連する担保の時価評価について、あなたがたと取引相手のあいだに大きな差があるのはどういうわけですか」

「市場が少々混乱しているだけだよ」カッサーノはブルックリン訛《なまり》で言った。「調子はどうだい、チャーリー? いや、真面目な話、そういうことなのだ。市場が混乱してる――もちろん市場を軽視するわけではないが――そのことはみんなわかってる。ちなみに皆さん、チャーリーが読んだのは、われわれが取引相手と担保額について争っているという個所です。

まさに私とジェイムズ［ＡＩＧフィナンシャル・パートナーズでシミュレーション担当のジェイムズ・ブリッジウォーター］が話していた、市場の不透明性と、評価額を決められない問題に関するところですね[注32]」

ゴールドマン・サックスとの論争はカッサーノの悩みの種だった。別の取引先であるメリルリンチも追加担保を要求しているが、ゴールドマンほどしつこくない。カッサーノはこういう会社を退ける能力があることを誇りに思っていた。「ときどきそうやって担保を増やせという電話がかかってくる」二〇〇七年一二月五日に言った。「そこでわれわれは〝その数字には納得できない〟と返す。あちらは〝ああ、そうですか〟と言ってそれきりだ[注33]」

その秋の取締役会で、カッサーノはゴールドマンの担保の件を質問されて気色《けしき》ばんだ。「誰も彼もゴールドマンには勝てないと思ってる！　ゴールドマンが評価額はこれこれですと言えば、みな正しいと思う。理由はただゴールドマンがそう言ったからだ。私の弟はゴールドマンで働いてるが、あれは大馬鹿者だぞ！」

ＣＥＯに就任するまえから、ウィラムスタッドはＦＰに悩まされていた。ＦＰの問題は、グリーンバーグがまた別の大きな会計スキャンダルで二〇〇五年に辞任させられたときからくすぶっていた。ニューヨーク州司法長官のエリオット・スピッツァーは、ＡＩＧとゼネラル・リーの子会社との取引を調査して、グリーンバーグに刑事責任を問う可能性もあると脅していた[注34]。ゼネラル・リーはウォーレン・バフェットが所有する損害保険会社で、その取引

によってＡＩＧの手元資金は五億ドル増えていた。[注35]

二〇〇八年一月末、ブリサム・グローバル・パートナーズの角部屋にいたウィラムスタッドは、ＡＩＧ取締役会の月次報告に驚くべき事実を発見した。ＦＰグループがおもにヨーロッパの銀行のために、五〇〇〇億ドルを超えるサブプライム住宅ローンの保険を引き受けていたのだ。ＦＰとしては、金融工学を活用したじつに賢いビジネスだった。規制があるため、銀行は資本に対して一定比率を超える負債を抱えることができない。ＡＩＧの保険の美点は――少なくとも短期的には――増資をせずにレバレッジを増やせることだった。

ウィラムスタッドは計算してみて愕然とした。ローンの債務不履行がいまの勢いで増えれば、ＡＩＧは近いうちに天文学的な金額を支払わなければならない。

すぐに、ＡＩＧが監査を依頼しているプライスウォーターハウスクーパースに連絡をとり、ＦＰに何が起きているのか調べたいから翌日ひそかにオフィスに来てほしいと伝えた。[注36] 当時まだＣＥＯだったサリバンには、誰もその会合のことを知らせようとしなかった。

二月初旬、プライスウォーターハウスクーパースはＡＩＧに対し、いまの市場を考慮してクレジット・デフォルト・スワップをすべて再評価するようにという指示を出した。数日後、ＡＩＧは残念ながら会計の手法に〝重要な欠陥〟――多数の問題があることの婉曲表現――があったことを認めた。同時に、一一月と一二月の損失見積もりも訂正せざるをえなくなり、それによって損失は一〇億ドルから五〇億ドル以上に跳ね上がった。

休暇でコロラド州ベイルの別荘にいたウィラムスタッドは、ついにマーティン・サリバンに電話をかけ、ジョゼフ・カッサーノの解雇を命じた。「彼をどうにかしなければならない」ウィラムスタッドは言った。

驚いたサリバンは、たとえ会社が収益報告を訂正するとしても、たんなる帳簿上の損失だから心配ないと応じた。「実際に資金を失うわけじゃありませんから」と冷静に答えた。

ウィラムスタッドは「そういう問題ではない」と切り返した。「もうすぐ何十億ドルもの損失を報告するのだ。重要な欠陥を！　監査法人にカッサーノが積極的に情報公開しなかったと言われるのは目に見えている」

サリバンは、カッサーノをめぐる議論があることは認めたが、解雇までする必要があるだろうかと尋ねた。

「もっと少ない損失で、有名なCEOがふたり解雇されたばかりだがね」ウィラムスタッドは指摘した。シティグループのチャールズ・プリンスと、メリルリンチのスタンレー・オニールだ。ふたりとも比較的大きな評価損を見すごし、二〇〇七年秋にCEOの座を追われていた。「社内と社外の両方にメッセージを発するために、なんらかの行動をとらないわけにはいかない」

ようやくサリバンも折れたが、最後にもう一度カッサーノを守ろうとした。「顧問として置いておくべきです」

「なぜ？」ウィラムスタッドは訊いた。そんな提案は心外だし、理解できないというふうだった。

サリバンは、FPのビジネスは複雑で、少なくとも最初はいくらか支援がないと運営できないと主張した。

ウィラムスタッドは憤慨して言った。「冷静に考えてみたまえ、社内と社外の立場から。彼の能力ではFPを経営できなかった。なのに、置いておく必要があるのかね？」

サリバンは次にウィラムスタッドの競争心に訴えた。カッサーノを雇っておけば、すぐライバル会社に移ってしまうことはない、それは彼の疑わしいビジネス手法を差し引いたとしても、AIGの利益になるのではないかと。「コンサルティング契約を結べば、非競争条項が入っていますから、どこかよそへ移ってうちの人員をごっそり引き抜くことはできない」

そう言われて、現実主義者のウィラムスタッドはついに譲歩した。たしかにコンサルタントならいつでも追放できる。

「わかった。だが、彼を顧問として使いたいなら、しっかり管理する方法を考えてくれ。ビジネスに積極的にかかわらせてはいけない。そんなのは狂気の沙汰だ」

結局カッサーノはコンサルティング契約で残ることになった。契約料は月一〇〇万ドル。[注37]

それでもサリバンたちはスタッフの流出を心配していた。カッサーノが脇にやられ、FPがすでに五〇億ドルの損失を出している以上、FPのトップの社員が去っていく危険はつねにあった。カッサーノの後任のウィリアム・ドゥーリーは、サリバンに要求した。「社員を慰留するプログラムを考えないと、チームが崩壊します」

サリバンは問題の深刻さを理解していた。ＡＩＧの従業員は利益の何パーセントというかたちで給与を支払われる。会社がこれほどの損失を出したいま、この先彼らが給料をもらえる見込みはゼロだ、と報酬委員会に報告した。「この四半期の成績が悪かった、ではすまないのです。次の四半期も、ことによると来年も、もらえないかもしれない」ＦＰの従業員にとって、グループにとどまるより、転職してやり直したほうがはるかに実入りがいい、とサリバンはＡＩＧの取締役会でも言った（皮肉なことに、従業員の利益を株主の利益と合致させる点で、ＦＰの報酬制度はウォール街のほかの会社よりすぐれていた。他社のトレーダーの大半は、会社全体の利益ではなく、自部門の成績にもとづいて報酬を支払われていたからだ）。

三月初旬、ＡＩＧの取締役会はサリバンに何度か慰留プログラムの検討をさせたうえで、二〇〇九年に一億六五〇〇万ドル、二〇一〇年に二億三五〇〇万ドルの報酬支払いを決定した。そのときには、ＡＩＧの外部の人間が気にかけるような決定には見えなかった。まして悪夢さながらの政治的混乱を引き起こすとは、誰も予想だにしていなかった。けれども、この報酬決定が非難や殺しの脅迫へとつながり、議会では決定取り消しを求める大騒ぎが演じられることになるのだ。

五月、ＡＩＧは惨憺《さんたん》たる第１四半期の報告をおこなった。クレジット・デリバティブの九一億ドルの評価減、会社史上最高となる七八億ドルの損失。[注38] スタンダード＆プアーズはＡＩ

Gの格付けをひとつ下げ、AAマイナスとした。四日後の五月一二日、AIGでもっとも利益をあげている部門のひとつ、航空機リース業のインターナショナル・リース・ファイナンス・コープが、売却またはスピンオフによるAIGからの分離を求めている、とウォール・ストリート・ジャーナルが報じた。[注39]

八三歳になったばかりのグリーンバーグは、四半期の成績が悪かったことと、七五億ドルの増資に注力したいという理由から、AIGの年次株主総会の延期をもくろんだ。〝私もほかの何百万もの投資家と同じくらい、偉大な会社の衰退を憂えている〟と公開書状のなかで書いた。〝わが社は危機的状況にある〟[注40]

AIGのほかの大株主も、おのおの変化を求める活動を始めていた。二〇〇八年五月一四日に開かれる株主総会の二日前、ウィラムスタッドのブリサムのオフィスに一枚のファクスが届いた――一九九八年に、個人年金業務大手サンアメリカを一八〇億ドルの株式交換でAIGに売却し、ビジネス上グリーンバーグとも親しい、AIGの元取締役であるエリ・ブロードからの手紙だった。ふたりの有力ファンド・マネジャーも名を連ねていた――レッグ・メイソン・キャピタル・マネジメントのビル・ミラーと、デイビス・セレクテッド・アドバイザーズのシェルビー・デイビスだ。AIGの約四パーセントの株式を保有するこの三人は、〝AIGのマネジメントの改善と信頼回復に向けてとるべき対策〟について話し合いたいと言ってきた。[注41]

翌日夕刻、ウィラムスタッドともうひとりのAIG取締役モリス・オフィットは、この三人の投資家と打ち合わせをするために、五番街のシェリー・ネザーランド・ホテル内にあるブロードのアパートメントを訪ねた。[注42] シェルビーの会社でポートフォリオ・マネジャーをしている彼の息子もいた。セントラルパークと壮麗な街のスカイラインを望む広々としたリビングルームに一同が坐ると、ブロードはさっそくサリバンと会社の業績に対する不満を縷々述べはじめた。

少し聞いたあとで、ウィラムスタッドは相手のことばをさえぎった。「あまり立ち入らないうちにはっきりさせておきますが、私たちはいま資金調達の最中ですから、ほかの人に言っていないことをここで明かすわけにはいきません。お話は喜んで聞かせてもらいます。質問にもできるだけ答えましょう」そこから先、会合にはぎこちない雰囲気が漂い、全員が居心地の悪さを感じた。ウィラムスタッドとオフィットは、取締役会も問題を認識しているという程度のことしか話せなかった。「指摘されたことは、われわれもすべて知っています」ウィラムスタッドは言った。

総会の朝、サリバンは、ますます強く辞任を求める株主からのプレッシャーに負けず、元気そうにふるまった。AIGタワー八階の会議室を歩きまわり、株主と握手したり、挨拶を交わしたりした。サッカーのマンチェスター・ユナイテッドがウィガン・アスレティックを二対〇で破った日曜の試合について、投資家と楽しく話したりもした。マンチェスターはその勝利でシーズン最終日にチェルシーをきわどくかわし、リーグ・チャンピオンになった。四シーズンのあいだ選手のシャツに会社のロゴを載優勝はサリバンとAIGの誇りだった。

せるために、チームに一億ドルを支払ったのだ。[注43] しかし、それを除いて、不機嫌な株主をなだめる話題はほとんどなかった。翌日のウォール・ストリート・ジャーナルは手厳しく〝AIG、無策〟と書いた。[注44]

会社は流動性を増やす努力をしている、とウィラムスタッドらは請け合ったが、増資の決定はさらなる衝突を引き起こしただけだった。JPモルガンとシティグループが先頭に立って、AIGに追加の評価減開示を求めていた。すでにAIGは、ゴールドマンなどに売ったスワップの追加担保として新たに一〇〇億ドルを請求される事態になっていた。[注45] JPモルガンの銀行家たちは、当然ウォール街の噂を聞いており、AIGと他社の評価額がかけ離れていることを知っていた。彼らに言わせれば、AIGの金融担当役員は素人だった。誰に会っても感心しなかった――サリバンにも、CFOのスティーブン・J・ベンシンガーにも。

侮辱は双方が感じていた。AIG幹部はJPモルガンのチームの傲慢さにあきれた。JPモルガンにしろシティにしろ、史上最大規模の資金調達を委託され、そのサービスで巨額の報酬を――それぞれ八〇〇〇万ドル以上――得ているのに、杓子定規に資産の評価法を指示する彼らの横柄な態度は、AIGをいっそう意固地にさせるだけだった。

JPモルガンはあくまでAIGに開示を迫った。増資に関する日曜午後の電話会議に、ついにサリバン本人が出てきて、いつもより暗い調子で言った。「このままでは続けられない。こちらに合わせる気がないのなら、きみたち抜きで進めるしかない」

JPモルガンの銀行家たちは一度電話を切って、対策を話し合った。サウス・カロライナから参加しているスティーブン・ブラックが代表としてサリバンに電話をかけた。「オーケイ、このままでは続けられないということですね。いいでしょう。だがそうなると、われわれとしては増資に参加しないことになる。なぜ抜けたのかと人に訊かれたら、同意できなかったと答えるしかない。そちらの資産の一部に生じうる損失について、意見が一致しなかったからだと」

そう脅されては、AIGとしても引き下がるしかなかった。増資はきわめて重要であり、メインバンクとの争いが公になることはどうしても避けなければならない。AIG幹部は、のちにこの時価評価にまつわる論争が公開されたときに、さらにくやしい思いをさせられる。JPモルガンが自社名を出したがらず、公開書類には〝別の国内金融サービス企業〟と記されたのだ。

AIGの取締役会から新CEOに指名された直後、ウィラムスタッドはシンプソン・サッチャー法律事務所の大きな会議机で所信を述べた。

まずなすべきことは、グリーンバーグとの和解であると強調した。グリーンバーグはAIG最大の株主であり、一二パーセントの株式を保有している。彼とのさまざまな対立には手間も費用もかかる。「どうあってもグリーンバーグはこの会社とつながっているのだから」とウィラムスタッドはつけ加えた。

取締役会が終わったあと、ウィラムスタッドはアッパー・イースト・サイドのアパートメントに戻った。不安を感じながらもハンク・グリーンバーグに電話をかけた。グリーンバーグは何事も容易には進めさせてくれない。出てくるまでにしばらくかかった。

「ハンク？　ウィラムスタッドです。じつは先ほど取締役会があって、マーティンが交替することに――」

「うまい脱出方法だ」グリーンバーグがつぶやいた。

「――明日、報道発表がありますが、私が新しいCEOになります」

苦しい沈黙が流れた。「ほう、おめでとう」ようやくグリーンバーグが消え入るような声で言った。「よく電話してくれた。親切なことだ」

「ハンク。あなたと会社のあいだにいろいろもめごとがあったのは知っています。ですが、ここで新たなスタートを切って、問題解決の道を探りたい」

「喜んで協力するよ」グリーンバーグは答えた。「会社の問題解決を手伝いたいのだ」

ふたりはその週、いっしょに食事をとる約束をした。注46　ウィラムスタッドは電話を切り、やはりグリーンバーグとの和解は必要だったのだと痛感した。これで株価すら上がるかもしれない。しかし、グリーンバーグは半端な交渉者ではない。どんな取引をするにしろ、時間と忍耐力を要する。

問題は、あとどのくらい時間が残されているのか、ウィラムスタッド自身にもわからないことだった。

第9章　ゴールドマン・サックスの未来

二〇〇八年六月二七日金曜、ロシアへの九時間のフライトで疲れきったロイド・ブランクファインは、サンクトペテルブルクの滞在ホテルの外の広場を散歩していた。妻のローラ、そしてゴールドマン社長兼COOのゲイリー・D・コーンと、社用のガルフストリームで到着したばかりだった。歴史好きのブランクファインは、機内でデイビッド・フロムキンの『平和を破滅させた和平』を読み終えていた。

ゴールドマンのほかの取締役が到着するまであと数時間あるため、ブランクファインはしばらくひとりですごすことができた。ほどよく暖かい午後だったので、名所めぐりでもしようと思った。曇り空を背景に、聖イサーク大聖堂の金色のドームが輝いている。その夜、ゴールドマンの取締役と妻たちは、エルミタージュ美術館――ネバ川沿いに建つ古《いにしえ》の王宮の六つの建物――へのプライベート・ツアーを楽しむことになっていた。

まわりの金融業界がいかに混沌としていようと、ブランクファインには、取締役会前夜のゴールドマンに満足を覚える理由があった。ゴールドマンはまたしてもウォール街最高の企業であることを証明しつつある。人々の記憶にあるなかでもっとも厳しい市場を、少なくともこれまではうまく切り抜けてきた。

それに、ロシアほど取締役会にふさわしい場所があるだろうか。中国が製造業の国だとすれば、ロシアは資源の国だ。いま絶好調なのはコモディティである。なかんずく重要な石油は一バレル一四〇ドルに達する勢いで、それをロシアは一日何百万バレルも生産している。[注1]このときばかりは誰もがいまのアメリカの混乱を忘れてしまうほどだった。

ゴールドマンは毎年、海外で四日間の取締役会を開く習わしだった。二年前にヘンリー・ポールソンに会社の手綱を渡されてから、ブランクファインは開催地を新興経済大国（BRICs）――ブラジル、ロシア、インド、中国――のどれかにすると主張しつづけていた。世界の富と権力が移行しつつあるこの四カ国の呼び名を考えたのはゴールドマンのエコノミストだから、いかにも似つかわしい。[注2]ブランクファインにとって言動一致とはこのことだった。

サンクトペテルブルクは旅の始まりにすぎなかった。ここで会社のいまの財務状況と戦略を確認したあと、モスクワに移動して二日間すごす。首席補佐のジョン・F・W・ロジャーズが伝手を頼って、ロシアのタフな首相、ウラジーミル・プーチンとの会合を設定していた。反資本主義的イデオロギーを掲げる彼は、容易なことでアメリカになびかない。

ニコライ一世の巨大な乗馬像のまえをすぎ、ホテル・アストリアにのんびりと引き返しながら、ブランクファインは怖ろしいことを考えた――原油価格が下がったら？　たとえば一バレル七〇ドルに。するとどうなる？　ゴールドマン自体は？　これほど成功しているにもかかわらず、ブランクファインは自身〝偏執症《パラノイド》〟であることを認め、よく人前でもそう言っていた。

ロシアにいると、不安な記憶が甦る。一九九八年、突然クレムリンが対外債務支払いを停止して、世界じゅうの市場が錐《きり》もみ下降したとき、ゴールドマンも窮地に立たされた。[注3] このロシア財政危機の〝感染〟によって、ほどなくロングターム・キャピタル・マネジメントが破綻した。[注4]

一連の事件でウォール街の企業は巨額の営業損失を出し、ゴールドマンもあまりの損害の大きさに、株式公開を先送りしたほどだった。

問題が広がりつつあるいまの市場において、ゴールドマンはありがたいことに、リーマン、メリル、シティ、あるいはモルガン・スタンレーさえ受けた打撃を、それほど受けていなかった。たしかにゴールドマンのチームは頭脳明晰だが、今回の結果には運も大きくかかわっていた。「われわれはほかより少し優秀だ」ブランクファインは言っていた。「だがそれはほんの少しだと思う」[注5]

もちろん、ゴールドマンもそれなりに不良資産を抱えていた。レバレッジも大きく、ライバルたちと同様に市場の収縮による資金調達難にみまわれたが、さすがに不良資産のなかでも最悪のもの――危険なサブプライム住宅ローンだけから作られた証券――には手を出していなかった。

ゴールドマンのモーゲージ・トレーダーであるマイケル・スウェンソンとジョシュ・バー

ンバウム、CFOのデイビッド・ビニアは、むしろ逆のほうに賭けていた。ABX指数——サブプライムローン担保証券と結びついたデリバティブのバスケット——の逆張りで資産運用していたのだ。[注6] もしそうしていなければ、ゴールドマン、そしてブランクファインにとって、現状はまったくちがっていたかもしれない。

ホテルの部屋に戻りながら、ブランクファインは通りにあふれるメルセデスに気づかずにはいられなかった。だがそれも、目に見える消費のなかでいちばん目立っているだけだ。天然ガスや石油だけでなく、鉄、ニッケル、その他徐々に価値を増してきた多数のコモディティがもたらす利益によって、ロシアのいわゆるオリガルヒ（資本主義化にともなって形成され、政治的影響力を獲得した新興財閥）は、特大のヨット、ピカソの絵画、イギリスのサッカーチームなどを買いまくっている。一〇年前には負債を支払えなかったロシアが急速に成長して、いまや一兆三〇〇〇億ドルの経済圏になっていた。

ゴールドマンとロシアとの複雑な歴史は、世界を驚かした財政危機のはるかまえにさかのぼる。第三二代大統領フランクリン・デラノ・ルーズベルトが、ゴールドマンの伝説のリーダー、シドニー・ワインバーグをソ連大使に指名しようとしたことがあった。「私はロシア語は話せない」ワインバーグはそう答えて辞退した。「あの国で誰と話ができるというのです」[注7]

ソ連崩壊後、ゴールドマンは西欧の銀行の先陣を切って市場に参入しようとした。ベルリンの壁が崩れた三年後には、ボリス・エリツィンの政府がゴールドマンを金融アドバイザー

に指名した。[注8]

とはいえ、なかなか利益はあがらなかった。ゴールドマンは一九九四年に一度ロシアから撤退するが、結局また戻り、一九九八年にはロシア政府による一二億五〇〇〇万ドルの国債販売を支援した。[注9]二カ月後に国は財政危機に陥り、国債は事実上無価値となって、ゴールドマンは再度撤退する。今回は三度目のロシア市場進出で、ブランクファインはこれをなんとしても成功させるつもりだった。

翌朝八時、ゴールドマンの取締役たちは、ホテル・アストリア一階の会議室に集まった。一九一二年から営業しているこのホテルは、ジョン・ジェイコブ・アスター四世にちなんで名づけられた。語り伝えられるところでは、アドルフ・ヒトラーがサンクトペテルブルクに降伏を求めたときに、このホテルで祝賀会を開く予定だったという。[注10]勝利を確信していたヒトラーは、まえもって招待状を刷らせていた。

ブレザーにカーキ色のスラックス姿のブランクファインが、まず会社の業績の概要を説明した。取締役会としては定例どおりの進行である。

次のセッションはきわめて重要だった。説明者はティモシー・オニール。ゴールドマンに長く勤めるシニア・ストラテジー・オフィサーで、社外にはほとんど知られていないが、社内では重要人物だ。この職の前任者には、ピーター・クラウス、エリック・ミンディックといったスーパースターがいて、オニールの話にはブランクファインも真剣に耳を傾けた。

取締役たちは三週間前に発表資料を手渡されており、このセッションがなぜ重要なのかを理解していた。オニールは会社の生き残り戦略を説明しようとしていた。いわば社内の消防隊長で、何も燃えていなくても、非常口をすべて確認しておくのが責務なのだ。

課題は次のようなことだった。ゴールドマンは伝統的な商業銀行とちがい、より安定した自前の預金を持っていない。その代わり、あらゆるブローカー・ディーラーと同じく、少なくとも部分的には短期のレポ市場——証券を担保に資金を借りられる現先取引——に頼っている。ゴールドマンは、たとえばリーマンのようにオーバーナイトの資金に依存しなくてすむよう、比較的長期の借入契約を結んでいるが、それでも市場の予測できない変化には充分対応できない。

この資金調達方法は諸刃の剣だった。非常に高いレバレッジで自己資本を活用することができる——たとえば、自己資本一ドルに対して三〇ドルの負債を調達する。業界ではふつうにおこなわれていることだ。JPモルガン・チェースのような銀行持株会社には連銀の規制があり、レバレッジに頼るこうした資金調達にはるかに多くの制限が設けられている。対するに、この方法の短所は、会社に対する信頼が揺らぐやいなや資金が消え去ってしまうことだった。

ブランクファインはうなずきながらオニールの説明を聞いていた。ベア・スターンズに起きたことは一度きりの出来事ではない、とオニールは言った。現在の危機が始まるずっとまえから、独立系のブローカー・ディーラーは恐竜のようなものだと思われていた。ブランクファイン自身も、ソロモン・スミス・バーニーがシティグループに吸収され、モルガン・スタンレーすらディーン・ウィッターと合併するのを見てきた。ベアがなくなり、リーマンがどうやら同じ方向に進んでいるいま、ブランクファインが心配するのも無理からぬことだった。

ブランクファインのCEO就任は、本人にとって、いかに世の中の変化が速いかという見本のようなものだった。一〇年前、彼は会社のゴルフ大会でハイソックスをはく、小太りで背の低いひげ面の男だった。[注11]それがいまやウォール街でもっとも優秀で、最大の利益をあげている会社のトップである。

ある意味で、ブランクファインのキャリアはゴールドマン・サックスの典型的な道筋をたどっていた。[注12]会社の創設者で長らくリーダーだったシドニー・ワインバーグと同じく、ブランクファインも労働者階級のユダヤ人家庭の出身だった。ブロンクスに生まれ、ブルックリンでももっとも貧しい人々が住むイースト・ニューヨークの団地、リンデン・ハウスで育った。壁越しに隣の家族の会話が聞こえ、作っている夕食のにおいが漂ってくるような住まいだ。父親は郵便局員、母親は受付係だった。

一〇代のころ、ブランクファインはニューヨーク・ヤンキースの試合で炭酸飲料を売った。一九七一年、トマス・ジェファーソン・ハイスクールの卒業式で総代となり、一六歳のときに奨学金と財政援助を得てハーバード大学に進んだ。家族で大学に進学したのは彼が初めてだった。ブランクファインの根気強さは別の方面にも発揮された。当時、カンザスシティ出身のウェルズリー大学の学生とつき合っていて、彼女のそばにいたいがために、夏休みのアルバイト先を、本社がカンザスシティにあるホールマークにしたのだ。[注13]しかし、ふたりの関係は長続きしなかった。

卒業後はハーバード大学ロースクールに進み、そこも一九七八年に卒業して、ドノバン・レジャー・ニュートン&アーバイン法律事務所に入った。続く数年はニューヨークとロサンジェルスを往復する飛行機の上で生活していたようなものだった。たまにのんびりできる週末があると、仲のいい同僚と車でラスベガスにくり出し、ブラックジャックをした。上司にこんなメモを残したこともある――〝月曜に事務所に来なかったら、ジャックポットを当てたと思ってください〟[注14]

そのころ、ブランクファインはやがて事務所のパートナーになると目されていたが、一九八一年に本人の言う〝執行猶予期間の終わり〟を感じ、自分は法人税法の弁護士には向いていないと判断して、[注15]ゴールドマン、モルガン・スタンレー、ディーン・ウィッターに就職を申しこんだ。そのときには三社すべてに断られたが、数カ月後にまわり道をしてゴールドマンに入ることになる。

あるヘッドハンターが彼にJ・アーロン&カンパニーの仕事を紹介した。あまり有名ではないその商品取引会社は、複雑な問題を解決できて顧客にもきちんとそれを説明できるロースクール卒業者を探していた。ブランクファインがフィアンセのローラに、金貨と金の延べ

イザー・ベンジャミン・クリム&バロン法律事務所に勤めていた――彼女は泣いた。[注16]
一九八一年一〇月、ゴールドマンがそのJ・アーロンを買収して、ブランクファインは晴れてゴールドマンの社員になったのだった。[注17]

一九七〇年代のオイルショックと急激なインフレを受けて、ゴールドマンは商品取引に参入する決意を固めていた。J・アーロンは金と金属の強力なトレーダーであり、ロンドンにおけるビジネスが成功して国際的な地歩も築いていた。しかし、ゴールドマンが規律正しく、おとなしいのに対して、J・アーロンは乱暴でうるさかった。ゴールドマンがJ・アーロンの業務をついにブロード通り八五番地に移したとき、完璧な身なりの幹部たちは、ネクタイをゆるめ、袖をまくり上げ、値段と卑語を吠え立てているトレーダーの群れを見て唖然とした。トレーダーたちは怒ると拳で机を叩き、電話を放り投げた。[注18] これは明らかにゴールドマン流ではなかった。ゴールドマンは、社風と周到に設計したヒエラルキーが自慢だったが、J・アーロンは形式などはなから気にしていなかった。入社したときブランクファインが、自分の肩書きはどうなるのかと訊いたところ、返ってきた答えは「なんなら伯爵夫人でもかまわない」だった。[注19]

ゴールドマンのマーク・ウィンケルマンが、この暴れ者の集団をおとなしくさせる仕事をまかされた。オランダ人のウィンケルマンは、ゴールドマン初の外国人パートナーのひとりで、すぐれた分析能力が持ち味だった。ウォール街の幹部のなかでも、もっとも早い時期からコンピュータの小型化と高速化に着目し、取引にテクノロジーを取り入れることが重要だと主張していた。ウィンケルマンが初めてブランクファインに目をつけたのは、この小柄な男が、余計なコストをかけた顧客を怒鳴りつけようとするトレーダーから、懸命に受話器を取り上げようとしていたときだった。[注20]

ウィンケルマンは、翌年のJ・アーロンの大幅な雇用削減――ゴールドマンで初めての大規模なレイオフ――から、この部下を守った。ブランクファインはほかの点でも運がよかった。ゴールドマンが債券、コモディティ、為替取引に力を入れ、より大きなリスクをとる決定を下していたのだ。同社はコマーシャル・ペーパー取引の先駆者であり、公債取引でのリーダーだったが、確定利付債の分野では、ソロモン・ブラザーズなどと比べてまだ新米だった。ウィンケルマンとジョン・コーザインはその強化に乗り出し、ソロモンから優秀な人材を引き抜いてきた。

ブランクファインの巧みな外交術とすぐれた知性に感銘を受けたウィンケルマンは、彼に六人の為替トレーダーの管理をまかせ、のちに部門全体を統括させた。

当時、スティーブン・フリードマンと共同で債券部門を率いていたロバート・ルービンは、その人事に反対した。

「トレーダーがほかの分野で成功したためしはない」ルービンはウィンケルマンに言った。

「本当に大丈夫かな？」[注21]

「きみの経験は大いに参考になるが、ロイドは大丈夫だと思う」ウィンケルマンは答えた。

「意欲満々だし、非常に頭がよくて好奇心も旺盛だ。私はこの人事にけっこう自信がある」

若い法律家はすぐに駆け引きの腕前を披露した。利子を認めないコーランの教えにしたがう形式で、イスラム圏の顧客と大きな契約を結んだのだ。[注22] スタンダード&プアーズ五〇〇銘柄のヘッジも含む、その複雑な一億ドルの取引は、ゴールドマン史上最高額だった。

ブランクファインは熱心な読書家でもあった。休暇に出かけるときには歴史に関する本を何冊も持っていった。質実剛健で自分を売りこまない彼は、ゴールドマン文化の理想的な体現者だった。ゴールドマンでは誰も「私がこの仕事をした」とは言わず、みな「われわれがこの仕事をした」と言う。

ウィンケルマンは、一九九四年にコーザインとポールソンに先を越され、CEOへの道を断たれて打ちひしがれた。[注23] 一九八八年にパートナーに昇格していたブランクファインは、ウィンケルマンの職務を引き継ぐ四人の候補者のひとりとなった。ウィンケルマンは会社を去った。

ブランクファインは、一九九八年には、債券、為替、コモディティ部門の共同責任者として、会社でもっとも利益を生むビジネスを主導していたが、CEO候補とははっきり認識されていたわけではなかった。

最終的に、ポールソンがブランクファインの類《たぐい》まれな知性に魅了され、彼を共同社長に指名して、ジョン・セインを追い出す恰好になった。ブランクファインはひげを剃り、体重を二〇キロあまり減らして、煙草をやめた。二〇〇六年五月に財務長官に指名されたポールソ

ンは、ブランクファインを後任にすると発表した。[注24]

ブランクファインの記憶にあるかぎり、ゴールドマンはずっと提携相手を探していた。一九九九年、CEOだったポールソンは、株式公開後まもなくJPモルガンとひそかに合併交渉をおこなっていた。その交渉はある日、ポールソンがアパートメントに帰って、ふとこう思いついたことで終わった——法律上はわれわれがJPモルガンを買うことになるが、JPモルガンはゴールドマン・サックスに比べてはるかに大きく、つまり現実には彼らがわれわれを乗っ取る、そしてわれわれを握りつぶしてしまうだろう。[注25]ポールソンはのちにこう述懐した。「やがてわれわれも、彼らがしていることをすべてできるようになる。それもわかっていた」

一期目のクリントン政権下で、議会は一九三三年のグラス・スティーガル法を廃止する法案を検討していた。銀行、ブローカー、その他の金融ビジネスの垣根を取り払うということだ。当時、ゴールドマンのロビイストは、法案を作成している委員会に働きかけて、ゴールドマンがもし銀行持株会社になった場合に必要となる小さな修正を加えさせていた。これが一九九九年のグラム・リーチ・ブライリー法として結実する。[注26]その修正とは、発電所を所有している銀行は、銀行持株会社になったあとも引きつづき所有を認められるというものだった。もちろん、発電事業を手がけている銀行はゴールドマンだけだった。

ブランクファインがこうした歴史を思い出しているうちに、オニールが最後にいくつか質問を残して、プレゼンテーションを終えた——われわれは商業銀行になるべきか。商業銀行になるとはどういうことか。預金をどう使うことができるか。預金のベースをどうやって作るか。

ブランクファインはすぐに発言して議論をうながした。「預金を資金として使える活動はかぎられている」

ゲイリー・コーンがこれを少しくわしく説明した。預金のすべてを投資にまわすことは認められない。ゴールドマンは〝モーゲージ証券を買うか、クレジット・カード・ビジネスに参入するか、みずから住宅ローンの貸付業務を始めるか〟だ。ゴールドマンにはこれらのビジネスの経験がなく、参入はすなわち、会社を根本的に変えるということだ。

高さ六メートルのシャンデリアが下がる会議室で、取締役たちは、インターネット銀行の開発、プライベート・ウェルス・マネジメント・ビジネスの育成といった、さまざまなアイデアを出し合って議論した。一時間にわたって選択肢を検討したあとで、オニールがまた新たな議題を持ち出した——保険会社の買収だ。

ゴールドマンにとって、保険業は商業銀行になるよりさらに大胆な方向転換に思えるかもしれない。しかし、銀行業と保険業は異なる点より似ている点のほうが多い、とブランクファインは指摘した。保険会社は、ちょうど銀行が顧客の預金を用いるように、一般顧客からの保険料を用いて投資する。ウォーレン・バフェットが保険業界の大物であることもうなずける。手にした保険料の余剰分をほかのビジネスにまわしているのだ。同様に、保険用語に言う〝リスク数理〟は、ゴールドマン自身のリスク・マネジメントの原則と似ていなくもない。

だが、どの保険会社を買ってもいいということではない。ゴールドマンのすでに大きなバランスシートにプラスの影響を与えるぐらいの規模が必要だ。オニールのリストのトップに挙げられていたのは、ＡＩＧ──アメリカン・インターナショナル・グループ──だった。見方によっては世界最大の保険会社である。ＡＩＧの株価はこのところ急落している。買い得とすら言えるかもしれない。しかし、ＡＩＧとの合併は新奇なアイデアではなかった。合併の可能性については、社内で昔からささやかれていた。ゴールドマンのかつてのリーダーふたり──ジョン・ホワイトヘッドとジョン・ワインバーグ──はグリーンバーグの友人であり、いつかこの話を進めようとグリーンバーグに提案していた。

ＡＩＧには出席者の誰もが意見を持っていた。マッキンゼー＆カンパニー名誉シニア・パートナーのラジャト・Ｋ・グプタや、サラ・リーの元ＣＥＯでポールソンの親友であるジョン・Ｈ・ブライアンは合併に興味を示した。

医療技術の大企業メドトロニックの元ＣＥＯ、ビル・ジョージはいくらかためらった。ゲイリー・コーンも、合併のアイデアには不安を覚えると率直に打ち明けた。参加者の目は、アドバイスを求めてひとりの取締役に集まった──エドワード・リディだ。

自動車および住宅保険の大手、オールステートのＣＥＯであるリディは、保険ビジネスの実務経験がある唯一の人物だった。五年ほどまえには、ＡＩＧにオールステートの売却の話すら持ちかけていた。提案を聞いたグリーンバーグは「その会社は手放すべきではないと思う」とはねつけた。

以前の取締役会でも保険が話題になることはあったが、リディはそのたびに「まったくちがう商売だ」と消極的な発言をした。その見解はいかにＡＩＧが格安に見えようと変わらなかった。「ＡＩＧのごたごたに巻きこまれるだけの価値はない」と言い張った。

朝のセッションはＡＩＧについてなんの決定もしないまま終わったが、昼食のあと、同社はまったく別の理由でまた話題になった。ほかのウォール街の企業と同じく、ＡＩＧもゴールドマンと取引し、ほかの多くの企業のように証券を担保にしていたが、ここにひとつ問題があった――その証券はゴールドマンの評価よりはるかに価値があると主張していたのだ。ゴールドマンの顧問監査法人が本件を調査しているものの、ここにも別の問題があった。その監査法人、プライスウォーターハウスクーパース（ＰＷＣ）はＡＩＧの顧問でもあった。

ビデオ会議によるニューヨークからのプレゼンテーションで、ＰＷＣの幹部が、問題のポートフォリオの〝時価評価〟に関するＡＩＧとの論争について説明した。[注27] ゴールドマン幹部は、ブランクファインが指摘したように、ＡＩＧが〝時価評価を装っている〟と考えていた。

だが不思議なことに、会議室にいた誰も、このことを午前中の話に結びつけようとしなかった。担保に関してもめているからＡＩＧとの合併は検討に値しないとか、経営不振のあまりＡＩＧが応急処置として証券を過大評価しているとは考えなかった。むしろ午後のセッションでは、PWCに非難が集中した。「担当しているふたつの企業の同じ担保について、これほど評価にちがいがあるとは、PWC内の仕事はどうなっているのだ?」ゴールドマンの共同社長ジョン・ウィンケルリードが訊いた。

ゴールドマンの取締役会でPWCが批判されたのは二度目だった。ゴールドマンが初めてAIGとの担保評価のちがいを知ったのは二〇〇七年一一月だった。金額は一五億ドルを超えていた。動揺したゴールドマンはAIGが破綻したときに備え、クレジット・デフォルト・スワップを購入して保険をかけた。当時はそんなことが起きるとは誰も考えていなかったので、保険は比較的安かった——一億五〇〇〇万ドルの支払いで二五億ドルをカバーすることができた。

サンクトペテルブルクでのその一日は、よりくつろいだ雰囲気で終わった。午後一〇時をすぎても北の空はほんのり明るく、一三人の取締役と夫人たちは、街の有名な運河をゴンドラに乗って観光した。

日曜に一同は会合第二部のためにモスクワへ飛び、赤の広場の端に建つリッツ・カールトンに集合した。その日の夕食の来賓講演者は、ミハイル・ゴルバチョフだった。ドミトリー・メドベージェフがウラジーミル・プーチンの後継者に指名されたばかりだったが、ロシア国内の権力の大半はまだプーチンが握っていた。注28 多くの外国人投資家は、とりわけエネルギー産業に及ぶその権力の強さを見て、ロシアの熱心な自由市場政策が急速に後退するのではないかと怖れていた。

共産主義のルールを終わらせる変化を起こしたゴルバチョフは、この日、妙にクレムリンを擁護する発言をして、取締役たちを驚かせた。「ロシアはいま民主国家としての潜在能力を発揮しつつあります。国を開放して、新しいアイデアや国外からの投資を受け入れようとしています」

取締役の数人は、もしモスクワに盗聴されていないホテルが残っているとしても、ここはまちがいなくそれではないと冗談を交わした。

奇妙な偶然ながら、その日の午後遅く、アメリカ金融業界のもうひとりの重要人物がモスクワに到着した――ヘンリー・ポールソン財務長官だ。五日間のヨーロッパ滞在で、このあとベルリン、フランクフルト、ロンドンとまわることになっていた。

この月は旅行続きだった。ペルシャ湾岸諸国を訪問し、主要八カ国財務相会合出席のために大阪に行き、そしてヨーロッパとロシア。[注29]今回のハイライトはロンドンで、ポールソンはセント・ジェイムズ・スクウェアの王立国際問題研究所《チャタム・ハウス》で重要な講演をするため、準備してきていた。次官補のデイビッド・ネイソンの助けを借りて練り上げたその内容は、金融規制の全面的見直しを提案するものだった。リーマンのような企業について依然心配しているポールソンは、経営困難に陥った企業への新しい対処法が必要だと考えていた。まだ状況が安定しているうちに、問題解決の先手を打っておきたかった。

モスクワまでの機上で最後にもう一度、講演の原稿に手を入れた。モスクワに着くと時間がなくなるのがわかっていたからだ。〝規模が大きいからつぶれないと一部の企業が認識していることに対し、われわれは、大規模で複雑な金融機関が破綻した場合に、秩序正しく整理を進めるための手段を用意しておかなければなりません〟と話すつもりだった。〝グリーンスパンFRB元議長がことあるごとに指摘したように、真の問題は、規模の大きさや相互の結びつきがあるからつぶせないということではなく、規模の大きさや相互の結びつきがあるから会社の清算が迅速にできないということです。現在、われわれの手段はかぎられている〟[注30]

政府に大規模な破綻を防ぐ権限がないことを世界じゅうに知らせるのは危険な作戦だった。市場の信頼はいっそう失われるかもしれない。しかしポールソンには、これは言っておかなければならないことだとわかっていた。この状況はどうしても改善しておかなければならなかった。

土曜の夜は、アメリカ大使館公邸《スパソ・ハウス》のオーバル・ダイニングルームで、ロシア財務相アレクセイ・クドリンと食事をした。日曜は会合六回、ラジオのインタビュー、メドベージェフ、プーチンとの個人会談など予定がぎっしりだった。[注31] ポールソンは、ロシアではソブリン・ウエルス・ファンド――国有の大型投資ファンド――の〝最良の事例〟について話し合いたいと記者に語っていた。[注32]

が、土曜の夜の最後にひとつ会合が残っていた。数日前、ゴールドマンの取締役たちが同じ時期にモスクワにいることを知って、補佐官のジェイムズ・ウィルキンソンに彼らとの会合を設定させたのだ。公式なものではなく、あくまで社交的な集まりとして——昔を懐かしむために。

くそっ。そのときウィルキンソンは思った。彼も財務省も、ワシントンやウォール街でつねにささやかれているゴールドマン・サックスの陰謀説を打ち消すのに躍起になっているというのに、長官はその取締役たちと個人的に会うというのか。しかもわざわざモスクワで？

ポールソンは財務長官になってから二年近く、個人としてどんな会社の取締役とも会っていなかった。唯一の例外は、六月にラリー・フィンクがブラックロックの取締役を集めて、アブダビのエミレーツ・パレス・ホテルで開いたカクテルパーティにちょっと顔を出したことだけだ。

ゴールドマンとの会合の位置づけが心配になったウィルキンソンは、財務省法律顧問のロバート・ホイトに連絡して許可を求めた。ホイトは、そのような会合の〝透明性〟が気にならなくはないが、〝社交イベント〟にとどまるかぎり倫理規定には違反しないと答えた。

それでも、ウィルキンソンはゴールドマンの首席補佐ロジャーズに、この会合のことは内密にしておこうと話したうえで予定を組んだ。ゴールドマンの取締役たちは、ゴルバチョフとの夕食のあと、ポールソンのホテルのスイートルームに来ることになった。この〝社交イベント〟はポールソンの公式のスケジュール帳には記載されない。

その夜、ゴールドマンの一行はバスに乗りこみ、トベルスカヤ通りの一〇区画ほど先にあるマリオット・グランド・ホテルへ移動した。警備部隊といい、広大なモスクワ市街といい、まるでスパイ小説だと思った取締役もいた。彼らは大きな噴水のついた明るいロビーを抜け、階上の財務長官の部屋まで案内された。

「さあ入って」ポールソンはうれしそうに全員に挨拶し、握手をして、何人かとは抱き合った。

その後一時間、ポールソンは財務省の仕事の話をしたり、経済の見通しを語ったりして、昔の友人たちを楽しませた。また銀行がつぶれる可能性があるか――たとえばリーマンが――という質問が出ると、翌日の講演の先取りをして、政府としては経営危機の会社を段階的に縮小する権限を持たなければならないと答えた。「それでも、私自身の考えを言えば、困難な時期が来ると思う。しかし、過去の歴史に照らせば、年末にはそこから抜け出せるかもしれない」

翌日、ブランクファインは朝食をとりながらそのコメントを思い出し、首を傾げてひとりの取締役に言った。「どうしてあんなことを言うのかな。事態は悪化するだけだろう」

第10章　ファニーメイとフレディマック株急落

六月末のある日の午後、リチャード・ファルドは六番街と五三丁目通りの交差点、ヒルトン・ホテルの活気あふれるロビーに入った。会合に遅刻していて、そのことが不安をますます強めていた。あと数日で、ハーバート・マクデイドがリーマンの新社長に任命される。その彼がファルドに驚くべき要求をしたのだった。ジョゼフ・グレゴリーが解雇したふたりのシニア・トレーダー、マイケル・ゲルバンドとアレックス・カークをまた雇いたいという。[注1]グレゴリーが〝否定派〟と呼んだこのふたりは、長年リーマンがリスクを増大させてきたことに声高に反対していた。

「ふたりが必要なのです」マクデイドはファルドに説明した。「彼らはすでに持ち高を知っている」リーマンがまだ売却したいと願っている不良資産のポートフォリオのことだ。さらに、ふたりとも〝取引フロアの部隊〟に支持されていて、これは信頼回復のためにきわめて重要だと言った。

マクデイドはこの件について選択の余地を与えなかった。ファルドのほうも、日々の業務遂行の権限を与えたばかりでもあり、自分の判断に公然と異を唱えられていかに面目を失おうと、ここは会社のために譲歩するしかないと感じていた。しかし、そのまえにマクデイドに言った。「だが彼らを雇うのは、まず私が直接話をしてからだ」

これからファルドはゲルバンドと話し合うところだった。もう一年以上顔を合わせていない。

暗い会議室で向かい合って坐ったふたりの緊張は、肌で感じられるほどだった。「空気を入れ換えなければならない」ファルドはまだ完了していない仕事があることを認めて言った。「理解し合おうじゃないか。きみは戻ってくる。私はきみのどんな腐った言い分も聞きたい」

身長一八〇センチ、肩幅が広く、頭をきれいに剃り上げたゲルバンドは、ファルドの攻撃的な口調が気に入らなかった。いじめや空威張りにつき合う忍耐力もない。彼にしてみれば、混乱のさなかに会社に戻ることによって、ファルドに恩恵をほどこしているのだ。皮肉なことに、リーマンへの復職に同意するまえ、ゲルバンドはAIGのジョゼフ・カッサーノの後任の話を持ちかけられていた。

「どういうことです？」ゲルバンドは訊いた。

「最後に話したとき――オーケイ、あれが最後ではなかったが――きみがまだ会社にいて、ふたりできみのボーナスについて話したとき、きみは満足していないようだった。あれに腹が立ったのだ。たしかに二〇〇六年、きみはくそみたいに稼いだが」ファルドはグラスに水を注ぎながら言った。

仲直りのための会合と信じていたゲルバンドは、こういう切り出し方はないだろうと思った。退職した年――彼が二五〇〇万ドル以上稼いだ年だ――ふたりはボーナスの額について率直に話し合った。しかしゲルバンドには、それほどうるさく苦情を言った記憶がなかった。

「それは興味深い。ボーナスに不満はありませんでしたよ。むしろ満足していた」

「ほう、ジョーから聞いた話はちがったがね」ファルドは言った。

しばらくふたりはその見解の相違にあえて触れず、リーマンのことについて話した。いまよりよかった時代を回想し、将来の見通しを検討した。不良資産の処理を一刻も早く進め、可能なかぎり高値で売らなければならないのは明らかだった。ゲルバンドは、資産の在庫調査をして、価値をきちんと把握する必要があると言った。ファルドも、これからさらに増資するつもりだと言った。

「ひとつ理解してもらいたいことがある」会合の終わり近くでゲルバンドが言った。「私がリーマンに戻るのは、マクデイドがいるからです」

ゲルバンドが昔からマクデイドの友人だったことは、ファルドも知っていた。ミシガン大学ビジネススクールのクラスメイトで、ゲルバンドが初めてリーマンの就職面接を受けたときに口添えしたのもマクデイドだった。注2「ああ、いいとも。日々の業務は彼にまかせている」ファルドは努めて平然と言った。「だが、私にもかかわりがあると思いたいね」

ゲルバンドは怪訝《けげん》な顔でファルドを見て答えた。「いや、これはマクデイドにかかわることだ」

独立記念日の週末、ヘンリーとウェンディのポールソン夫妻は、セント・サイモンズ島の浜辺を散歩している途中、アカウミガメが砂のなかに産卵しているところに出くわした。夫妻のような自然愛好家にとって、これは願ってもない瞬間だった。ふたりとも息を呑んでその光景を見つめた。ポールソンは、目のまわるような旅行と仕事の連続のあと、妻とゆっくりくつろぐために、ジョージア州サバンナの海岸から一〇〇キロほど南のこの小さな島に来ていた。希少な鳥類と爬虫類の楽園であるこの島は、頭をすっきりさせたいときに好んで訪れる場所だった。あまりに気に入ったので、二〇〇三年に一万エーカーの地所の四分の三を三二六五万ドルで購入したほどだった。注3

ヨーロッパへの出張は成功だった。ロンドンでおこなった講演――投資銀行の破綻が金融システム全体に影響を与えないように、セーフティネットを構築する必要がある――は大いに注目され、その後首相官邸で開かれたパーティでは、ゴードン・ブラウン首相から〝問題を先取りした考え方〟を称えられた。

それでも、浜辺を歩きながら、ポールソンはなかなかゆったりした気持ちになれなかった。近い将来の経済が心配でならない。出張中にもそう言った。「アメリカ経済は……三つの逆風を受けています――エネルギーの高値、資本市場の混乱、住宅相場の反落」注4しかし、システム全体に対する心配とは別に、いまいちばん気がかりなのはリーマン・ブラザーズだった。この日散歩に出るまえに、島の別荘からファルドに電話をかけたが、どうやらリーマンは買い手を見つけられないようだ。中東やアジアのソブリン・ウェルス・ファンドは、一二月にほかの銀行に対しておこなった投資で失敗したことから、少なくともいまはリーマンに投資しそうにない。もうすぐファルドは万策尽きるのではないか、ポールソンはそれを怖れていた。

そうした不安がどれほど募ろうと、彼はそれを自分の胸にしまっておいた。ウェンディと仕事の話はぜったいにしない。家庭内でリーマンの話題が避けられる理由はもうひとつあった。弟のリチャード・ポールソンが、リーマンのシカゴ支店で債券の販売をしていたのだ。[注5]兄弟は話をする際にもあえてリーマンのことには触れなかった。が、もしリーマンが破綻するようなことがあれば、リチャードが職を失うことも考えられた。

ポールソンにはもうひとつ悩みの種があった——財務次官のロバート・スティールがいなくなるかもしれないのだ。スティールはノース・カロライナ州シャーロットに本拠を置く大手銀行、ワコビアのCEO候補になっていた。ワコビアは住宅市場関連で七億八〇〇〇万ドルの損失を出したCEOを退任させ、次の候補を数人に絞りこんでいる。[注6]ポールソンはその件について、スティール本人と六月に話し合っていた。まだ状況が落ち着いていたころで、ポールソンは、いい話だから引き受けるべきだ、とまで言った。しかし、それが現実になりそうないま、スティールが抜ければ穴は大きい。タイミングがまた非常に悪い。ファニーメイとフレディマックはスティールの管轄だったからだ。このふたつの政府支援法人（GSE）は住宅ブームの火つけ役だったが、いまや破滅しかけている。

月曜の午後、ポールソンが個人チャーターのジェット機でダラス空港に戻ってくるころには、怖れていた最悪の事態が起きていた。金融市場でメルトダウンが発生していた。なのにこれといった理由は特定できなかった。その日、フレディ株は三〇パーセント落ち、多少持ち直して一七・九パーセント安で引けた。[注7] ファニー株は一六・二パーセント落ちて、一九九二年以来の最安値となった。[注8] ほかの金融株も軒並み影響を受け、リーマンは八パーセント以上安い終値だった。ポールソンがそれらを理解しようとしているあいだに、スティールから連絡が入り、ワコビアのCEO職が決まったので火曜に正式発表すると告げられた。

その夜、自宅のリビングルームで、ポールソンは財務省の秘書が送ってきた山のようなファクスに目を通した。そのうちの一枚が、パニックの引き金を引いた報告だった――リーマン・ブラザーズのアナリスト、ブルース・ハーティングによると、会計規則の改訂で、ファニーとフレディには合計七五〇億ドルの増資が要求される。[注9] これでモーゲージの二大専門機関に対する不安が再燃したのだった。投資家たちは、住宅不況がさらに進んだ場合、自分たちがいかに薄いクッションの上にいるかを思い出した。GSEに対する信頼――万一のときには税金による支援があると考えられている――が揺らげば、アメリカ経済全体が脅かされることになる。

ファニーとフレディに対する市場の不信感は高まっていた。火曜の朝、CNBCの経済ニュース番組スクワーク・ボックスで、両社を規制する連邦住宅公社監督局（OFHEO）のジェイムズ・B・ロックハート三世局長が、冷静になるよう呼びかけた。「両社とも充分な資本があります。現在の問題に対処しており、こういうときのために管理チームも訓練しています」

ポールソンはこれにたった一語の感想を抱き、スタッフにもあとでそう言った――「でた《ブル》らめだ《シット》」

ポールソンと彼のチームは、本物の危機が訪れたときにファニーとフレディを清算する方法について、すでに議論していた。長期的な経済の健全さにとって、両社の状況はリーマンなどの投資銀行よりはるかに重要だと思っていた。が、住宅ブーム期に個人の持ち家を大いに広めた両社をめぐる政争に巻きこまれて、身動きが取れなくなる可能性が高いこともわかっていた。一年前、ファニーとフレディがサブプライムの混乱に首まで浸かっているという論評が強まると、ポールソンはそれを「私が知るなかでもっとも聖戦に近いもの」と呼んだ。[注10]

両社の株価は火曜に入って前日の急落から多少持ち直していたが、それでも二〇ドルを切っており、ほかの不安要素もあった。ファニーとフレディは最高のトリプルAの格付けだが、彼らが売ったクレジット・デフォルト・スワップ――本質的には保険――はそれより五段階下の企業向けに取引されていた。両社の格付けは、企業としての実態より、政府の支援という暗黙の前提を反映しているということだ。

ファニーとフレディの将来が議論される二日後の公聴会のために、ポールソンたちが準備をしていると、スティールが隣のオフィスから出て、会議室に首を突っこんだ。

「オーケイ、行くよ」

ポールソンは目を上げた。「オーケイ、またあとで」

「いや、いや」スティールは言った。「これで引き払うんだ」

ポールソンは、スティールがスタッフに最後の別れを告げようとしていることにようやく気づき、次官を見送るために立ち上がった。

廊下を歩きながら、ポールソンは冗談を言った。「じつにいいときに出ることになったな」


事実上、議会によって一九三八年に設立された当初から、ファニーメイは政治的に分裂していた。世界大恐慌後の住宅市場低迷と、フランクリン・デラノ・ルーズベルト大統領のニューディール政策の所産であるこの組織の役割は、住宅ローンを貯蓄銀行やほかの貸し手から買い取り、リスクを減らして、住宅ローン向けの貸出余力を増やすことだった。野党の共和党はこれを、民主党による濡れ手に粟《あわ》の商売と見なした。一九六八年、ベトナム戦争と〝偉大な社会〟計画で連邦予算が逼迫《ひっぱく》すると、リンドン・ジョンソン大統領はファニーの民営化を進めた。それに対する批判に応えるかたちで、ライバル会社のフレディマックが一九七〇年に設立された。

ファニーとフレディは激しい政治ゲームをおこない、議会のロビイスト軍団に何百万ドルという金を費やした。どちらもワシントンの有力者——共和党、民主党を問わず——の天下り先となった。大物を挙げれば、下院議長だったニュート・ギングリッチや、保守系政治活動家のラルフ・リードは、ファニーまたはフレディの顧問役として働き、民主党のラーム・エマニュエルはフレディの取締役だった。

一九九〇年代になると、ファニーのCEOが「われわれは住宅市場の連銀に相当する」とまで発言するようになった。[注11] それもあながち誇張ではなかった。絶頂期のふたつの巨人は――どちらもローンのオリジネーターではない――一兆ドルにのぼるアメリカのモーゲージ市場の約五五パーセントを、所有または保証していた。[注12] 一九八〇年代からは、ともにモーゲージ証券ビジネスの重要な販売経路にもなっていた。ウォール街は、車のローンであれ、クレジットカードの受取勘定であれ、あらゆる負債を証券化して得られる手数料に満悦していたが、なかでもいちばん儲かるのが、ファニーとフレディの保証するモーゲージを保有することだった。

しかし一九九九年、クリントン政権の圧力下で、両社はサブプライム住宅ローンを引き受けはじめた。その動きは、これで誰にとっても持ち家が夢でなくなるという論調で報道発表されたが、ふつうの基準では家が持てない人にローンを提供するのは、そもそも危険なビジネスだった。この計画が発表された日にニューヨーク・タイムズがさっそく報じたように。

〝一時的にであれ、ローンの新しい分野に踏みこむファニーメイは、これまでとは比較にならないリスクを背負うことになる。好景気のときにはなんら問題は生じないかもしれないが、不況になれば、この政府系金融機関は苦境に陥るかもしれず、一九八〇年代の貯蓄貸付組合の危機のときのように、政府による救済が必要となるだろう[注13]〟

経営、政治の両面での成功は、当然ながら傲慢な社風を生んだ。〝「われわれは」つねに勝ってきました。積極的に攻め、対抗する政治的勢力もほとんどありませんでした〟[注14]と、二〇〇四年にファニーメイの社長だったダニエル・マッドは上司あてのメモに書いた。この自信過剰ゆえに、両社はデリバティブ市場に加わり、大胆な会計手法を用いるようになる。やがて、両社とも収益を操作していたことを規制当局に指摘され、何年分もの会計のやり直しを命じられて、どちらのCEOも地位を追われる。

二〇〇八年三月のベア・スターンズ救済から数日後、ファニーとフレディはまだその会計スキャンダルで揺れていたが、そこでブッシュ政権は、損失に備えて二社が保有すべき資本の額を下げた[注15]。代わりに二社はモーゲージ購入をさらに増やして、経済を活性化することになった。

しかし、二〇〇八年七月一〇日水曜には、投資家が二社の株をいっせいに放出し、そうした努力のすべてが無に帰そうとしていた。その日の午後、セントルイス連銀元総裁のウィリアム・プールがはっきりとこう言ったのだ。「議会はこの二社が破産していることを認識すべきだ。なのに税金を使って、この特権の砦《とりで》を存続させている」[注16]

「くそ信じられん！」リチャード・ファルドはスコット・フライドハイムに叫んで、椅子に沈みこんだ。

リーマンの株価は火曜の市場開始とともに一二パーセント落ちて、八年ぶりの安値となっていた。世界最大の債券ファンド、パシフィック・インベストメント・マネジメント・カンパニーが同社との取引を停止したという噂を受けてのことだ。スティーブン・コーエンの会社、SACキャピタル・アドバイザーズも、もうリーマンとは取引しないという観測が広がっていた。

「嘘っぱちだ。きみにも嘘だとわかるだろう」ファルドはフライドハイムに言った。「連中に電話して、きちんとそう発表させるんだ」

苦難続きの週だった。相変わらずファニーとフレディがらみで市場が動揺していて――リーマン自身のアナリストの報告のせいではあるが――投資家がリーマンに八つ当たりをしている面もある。ファルドには理解できなかった。リーマンは前四半期で罰を受け、資本を増強した。バランスシートはレバレッジ比率を下げる対応――投資のための負債額を減らす――を反映して、過去しばらくなかったほど良好だ。

ファルドに言わせれば、リーマンは危ないという偽の情報を流して株価を下げているのは、空売り屋だった。複数の人間から、リーマンを陥れる〝ささやきキャンペーン〟の出どころはゴールドマン・サックスだと告げられていた。ファルドは気分が悪かった。息子のリッチーが通信業界担当としてゴールドマンで働いていたからだ。

ロイド・ブランクファインに直接電話すべきときだと思った。

「これからする会話は気に入らないと思う」ファルドは電話で切り出した。ゴールドマンが偽情報を流していると いう〝大量の雑音〟が聞こえてくると言い、「まさかきみが命じてい

るわけじゃあるまいね」と、さもブランクファインに認めさせようとしているかのように脅した。[注17]

ブランクファインは、話以前にファルドのそうした態度に腹を立て、噂のことは何も知らないと言って電話を切った。

毎日こういう会話ばかりだった。数日後、ファルドはクレディ・スイスがリーマンに関する風説を流しているという話を聞き、電話に飛びついて、クレディ・スイスの投資銀行部門のCEO、ポール・カレロにかけた。「まるでモグラ叩きをしているようだ」ファルドはカレロに言った。

連続する悪い知らせは、リーマンの株価だけでなく、資金調達にも影響を与えていた。ヒュー・マギーの投資銀行チームは、出資してくれそうな相手に少なくとも一〇あまり連絡していた——カナダ・ロイヤル銀行、HSBC、ゼネラル・エレクトリックなど——が、結果はゼロ。引きつづき本気で興味を示しているのは、KDBのミン・ユソンだけだった。三一階の大勢の幹部はまだミンに疑問を抱いているが、ファルドは韓国人との交渉を続けるよう指示していた。みずから韓国に乗りこんでミンと直接会い、話をまとめようかと思うほどだった。

そこで思いついた——ゴールドマン・サックスに次ぐ全米第二位の投資銀行、モルガン・スタンレーにいる旧友のジョン・マックはどうだろう。モルガン・スタンレーの第2四半期は悲惨な結果——前年比五七パーセントの収入減——だったが、資金も株価の回復力もまだ充分ある。取引はできるはずだ。

ファルドとマックは同じころウォール街で働きはじめた。マックは一九六八年にスミス・バーニーの訓練プログラムに加わり、一九七二年にまだ従業員が三五〇人しかいなかったモルガン・スタンレーに移った。ファルドと同じように、マックもキャリアを債券販売とトレーディングから開始し、やはりファルドと同じく、あっという間に名をなした。優秀な販売員であり、魅力があると同時に威圧的にもなれた。取引フロアを歩きまわり、大きな利益をあげるチャンスと見るや、「水中に血が流れてる。さあ、殺すぞ！」と叫んだ。[注18] 朝の八時にウォール・ストリート・ジャーナルを読んでいるトレーダーを見かけると、「今度またそうしていたらクビだ」と言うことで知られていた。[注19] けれどこれもファルドと同じように、仲間に対しては頑固なまでに忠実で、トレーダー時代に一度、取引フロアへの幹部の立ち入りを禁じたこともあるくらいだった。

ファルドはニューヨークのモルガン・スタンレーに電話をかけ、パリに転送された。マックは顧客と、元ホテルだったモンソー通りの華麗な社屋を訪ねていた。

市況や風説、ファニーとフレディの危機について互いに愚痴をこぼしたあとで、ファルドがざっくばらんに訊いた。「いっしょに何かできないか？」

マックは、ファルドが電話をかけてきた理由はそんなところだろうと思っていた。会社として動く可能性はあまりなさそうだが、話は最後まで聞きたかった。リーマンをまるごと買いたくはないにせよ、少なくともいくつか興味深い資産があるかもしれない。金曜にニューヨークに戻るから、土曜に会わないかとファルドに提案した。

会合を待ち望んでいたファルドは言った。「そっちのオフィスに行くよ」

「いや、それはまずい。もしビルに入るところを見られたらどうなる？」マックは言った。「やめておこう。わが家に来てくれ。うちで会おう」

ヘンリー・ポールソンは、レイバーン下院オフィスビルの二一二八号室に急ぎ足で入った。この日の下院金融サービス委員会の議題は〝金融市場規制の再構築〟だったが、内容はほぼファニーとフレディに尽きた。[注20]ポールソンはこれらのGSEの縮小に関する権限を得るために、議会で根まわしをしておきたかった――もし必要になった場合、ということだが。いまのところその必要はなさそうだ。この週の前半には、すでに金融サービス委員長のバーネット・フランクを訪ね、必要なことを要求すればいいと言われていた。フランクは支持してくれるということだった。

ベンジャミン・バーナンキとともに委員会に出席したポールソンは、自説を主張した。「より広範な緊急時の権限が必要になります――預金保険の対象となっていない、複雑な金融機関の縮小ないし解散について。その準備をしておかなければならないし、その方向に進まざるをえません」[注21]

出席していたカンザス北東部出身の民主党議員、デニス・ムアが質問した。「まだGSEがシステミック・リスクを引き起こしうると考えているのですか？」

ポールソンは答えた。「現代社会で、ある特定の金融機関とそれにともなうシステミック・リスクの可能性を議論してもあまり益があるとは思えません。私は、目のまえの状況に対処しているのです」

しかし、その日の市場が終わるころには、〝目のまえの状況〟はさらに悪化していた。合計三五億ドルを超えるファニーとフレディの市場価値が消失した。両社の負債と、彼らが保証するモーゲージ証券に対する不安感がますます高まっていた。市場はワシントンの決意の強さを確かめようとしていた。あとどのくらい市場が混乱すれば、政府は耐えきれずに介入するのか。

ポールソンは、その朝議論した権限がすぐに必要になるとは思っていなかったが、経済全体は予断を許さない状況になっていた。そこでホワイトハウスのジョシュア・ボルテン首席補佐官に電話をかけ、権限に関する法案を通過させてもいいかと感触を探った。ボルテンは賛成だった。ポールソンはアラン・グリーンスパンの意見も聞きたかった。自宅の電話番号を突き止めるのに多少手間取ったが、やがてポールソンと五、六人のスタッフが集まった長官室で、机に置かれたスピーカーフォンから、FRB元議長の声がかすかに聞こえてきた。注22

住宅に関するデータを次々と並べながら、グリーンスパンは、今回の危機は一〇〇年に一度のものであり、政府はことによると市場安定化のために尋常ならざる方法をとらなければならないと言った。元議長は長らくファニーとフレディを批判していたが、このときには、二社を支援しなければならないと提案した。そして、住宅危機についてひとつアイデアを出したが、それは需給バランスを重んじる彼の考え方に似つかわしいレトリックだった——住宅の供給が多すぎるのだから、問題を真に解決する唯一の方法は、政府が空き家を買い上げて焼いてしまうことだ、と言ったのだ。

その電話会議のあと、ポールソンは笑ってスタッフに言った。「なかなかいいアイデアだが、家を全部買い上げて焼いたりはしないぞ」

ポールソンは、バーナンキと朝食をとるために、長官室の隣の小さな会議室に坐ったが、興奮してろくにものも食べられなかった。「これは大問題だ」と言った。

その朝のニューヨーク・タイムズの第一面に、もし状況がさらに悪化した場合、行政府の上層部が〝二社のうちどちらか、または両方を買い上げて全面管理する計画を検討している〟という記事が載っていた。注23

誰かがファニーとフレディの件をリークしたのだ。

すでに冷めたオートミールをまえに、缶入りのダイエット・コークを飲みながら、どうして行政府のメンバーが検討中の計画をもらすといった愚かしいことをするのかと思った。犯人が誰であれ、このリークは信頼をさらに損ねることまちがいなしだ。ポールソンは激怒していた。

すでに朝から働きすぎていて、それが目に現われていた。七時一〇分に大統領執務室で大統領にブリーフィング、七時四〇分にティモシー・ガイトナーと電話会議、八時にブラックロックのラリー・フィンクと会って、ファニーとフレディに関する意見聴取、その五分後にどうにか時間を見つけて、リチャード・ファルドにまで電話していた。

市場が開いてすぐに、部下のジェイムズ・ウィルキンソンとニール・カシュカリが会議室に飛びこんできた。ポールソンとバーナンキの食事に割りこんで、ファニーとフレディの株価が約二二パーセント急落している、市場を落ち着かせるために長官声明を発表すべきだと言った。ポールソンが怖れていたとおり、タイムズの記事がパニックを引き起こしたのだ。ファニーとフレディに政府が介入することの意味を、誰もが測りかねていた。投資家たちは、ベア・スターンズ破綻の際にポールソンが強要した一株二ドルの取引を思い出し、あれがモデルだろうかと自問していた。

ポールソンも、市場の不安を解消しなければならないと同意した。午前一〇時三〇分には、財務省はポールソンの名前で声明を出していた――〝今日、われわれの主要課題は、ファニーメイとフレディマックが現在のかたちで重要な使命を果たせるよう支援することです〟[注24]。ポールソンとしては、〝現在のかたちで〟という表現で、政府に両社を国有化する気がないというシグナルを送ったつもりだった――たとえ最終的にはそうせざるをえないとしても。

まだリークへの怒りがおさまらないまま、彼はホワイトハウスに歩いていった。ブッシュ大統領は石油とエネルギー市場のブリーフィングを受けるために、インディペンデンス・アベニューのエネルギー省へ出向くところだった。「同行してよろしいですか？」ポールソンは言い、車での短時間の移動中にファニーとフレディの状況について説明した[注25]。長年ＧＳＥ

を批判してきたブッシュは、ポールソンの計画を支持した。車列が目的地に到着すると、ポールソンは大統領に、これ以上市場を怯えさせることがないよう午後の記者会見では注意してくださいと言った。「われわれが両組織の安定化に力を尽くしていることを強調してください」

フレディの株価は最大五一パーセント下がって三・八九ドルになり、ファニーも四九パーセント下落したが、どちらも持ち直して、終値はフレディがわずかに三・一パーセント安、ファニーが二二パーセント安だった。その間、ポールソンは議会の有力者たちに電話をかけ、財務省がファニーとフレディに資本注入するか、負債を肩代わりすることになった場合に必要となる手続きについて相談していた。

ちょうど市場が引けたときに、連邦預金保険公社（ＦＤＩＣ）のシーラ・ベア総裁から電話があった。彼女はポールソンに、モーゲージ市場での圧力の高まりを示す、また別の驚くべきニュースを伝えた——市場のリーダーであるインディマック・バンコープが、ＦＤＩＣの管理下に置かれるというのだ。[注26]インディマックは、その年にＦＤＩＣの保険が適用された五番目の銀行となり、貯蓄貸付組合の危機以来最大の破綻となった。

まもなくファニーとフレディが制御不能になる可能性に備えて、ポールソンは午後四時一五分に部下の頭脳集団を呼び、週末にＧＳＥの安定化策を考えておくようにと言い渡した。ポールソンの計画はシンプルだった——両社に資本注入する権限を得ておいて、あとはそれを使わないですむよう祈る。

「日曜夜にアジア市場が開くまえに計画を発表したい」ポールソンはそう指示した。

日曜の朝、ファルドはニューヨーク州ライにあるジョン・マックのテューダー様式の邸宅前に車を停めた。すばらしい天候だったが、これからの会合のことを考えて緊張していた。このことがばれたらどうなるか。新聞の見出しが頭に浮かぶ。

「おはよう」マックが玄関で明るくファルドを迎えた。マックの妻のクリスティも出てきて挨拶した。

モルガン・スタンレーの経営陣がすでに到着し、ダイニングルームで歓談していた――共同社長のワリッド・チャマーとジェイムズ・ゴーマン、投資銀行部門の責任者であるポール・トーブマン、コーポレート・クレジットおよび投資部門を率いるミッチ・ペトリック。何時間も戦略を練っていたにちがいない、ファルドは思った。

続いてマクデイドが、ゴルフシャツとスラックス姿で現われた。マギーは遅れていた。

小部屋のテーブルに、クリスティが地元のデリから取り寄せた軽食の皿を並べていて、「いろいろ準備していますよ」と言った。一同がコーヒーテーブルのまわりのソファに坐ると、ぎこちない沈黙が流れた。どう切り出すべきか誰にもわからなかった。

きみの家だ、まずきみが話してくれと言うかのようにファルドがマックを見た。マックは冷静に視線を返した。会合を希望したのはきみだ、これはきみのショーだ。

「じゃあ、私から始めようか」ようやくファルドが言った。「われわれがここに集まった理由すらはっきりしないが、どうなるか試してみよう」

「何もしなくていいのかもしれない」まわりの嫌な雰囲気を感じ取ったマックが業を煮やして言った。

「いや、いや」ファルドはあわてて打ち消した。「話すべきだ」

ファルドは収益性の高いリーマンの資産運用部門、ニューバーガー・バーマンのことから話しはじめた。これを売却してもいい。七番街のリーマンの本社ビルを売ることもできる。九・一一のあと、モルガン・スタンレーの当時のCEOフィリップ・パーセルがリーマンに売ったビルだ。それがまたモルガン・スタンレーに戻るという皮肉が話題になるだろう。

「ふむ」マックはファルドの提案内容を理解しかねて言った。「互いに協力する方法はあるはずだ、まちがいなく」マックはリーマンの社内の数字に話を持っていきたかった。たとえこの会合が不調に終わっても、モルガン・スタンレーにとって、リーマンの内部で起きていることが多少なりともわかれば役に立つ。モルガン側は矢継ぎ早に質問しはじめた——資産の時価評価はどうなっているのか、その評価額で売ることはできたのか、どのくらいビジネスを失っているのか。ファルドは答えようとしたが、結局、マクデイドが彼より多く話すことになった。

運転手が道に迷っていたマギーが、会合の途中でようやく到着し、ファルドは不安顔で睨《にら》みつけた。

ふいに携帯電話が鳴りはじめ、ファルドは失礼と言ってキッチンのほうに消えていった。

か。

モルガン・スタンレーの面々は当惑した――リーマンは同時に別の交渉もしているのだろう

彼らは知るよしもなかったが、電話の相手はポールソンだった。リーマンの近況を確認し、ファニーとフレディがらみの法案を提出することを知らせるために、財務省からかけてきたのだ。ファルドは、ポールソンがGSEを安定させようとしていると聞いて喜んだ。リーマンのためにもなることがわかっていたからだ。

ファルドはリビングルームに戻ると、いきなり会話に割りこんだ。「リーマンに関していろいろな噂が乱れ飛んでいるが、それに乗じてうちの社員を引き抜かないでくれたまえ」

モルガン・スタンレーの幹部たちは呆気《あっけ》にとられた。

レバノン生まれで、キャリアのほとんどをモルガンのロンドン支店の運営に費やしていたチャマーが言い返した。「憶えているかもしれないが、あなたたちはヨーロッパで仕事を始めるときに、ずいぶんわれわれの人材を引き抜いた」

会合はなんの合意もなく終わり、今後話を続ける意味もなさそうだった。

「いったいなんだったんだ」リーマン幹部が去ったあとで、マックが言った。「われわれと合併したかったのか？」

「妄想だ」ゴーマンが言った。トーブマンはほかの心配をしていた。モルガン・スタンレーはリーマンの株価をつり上げるために利用されたのではないか。「危ない火遊びだ」彼は同僚たちに警告した。「もし私がリーマンの社員なら、これにひねった解釈を加えたくなるな」

落胆はしたがまだ強気のファルドは、車でマックの家からヘンリー・ハドソン・パークウェイを飛ばして、マンハッタンのリーマン本社に帰った。その土曜の午後には、ティモシー・ガイトナーから電話が入る予定だった。サリバン&クロムウェルの会長でリーマンの顧問弁護士のロジン・コーエンが、最近、会社の安定化に役立ちそうな新しいアイデアを思いついていた——自発的に銀行持株会社に変わるのだ。コーエンの説明では、そうすることによって〝リーマンはシティグループやJPモルガンと同じように、無制限に連銀の貸出枠を利用できるようになる〟。すると、会社の将来を危ぶむ投資家たちの懸念もいくらか解消する。一方で、リーマンはニューヨーク連銀の規制下に入る。つまり、連銀がこの計画を認めてくれなければならない。

ウェスト・バージニア出身の六四歳、保守的で穏やかな気性のコーエンは、ウォール街でもっとも影響力があるが、反面もっとも知られていない人物のひとりだった。物言いも柔らかく体つきも小さいが、過去三〇年の大規模な銀行間のやりとりにほぼすべてかかわってきた彼の話には、国内のどんな銀行のCEOや規制者も耳を傾ける。ガイトナーも、連銀自身の力を理解するためにしばしばコーエンの助言を求めていた。

この数カ月、コーエンはほとんど毎日ファルドと話し、計画を練るのを手伝っていた。銀行の破綻は数多く経験していて、リーマンをそこに加えたくなかった。一九八四年の夏には、銀

シカゴの窓のない蒸し暑い部屋にこもって、コンチネンタル・イリノイ・ナショナル銀行をなんとか救おうとした。「新しい銀行ができました」その年、コネティカット州下院議員のスチュワート・マッキニーが、公聴会でFDICによる救済について言った。「〝大きすぎ《トゥ・ビッグ》てつぶせない《・トゥ・フェイル》〟、TBTFという名のすばらしい銀行です[注27]」政府の四五億ドルにのぼる救済策は、おもにコーエンが作り上げたものだった。ベア・スターンズがJPモルガンに買収されたとき、ベアの取締役会にも助言していたその彼が、ファルドとガイトナーの話し合いをアレンジしたのだった。

　コーエンはその夜おこなわれる姪の結婚式のまえに、フィラデルフィアのホテルの部屋を歩きまわりながら、リーマンとニューヨーク連銀の電話会議に加わった。

「われわれは銀行持株会社になることを真剣に検討しています」ファルドが話しはじめた。「それで状況は格段によくなると思う[注28]」そして、預金を得るためにユタ州に保有している小さな興業銀行を利用すれば、規制上必要な条件は満たせるかもしれないと言った。

　ガイトナーは――法律顧問のトマス・バクスターも参加していた――ファルドがあわてて動きすぎているのではないかと懸念を表明した。「あらゆる影響を検討しましたか」とファルドに訊いた。

　マーサズ・ビニヤード島への旅行を中断して加わっていたバクスターが、必要な条件をいくつか説明した。要するに、リーマンはアグレッシブな社風を改め、リスクを最小化して、伝統的な銀行のように落ち着いた組織にならなければならない。

満たすべき具体的な要件には触れずに、ガイトナーは、リーマンが自暴自棄な行動をとっていると見られるのが心配だと言った。そのように動くことで、市場にシグナルを送ることになるのではないかと。

ファルドは意気消沈して電話を終えた。思いつくかぎりの選択肢に力を注いだが、どれも実りがない。ファルドとマクデイドは、いまのリーマン・ブラザーズを、ブティック型投資銀行つきのヘッジファンドに縮小する案まで検討しはじめていた。そのうえで投資家の睨みが利かない非公開企業にする。だがそれにすら、どこかから資金調達する必要があった。

その夜、ファルドはコーエンに電話をかけた。コーエンは結婚式で具合が悪くなったいとこに付き添って、病院の待合室にいた。ファルドは、別の取引を考えるべきときだと言った。

「バンク・オブ・アメリカに話を持っていけないだろうか」

ファルドにとって、リーマンの売却はもっとも嫌いな話題だった。「私の目の黒いうちはこの会社は売らない」二〇〇七年には、そう高らかに宣言していた。「もし私が死んだあとで売られたら、墓から手を伸ばして阻止してやる」[注29]とはいえ、大規模な買収劇への憧れは強かった。一度、ラザードを買収する寸前まで行ったことがあり――新社名をリーマン・ラザードにするところまで煮詰まっていた――実現すればファルド最高の業績になっていたところだった。[注30]乱暴な債券取引会社を、世界に名だたる上品な投資銀行に変えることができたのだ。二〇〇一年九月一〇日、世界金融センターの当時のオフィスで、ラザードのウィリアム・R・ルーミス、スティーブ・ゴラブと合併協議をした。相談を続けようとふたりが去っていった翌日に、九・一一が起きたのだった。

やがてラザードを買収したブルース・ワッサースタインが、そのときの議論を復活させようとしたが、ファルドは相手の示した六〇億から七〇億ドルという金額に憤慨し、すぐに交渉は立ち消えとなった。

「双方が見ている価値が明らかにちがう」ファルドは冷ややかに言った。彼の目から見て、ワッサースタインは〝競り上げブルース〟の異名どおりの行動に出ていた。「そんな額はとうてい支払えない」

まだ病院の緊急治療の待合室にいたロジン・コーエンは、携帯電話でバンク・オブ・アメリカ幹部のグレゴリー・カールをつかまえた。カールはシャーロットの本社にいた。この六〇歳の元海軍情報将校、ピックアップトラックを運転する銀行家は、ウォール街でつねに謎めいた存在だった。[注31]過去一〇年におこなわれたバンク・オブ・アメリカの取引のほとんどにかかわっていながら、行内でも目立たず、心中を読み取れない人物と考えられていた。

長年やりとりしているコーエンにも、カールの性格は判断しかねた。そこで慎重に話を始め、まずリーマン・ブラザーズの代理人として連絡していると告げた。

「リーマンとなんらかの取引をすることに興味があるかな？　検討したすべての機関のなかで、あなたたちがいちばん合っているように思うのだが」そして、興味があるならファルドとの会話をアレンジすると約束した。

カールは土曜の夜に電話があったことに興味を覚えたが、即答はしなかった。リーマン側が必死になっているのがわかった。「うーむ……ボスと話してみる。すぐにこちらから電話しよう」

ボスとは、バンク・オブ・アメリカの銀髪のCEO、ケネス・ルイスだった。ミシシッピ州ウォルナット・グローブ出身のこの勇ましい銀行家は、ウォール街で断固勝ち抜くことを己の使命と考えていた（ルイスが子供のころ、ふたりの少年が彼に喧嘩を売ったことがあった。それを見た母親は、家から出てきてこう言った。「オーケイ、喧嘩していいわ。でもひとりずつかかっていきなさい[注32]」）。

三〇分後、カールがコーエンに電話をかけて、話を聞くと返答した。コーエンはサリバン&クロムウェルの交換台で、ファルドを含めた電話会議を設定した。

短い自己紹介のあと――ファルドとカールは面識がなかった――ファルドが売りこみを始めた。

「われわれはそちらの投資銀行部門になれる」ファルドのアイデアは、バンク・オブ・アメリカがリーマン・ブラザーズのマイノリティ株主となると同時に、両社の投資銀行部門を統合するというものだった。よければ直接会って話さないかとカールに提案した。

関心を強めたカールは、日曜にシャーロットからニューヨークに行くと答えた。ファルドはケネス・ルイスが出てこないのを奇妙だと思ったが、カールにはひとりで行くべき理由があった――この協議がどこかにもれた場合、ルイスはファルドと話したことはないと公式に否定できる。電話を切るまえに、カールはいちばん心配なことを忘れず強調した。「この件はぜったいに内密にしてほしい」

日曜の昼前、デイビッド・ネイソンとケビン・フロマーは、財務省のネイソンのオフィスのカウチに坐り、議会への提案書の草稿を見直していた。緊急時にファニーとフレディに資金投入する権限を得るためのものだ。オフィスには、近所のコーナー・ベイカリー・カフェから買ってきたサンドイッチの包み紙や袋が散らばっていた。ほとんどのスタッフは土曜の早朝から働いていて、数時間の睡眠をとるために一度家に帰ったきりだった。午後七時までにこの提案書を仕上げなければならない。

ふいにポールソンが恐怖の表情で入ってきて、草稿の一枚を振りながら怒鳴った。「これはなんだ！　一時的な緊急時の権限？　一時的？」ほとんど叫んでいた。「一時的な権限など求めていない！」

草稿は緊急時の権限が得られる期間を一八カ月と定めていた。財務省と議会の仲介役であるフロマーが身を乗り出し、その理由を説明しようとした。「議会に永久の権限を求めるわけには――」

ポールソンはめったに怒りを表に出さないが、このときばかりはそれを抑えようとせず、部屋を歩きまわった。

「第一に、判断するのはきみではなく私だ。第二に、これでは中途半端だ。私の後継者にいまのひどい状況を残すわけにはいかない。われわれで問題を解決する。道端にこのゴミは置いておかない」

ネイソンの携帯電話が鳴った。「ガイトナーだ！」ネイソンは表示された発信者名を見て叫んでから、ポールソンの独白をさえぎったことに気づいた。状況確認のために、ティモシー・ガイトナーがほとんど一時間おきにかけてきていたのだ。

ネイソンとフロマーは再度ポールソンをなだめようとした。永久ではなく一時的な権限としておくほうが、政治家にははるかに受け入れられやすいとくり返した。さらに、フロマーが言ったように〝ちがいがあるようで、じつはない〟。権限がある期間中に永続的な決定をおこなうことができるからだ。

やがてポールソンは政治的配慮の価値も認めて、態度を和《やわ》らげた。仕事を続けてくれと言って、来たときと同じように突然出ていった。

同じ日曜の午後、ブレザーにスラックス姿のグレゴリー・カールが、ミッドタウンのシーグラム・ビル内にあるサリバン＆クロムウェルのオフィスに到着した。午前中に、バンク・オブ・アメリカが五機所有する自家用ジェット機のひとつに乗って、シャーロットからニューヨークに飛んできた。

誰もいない受付エリアに坐り、この会合で何が得られるのかわからないまま、ファルドと

〝ボス〟は商業銀行の世界を征服したいと思う一方で、一《いっ》攫《かく》千金の投資銀行ビジネスを毛嫌いしている。「投資銀行ひとつ買うのに端金も使う気はない」と一カ月前にも冷たく言っていた。一年ほどまえには、長いこと力不足と見なされていた自身の投資銀行ビジネスの利益が、第3四半期でなんと九三パーセントも落ちた。そのときルイスは「投資銀行についてはもう目一杯楽しんだ」と言った。注33

ほどなくカールは会議室に案内された。そこでファルドのくわしい説明を注意深く聞いた。ファルドは、リーマン・ブラザーズの株式の三分の一までをバンク・オブ・アメリカに売り、二社の投資銀行業務を統合してリーマン傘下に入れたがっていた。

話を聞くうちカールはあきれ果てたが、彼らしく考えを表情には出さなかった。助けを求めてくるかと思いきや、ファルドは逆買収を提案しているようだった——バンク・オブ・アメリカがファルドに金を払って投資銀行部門を運用してもらうかのように。

ファルドはまた、どんな投資でもたちどころにリーマンの株価を跳ね上げ、バンク・オブ・アメリカにとっても価値が増すと仄《ほの》めかした。リーマン全体ではなく、一部の株式を買うことによって、経験豊富な社員の退職を防ぐこともできると。「金銭的なメリットがなければ、彼らを組織にとどめることはできない」と論じ、銀行全体の統合の場合、たいてい才能ある社員が出ていってしまうことを指摘した。

カールはさも納得しているようにうなずきながら説明を聞き、最後に、ボスのルイスが今回の取引を前向きに考えることがあるとすれば、それは合理的な期間内にリーマンの経営権を握れるとはっきりわかっている場合だけだと答えた。

ファルドに代わってコーエンが、それには二、三年の期間を見てもらわなければならない、長さはこの投資がどのくらい成功するかによる、と発言した。

カールが聞きたかったのはまさにそういう内容だった。なかなか興味深い話だが、投資銀行やほかの商業銀行の買収に関してはルイスと意見が合わないことがよくある、とふたりに言った。「私自身はリテール・ビジネスが好きではない。訴訟問題になったり、司法長官や規制当局が出てくることが多いからだ」と打ち明けた。

「私はどちらかと言えば取引したい」カールは続けた。「だが正直なところ、ルイスはどうせ買うならメリルかモルガンだと言うだろうね」

ファルドは混乱した。彼は何が言いたい？

「それで、何か進展がありそうかね？」ファルドは訊いた。

「わからない」カールは答えた。「ボスと話してみないと。明らかに、決めるのは彼だから」

同日夕方、無精ひげにジーンズ姿のポールソンは廊下を歩きまわり、スタッフにつきまとって、ファニーとフレディの提案書についてしつこく質問していた。注34 しまいに首席補佐官のジェイムズ・ウィルキンソンが彼を呼び止めて、強い口調で言った。「お願いですからわれわれを解放して、仕事をさせてください」

苛立ちを鎮めるために、ポールソンは人影のほとんどないワシントンの通りを自転車で走ることにした。[注35] けれど計画について考えるのはやめられなかった。これまでの経歴はなんだったのか――共和党員で市場重視の自分が、住宅ブームの盛衰にもっとも責任のあるふたつの機関に、国民の税金を投入する権限を求めるとは。一方でこれは、数十年間、政治的内紛の絶えなかった両社に引導を渡す機会でもある。それにしても、今回要求する権限を実際に行使する必要があるのだろうか。たんに財務省にこの権限があることだけで、市場は落ち着くのではないだろうか。自転車のペダルを漕ぎながら、そうあってほしいと思った。

オフィスに戻ると、広報の責任者であるミシェル・デイビスが、提案書の記者発表の場所をどこにしましょうと訊いてきた。「記者やカメラクルーをこのビルに入れるわけにはいきません。ビルの外の階段ですることもできますが」それを聞いたネイソンが窓辺に歩いていき、予報では嵐になるそうだと警告した。

「どうしましょう」デイビスは戸外に持ち出せる演壇があるか確かめようとしていた。「いずれにしろ一度家に帰って、着替えてきていただかないと」ポールソンのしわくちゃになったジーンズを指差して言った。「その恰好では発表できません」

午後六時、きれいにひげを剃り、青いスーツを着たポールソンが財務省ビルまえの階段に現われた。四階から運んできた演壇に立ち、あわてて集まってきた大勢の記者に向かって声明を読み上げた。

「ファニーメイとフレディマックは、わが国の住宅金融システムで中心的な役割を果たしてきました。これからも株主が所有する企業という現在の形態をとりつつ、同じ役割を果たしていかなければなりません。現在の住宅状況の改善を進めるためには、市場に対する両社の支援がとりわけ重要となります。

GSEの負債は世界じゅうの金融機関に保有されています。GSEが健全でありつづけることは、われわれの金融システムと金融市場で信頼と安定を維持するために重要です。したがって、現在の状況を改善する方策として、より強力な規制体制に移行せざるをえません。GSEが充分な資金を得て、引きつづき使命を果たすことができるように、今回の計画には、必要に応じて財務省がふたつのGSEの資本を買い上げる一時的な権限を持つことが含まれています[注36]」

ポールソンが発表を終えて数分後に、遠くで雷が鳴った。まもなく天の底が抜けたように雨が降りだした。

火曜の朝、公聴会でバーナンキとコックスの右側に坐ったときから、ポールソンには厳しい内容になることがわかっていた。財務省の方策の発表は信頼回復にほとんど役立っていなかった。それどころか、彼が求める新しい〝権限〟とは何かということで市場が混乱し、信頼はいっそう失われたようだった。フレディの月曜の終値は八・三パーセント落ちて七・一一ドル、ファニーは五パーセント落ちて九・七三ドル。議会のためにも、市場のためにも、ポールソンはすばやく行動しなければならなかった。

「われわれの提案は、ファニーメイまたはフレディマックの突然の経営悪化が契機だったわけではありません」彼は上院銀行委員会に説明した。「最近の事態の進展によって、政策立案者とGSEの双方が、なんらかの方策をとらなければならないと確信したのです。必要とあらば、一時的にGSEに対して流動性資金と資本へのアクセスを保証し、市場の不安を減らすとともに、信頼を回復しなければならないと[注37]」

立てつづけに質問が飛び出すと、ポールソンは求める権限の〝一時的な〟性格を強調して、議員たちを説得しようとした。「こう言えばわかりやすいかもしれません。持っているのが水鉄砲なら、ポケットから出して見せなければならない。しかし、バズーカ砲を持っていて、まわりの人もそれを知っているなら、わざわざ出す必要はないかもしれない」

しかし、数人の委員はその説明を受け入れなかった。

「昨日の朝刊を見て、自分はフランスにいるのだろうかと思った」ケンタッキー州の共和党員である、ジム・バニング上院議員が言った。「だがちがった。このアメリカ合衆国で社会主義が実現していたのだ。財務長官はいまや、ファニーとフレディの負債なり資本なりを好きなだけ買う、白紙の小切手を要求している。これに比べれば、ベア・スターンズの資産を買った連銀など、素人の社会主義にすぎない……連銀と財務省がベア・スターンズにしたこと、今日われわれがここで話していることを考えると、私企業への政府の次なる介入はなんだろうと思わざるをえませんね。というより、これはいつ止まるのだろうと」

ポールソンは言われたことに明らかに苛立って、自説を擁護した。「われわれの考えは、政府が内容を特定しない防止装置を持つことによって、それを実際に用いる可能性が低くなり、納税者の負担が最小になるというものです」

「そのことばをわれわれが信じられると思いますか、ポールソン長官？」バニングは上位者ぶった態度で訊いた。

「私は自分のことばを信じているし、市場での経験も長く――」ポールソンの答えを待たずに、バニングが言った。

「実際に行使する場合、金はどこから来るのです？」

「それは、明らかに政府からですが、私が言いたいのは――」

「政府とは誰です？」バニングは憤慨して訊いた。

「納税者です」ポールソンは認めた。

「ポールソン長官、あなたが誠実な提案をしているのはわかる」バニングは続けた。「しかし来年一月にあなたはいなくなる。残されたわれわれ――より正確に言えば、われわれのほとんど――はこの机につき、納税者に対して自分たちがしたことの責任をとらなければならないのだ」

　社会主義者。ミスター・救済。ヘンリー・ポールソンは正しい闘いをしていると信じていた。経済システムを救うのに必須の闘いを。それなのに彼に与えられた称号は、人民の敵というのに近い――アメリカ的生き方の敵とまではいかないにしろ。状況がこれほどひどくなっているのに、どうして誰も理解できないのか。午後には新たなグループが反対派に加わった――ヘッジファンドだ。彼らは、ポールソンがSECのクリストファー・コックス委員長を説得して、ファニーとフレディ、さらにリーマンを含む一七の金融企業に対する不適切な空売りへの監視を強めさせたと激怒していた。注38

ロバート・スティールが去ったいま、ポールソンは任期中最大の試練にひとりで立ち向かっている気がした。スタッフはもちろんきわめて優秀で貴重だが、激戦になることが明らかな今後を乗りきるのに充分な火力と言えるだろうか。その日の午後、彼はダン・ジェスターに伝言を残した。ジェスターは四三歳、ゴールドマン・サックスで副CFOだったが、いまは退職してテキサス州オースティンでおもに自分の資金を管理している。ポールソンはゴールドマンのCEO時代、この長髪の〝人間計算機〟にずいぶん助けられた。なんとかジェスターを説得して、GSEの件を手伝ってもらえないかと思っていた。

その前夜には、なかば自棄《やけ》になって自宅からケンドリック・ウィルソンにも電話をかけていた。ダートマス大学時代からの友人で、一〇年前に声をかけてラザードからゴールドマンに転職させた男だ。ウィルソンはゴールドマンで金融機関グループの責任者となり、ほかの銀行へのトップ・アドバイザーとして、業界じゅうの尊敬を集めていた。彼の判断を大いに尊重したポールソンは、ブロード通り八五番地の三〇階で、自室のそばにウィルソンを置いていたほどだった。

「ケン、財務省に助けが必要だ。大人が必要なのだ」相手が電話に出ると、ポールソンは言った。「スティールはもういない。こっちへ来て私のチームに加わってもらえないかな」ポールソンの提案では、ウィルソンは〝典型的な年収一ドルの男〟になる。政権最後の六カ月に〝特別顧問〟として、実質上年収一ドルで雇われるということだ。ゴールドマンのほうは辞めてもらえないかとウィルソンに言った。

六一歳のウィルソンはすでに退職を検討していて、ポールソンの提案に、考えてみると答えた。

「来てもらえると助かるよ」ポールソンは熱心な口調でくり返した。「たくさんやるべきことがある。というより、たくさん問題がある」

リーマンの株価の変動と、長期的に危ないという絶えざる風評を受けて、ファルドは七月に取締役会を開き、両方についての進捗を報告することにした。

リーマンの取締役会は、金融の専門家と、まったくの素人の奇妙な融合体だった。[注39] 取締役のほとんどはファルドの昔からの友人か、かつてのリーマンの顧客だった。たとえば、七五歳で演劇プロデューサーのロジャー・S・バーリンド。海軍少将から赤十字総裁となった六一歳のマーシャ・ジョンソン・エバンス。二年前まで、八三歳の女優で社交界の名士であるダイナ・メリルも名を連ねていた。もっとも経験豊富な取締役のなかには、ソロモン・ブラザーズの元チーフ・エコノミストで八一歳のヘンリー・カウフマン、IBM元CEOのジョン・エイカーズ、ボーダフォン元CEOで六〇歳のサー・クリストファー・ジェントらがいた。一〇人の社外取締役のうち四人が七四歳を超えている。

この取締役会のために、ファルドはゲストを招いてプレゼンテーションをしてもらうことにした。ラザードの銀行家ゲイリー・パーが最近、取締役会に社外のアドバイスが必要だったら協力してもいいとファルドに言っていたのだ。

痩身でひげを蓄えたパーは、もっぱら金融サービス業界を顧客とする著名な銀行家のひとりで、モルガン・スタンレーやシティグループが二〇〇七年におこなったような資本調達を数多く手がけていた。ボスのブルース・ワッサースタインは信用できないかもしれないが、ファルドは、このパーは尊敬していた。

市場が実際どのくらい悪化しているかについて、ひとりの取締役がパーに意見を求めた。講演慣れしているパーは、役員向けのいつもの懐疑的な見通しを語った。「ベア・スターンズとMBIAの問題をつうじていくつか学んだことがあります」どちらも元顧客だった。リーマンの取締役に状況の深刻さを理解してもらおうと、パーは続けた。「流動性は想像を絶する速さで変わることがあります」ベア・スターンズを生涯一度の出来事と見なすべきではないということだ。「格付け機関は危険です。彼らは皆さんの見当よりつねに下の評価をしている……しかも言っておきますが、この環境で資金調達するのはむずかしい。資産価格は外部の投資家にはわかりにくく――」

「オーケイ、ゲイリー」ファルドが途中で割りこんだ。「もうけっこうだ」

しばらく会議室にぎこちない沈黙が流れた。パーが否定的な方向に進みだしたので、ファルドが腹を立てたと思った取締役もいた。図々しく自分のサービスを売りこむパーを黙らせてくれてよかったと思う者もいた。一〇分とたたないうちに、パーは部屋から出ていった。

一時間後、ロックフェラー・センターのラザードのオフィスに戻っていたパーは、ファルドから電話だと告げられた。

「なんだあれは、ゲイリー！」なかば謝罪を期待して受話器を取ったパーに、ファルドはいきなり怒鳴った。「うちの取締役を脅し、あんなふうに自分を宣伝するなんてどういうつもりだ。きみはクビだ！」

一瞬、パーは返すことばを失った。が、リーマンがまだ契約書に署名もしていないことに苛立って、鋭く言い返した。「それはむずかしいな。リーマンはまだわれわれを雇ってもいないんだから」そのあと落ち着きを取り戻して言った。「悪かった。あなたが望まない方向に議論を持っていくつもりはなかったんだが」

「二度とああいうことはするな」ファルドは言って、電話を切った。

翌日、ファルドは最近いらいらしすぎていると思ったか、パーを叱りつけたのはまちがいだったと反省した。ストレスのせいだ。自分としては、パーがリーマンは危ないと示唆したことより、ラザードの宣伝をしていることが気になってやめさせたのだが。いずれにせよ、覆水盆に返らずだ。ファルドは関係を修復してまた別の会合に来てもらおうと、パーにもう一度電話をかけた。

「昨日の電話から立ち直ったかな？」ファルドは悔いる口調で相手に訊いた。

七月一七日木曜の朝六時四五分、ケンドリック・ウィルソンが休暇でモンタナ州に出かけてフライフィッシングをしようと、ウェストチェスター郡空港の列に並んでいると、携帯電話が鳴った。注40

「ケニー、きみが本当に必要なのだ」ブッシュ大統領が言った。「国のために働くときだぞ」

ウィルソンと大統領は、ハーバード大学ビジネススクール時代からの知り合いだったが、この電話は大統領の発案でないとウィルソンは思った。いかにもポールソンの手口だ。よほど困っているにちがいない。ポールソンが何かを求めるときには、手に入るまであきらめない。最高の権威者をかつぎだすことすら厭《いと》わない。

その週末、ウィルソンはゴールドマンの同僚と相談したあとで、ポールソンに連絡をとって言った。「やるよ」

七月二一日の夜、ポールソンは主賓としてニューヨーク連銀の夕食会に参加した。ジェイミー・ダイモン、ロイド・ブランクファイン、ジョン・マックといったウォール街のリーダーたちと財務長官が話す機会を作ろうと、ティモシー・ガイトナーが催した会だった。

その日、ウォール街の重鎮が一同に介する食事会に、ポールソンが参加するのは二度目だった。昼食は、エリック・ミンディックがオフィスに彼を招待した内輪の集まりだった。ミンディックはゴールドマン・サックスでポールソンの部下だったが、現在はイートン・パーク・キャピタルというヘッジファンドを運営している。その会でもポールソンは、懸案のGSE法案について自説をくり返した。全体の状況は少し改善していると思っていた。ウィルソンとジェスターのふたりが財務省に来ると言ってくれたし、法案も議会を通過する見込みが出てきた。かつての同僚とさまざまな会話をしながら、ポールソンはメリルリンチのジョン・セインに祝いのことばをかけた。数日前に、ブルームバーグの持ち分を四五億ドルで売ることに成功したのだ。

しかし、相変わらずポールソンが心配しているのは、リーマンだった。じつは夕食会のあと、秘密の会合が予定されていた。ポールソンとガイトナーの手引きで、リチャード・ファルドとバンク・オブ・アメリカのボス、ケネス・ルイスがニューヨーク連銀の会議室で話し合うことになっていた。ファルドはこの二週間、バンク・オブ・アメリカのことでポールソンに電話をかけつづけていた。リーマンのために、ルイスにかけ合ってもらおうとしたのだ。「むずかしい交渉だと思うが、とにかく唯一の道はきみが直接かけ合うことだ」ポールソンはファルドに言った。「私からルイスに電話して、リーマン・ブラザーズを買ってくれと言うわけにはいかない」

食事会が終わるころ、ポールソンはルイスに近づいて、「立派な収益だった」と快活に言った。ルイスと握手し、このあとの会合もよろしくという表情をちらりと見せた。その日、バンク・オブ・アメリカは、第2四半期の利益が四一パーセント減少したと報告していたが、それはウォール街のアナリストの予測よりはるかに好成績だった。シティグループ、JPモルガン・チェース、ウェルズ・ファーゴに続いて、いい意味で人々を驚かす内容で、それら全体の結果が一時的にであれ市場を上向きにしていた。

ポールソンが立ち去ろうと背中を向け、ほかの重役たちも立ち上がって動きはじめると、ガイトナーがルイスに近づき、顔を寄せてささやいた。

「ファルドとの会合がありますね」

「ある」ルイスは答えた。

ガイトナーは内輪で話ができる別室への行き方を指示した。ファルドにもすでに同じ指示をしたのは明らかで、ルイスが部屋の向こうを見ると、ファルドは緊張したデート相手のようにこちらを見返していた。ファルドが歩きだすのを確認して、ルイスは逆方向に進んだ。ウォール街の半分が見ているなかでふたりがもっとも避けたいのは、ここで会合したという噂が流れることだ。

ふたりは最終的に戻ってきて部屋を見つけたが、ルイスがなかに入ると、ファルドが連銀のひとりのスタッフと喧嘩腰の議論をしていた。ルイスがファルドに会うのはこれで二度目だったが、その弱い者いじめのような話しぶりには驚いた。

ファルドは二〇分ほどかけて取引の構想を説明した。一週間前にカールにした提案のくり返しだった。少なくとも一株二五ドルは欲しいとルイスに言った――その日のリーマンの終値は一八・三二ドルだった。ルイスは言われた値段はあまりにも高すぎると思った。戦略的な合理性がない。無料同然《ただ》でリーマンを買えるのでないかぎり、ルイスにとってこの取引は無価値だった。が、そのことは黙っていた。

二日後、彼はファルドに電話で返答した。

「この取引はうまくいかないと思う」ルイスはできるだけ角《かど》が立たないように言った。まだ交渉を続ける可能性は残しておいた。

ファルドは昼の一二時三五分にポールソンに電話をかけ、悪い知らせを伝えた。残る選択肢は韓国人だけだった。ファルドはリーマンのためにKDBに連絡してほしいとポールソンに迫った。すでにバフェットとバンク・オブ・アメリカの件で仲裁をしていたポールソンは同意しなかった。

「私のほうからは電話しない。もし誰かを脅したいなら、自分で電話をかけて、リーマン・ブラザーズを買うべきだと私が言っていたと伝えればいい」財務長官が関与すれば、ますますリーマンの経営は苦しいと思われるだけだと説明した。「ディック、もし彼らのほうから私に質問の電話がかかってくれば、なるだけ建設的な方向で答えるつもりだ」

非常に長かった一日の、悪い知らせの締めくくりがそれだった。その夜、ハーバート・マクデイドが、あるトレーダーからの電子メールを転送してきた。ネガティブな風評の出どころについて考察したものだった。〝GS［ゴールドマン・サックス］がヘッジファンドを焚きつけ、わが社の株価その他に多大な悪影響を与えているのは明らかです。お知らせしておくべきだと思いました〟

ファルドはこう返信した。〝いまさら驚くようなことか？　だが、記憶にとどめておいてくれ。私も忘れない〟

第11章　リーマンCEOの焦り

七月二九日火曜の午前九時一五分、マンハッタンの金融街、パール通りを歩いていたロバート・ウィラムスタッドの下着には汗がにじんだ。たしかにその朝の湿度は高かったが、ニューヨーク連銀でこれからおこなうティモシー・ガイトナーとの会合を心配しているせいでもあった。

一カ月前にAIGのCEO職を引き受けてから、会社の無数の問題をなんとか解決しようと、昼夜を問わず働いてきた。独立記念日の週末にベイルに行って娘に会ってきたことを除けば、週に七日オフィスに出ていた。CEO就任の挨拶では、〝AIGのビジネスを戦略的、実務的に隅から隅まで見直す〟計画を発表し、〝それを六〇日から九〇日で完了したうえ、労働者の日《レイバー・デイ》（九月の第一月曜日）のあとすぐに投資家向けの会議を開いて、すべてをくわしく説明する〟と言っていた[注1]。

しかし、いざ調査を開始してみると、戦略の責任者であるブライアン・T・シュライバーが驚くべき発見を彼に伝えた。「資本の問題ではなく、流動性の問題かもしれません」言い換えれば、この保険の巨大コングロマリットが何千億ドル相当の証券や担保を保有していようと、いまの信用危機にあっては、それらを充分な早さと価格で販売するのがむずかしいということだ。ムーディーズやスタンダード＆プアーズといった格付け機関のどれかがAIGの負債の格付けを下げれば、負債契約の条項によってまた追加担保を要求され、状況はさらに悪化しうる。

「昨日の夜はずいぶん怖がらせてくれたな」会社の流動性の問題でひと晩頭を悩ませたウィラムスタッドは、翌日、シュライバーに言った。まもなく第2四半期の五三億ドルの損失を発表すれば、問題はなおさら深刻になる。[注2]

蒸し暑い七月のこの日、ウィラムスタッドは一カ月前に初めて会ったばかりのガイトナーのところへ行き、市場に見放されたときになんらかの支援が得られるかどうか打診することになっていた。ニューヨーク連銀はAIGを監督していない——それを言えば、どんな保険会社も——が、AIGの証券貸付業務や金融商品部門に鑑《かんが》み、ガイトナーは関心を示すのではないかとウィラムスタッドは思っていた。うまくすれば、AIGがウォール街の残りの企業とどれほど緊密に結びついているか理解してくれるのではないかと。AIGは、証券会社が取引のヘッジとして頼る、何千億ドルもの保険を引き受けている。好むと好まざるとにかかわらず、彼らの経営はAIGの経営に左右されるのだ。

「パニックになる必要はないし、悪いことが起きると信じる必要もない」ウィラムスタッドは言った。ガイトナーがいつものように力強い運動選手の握手をして、彼をオフィスに迎え入れたあとのことだ。「しかし、われわれは証券貸付業務をしていて……」

ウィラムスタッドは、AIGが現金と引き替えに、米国債といった信用度の高い債券を貸し出していると説明した。通常これは安全なビジネスだが、AIGはその現金をサブプライム住宅ローンに投資していた。サブプライムは価値の下落が著しく、誰も正確な値段をつけられないことから、まず売却することは不可能だ。ここでAIGの取引相手がいっせいに現金を返してくれと要求してきたら、きわめて深刻な状況になりかねない、とウィラムスタッドは言った。

「あなたはブローカー・ディーラーに連銀貸出枠を設けた」彼は続けた。「どうでしょう、もしAIGが危機に陥ったときに、連銀に頼れる可能性というのはないでしょうか。われわれは証券や市場性のある担保を、何百億、何千億ドルと保有している」

「過去に経験がありませんね」ガイトナーはきびきびと答えた。連銀は保険会社に貸付をしたことはなく、それはウィラムスタッドの議論によっても容易に変わらないという意味だ。

「わかります」ウィラムスタッドは言った。「だが、ブローカーについても過去に例はなかった。明らかに考慮する余地はありそうだ」ベア・スターンズが破綻寸前まで行った経験から、連銀はゴールドマン・サックス、モルガン・スタンレー、メリルリンチやリーマンといった投資銀行にも貸出枠を設定したのだ。

「ええ」ガイトナーは認めたが、それには連邦準備制度理事会の承認が必要で、「私自身が適切な決定と考える場合にだけ、理事会に審議を依頼します」と厳しく言い足した。

ガイトナーはさらに、ひと月前にファルドがリーマンの銀行持株会社化を打診してきたと

き と同じ警告を発した。

「問題は、貸出枠の設定によって、避けようとしている事態が現実になってしまうことです。貸出枠のことが公《おおやけ》になれば、あなたの取引相手に不安が広がり、いまの状況はさらに悪化してしまう」

ウィラムスタッドはここでどれほど議論しても無駄なことを悟った。ガイトナーは次の会合があることを示すために腰を上げ、「また状況を連絡してください」とだけ言った。

七月二九日、リーマンのガルフストリームが給油に一時着陸するため、アラスカ州アンカレッジ空港の上空で旋回した。リチャード・ファルドが乗っていた。彼とリーマンの集団は、韓国産業銀行（ＫＤＢ）のミン・ユソンと香港で打ち合わせをしてきたところだった。

その日、ファルドはいつになく上機嫌だった。ようやく取引成立の自信が湧いてきた。ＫＤＢと実り多い議論を交わし、今後も交渉を続けようと合意した。それでも〝ロングパット〟ではあるが、ＫＤＢはファルドにとって最大の希望となった。ミンはリーマンの過半数の株式を買い上げることに興味を示した。リーマンの不動産のポートフォリオ——不良資産が多い——をミンがいまも心配しているのはわかるが、その反面、彼はＫＤＢが世界の一流プレーヤーになるという見込みにも興奮していた。香港のダウンタウンにあるグランド・ハイアット・ホテルでの会合で、値段交渉はあまりなかったものの、ファルドはようやく契約の手前までこぎ着けたと思っていた。

今回の会合が報道機関にもれなかったことにも満足していた。この時期のリークは致命的なので、同道するチーム——ハーバート・マクデイド、ヒュー・マギー、ブラッドリー・ホイットマン、ジャスジット・バッタル、チョ・クンホ——には電話を取らせなかった。マギーに至っては、以前韓国にいっしょに行ったマーク・シャファーに、中国の顧客を訪ねるというボイスメールを残し、ニューヨークの部下たちに煙幕を張っていた。ファルドは、もし社用機の航路をたどられたときに目的地から会合内容を悟られないように、大方が予想するソウルではなく、わざわざ香港で関係者と会うことにした。

帰りの機内で、リーマンのチームは大型スクリーンにイギリスの強盗映画『バンク・ジョブ』を映して楽しんだ。ファルドはすでに見ていて、アクション映画にしようと主張したが、徐々に会社の実権を握ってきているマクデイドの意見が通った。

飛行機が着陸して給油所に向かう途中で、ファルドの上機嫌はふいに消え去った。整備クルーがオイルもれを発見したのだ。パイロットが修復を試みるあいだ、リーマンのチームは走路上の機内で昼食をとった。しかし一時間たっても、修理できるかどうかはわからなかった。

民間航空便の予約ができるか確かめようと、マクデイドが秘書に電話をかけはじめた。

「最後に民間航空に乗ったのはいつです?」マクデイドが気軽に冗談を言った。ファルドはとたんに顔をしかめた。

二〇〇八年八月六日、モルガン・スタンレーの銀行家の一団が財務省ビルに到着し、ポールソンのオフィスの向かいの会議室に案内された。

尋常ならざる会議であることは、みな承知していた。一週間前、ファニーメイとフレディマックの件で、ポールソンがジョン・マックに連絡し、政府の顧問として彼らを雇うことにしたのだ。本来ならゴールドマンを選ぶところだが、また陰謀説を刺激しかねないことと、ゴールドマンがすでにファニーに雇われているという事実があった。ポールソンは候補としてメリルリンチも考えたが、モルガン・スタンレーが選択肢としていちばんに思えた。

最初、マックはこの仕事を引き受けるのをためらった。ファニーメイとフレディマックの件で財務省の顧問になれば、続く六カ月、これらモーゲージの巨大機関とビジネスができなくなる。つまり、何千万ドルという手数料を失うかもしれないのだ。「これほどの金額を見送ったことを株主にどう説明する？　どうしてそんなことをした、と問い詰められるのは目に見えてる」マックはチームに言った。

しかし、よくよく考えた末、政府のために働くのは愛国者の義務だと引き受けることにした。モルガン・スタンレーは九万五〇〇〇ドルという申しわけ程度の謝礼を受け取った。[注3]秘書たちの残業費もカバーできないほどの額だった。

ちょうど一週間前、ファニーとフレディを財政支援する一時的な権限を財務省に与える法案が上院を通過し、ブッシュ大統領が署名した。ポールソンの次なる課題は、この権限で何をするかだった。

ポールソンは自分が奇妙なジレンマを作り出したことに気づいた。いまや投資家は政府が介入する覚悟であることを知っている。そのためファニーとフレディは、自力で資金調達することがいっそうむずかしくなった。投資家としては、政府が介入すれば自分たちの債権や利益が損なわれるのではないかと心配するからだ。政府によるあらゆる融資は、いずれ融資先を窮地に追いやる自己達成的予言にますます近づいていた。「ふたつにひとつです——必要となる資本の量から考えて、一般投資家の投資がいちじるしく希薄化されるか、［ファニーとフレディが］完全に国有化されるか」その朝、ウェストウッド・キャピタルのマネジング・ディレクター、ダン・アルパートがロイター通信に語った。「より大きな資本金のベースがなければ、彼らは生き残ることができない」[注4]

財務省の会議室で、金融市場担当のアンソニー・ライアン次官補が、それまでGSEに対しておこなった財務省の仕事の進捗状況を説明した。モルガン・スタンレーからの出席者は、三〇年近くまえに政府のクライスラー救済に協力したことがある共同社長で五八歳のロバート・スカリー、金融機関銀行業務グループの責任者で五〇歳のルース・ポラット、グローバル・キャピタル・マーケット部門の四三歳の副責任者、ダニエル・A・シムコウィッツだった。

ライアンがプレゼンテーションを始めて一〇分後に、ポールソンがどことなく悩んだ様子で入ってきた。「われわれがとる行動を、今後誰もが精査するだろう」激励半分、脅し半分で一同に言った。「諸君には骨の髄《ずい》まで真剣に働いてもらう。だが、ひとつ自信を持って言えるのは、これが諸君のキャリアで最高に意義深い仕事になるということだ」

スカリーがこの仕事の意義についてポールソンに説明を求めた。「本当のところ、何をめざしているのか教えてもらえませんか。問題の先送りですか？」

「ちがう」ポールソンは首を振って答えた。「私は問題に取り組みたい。未解決の問題を残したくない」そう言って、このプロジェクトがよくあるお役所仕事ではないことを強調した。パワーポイントでプレゼンテーションをしておしまいではないと。「私、いや、われわれには三つの目的がある――市場の安定、モーゲージの流通性確保、納税者の保護だ」

スカリーはまだ何か政治的な打算があるのではないかと疑っていた。その朝、フレディは八億二一〇〇万ドルの損失を発表しており[注5]、何もしないというのはもはや選択肢として考えられない。

「この問題解決の出発点やアプローチに関連して、まだ提案されていない政治的選択肢があるとか、われわれがまず考慮すべき利害関係があるといったことは？」スカリーはさらに探った。

「ない。紙は真っ白だ」ポールソンは言った。「あらゆる選択肢を検討してもらいたい。私はすべてを考慮したい」

いくらか離れた部屋から小さな子供の叫び声がして、会話が途切れた。この日ポールソンを訪ねてきて、長官室の向かいの小会議室で待っている、孫娘のウィラだった。これからポールソンは、家族で北京オリンピックを見にいくために飛行機に乗るところだった。もちろん休暇中でも仕事は続ける。連日、中国政府の高官との打ち合わせがあり、誰もが知っているとおり、携帯電話は片時も手放さない。

ポールソンは一同に、会議を中座して申しわけないと謝った。

「一〇日で戻ってくる」彼は言った。「その間、仕事が大きく前進していることを望むよ」

八月の第一週、ミン・ユソンが、リーマン・ブラザーズとの話し合いを再開するために、ソウルからマンハッタンに到着した。[注6]最終的な契約締結からはまだ遠いものの、少なくともその大まかな形には徐々に近づいていた。

その月曜、マクデイドはいよいよ正式な交渉を開始すべく、同僚たちとミッドタウンのサリバン&クロムウェル法律事務所まで歩いていった。心のなかでは、はたしてうまくいくのだろうかとまだ訝《いぶか》っていた。「彼らに契約を結ぶ度胸はないさ」マーク・シャファーが、マクデイド、マギーと先頭に立ってパーク・アベニューを歩きながら言った。リーマン内でミンともっとも親しいチョ・クンホとバッタルも、支援のためにアジアから出向いていた。マギーは、どうしても会合に出席したいと言うファルドを押しとどめた。「落ち着いてください」とファルドに言った。「あなたはCEOだ。〝この場にいない人〟にならなければならない」取引の最終段階で、あとわずかでも好条件を引き出したいときにウォール街でよく用いられる言いわけである。CEOの許可を得なければならないから、と最後にひと押しするのだ。

マクデイドは、ファルドの不安定な精神状態も交渉の妨《さまた》げになりそうだと心配しはじめていた。会社を乗っ取られるとでも考えているような気がする。マクデイドが部下のゲルバンドやカークと話していると、ファルドはよく不安そうな表情を見せた。まるで三人が彼の追放を企てているかのように。ファルドのそんな思いこみは、かつてジョゼフ・グレゴリーが使っていたファルドの隣のオフィスを、マクデイドが〝験が悪い〟と使わなかったことで、いっそう強まった。マクデイドはその代わりに、ファルドの目の届きにくい廊下の先のオフィスに入ったのだった。

実際にマクデイドはリーマンの経営権を掌握しはじめていた。会社のくわしい財務状況と今後のビジョンをまとめた、その名も〝戦略〟という書類を作成しているところだった。そこには考えうるシナリオが半ダースほど示されていて、そのほとんどはリーマンをふたつに分ける構想の変形だった――保有しつづける〝良い銀行《グッド・バンク》〟と、スピンオフする〝悪い銀行《バッド・バンク》〟である。これによって、少なくとも書類上は、最悪の不動産資産を切り離すことができる。価値が下がりつづける資産の重荷を逃れて、リーマンが新たなスタートを切る計画だった。マクデイドはファルドに、ニューバーガー・バーマンと投資管理部門を売却するよう迫ってもいた。プライベート・エクイティ企業に関しては、すでに順次競売が進められていた。

リーマン危うしという噂は相変わらず続いていたが、社内からのリークは減ってきているようだった。マクデイドが社長に就任してから数週間後、マギーが彼に〝事情にくわしい人物〟という文字の入ったTシャツを渡した。金融記者がよく情報の入手先を指すときの表現である。マギーは「これをスコットに！」と言った。会社のメディア戦略の多くを管理しているスコット・フライドハイムへの当てこすりだった。

その朝のサリバン&クロムウェルでの最初の会合は、韓国側にリーマンが所有する商業用不動産の説明をするためのものだった。その市場進出の計画立案者だったマーク・ウォルシュがプレゼンテーションをおこなった。が、ミンはすぐさまウォルシュが準備不足であることを見抜き、クンホを脇に呼んでそう伝えた。「もっとくわしく知る必要がある。あの評価はどう考えてもおかしい」と韓国語で言った。

ほどなくミンがリーマンの商業用不動産にいっさい関与したくないことが明らかになった。それから少なくとも一時間ほどは、交渉は決裂寸前だった。が、午後になると、両陣営は新しい仕組みを検討しはじめた。ミンはリーマンの過半数の株式を買いたいと言った。ただし、リーマンが商業用および住宅用不動産の資産を別会社にスピンオフし、KDBの投資に影響が出ないようにするという条件付きだった。議論はうまく運びそうだった――ファルドが状況確認のために、マクデイドとマギーの携帯電話に二〇分おきにかけてくることを除いて。

翌朝一一時、ミンは韓国の規制当局から、最初の提案をしていいという許可を得たと言った。リーマンの〝帳簿価額〟――リーマンがバランスシートに保有している資産の価値――の一・二五倍を支払う用意があると。会社の正確な帳簿価額についてまだ議論する必要があり、リーマンが不動産業務をスピンオフするという条件も満たさなければならないが、この提案は、KDBがリーマンを一株二〇から二五ドルで評価していることを意味した。一五・

五七ドルという前日の終値を大きく上まわる価格である。

この提案にはったりの要素があるとしても——リーマン側にはそう考える者もいた——マクデイド、マギーを初めとするリーマンのチームは、できれば受け入れたいと回答した。しかし、そのまえに本社に戻ってファルドと話し合う必要があるとマクデイドが言い、一同は少なくとも大筋で合意できることを期待して、午後七時にふたたび集まることにした。

数時間後にまた両陣営が会したとき、驚くべき客が現われた——ファルドである。リーマンのチームの目標は、最終契約のまえの覚書にミンの署名を得ることだった。たとえこれから詳細検討に数週間かかるとしても、覚書までこぎ着ければ、リーマンの株価を多少なりとも支えることができるはずだ。みなそのことには同意していた。

ファルドはマクデイド、マギー、クンホと並んで坐り、不可解な険しい表情を浮かべていた。会議机の向かいには、ミンと、顧問であるペレラ・ワインバーグ・パートナーズのゲイリー・バランシクが坐っている。

「そちらの言い分は聞いた。希望していることはわかった」ファルドはミンに言った。「あなたたちは大きなチャンスを逃すことになる。リーマンの不動産には大きな価値があるのだ」そして少なくとも数件の不動産をミンに買わせようとした。続く会話のなかで、ファルドは、帳簿価額の一・二五倍というミンの提案価格は〝低すぎる〟と言い、一・二五倍ではなく一・五倍をベースに話し合うべきだと指摘した。

マクデイドもマギーも、目のまえで起きていることが信じられなかった。不動産資産をスピンオフする線で二日間、話をまとめてきたのに、ファルドは一から交渉をやり直そうとしている。さらに悪いのは、ミンの顔を恐怖の表情がよぎったことだった。ミンはバランシクに体を寄せて「やりにくい」とささやいた。それに応えて、バランシクがKDBのために発言した。KDBは帳簿価額の一・二五倍というベースでしか交渉しない。さらに、怒りを募らせて、リーマンの会計に疑問を投げかけた。「リーマンは評価減をすべて反映させていないと思う」と、KDBが不動産に関心を示さない理由をくり返した。

「オーケイ」ファルドも苛立ちをあらわにして言った。「ならきみたちは、われわれの不動産のポートフォリオがどのくらいで評価されるべきだと思っている？」

バランシクが答えるまえに、マクデイドが会話をより生産的な方向に戻そうと割りこんだ。

「条件概要書がある。それを検討しませんか」

「ちょっと休憩が必要だと思います」バランシクが交渉決裂の危険を察知して言った。

一同が廊下に出ると、ミンの心情を読みちがえたファルドが相手に近づいて、ふたたび不動産を売りこみはじめた。

ミンのうしろに立っていたマギーは、この会話は反感を買うだけだと悟り、ファルドに合図を送ろうとした――指で自分の首を切る仕種をして、これ以上ミンを困らせるのはやめてくれと。

ようやくファルドから解放されたミンは、バランシクと小さな部屋に入り、条件概要書を読んでみた。正式な契約というより、大原則を並べたリストのようなものだった。箇条書きの項目をひとつずつ見てうなずいていたミンは、最後の一項に注意を惹かれた――ＫＤＢはリーマンを支援するために信用を供与する、とある。これはミンにとって見落としようのない危険信号だった。リーマンは青天井の融資を期待しているのだろうか。ＫＤＢのバランスシートを利用して、自分の地位を引き上げるつもりか？

ミンは苦渋の表情でチョ・クンホ――かつてリーマンでいっしょに働いた友人――の腕を取り、ふたりだけで話したいと言った。ミンが次のことばを発するまえに、チョには悪い知らせだとわかった。

「深刻な信用問題だ」ミンは韓国語で言った。「これまで終始誠実に交渉してきて、全員の望むゴールがすぐそこというときに、突然新しいアイデアが示された」

ミンは明らかに憤慨して続けた。「帳簿価額の一・二五倍ではなく一・五倍とか、融資限度額二〇億ドルではなく四〇億ドルとかいう問題じゃないんだ。まったくちがう。問題はリーマン側の会合の進め方だ。今回のこと全体に対する、リーマンの最高経営層の取り組み方に疑問を感じる。いまのような状況では交渉は続けられない」

ミンを説得して、会合のためにニューヨークまで来てもらったチョの落胆は大きかった。

ミンはもとの会議室に戻ると、申しわけなさそうにファルドを見、それから机のまわりに集まった残りの銀行家たちに目を向けた。「皆さんには感謝したい。けれども、うまくいく枠組みは見つからないと思う」そう言って立ち上がった。「あとはゲイリー・バランシクにまかせます」

ファルドが悲痛な顔をした。「これで終わりということなのか？」声をうわずらせて訊いた。「あなたはこれで韓国に帰るのか？」

八月の清々しい朝、スティーブン・シャフランがアイダホ州サン・バレーのガソリンスタンドにいると、ヘンリー・ポールソンから電話がかかってきた。財務省でポールソンの特別顧問を務めているシャフランは、休暇中だった。「リーマンの状況を教えてくれ」ポールソンが指示した。

シャフランは一五年落ちのランドローバーのエンジンを切った。夏の初めにポールソンから特別な任務を与えられていた——SECと連銀のあいだを調停して、リーマン・ブラザーズ破産時の緊急対策を練るというものだった。当初の課題は、銀行システム全体のリスクの解明と、さまざまな政府機関の連携確保だったが、やがてほとんどリーマン問題だけに集中するようになった。

任務の性質上、秘密は守らなければならなかった。いかに破産の可能性が低くとも、政府がそれについて考えていることは誰にも——なかんずくリーマン・ブラザーズには——知られてはならない。市場がそんな気配を感じ取るだけで、リーマンの株価は急落する。しかし、ファルドと毎日のように話しているポールソンは、リーマンの資金調達はむずかしく、最悪の事態に備えなければならないとすでに確信していた。

じつは、ファルドが並べ立てる計画に嫌気がさしたポールソンは、ケンドリック・ウィルソンをファルドの連絡役に指名していた。「きみと話すようにとディックに言っておく。時間の無駄なのだ。私は本当に重要な話題があるときだけ直接話すことにする」ポールソンは言った。

シャフランにとって、ほかの政府機関とのやりとりは初めてだった。二四年連れ添った妻のジャネットが飛行機事故で亡くなり、一年前に子供とワシントンに移ってきたばかりだったのだ。ゴールドマン・サックスを辞めたあと、家族でサン・バレーに住んでいた。ゴールドマンで働いたのは一五年間で、ポールソンの中国進出を香港で支援した中心人物だった。ワシントンに来たのは心機一転を図るためだった。

ほかの財務省スタッフと比べて、シャフランにはこのリーマンのプロジェクトに抵抗を感じる理由があった。ファルドといくらか親しかったのだ。ふたりはサン・バレーに住みはじめてからの知り合いで、シャフランはケッチャムの市議会議員となり、ファルドは九七エーカー（二七〇〇万ドル相当）の地所を持っていた。[注7]ファルドの家はビッグ・ウッド・リバー対岸の私道沿いにあり、ペティット・レイクの湖畔にはキャビンもある。シャフランはそのすぐそばに住んでいた。ときどきバレー・クラブでいっしょにゴルフをする仲で、シャフランはファルドに好感を抱き、相手の闘志を尊敬していた。

しかしシャフランはいま、ガソリンスタンドの駐車場から、ポールソンに電話で進捗を報告していた。連銀、SECと電話会議をした、彼らはシステミック・リスクを正確に見積もることはできないと考えているものの、ようやく生じうる緊急事態に注意を払いはじめた、と言った。「彼らは作業に取りかかっています。少し安心しました」連銀とSECはリーマンのリスクを四つ特定した――レポ取引（現金担保付債券貸借契約）、デリバティブ取引、ブローカー・ディーラー、そして不動産やプライベート・エクイティ投資など非流動性の資産である。

ポールソンは、リーマン自体についてできることはあまりないのを認めていた。そもそも財務省にはリーマンを規制する権限がない。破綻を管理するのはほかの政府機関の仕事だ。が、ポールソンはまさにそのことを心配していた。

夏の初めにデイビッド・ネイソンがSECと打ち合わせをして、彼らは状況をきちんと把握していないとポールソンに報告していた。会議室でリーマンのデリバティブのポジションを示すスプレッドシートを何枚も見ながら、ネイソンはSECのアソシエイト・ディレクター、マイケル・A・マキアロリに、もしリーマンが破綻したらどうするのかと質問した。

「たくさんのポジションがある」マキアロリは言った。「それらをどうするかはわかりませんが、まずネットアウト（売りと買いを合わせる作業）を試みるでしょうね。われわれも参加するし、証券投資家保護公社（SIPC）も加わる」SIPCは連邦預金保険公社（FDIC）のような機能を果たすが、規模ははるかに小さい。

「それは答えにならない」ネイソンは言った。「ひどい混乱が生じる」

「問題は、彼らの帳簿の半分がイギリスにあることです」マキアロリは言い、リーマンの取引の多くがロンドンの支店を通しておこなわれていると説明した。

「そして取引相手も国外にいる。われわれは彼らに対する管轄権は持っていません」最悪の事態が起きたときにSECにできることは、リーマンのアメリカ国内のブローカー・ディーラー部門を存続させることだけだった。持株会社や国外の支店はすべて破産申請するしかない。

妥当な答えはなかった。ネイソンは、緊急時には議会に訴えて、リーマンの取引のすべてを保証する許可を得るしかないかもしれないと指摘した。

が、そのアイデアを出したとたんに、彼自身が否定した。

「持株会社のすべての債務を保証するには、税金を使ってリーマンの国外の債務も保証することを、議会に要求しなければならない」ネイソンは出席者全員に向かって言った。「どうしてそんなことができる？」

ジャクソン・レイク・ロッジのまえの広々とした牧草地の向こうに、グランド・ティトン山脈の白い頂がそびえていた。壮大な景色だが、昔ほどベンジャミン・バーナンキを魅了することはなかった。八月二二日、バーナンキはその散歩道を歩きながら、一〇年近くまえに自分が名をあげたのはまさにこの場所、グランド・ティトン国立公園で開かれたカンザスシティ連銀の夏のシンポジウムだったことを思い出した。しかしこれからの三日間で得られるのは、批判がいいところだろう。FRB議長として過去一年にとった行動について、ファニーとフレディに関して政府が果たすべき役割について、質問を浴びせられる。インターネット関連株のブームが最高潮だった一九九九年の夏、ジャクソン・ホールで、バーナンキとニューヨーク大学の経済学者であるマーク・ガートラーは、この種のバブルに中央銀行が大きな関心を払う必要はないという論文を発表した。一九二〇年代の株式バブルをはじけさせるために連銀がとった手法が、経済の沈滞にともなって問題を引き起こしただけだったことを指摘しながら、バーナンキとガートラーは、中央銀行はあくまでその主要な責務――インフレを安定させること――に集中すべきだと論じた。資産価格の上昇は、インフレを引き起こす場合にのみ、連銀の関心事となる。「バブルは一度〝はじける〟と容易に悪化してパニックとなりうる」と論じた彼らのプレゼンテーション[注8]は会議で話題となり、アラン・グリーンスパンからも好意的に評価された。

一年前のジャクソン・ホールは、バーナンキにとってそれよりつらい体験だった。その夏には信用危機が進んでおり、バーナンキと中核的な顧問団――ガイトナー、ケビン・ウォーシュFRB理事、ドナルド・コーンFRB副議長、ニューヨーク連銀マーケッツ・デスク・チーフのウィリアム・ダドリー、ブライアン・マディガンFRB金融局長――は、ジャクソン・レイク・ロッジのなかで額を集め、連銀の信用危機対策を相談した。

彼らは大まかに二面の作戦を立てた。これはのちに〝バーナンキ・ドクトリン[注9]〟と呼ばれる。最初の部分では、連銀の武器庫でもっともよく知られた武器を使う――金利引き下げだ。政策決定者たちは、市場の信用危機に対処すべく支援はしたかったが、将来の無謀な行動をうながしたくはなかった。二〇〇七年の会議でバーナンキは言った。「融資者や投資家を、彼らの財務的決断の結果から守ることは連銀の責務ではありませんし、妥当な行動でもありません。しかし、金融市場の発達によって、その経済効果は市場の外の多くの人にも感じられるほど広がっている。連銀が政策を決定する際には、そのような効果を考慮に入れなければなりません」[注10] すなわち、一九九八年に連銀がウォール街から資金調達し、ヘッジファンドのロングターム・キャピタル・マネジメントを救済して以来、中央銀行の政策と見なされているものを支持した。結果が金融システム全体に衝撃を与えるほど深刻な場合には、連銀は介入を含む広義の義務を負うという考え方だ。まさにこれが、バーナンキのベア・スターンズ保護に対する見解にも影響を与えた。

今回の二〇〇八年の会議では、バーナンキ・ドクトリンは攻撃にさらされていた。ロッジのウッドパネルの会議室で、バーナンキが疲れきって長机についていると、発表者が次々と立って、金融危機に対する連銀のアプローチは場当たり的で効率が悪く、モラル・ハザードを生んでいると批判した。ＦＲＢ元副議長で、かつてプリンストン大学でバーナンキの同僚だったアラン・ブラインダーだけが連銀を擁護した。ブラインダーはこんな話をした。

ある日、オランダのひとりの少年が家に帰る途中、町の人々を守る堤防に水もれの穴が開いているのを発見した。少年はその穴に指を入れようとしたが、そこで学校で習ったモラル・ハザードのことを思い出した……「この堤防を作った会社は雑な仕事をした」少年は言った。「彼らを救済するのはまちがっている。救済すれば、これからできの悪い堤防が増えるだけだ。それに、そもそも氾濫原に家を建てるなんて、ここの人たちちは愚かだ」少年はそのまま家に帰った。しかし、彼が家に着くまえに堤防が決壊し、あたり一帯の人々は全員溺れ死んだ――少年自身も含めて。

おそらく皆さんは、連銀によるこの話の別バージョンを聞いたことがあるでしょう。その親切でやさしいバージョンでは、オランダの少年は洪水になってはいけないと、必死の思いで指を堤防の穴に入れ、助けが来るまでそうしている。指は痛むし、うまくいくかどうかもわからない。少年はほかのことをしていてもよかったのです。けれども、穴に指を入れた。そして堤防の内側の人々は、自分たちのあやまちから救われた。

前日、バーナンキはシンポジウムの出席者に対して、〝指を堤防の穴に入れる〟より先の戦略に移ってほしいと発表していた。議会に〝ノンバンクのための法制度整備〟を急がせるのだ。

「より強固なインフラがシステミック・リスクを減らすでしょう」バーナンキは指摘した。[注11] さらにそれによって、市場が政府の介入を想定する、金融システムの不安定な状況の範囲が限定され、モラル・ハザードや〝大きすぎてつぶせない〟という過信が減るでしょう。

ノンバンク清算のための法制度が整備されれば、不透明性が減るだけでなく、株主の持ち分は帳消しにし、債権を一部放棄させるという、商業銀行のときと同様の方法で当該ノンバンクを清算することが可能となるのでモラル・ハザードが起きにくくなります。[注12]

バーナンキはファニーとフレディを名指ししなかったが、ジャクソン・ホールにいた多くの人は、両社の運命を思っていた。その金曜、ムーディーズは両社の優先株式の格付けを〝投資不適格〟すなわちジャンクに下げていた。[注13]財務省がついに引き金を引き、ファニーとフレディに資本注入するという観測が強まっていた。

ジャクソン・ホールはもちろん、大富豪が住みたがる古来人気の場所である。シュローダーやソロモン・ブラザーズの銀行家を経て世界銀行総裁になったジェイムズ・ウォルフェンソンも、ジャクソン・ホールに住む有名人のひとりで、二〇〇八年のシンポジウムでは、出席者たちを自宅の夕食会に招いた。招待客には、バーナンキに加え、財務省の元高官ふたり、元財務長官のローレンス・サマーズ、元財務副長官のロジャー・アルトマン、まもなく正式に民主党大統領候補に任命されるバラク・オバマの経済顧問、オースタン・グールズビーらがいた。

その夜、ウォルフェンソンは招待客にふたつの質問をした。まず、今回の信用危機は歴史書で一章または脚注を割かれることになるのか。ひとりずつ意見を求めると、全員が、おそらく脚注になると答えた。

そこでウォルフェンソンは尋ねた——また世界大恐慌が起きるのだろうか、それとも日本のように、失われた一〇年になるのだろうか。これに対する招待客の一致した見解は、おそらくアメリカ経済は日本のように長期的な不況に陥るというものだった。しかし、バーナンキはどちらのシナリオもありえないと発言して、まわりを驚かせた。「われわれは世界大恐慌と日本から充分学んでいる。どちらも起きません」彼は断言した。

「決定だ」八月の最終週、ポールソンは財務省の会議室で自分のチームと顧問たちに、ファニーとフレディの運命について宣言した。「彼らは生き残れない。モーゲージ市場を立て直すには、両社をなんとかしなければならない」

北京からワシントンに帰ってきたポールソンは、一日かけてモルガン・スタンレーやほかの面々のプレゼンテーションを聞き、とくに両社の株価が下がりつづけているからには、行動に移るしかないと決断した。ファニーとフレディの問題を解決しないかぎり、経済全体が危機にさらされるというのがポールソンの意見だった。

モルガン・スタンレーは、社内で〝基礎プロジェクト〟と呼ばれるこの仕事に三週間を費やした。四〇人ほどの社員が夜も週末もかかりきりで働いた。「刑務所のほうがましだ」アソシエイトのジミー・ペイジは不満をもらした。「少なくとも三度の食事と妻の訪問が認められる」

彼らはモーゲージの二大機関のポートフォリオを貸付ごとに分析していった。ファニーとフレディから取得した大量のデータをインドに送り、当地の分析センターで約一三〇〇人の従業員が一件ずつ貸付の数字を確認していった。アメリカ全土の住宅ローンの半分に近い数である。

モルガン・スタンレーの銀行家たちは、市場の期待をよりくわしく把握しようと、投資家にも順に電話をかけた。結果は、ダニエル・シムコウィッツが財務省のチームに報告したように、「市場はふたりのポールソンの考えを気にしている――ジョン・ポールソンとヘンリー・ポールソンだ。まず、ジョン・ポールソンが何をもって充分と考えるか、そしてヘンリー・ポールソンがこれから何をするか、市場はそれを知りたがっている」（ジョン・ポールソンはこの二年で最大の成功を収めたヘッジファンド投資家だった。誰よりも先にサブプライムを空売りし、顧客のために約一五〇億ドル、自分のために三七億ドル以上を稼いだ）[注14]

モルガン・スタンレーのチームは、ファニーとフレディには、両社の資金需要を満たすためだけにも約五〇〇億ドルの投入が必要だと見積もった。これは両社の資産の二・五パーセントにあたる。銀行は少なくとも四パーセントの利息を取らなければならない。住宅市場の悪化を考えると、ＧＳＥの資本不足が危機的状況にあるのは明らかだった。

さらに悪いことに、ポールソンは、中国とロシアがファニーとフレディの負債をもはや買わず、ほどなく売りはじめる兆候を見ていた。ジェイミー・ダイモンも個別に電話をかけてきて、明確な行動をとってほしいと要望していた。

ポールソンは財務省の会議で、ファニーとフレディに連邦倒産法第11章《チャプター・イレブン》を適用すべきか、それとも政府が管財人となって保全管理下に置き、株式公開を続けるべきかを議論した。

　ケンドリック・ウィルソンは、ポールソンの言う〝敵対的買収〟には、専門家のアドバイスが必要ではないかと考えた。「そういう選択肢を考えるのなら、一級の法律事務所の助言が不可欠だ」とポールソンに言った。

「オーケイ」ポールソンは同意した。

「ワクテルのエド・ハーリヒーに電話して、協力してもらえるか訊いてみよう」ウィルソンは言った。「どこがいい？」

「倒産法の適用はありえない。両社はまだ株主や公債所有者に義務を有する私企業だ。目も当てられない騒ぎになる」

　ウィルソンにはハーリヒーを強く推す理由があった。ハーリヒーはアメリカのビジネス史上最大の買収合戦のいくつかに参加していた。その年の初めには、JPモルガン・チェースによるベア・スターンズ買収に助言していた。ハーリヒーの法律事務所――ワクテル・リプトン・ローゼン&カッツ――は企業戦争の代名詞だ。創立者のパートナー、マーティン・リプトンは、乗っ取り対策として有名な〝ポイズン・ピル〟（既存株主に条件付きの新株予約権を発行し、買収者が株式を買い進めにくくする仕組み）を考案した。財務省が政府主導の敵対的買収をおこなうのなら――実現すれば史上初――ハーリヒーこそそれにふさわしい弁護士だ。

　彼らは八月二三日の週末に作戦を練りはじめた。法律事務所からハーリヒーらのチームが、疑いを向けられることのないよう、デルタ航空とUSエアウェイズの五、六便に分かれてワシントン入りした。ポールソンが大筋の戦略を説明し、ほんの一カ月足らずまえに入省したばかりのテキサス人、ダン・ジェスターがそれを補佐した。理想的には、リークによる株式市場への影響を防ぐために、三日間の週末一回でおこなわれた多くの大合併のように、今回も来《きた》る労働者の日《レイバー・デイ》の週末に、ファニーとフレディを一気に買収したい。

弁護士と財務省のスタッフは数時間かけて、可能な方策、関連法、個々の会社の構造を議論した。ジェスターともうひとりのスタッフ、ジェレマイア・ノートンが、ファニーとフレディへの資金注入計画の概要と、優先株式および新株引受権の購入によって両社を支配する具体的な仕組みを説明した。

しかし、ほどなくポールソンは、労働者の日《レイバー・デイ》という目標達成はむずかしいことを知った。ファニーとフレディの規制者である連邦住宅金融局（ＦＨＦＡ）のジェイムズ・ロックハート局長がその夏、両社に対して、資金は充分と考えられるという手紙を送っていたのだ。弁護士のひとりからその手紙の件を聞いたポールソンは、思わず「冗談だろう」と言った。政府がみずからの考えを勝手に変えれば、ＧＳＥそのものからも、議会にいるＧＳＥの擁護者からも抵抗される。資金は充分あるという両社の主張は、規制者からの承認とともども覆されなければならない。

「実体のないでたらめの資金だ」ポールソンが渋い顔で言った。

「記録を作り直さなければなりません」ジェスターがＦＨＦＡの手紙について言った。

「まさしく」ハーリヒーが割りこんだ。「かなり否定的な――あるいは、少なくとも正確な――手紙が新たに必要だ」

連銀が調査を依頼された。彼らは続く二週間、ファニーとフレディの帳簿を調べ、資金不足を証明して文書化することに力を尽くす。

財務省のチームがひとりずつ発言していくと、買収実行に関してくり返し同じ問題が提起された――両社の取締役会が抵抗したらどうするか。

「その点については」ポールソンが言った。「私を信じてもらいたい。疑わしいと思うかもしれないが、私は取締役たちを知っている。彼らは賛成する。話し合いを終えたときには、不本意ながら賛成しているはずだ」

八月二六日火曜の朝、ポールソンはホワイトハウスまで歩いていき、西棟の地下まで案内されて、四六〇平方メートルの危機管理室に坐った。九時三〇分、大画面のひとつにテキサス州クロフォードの牧場にいるブッシュ大統領が映し出された。安全な回線でポールソンとビデオ会議をおこなうためだ。短く挨拶を交わしたあと、ポールソンはファニーとフレディに対する金融上の〝侵攻〟計画を説明した。ブッシュは準備を進めてくれと言った。

労働者の日《レイバー・デイ》の週末が近づいてくると、財務省のチームと顧問団は、二件の買収手続きの詳細を詰めはじめた。軍事作戦と同じく、GSEが議会に擁護者を結集させるまえに、すばやく正確に動かなければならない。両社の取締役会に伝える内容を一字一句、台本にした。譲歩も遅延もありえないことをはっきりと伝えたかった。財務省内では、ファニーとフレディにふたつのドアを示すと言われていた。第一のドア、あなたがたは協力する。第二のドア、協力しなくても、われわれは実行する。

八月二八日木曜の朝、ロバート・ウィラムスタッドとAIGの戦略責任者のブライアン・シュライバーは、パーク・アベニュー二七〇番地のJPモルガン本社に入り、警備員に連れられて、個人用エレベーターで四八階の幹部フロアまで上がった。ジェイミー・ダイモンとの会合だった。

入口のガラスのドアを抜けてウッドパネルの受付エリアに入り、ふたりは改装されたばかりのオフィスを見まわした。ウィラムスタッドは、隣に坐ったシュライバーが口にこそ出さないが機嫌を損ねているのを知っていた。シュライバーは八月のあいだじゅう、さまざまな増資計画を検討し、市場がさらに悪化したときに資金不足とならないよう会社の融資限度額を引き上げようとしてきた。その過程で数多くの銀行を競わせたが、JPモルガンの態度には感心しなかった。春にJPモルガンがAIGの資金調達を取りしきったときの横柄《おうへい》さにも、いまだに腹が立った。シュライバーはできればシティグループかドイツ銀行を使いたかったが、ウィラムスタッドがJPモルガンを考慮すべきだと主張した。いまの調子で市場がさらに悪化すれば、ウィラムスタッドとしては、シュライバーがどう感じようと、ダイモンとの提携話を進めるつもりだった。

ふたりは、机の置かれた事務室と、居間と、会議室からなるダイモンのオフィスに案内された。会議室で、ダイモンと社長のスティーブン・ブラック、アン・クローネンバーグ、ティモシー・メインが、木の机のまわりに坐っていた。うしろにはホワイトボードがある。

しばらく雑談したあと、ダイモンがウィラムスタッドらの来訪に感謝し、金融機関部門の責任者であるメインがJPモルガンの売りこみを始めた。彼の部門は引受業務の最新のリーグテーブルで一位であり、CITグループの一〇億ドルにのぼる二回の増資を支援したと指摘した。

「売りこみに使うには頼りない業績だな」ウィラムスタッドはあとでシュライバーに言った。「CITの株価は［二〇〇八年八月に］一〇ドル以下で取引されているのだから。一年前にはその四倍だった」それはともかく、メインの説明は、その場に居合わせた全員が数百回とは言わないまでも、数十回は聞いたことのある、ウォール街の標準的な売り口上だった――あなたがたの支援にはわれわれが最適です、当行にはもっとも才能ある人材と最高のリソースがあります、われわれは誰よりもあなたがたのニーズを理解しています。

しかしそのあとメインは、過去にAIGとつき合った経験にもとづいて、あからさまな皮肉で話を締めくくった。JPモルガンには提供サービスがたくさんあるが、顧客がみずからの問題や欠点を認識することも重要だと強調したのだ。これにはダイモンも含めて、部屋にいた多くの者が驚いた。

「ミスター・不愉快になるのはやめたまえ」ダイモンがそう言ってメインをさえぎったが、時すでに遅し。AIGの幹部たちは明らかに色をなした。ウィラムスタッドは困惑し、シュライバーはメインの発言を自分たちへの攻撃と見なした。数分後、ふたりはようやく肩をすくめ、直接ダイモンと話しはじめた。メインは恥じ入って椅子に沈みこんだ。

「ジェイミー、私がひとつ心配しているのは、会社の格付けを下げられる可能性が高くなったことだ」ウィラムスタッドは説明した。「格付け機関は九月末まで待つと約束してくれたが、ゴールドマンのレポートが出て、彼らも動揺している」[注15]AIGにいくつか疑問を呈したゴールドマン・サックスのアナリスト・レポートのことだ。その影響力は大きく、財務省のケンドリック・ウィルソンとアンソニー・ライアンからウィラムスタッドに状況確認の電話が入ったほどだった。

「格下げを受け入れればいいのかもしれない。それで世界が終わるわけではないのだから」ダイモンが言った。

「いや、ただの格下げではないのだ」ウィラムスタッドはこだわった。数週間前のSEC申告時に指摘したとおり、格下げはAIGにとって非常に高くつく。[注16]スタンダード&プアーズとムーディーズのどちらかがひとつ格付けを落とすだけで、AIGは一〇五億ドルの追加担保を要求される。もし両方が落とせば、損害は一三三億ドルに跳ね上がる。クレジット・デフォルト・スワップを販売する契約条件として、AIGは一定の信用格付けを維持するか、スワップの支払い要求に応じられなくなるリスクに対する保険として、それに代わる担保を追加しなければならなかった。AIGの格付けはいまAAマイナスだが、要求される金額はどんどん大きくなっていた。経営層の見積もりでは、ほどなく最大一八〇億ドルの追加担保を要求される事態にもなりかねない。

誰も口には出さなかったが、もしAIGが資金を調達できなければ、選びうる道は破産しかなかった。

ダイモンが見たところ、これは短期的な流動性の問題だった。「そちらには大量の担保があるし、一兆ドルのバランスシートもある。証券も大量に保有している」ダイモンは言った。そう、状況はこれからさらに悪化するかもしれないが、いまのところたんに一時的な問題にすぎない、と。

「たしかに」ウィラムスタッドは同意した。「だが、それほど単純ではない。担保のほとんどは、保険子会社が所有しているのだよ」

年央までにAIGの資産は負債を七八〇億ドル上まわっていた。が、その資産の大半は、州ごとに規制された七一の保険子会社が所有していて、親会社が容易に売ることはできない。[注17]保険ビジネスについて、連邦レベルの規制や監督はなく、州の保険長官や監督官が実質的に保険会社の資産の販売を規制している。保険長官の責務はつねに保険加入者を守ることである。したがって、AIGがそれらの資産をすぐに売って資金調達できる可能性は、事実上ない。

ダイモンもようやく問題の大きさを理解した。ほかの参加者も同様だった。

会議室から出ていくときに、ダイモンはウィラムスタッドを引き止めて言った。「あまり時間の余裕がありませんね。もしわれわれでなければ、ほかの誰かを雇えばいいが、とにかくすぐに取りかからないと」

翌日、ウィラムスタッドはフォローアップの電話をかけた。

「ジェイミー、これがうまくいくのは、われわれ双方にいい雰囲気が生まれたときだけだ。

失礼を承知で言えば、きみたちがティモシー・メインを心から信頼しているのはわかるけれど、現実には昨日のようなことが起きた」

ダイモンはウィラムスタッドが言わんとすることを即座に察し、みなまで聞かずに「スティーブン・ブラックにまかせますよ」と答えた。

「けっこう」ウィラムスタッドは言った。

「服を詰めて早く帰ってきたほうがいい」ケンドリック・ウィルソンはハーブ・アリソンに言った。アリソンは、かつてメリルリンチや教職員保険年金連合会・大学退職持株基金の幹部として働き、この木曜の夜にはバージン諸島の浜辺にいた。ウィルソンは彼に秘密を明かした――政府は来る九月六日の週末に、ファニーとフレディの買収を計画している。

これはたんに社交上の電話ではなかった。ウィルソンはアリソンをファニーのCEOに雇いたかったのだ。政府が会社を買収するなら、自分たちが選んだ人物に経営させるのが筋だ。

「わかった」アリソンは言った。「やりたい。公益という観点からこの仕事に興味がある。あなたたちを助けたい。何をすべきか教えてくれ。ところで、いま服がないのだ。半ズボンとビーチサンダルしか」ウィルソンはワシントンに服を用意しておくと約束した。

ポールソンはその週の前半には買収を決めていた。[注18] フレディマックのCEO、リチャード・サイロンを訪ねたあとだった。ポールソンが嫌っているサイロンは、ゴールドマン・サックス本社で数日間、投資してくれそうな相手を検討したが、無駄に終わったと報告した。フレディにそれなりの額の投資をしようという者はいなかった。ポールソンは、ファニーメイのCEO、ダニエル・マッドとも話した――サイロンよりマッドのほうが好きだった――が、やはり結果ははかばかしくなかった。

かくして財務省は、九月四日木曜の夜、計画実行に動きだした。ファニーとフレディのCEOは、金曜の午後、FHFAでポールソン、バーナンキとの会合に出席するよう指示された。マッドは三時から、サイロンは四時から。それぞれ筆頭の取締役を連れてくるように。ほかには何も言われなかった。すべてが時計じかけのように正確だった。かりにこの情報がもれたとしても、そのころには市場は閉まっている。そしてポールソンには、四八時間の計画遂行時間が与えられる。

当日午後、熱帯性低気圧ハンナの接近によって首都上空には黒雲が垂れこめていた。上階の会議室で、FHFAのジェイムズ・ロックハート局長を挟んでバーナンキとポールソンが坐った。各会合でまずロックハートがGSEの幹部と弁護士たちに、会社は潜在的に莫大な損失を抱えており、与えられた使命を果たすべく機能することができないと宣告した。FHFAは〝いまの状況を放置して悪化させるより〟行動をとることにする、と用意された原稿を読んだ。[注19]

両社は保全管理下に置かれ、株式を公開する私企業の形態は維持しながらも、FHFAに監督される。現在の経営層は交替する、高額の退職金はない、とロックハートは説明した。「私は公正、率直、誠実でありたい」ポールソンが言った。「あなたがたに協力してもらいたい。同意してもらえることを望む」しかしそこで言い足した。「われわれには、同意がなくともこれを実行できる根拠がある。必要とあらばそうするつもりだ」サイロンはすぐに降伏し、取締役たちに電話をかけて悪いニュースを伝えた。

ファニーのCEO、ダニエル・マッドはそう簡単にはいかなかった。彼は弁護士たちとサリバン&クロムウェルのオフィスに引き上げた。弁護士たちは怒りくるっていた。ロジン・コーエンは、ケンドリック・ウィルソンに直接電話をかけて叫んだ。「ケン、これはいったいなんなんだ！　あきれ果てる！」

ファニーの幹部たちが支援を求めていろいろな議員に電話をかけてみると、ポールソンと財務省からすでに手がまわっていて、みな買収を支持した。民主党議員は、モーゲージ金融システムを機能させるのに必要な策だったと言い、共和党議員は、ファニーとフレディがもたらしたシステミック・リスクを強調した。

ファニーの弁護士たちは、取締役を全員ワシントンに呼び出して、翌日FHFAでおこなわれた会合に臨んだ。財務省は取締役だけの参加を希望すると釘を刺していた――銀行業務の顧問であるゴールドマン・サックスは同席させないようにと。

土曜の正午、ファニー取締役会の法律顧問であるベス・ウィルキンソン、ロジン・コーエン、クラバス・スウェイン&ムア法律事務所のロバート・ジャフィが、一三人の取締役全員を連れて、前日と同じFHFAの小さな会議室に入った。財務省が条件を説明した――政府は両社からそれぞれ一〇億ドル分の新規優先株を取得する。それで各社の普通株の七九・九パーセントを保有することになる。政府は必要に応じて両社に二〇〇〇億ドルまでの融資をおこなう。これらは交渉の余地のない条件である。

会合はすぐに終わった。ファニーの取締役たちは審議のために立ち去った。ウィルキンソンは夫——NBCニュースのデイビッド・グレゴリー——の誕生日の食事をキャンセルしなければならなかった。その土曜の夜遅く、ファニーメイの取締役会はついに同意することを決議した。その日、ポールソンは夜の一〇時半に、民主党大統領候補のバラク・オバマの電話で起こされた。オバマはインディアナ州での遊説でファニーとフレディの状況についてこう語っていた。「どのような行動をとるにせよ、ロビイストの気まぐれな思いつきや、ボーナスや時給といった特殊な利益に配慮するのではなく、われわれの経済を強化するか、いま苦しい思いをしている住宅所有者のためになるか、ということに考えを集中しなければなりません」オバマとポールソンはそれから一時間近く話し合った。

買収が日曜に発表されると、何週間も働いてきた財務省のスタッフのあいだには、明らかに安心感が漂った。金融システム安定への長い道のりで、やるべきだったことをやりとげたのだ。大きな不安材料がひとつなくなって、市場も落ち着くだろう。彼らはホームランを打ったのだった。

しかしポールソンには、もうひとつ差し迫った心配事があった——リーマン・ブラザーズだ。

ポールソンの下で働きだしてから、初めて自由に使える午後ができたケンドリック・ウィルソンは、財務省ビルから自分のアパートメントに歩いて帰り、ジョージタウンのパブでフットボールの試合を見ながら食事をとった。

その夜、ボイスメールを聞くと、リチャード・ファルドから数件のメッセージが入っていた。

ウィルソンはファルドに電話をかけた。ファルドは、ファニーとフレディのニュースはじつにありがたい、これで市場が落ち着くといいがと言った。一方で、手札が尽きかけ、ひどく取り乱してもいた。韓国の状況には希望がない。バンク・オブ・アメリカも当てにならない。リーマンは〝グッド・バンク・バッド・バンク〟戦略をとるつもりだ、とファルドは言った。できれば悪質な不動産資産を別会社にスピンオフしたい。かつてリーマンで働き、ブラックストーン・グループの共同設立者となったスティーブン・シュワルツマンからも、ずばりこう言われたところだった。「これはガンみたいなものだ。悪いところは切除しなければならない。昔のリーマンに戻るのだ」

スピンオフだけでは足りないだろうと思ったウィルソンは、ファルドに言った。「会社にとって何が正しいか、真剣に考えなければならないよ」会社全体の売却が必要であることを、直接そのことばは使わず、丁寧に伝えようとした。

「どういう意味だね？」ファルドは訊いた。

「リーマンの株価がこのまま下がりつづければ、いつか不満の残る価格になるかもしれない。

だが組織をいまのまま存続させるには、それを受け入れることも考えないと」

「どういうことだ？　どのくらい安くなるのだ」

「たとえば、一桁に」

「ありえない！」ファルドは怒って言った。「ベア・スターンズですら一株一〇ドルだ。この会社はそれより安い値段ではぜったいに売らないぞ！」

第12章　倒れゆく巨大金融機関

ニュースは月曜深夜に流れはじめ、午前二時には世界各国の通信社が報じていた――韓国産業銀行がリーマン出資を断念。〝リーマン救済なるか――韓国の命綱流れる〟というロイター通信の見出しが躍った。[注1]

その夜、韓国金融監督委員会のジュン・カンウ委員長がソウルで記者会見を開き、夏のあいだ続けてきたリーマンとの交渉は決裂したと語った。「国内外の金融市場の状況を考えると、KDBは現時点でのリーマン株取得にきわめて慎重にならなければなりません」[注2]

火曜の朝、ファルドはオフィスにひとりで坐り、怒りをたぎらせてコンピュータの画面を見つめた。彼にとっては交渉などとうの昔に終わっていた。KDBは一株六・四〇ドルを提示してきたが、本気とは思えなかった。しかし、交渉の噂を聞いていた世間にとって、このニュースは衝撃だった。市場が開くとほぼ同時にリーマンの株価は急落した。[注3]

ファルドをとりわけ困惑させたのは報道のタイミングだった。ミッドタウンの本社からほんの二区画のヒルトン・ホテルで、注目度の高い年次銀行会議を開いている最中だったのだ。[注4]

この日も会議二日目の模様を伝えようと、CNBCのワゴン車がビルのまえに停まっていた。

その朝は、ワコビアに転職したロバート・スティールと、ブラックロックのフィンクが演壇に立つ予定だった。バークレイズ・キャピタルのロバート・ダイアモンドは前日に講演していた。

市場が開いた直後、ハーバート・マクデイドがオフィスに入ってきた。しかしファルドは、相手が何か言うまえにテレビを指差して叫びはじめた。「まただ。また勝手な見方で事実をゆがめている」[注5] マクデイドはおとなしくテレビ画面に目を向けた。

CNBCのトップニュースが〝リーマンに残された時間はわずか〟と報じていた。[注6] ベテラン記者のデイビッド・フェイバーのくわしい報告が続いた。「収益発表までに、リーマンにはやるべきことが山のようにあります」そのあと予言でもするようにつけ加えた。「予想される損失をそのまま発表し、たんに経営戦略の見直しを続けますなどと言えるのでしょうか。言えるかもしれませんし、言わざるをえないでしょう。しかしまちがいなく、質問は無数に出てきます」

たまたまマクデイドも、フェイバーが取り上げた問題について話すためにファルドのところに来たのだった。木曜の正式発表のまえに——早ければ明日にでも——収益の見通しを公表すべきだと考えを述べ、「事態を収拾しなければなりません」と言った。

ファルドは同意してうなずいた。「この津波にさらわれないように、急いで行動しないと」[注7]

マクデイドがファルドに許可を求めたのは、ある意味、歌舞伎の演目のようなものだった。

様式にしたがったのである。CFOのイアン・ロウィットには、すでに数字を用意させていた。また、〝スピンコ〟計画――グッド・バンク・バッド・バンク計画――を同時に発表することも考えていた（スピンコはスピンオフする会社の意）。

数字を公開するのにファルドの承認は必要ない。マクデイドたちはすでにファルドから実質的な権限をすべて剝奪している。しかし発表をそつなくおこなうには、ファルドの協力が不可欠だった。良かれ悪しかれファルドはいまもリーマンの顔であり、彼の存在は市場沈静化の鍵となる。

しかし、こみ入った現状を考えると、ファルドの精神状態が心配だった。マクデイドはファルドのオフィスに行くまえに、ゲルバンドにこう語っていた。「彼にできるかな。いまものすごいストレスにさらされているから」とはいえ、広報の観点からすると、ほかの選択肢はほとんどないし、ファルドが自分で発表したがることはわかっていた。それ以外のやり方は認めないだろう。

火曜の朝、ポールソンは沈んだ面持ちで長官室の向かいの大会議室に入った。補佐チームのアンソニー・ライアン、ジェレマイア・ノートン、ジェイムズ・ウィルキンソン、ジェブ・メイソン、ロバート・ホイトをしたがえていた。午前一〇時から、ジェイミー・ダイモンとJPモルガンの経営委員会との会合が始まる。政府と良好な関係を築くために、JPモルガンが企画した終日会議の一環で、数週間前から設定されていたものだった。そんな作戦を立てたのは、かつてニューヨーク州選出の共和党下院議員だったリック・ラジオで、いまはダイモンに雇われて、国際的政府関係および公共政策担当のエグゼクティブ・バイス・プレジデントになっている。経営委員《オペレーティング・コミッティ》会によるワシントンDC訪問は、JPモルガン内では冗談半分に〝ＯＣ／ＤＣ〟と呼ばれていた。金融システムの動揺によって、連邦政府のウォール街に対する規制強化が求められるのは必至だ。ダイモンはそれを見越して、要人全員と握手しておきたかったのだ。

「わざわざ来ていただいて感謝する」ポールソンは気弱な声で会合を始めた。じつは、ファニーとフレディを政府の管理下に置くという、四八時間前の発表に対する反応にまだ気を取られていた。ポールソンは事態に正しく対処したと信じていたが、投資家はそう思わなかったようだ。予想に反し、市場は安定するどころか、またしても暴落しかかっていた。

いちばん腹立たしいのは議会の反応だった。とりわけドッド上院議員。彼には日曜の発表直後に直接会って、状況を説明した。それで暗黙の支持を取りつけたと思っていたのに、翌日、ドッドは公然とポールソンをあざけった。一時的な権限の要求は――利用するつもりはないとポールソンは明言したが――大いなる策略だったというのだ。

「財務長官の望みはバズーカ砲だけだった。そして長官はそれを使いたくなかった」月曜に、ドッドは記者との電話会議で皮肉たっぷりに語った。「われわれは、一時的な権限を確保するだけで行使はしないという長官のことばを真に受けた。一度だまされるのは、だますほうが悪い。しかし二度目は、だまされたほうが悪い」そしてそれまでは政府周辺でささやかれるだけだった疑問を、あからさまに口にした。「今回の措置は望ましい結果を生むのだろうか。それとも、財務省は何かほかの措置も考えているのだろうか」[注8]

夏のあいだポールソンと論戦をくり広げ、長官を社会主義者呼ばわりしたバニング上院議員は、さらに辛辣だった。「銀行委員会に出席したとき、ポールソン長官はわれわれに語った以上のことを知っていたのだ。ファニーとフレディの損失が回復不能であることを。あのとき議会やアメリカ国民に語ったことばに反して、いずれ権限を行使しなければならないことも、最初から承知のうえだった」[注9]

ポールソンはJPモルガンとの会合に小一時間しか割かなかった。ダイモンにとってきわめて重要であることはわかっていたが。「私はウォール街と連邦議会の対話を後押ししてきた」と銀行家たちに語り、ゴールドマンを経営していたときには「政府と適切な関係を築くことがどれほど大切か認識していなかった」と言った。「ここで仕事をやりとげるのは、見かけほどやさしくない」ポールソンが言うと、出席者は笑った。明らかにファニーとフレディの国有化のことだとわかったからだ。

ポールソンはダイモンに、今回の措置をどう思うかと訊いた。両社を保全管理すべきだとポールソンに勧めていたダイモンは、ポジティブながら含みのある回答をした。「正しい選択でした。この週末に問題がどれほど大きくなっていたか想像がつきます」そして、月曜にはファニーとフレディの一部の債券の借り換えがおこなわれないところだったと指摘した。一方で、株式市場が安定していない事実に触れるのは巧みに避けた。

「そう信じてるなら、協力してくれ」会合が終わり、一同が立ち上がるまえにポールソンは言った。「助けてもらえればありがたい。ここの連中は誰も私の分析など聞きたがらないから」

財務長官から異例の協力要請を受けたあと、JPモルガンの経営陣は少人数のグループに分かれ、連邦の金融監督機関への義務的な挨拶まわりに出かけた。消費者事業の責任者チャールズ・シャーフと、新CFOのマイケル・カバナーは、FDICのシーラ・ベア総裁に会いにいき、スティーブン・ブラックは連邦住宅金融局長のジェイムズ・ロックハートを訪問した。その後、数人がバーネット・フランク下院議員との会談を予定していた。

なかんずく重要なのは、ダイモンがバーナンキFRB議長を訪問することだった。ダイモンは最高リスク管理責任者のバリー・ズブロウを同道した。ズブロウはJPモルガンに来てまだ日が浅いが、たちまち主要な幹部のひとりになっていた。ゴールドマン・サックスに二五年以上勤め、ジョン・コーザイン——ゴールドマンのCEOを辞めさせられたあと、ニュージャージー州知事になった——の親友でもあった。市場のリスクをダイモンと同じくらい理解している者が行内にいるとしたら、それはズブロウだった。

ふたりはコンスティテューション・アベニューに建つ連銀のエクルズ・ビルに入った。X線検査装置を通るまえに、ブラックベリーをちらりと見たズブロウは仰天した。リーマンの株価が三八パーセントも落ち、一株八・五〇ドルほどになっていた。[注10]

ロワー・マンハッタンの金融街では、AIGのCEOウィラムスタッドがニューヨーク連銀の一三階に坐り、ガイトナー総裁との面会を待っていた。市場が混乱をきわめるなか、連銀の貸出枠を利用させてほしいともう一度頼みにきたのだ。先月は要求があいまいで断られたが、今回はAIGをゴールドマン・サックスやモルガン・スタンレー――あるいはリーマン・ブラザーズ――と同等のプライマリー・ディーラー（ニューヨーク連銀から許可を受けた政府証券公認ディーラー。連銀と直接取引ができる）にする詳細な提案を用意してきた。「数分お待ちください。総裁は電話中です」ガイトナーの秘書が言った。

「かまいません。時間はありますから」ウィラムスタッドは答えた。

五分がすぎ、一〇分がすぎた。ウィラムスタッドは苛立ちを抑えて腕時計を見た。会合は一一時一五分に始まる予定だった。

およそ一五分後、ガイトナーのスタッフが決まり悪そうに近づいてきた。「隠さずに言いますと、総裁はミスター・ファルドと電話中です」そう打ち明け、もうしばらく待たされますよとでもいうように笑みを浮かべた。「リーマンの件で大忙しなんです」

三〇分後、ようやくガイトナーが姿を見せ、ウィラムスタッドを迎え入れた。ガイトナーは疲れ果てた様子でせわしなく室内に目を走らせ、ペンをひねりまわした。スイスのバーゼルでおこなわれた国際銀行会議から戻ってきたばかりだった。

挨拶を交わしたあと、ウィラムスタッドは用件を切り出した――金融分野でのAIGの分類を変えてもらいたい。いや、変えてくれなければ困る。AIGをプライマリー・ディーラーに指定してほしい。そうすれば、ベア・スターンズ買収後に可能になった緊急融資枠が適用され、政府機関とプライマリー・ディーラーだけに許された低利融資を受けることができる。

ガイトナーは無表情でウィラムスタッドを見つめ、なぜAIGフィナンシャル・プロダクツ（FP）に連銀の貸出枠が使えるのかと訊いた。困窮した金融機関だけが使えることは、あなたにもわかっているはずだ。いまはそうした金融機関が通常よりはるかに多いことも。

そこでウィラムスタッドは次々と数字を並べて論拠を示した。AIGはほかのプライマリー・ディーラーと同様、金融システムにとって重要な存在である。八九〇億ドルの資産は、いくつかのディーラーを上まわっている。よって同じ権利が与えられるべきだ。FPが一八八〇億ドルの国債を保有していることにも触れた。しかし、ウィラムスタッドが何より強調したのは、AIGがCDSプロテクションを――実質的に無規制の投資家向け保険を――ウォール街の主要企業すべてに売っているということだった。

「私がここに来て以来、新しいプライマリー・ディーラーはひとつも認可されていない。手順すらよくわからないので、部下に調べさせます」ガイトナーは言ったが、ウィラムスタッドが立ち去るまえに、いちばん気がかりなことを訊いた。午前中ずっと頭を離れなかった疑問だった。「いまAIGは危機的状況なのですか。緊急事態ですか？」

幸いウィラムスタッドは、その話題への対処法を考えていた。サリバン&クロムウェルのロジン・コーエンや、フィラデルフィア連銀のアンソニー・M・サントメロ元総裁など、AIGの弁護士や顧問役から答え方を教わっていた。[注11] 彼らのアドバイスは〝発言は慎重に〟。AIGが深刻な流動性危機に陥っていることを認めれば、プライマリー・ディーラーになりたいという要望はほぼ確実にはねつけられ、喉から手が出るほど欲しい低利の資金が得られなくなる。

「まあ、認可されればAIGは非常に助かるとだけ言っておきましょう」ウィラムスタッドは慎重に答えた。

彼はガイトナーに書類をふたつ渡して帰った。ひとつはFPのあらゆる特質を列挙し、なぜプライマリー・ディーラーの資格が与えられるべきなのかを論じた概況報告書。もうひとつは――これは爆弾文書で、かならずガイトナーの注意を惹く自信があった――AIGの世界各国の契約相手に関する報告書で、〝デリバティブの想定元本は二兆七〇〇〇億ドル、個別契約数は一万二〇〇〇件〟と書いてあった。ウィラムスタッドは、ページのなかほどに太字で記された詳細を見て、ガイトナーがぎょっとすることを願っていた。〝一二の主要な金融機関に総額一兆ドルのエクスポージャーが集中〟。この数字の重要性は、ハーバード大学のMBA取得者でなくてもすぐにわかる――もしAIGが破綻すれば、金融システム全体が道連れになるということだ。

しかし、まだリーマンのことで頭がいっぱいだったガイトナーは、書類をざっと見ただけで脇にどけてしまった。

ポールソンの特別補佐官のダン・ジェスターは、財務省のオフィスに戻ったとたん、アシスタントから意外な知らせを受けた。ゴールドマン・サックスのCFOデイビッド・ビニアから電話だというのだ。

どんな用件であれ、ゴールドマンの誰かと電話で話すのは決まりが悪かった。かつて自分もそこで働いていたからだ。ポールソンとちがって、ジェスターは政府で働くようになっても、ゴールドマン株の売却は要求されなかった。[注12] また、入省前に議会から攻撃されたポールソンとちがって、特別補佐官の彼は、ゴールドマン株保有に関して当局の許可を必要としなかった。ビニアはゴールドマン時代からの旧友だったが、仕事の話であることはまちがいない。市場が混乱しているときに世間話をする暇はない。ひと呼吸置いてジェスターが受話器を取ると、ビニアは手短に挨拶してすぐ用件に入った。

「ゴールドマンはリーマンの役に立てるかな?」

質問自体は慎重な言いまわしだが、奇妙なのはビニアが電話をかけてきたタイミングだった。ジェスターはガイトナーから、水曜にリーマンが三九億ドルの損失を事前発表するらしいと聞いたばかりだった。[注13] ファルドから政府に内々の予告があったのだ。それから一時間もしないうちに、ゴールドマンが探りを入れてくるとは。

規則に抵触するのが心配で、ジェスターは話の核心に触れるのを避けた。けれどビニアが本気でリーマンの援助を申し出ているのはわかった。リーマンの不良資産の一部を買うことに興味があるという。もちろん、安値でなければ買わないのは明らかだ。ビニアは、財務省に段取りをつけてもらえないだろうかと訊いた。

ジェスターは電話を切るとすぐに、財務省のホイト法律顧問に連絡した。ゴールドマンと政府の陰謀説がささやかれているときに、ビニアから電話があったことが外部にもれれば大変なことになる。あとで責任を追及されないように手を打っておく必要があった。

次は、ポールソンに報告する番だった。

リーマン本社の高層ビルでは、アレックス・カークが廊下を走ってマクデイドのオフィスに飛びこんだ。「妙なことになっている」と言って息を整えた。「たったいまピート・ブリガーから電話があった」

ブリガーは、大手ヘッジファンドでプライベート・エクイティ投資会社のフォートレス・パートナーズの社長である。かつてゴールドマンのパートナーだった彼は、業界の噂をいち早く聞きつける。その彼が何やら不吉な提案をしてきた、とカークは言った。

「きみがマクデイドとリーマンにきわめて忠実なことは知っている。状況がちがえば、ぜったいにこんな電話をかけたりしない」ブリガーはカークに言った。「だがかりに今週末、リーマンが別の金融機関に買収されるようなことになったとする。そのとき、リーマンではない会社で引きつづき働きたいかどうか確信が持てなかったら、ぜひ私のところに相談にきてほしい」

面食らったカークは「光栄です」といった答えを返したが、頭のなかをさまざまな考えが駆けめぐった。「そんな事態にならないことを祈ります。あなたに好かれているとは思わなかった」

「このまえ、きみのことをウェスに話したのだ」フォートレスのCEO、ウェスリー・R・エデンズのことだ。「言っておくがきみのことは嫌いじゃない。だがウェスには、〝好きなやつなんかより、めっぽう頭の切れるくそったれをパートナーにしたい〟と言っておいた」

カークはその会話をマクデイドに報告しながら笑い、ブリガーの決め台詞をくり返した。しかし、奇妙なのはブリガーの怪しい褒めことばではなく、電話のかかってきたタイミングだった。とても偶然とは思えない。まちがいなく情報がもれたのだ。「なぜいま電話してくるんだろう」カークはわけがわからないというように両手を上げて、マクデイドに訊いた。

「リーマンは誰とも合併交渉などしていなかった――少なくとも、いまのところ」

マクデイドは何も言わずに相手を見つめた。カークはみずから自分の質問に答えた。「賭けてもいいが、彼らはわれわれが知らない何かを知っている」

ジェイミー・ダイモンとバリー・ズブロウは連銀の控え室に坐り、バーナンキ議長らが現われるのを待った。会合は午前一一時一五分から四五分までの予定だった。つまり、JPモルガンの幹部ふたりは、割り当てられたわずか三〇分のあいだに、準備してきたことをすべて〝神殿の番人〟に話さなければならない。

窓からはコンスティテューション・アベニューが見渡せた。そこは天井の高さが一〇メートル近くある、控え室らしからぬ広々とした空間だった。すぐそばには国の主要な財政政策が打ち出される理事会室、少し歩けばバーナンキのオフィスがある。

ダイモンは部屋を見まわし、一九三四年の組織再編後に初代議長に就任したマリナー・S・エクルズを含む、歴代FRB議長の肖像画を眺めていった。アラン・グリーンスパン前議長の肖像画がなく、かえって注意を惹かれた。「ないほうが妥当かもな」グリーンスパンが経済に与えた影響を考えて、ダイモンは冗談を言った（実際には、グリーンスパンの肖像画はまだ制作中だった）。

ようやくバーナンキが現われて着席した。彼もまた、翌日リーマンが膨大な損失を事前発表するかもしれないと非公式に知らされたばかりだったが、JPモルガン幹部との会合中には口外しないでおこうと決めていた。

ダイモンはバーナンキに、ちょうど財務省のポールソンを訪問してきたところだと伝えた。ファニーメイとフレディマックを管理下に置いた件で、長官に批判の声があがっているという話になった。「彼は厳しい世評にかなり参っている」バーナンキは言った。前日の朝、マスコミの報道についてポールソンからさんざん聞かされたのだ。

ダイモンは、移動の車中で走り書きしたメモにときおり目を落としながら、まだ準備しきれていない意見を述べはじめた。

「信用不安が大きくなっています。取引先や顧客からも聞きますし、われわれのプライム・

ブローカレッジ（ひとつの金融機関の信用供与によって、ヘッジファンドなどの顧客がほかの金融機関と取引できるサービス）にも影響が出ている」そして、市場の混乱は予想に反して一時的にJPモルガンのビジネスを促進している——もっとも堅実な銀行として顧客に信用されているからだ——が、他社にとっても、ひいてはJPモルガンにとっても不利益になると指摘した。

もちろん、そんなことはバーナンキにとって耳新しい情報ではなかった。それでもできるだけ専門家らしい態度で、礼儀正しくうなずいていた。

ダイモンは議長に——遅れて現われたケビン・ウォーシュ理事にも——とりわけリーマン・ブラザーズが心配だと言った。ファニーとフレディを国有化した決断は高く評価できるが、甲斐なく市場は落ち着いていない。「これからの政府の役割にみな戸惑っています」ダイモンは言い、誰もが抱いている疑問——連銀はまた別の救済に乗り出すのか——の答えが出てくることに期待した。

しかしバーナンキは手の内を明かさず、ただこう言って会合を締めくくった。「われわれは多くのことに取り組んでいる。今回の件で遅れを取らないように努力している」

時が進むにつれ、リーマン本社三一階の空気はよどむ一方だった。ファルドが呼吸困難に陥っているように見えることすらあった。彼は週末のあいだじゅう、バンク・オブ・アメリカに電話すべきかどうかで悩んでいた。その朝は財務省のウィルソンから三回以上連絡が入り、電話をかけろと強く勧められた。ウィルソンはゴールドマンにいたころ、バンク・オブ

・アメリカを一〇年以上担当していたので、その銀行のことをよく知っていた。「戦略的にうまく当てはまる」と力説した。その一方で、ファルドから電話があるので準備しておくようにと、すでにバンク・オブ・アメリカのグレゴリー・カールに働きかけたことは黙っていた。以前の会話でファルドには、取引成立のためには交換条件として値引きに応じるほかないと伝えてあった。そうやって遠まわしに、彼にはもう交渉力が――時間も――あまり残っていないと警告したのだ。

ニューヨーク港を見晴らすサリバン&クロムウェル法律事務所の三〇階の角部屋で、腰痛持ちのロジン・コーエンが立ったままコンピュータを操作していると、電話が鳴った。リチャード・ファルドからで、バンク・オブ・アメリカのカールに電話してくれという指示だった。ファルドの話を聞きながら、急いでメモをとった。この件を台本なしで説明するのは危険すぎる。

「わかった。彼と話したあとでかけ直すよ」

コーエンは最後にもう一度台本に目を通し、カールを電話口に呼び出すと、愛想よく言った。「世界が大きく動いた。また交渉に入りたい」

「オー……ケイ」カールはゆっくりと答えた。リーマンのために連絡してきたコーエンの話を聞くことに同意したものの、慎重な姿勢を崩していないのは明らかだった。

「優先事項がふたつある。リーマンのブランドと評判を保つこと。そしてリーマンの社員を厚遇すること」

コーエンは台本の次の行を確認しながら、効果を狙ってことばを切った。

「価格が優先事項でないことはわかるね。ただもちろん、取引に応じられない価格はある」

「こちらが興味を持つ可能性はある」カールは用心深く答えた。「ボスに報告してみる。あとでかけ直すよ」

「急いで手を打てればありがたい」コーエンは言った。

「わかった」

ダイモンとズブロウは、ペンシルバニア・アベニュー六〇一番地、六階建てのモダンな石灰岩のビルのまえで黒いタウンカーからおりた。ホワイトハウスの北西にあるその建物は、JPモルガンのワシントン支店だった。政府関係の仕事をする者は全員ここにいるため、グッチのスーツ姿のロビイストが絶えず往き来している。

ふたりが到着したときには、経営委員会のメンバーの大半はすでに午前の打ち合わせを終え、二階の会議室で昼食をとっていた。サンドイッチと炭酸飲料が配られ、カバナーはシーラ・ベアとの会談の様子を語り、ブラックはジェイムズ・ロックハートと対面したときの話を聞かせていた。

会話が必然的にリーマンの株価下落に及ぶと、ダイモンはバーナンキとの話し合いについて一同に報告した。「理解してくれると思う」ダイモンは言った。しかし、メンバーのひとりが、連銀はリーマンを救済するだろうかと訊くと、「それはない」とはっきり答えた。

ブラックはかなりまえからリーマンの先行きに悲観的だった。二〇〇七年一月に開かれた社内の指導者フォーラムでは、「ファルドはあの会社を売るべきときに売らず、いつか否応なく売らされるはめになる」と予言していた。そのことを引いて一同にこう告げた。「言っただろう、あの会社はめちゃくちゃになるって！」

そうは言っても、状況の激変が自分たちに及ぼす影響を考えて、会議室は重苦しい雰囲気に包まれた。もしリーマンが破綻し、政府が介入しないと決めた場合には、JPモルガン自体も莫大な損失をこうむりかねない。ズブロウは、JPモルガンの投資銀行部門のCROジョン・ホーガンが、先週と週末の二度にわたってリーマンに五〇億ドル以上の担保を要求したにもかかわらず、いまのところ何も受け取っていないと言った。ズブロウはリーマンのCFOイアン・ロウィットにも会い、担保のことが心配だと通告していた。

ブラックは、ファルドに電話していますぐ担保を要求したらどうだと言った。それと同じくらい重要なのは、担保契約の見直しだった。リーマンのほかの事業分野が行き詰まったときに備えて、さらに資金を要求できるようにしなければならない。

それが最善策だと全員一致で決まったので、ブラックとズブロウはゆっくりと席を立ち、部屋から出ていった。ふたりの顔を見れば、楽しい電話になりそうにないことはわかった。

ブラックはスピーカーフォンでファルドに電話をかけ、つながるとすぐに窮状を説明した。「こちらには六〇億から一〇〇億ドル相当の日中エクスポージャーがあるのに、充分な担保をもらっていない」まえの週にJPモルガンが五〇億ドルの担保を求めたことも指摘した。「厳しい要求だというのはわかります。そちらの大問題とならないよう、時間をかけて解決方法を探りましょう」ブラックは内心、寛大すぎると思っていた。あっさりこう言いきることもできたのだ――さもなきゃ明日の朝あんたらをつぶすぞ。こっちにはそうする権利がある。

ファルドは遠まわしな脅しを理解したかのようだった。「部下と検討させてくれ」と観念したように言うと、ロウィットを電話会議に加え、状況を静かに説明した。四人は、リーマンが担保を提供するための選択肢をいくつか話し合った。現金をすべてJPモルガンに移して預金しておけば、リーマンの不利にならないのではないか？

これを機にファルドは話の流れを変えようとし、いくらか現金を提供するつもりはないかとブラックに尋ねた。融資のかたちをとれば、リーマンの株式に転換できる。どのみちダイモンからは、何かあれば電話してくれといつも言われていた。

「収益の見通しを明日発表するつもりだ」ファルドはブラックに言った。「もしダイモンが真剣に転換を検討して、リーマンの一部を所有してくれるようなら、発表は一日遅らせたほうがいいかもしれない」

JPモルガンのふたりにとって、それは馬鹿げた提案だった。取り立て屋に小銭をねだるようなものだ。

ブラックは、いかれてるとでも言いたげな目をズブロウに向けると、慎重に答えた。「すぐにはいいアイデアが浮かばないが、もしそちらがいま……きわめて困難な状況なら、われわれにできることがないか、少し検討して電話をかけ直しますよ」

ブラックは五分間、同僚と冷静に話し合ってから、ファルドとの電話会議に戻った。

「ファルド、もう誰にも……われわれにできることは何もない。率直に言って、自分の利益になること以外、誰も、何もしないでしょう」と弁明した。「申しわけないけれど、連銀に電話して、ロングターム・キャピタル・マネジメントのときのような救済案を検討してもらうことです。すべて片づけてもらうんです」

電話の向こうにしばらく沈黙ができたあと、ファルドが冷たく言った。「株主に大打撃を与えてしまう」

ブラックは笑いそうになった。「株主のことなど気にしてる場合じゃない」

ファルドは苛立ちを抑えながら、もう一度ブラックの気を惹こうとした。「ビクラムと話したばかりなのだ。シティから何人かやってきて、うちの資本市場部門の人間や経営陣と会う予定だ。収益見通しと同時に、何か資本市場を利用した解決策を発表できないか話し合う」

「シ、シ、シティだと？　ふざけてるのか？」「オーケイ」ブラックは慎重に言った。「こちらからも何人か送りましょう」

ブラックはすぐに投資銀行部門の責任者、ダグラス・ブラウンスタインに連絡して状況を説明すると、「きみとジョン［ホーガン］に行ってもらいたい」と言った。「リーマン側が何をしたいのかさっぱりわからない。シティにアイデアがあるということは、おそらくうまくいかないということだ」くすっと笑った。「だがいま何が起きていて、何を話しているのか、確かめてきてくれ」

ヘンリー・ポールソンはブルームバーグの端末でリーマン株の動向を注意深く見つめていた。午後二時五分。株価は三六パーセント下落し、九ドルの安値をつけた。一九九八年以来の最低水準だった。

いましがたファルドとの電話を終えたところだった。バンク・オブ・アメリカに打診中であることを伝えてきたのだ。ポールソンはようやくファルドが事態を深刻に受け止めているのがわかってうれしかったが、何もかも手遅れではないかという気がした。

テレビにはCNBCが映り、解説者たちが注意をうながしていた。

「これほどの勢いで株価が下がるのは、多くの人がリーマンは破綻に向かっていると確信しているからです」レイデンバーグ・タルマンのベテラン銀行アナリスト、ディック・ボウブが言った。「そうした確信が空売りを促進しているのでしょう」[注14]

ストリート・サインズの司会者、エリン・バーネットが反論した。「でも人々がまだリーマンを信用して取引を続けているとすれば、それは重要な意思表示になりませんか？」

「理解すべき大事な点は、リーマンがつぶれても誰の利益にもならないということです」奇妙なことに、リーマンを買い推奨として目標株価を二〇ドルに設定しているボウブが答えた。

「ゴールドマン・サックス、モルガン・スタンレー、シティグループ、JPモルガンといった競争相手の利益にはならない。もしリーマンがつぶれれば、今度はメリルリンチが困り、その次にはどこに圧力がかかるか誰にもわからないからです。

それにリーマンの破綻はアメリカ政府の利益にもなりません」ボウブはふたたび強調した。「確実とは言いきれませんが、まずまちがいなくリーマンはニューヨーク連銀、バーナンキFRB議長、そしておそらくポールソン財務長官とも話し合っています。彼らもリーマンにつぶれてほしくないのです」

いい、そのとおりだ。ポールソンはほかにどんな選択肢があるか相談するため、ガイトナーに電話をかけた。

ニューヨーク証券取引所で立会終了の鐘が鳴るころには、リーマン株は暴落し、終値は四五パーセント安の七・七九ドルだった。マクデイドの秘書は電話に対応しきれなかった。翌日の収益発表に向けて、マクデイド自身も新CFOロウィットを手伝って数字を準備しなければならなかった。リーマンは事前報告を正式決定していた。内容はなんでもいい。投資家はとにかく話を聞きたがっている。

マクデイドは、ラリー・ウィズネックとブラッドリー・ホイットマンにも手短に指示を与えなければならなかった。ふたりにはその日、ミッドタウンのシンプソン・サッチャー法律事務所で、JPモルガンとシティグループの幹部と打ち合わせるように言ってあった。一方または両方の銀行に、融資限度額を引き上げるか資金調達に手を貸してくれと頼む予定だった。そして最後にもっとも厄介な仕事が待っていた――グッド・バンク・バッド・バンク計画をどのように投資家に伝えるかを考えなければならない。それがきわめてむずかしいのは、リーマンの大量の不良資産に値段をつけられる者も、つけようとする者もいないからだった。

それでもまだ足りないというかのように、マクデイドはファルドから不可解な話を聞いた。ポールソン本人から電話があって、ゴールドマンに帳簿を公開するよう勧められたというのだ。ファルドの説明を聞くかぎり、財務省にはゴールドマンが巧みに助言している。ポールソンは、リーマンの社外秘の数字を徹底的に見直せとも要求してきた。これもゴールドマンの入れ知恵だ。

マクデイドはそれほどゴールドマン陰謀説を信じていなかったが、ファルドの説明を聞いて不安になった。それでもゴールドマンの資本市場部門の責任者であるハーベイ・シュワルツに電話をかけ、「ポールソン長官の要求の件ですが」と話しはじめた。

また腑に落ちない会話をしたあと、マクデイドはカークのところに行き、すぐにゴールドマンのシュワルツと会合を設定してほしいこと、ゴールドマンと守秘義務契約を結ぶべきことを伝えた。

「ポールソン直々《じきじき》の命令だ」マクデイドは言った。

午後四時半、ポールソンは秘書のクリスタル・ウェストに頼んで、ケネス・ルイスに電話をかけさせた。[注15] ファルドとの直近の――この日七度目の――電話について、ウィルソンから報告を受けたばかりだった。内容はまたしてもバンク・オブ・アメリカの件で、あとは長官から直接CEOのルイスに説明してもらうだけでいいと言われた。ポールソンはルイスをよく知らなかった。唯一いっしょにすごしたのは、ゴールドマン時代にシャーロットで昼食をとったときだけだ。貪欲な取引先に対するゴールドマンの忠誠心を示すため、ケンドリック・ウィルソンに連れられて会いにいったのだ。

「ルイスさんにつながりました」ようやくウェストが声をかけた。ポールソンは受話器を取った。

「ルイス」重々しく言った。「リーマンのことなんだが」そこでひと呼吸置いた。「もう一度検討してもらえないだろうか」

数秒の沈黙。ルイスは同意したものの「戦略的にどのくらいうちの役に立つかわからない」とつけ加えた。価格も適正でなくてはならないと明言した。「財政的に割がいい取引なら考えてもいい」

ルイスは、この取引ではファルドのことがいちばん不安だ、彼の提示する価格は現実離れしているのではないかと言った。七月の会合の結果がいかにひどかったかも語った。

「これはもうファルドの手を離れている」ポールソンは力強く言った。その発言の意味するところはただひとつだった――私と直接交渉すればいい。

午後七時半、シンプソン・サッチャー法律事務所の三〇階の会議室は、いらいらして歩きまわるJPモルガンとシティグループの幹部でいっぱいだった。「二時間が無駄になるな」JPモルガンのホーガンがささやくと、同僚のブラウンスタインは苦笑した。

リーマンのラリー・ウィズネックは、ゲイリー・シェドリン──シティグループのグローバル金融機関M&A部門の共同責任者で、ウィズネックの親友でもあり、ニュージャージー州のクレストモント・カントリー・クラブでいつもいっしょにゴルフをする仲──と挨拶を交わし、集まった顔ぶれを眺めた。誰が誰なのかもわからないことに気づき、紙をまわして全員に署名してもらった。これから秘密情報を共有するのなら、相手の名前くらいは正確に知っておきたかった。

ウィズネックがとくに心配したのは、JPモルガンのリスク管理部門から来た面々と、取引の交渉にあたる幹部の数のバランスが取れていないことだった。幹部がもっと大勢来て、選択肢の検討を手伝ってくれると思っていたのだ。「全員リスク部門の人間だ」ウィズネックは部屋の隅で同僚のブラッドリー・ホイットマンと戦略を立てながら言った。リーマンの救済策を話し合う場だったはずだ。心のなかでつぶやいた。リーマンがつぶれた場合のエクスポージャーの規模をJPモルガンが評価する場ではなく。

彼は会合開始が遅れていることを詫び、リーマンの投資銀行部門の責任者ヒュー・マギーの到着を待っているのだと説明した。

「大勢ここに来てるんだ」チーム全員を連れてきたブラウンスタインが文句を言った。「ひと晩じゅう待つわけにはいかない」

室内の緊張が高まるなか、ようやくマギーからホイットマンにメールが届いた。とても間に合いそうにないので先に進めてくれという内容だった。

ウィズネックは開始を宣言し、リーマンの不動産資産を〝バッド・バンク〟としてスピンオフする計画を説明した。みな賛成したものの、実施に何カ月もかかることを考えると、遅すぎたかもしれないという懸念はあった。それに、バッド・バンクがすぐに倒産しないように、少量でもリーマンが資本を注入する必要がある。

質疑応答に移るなり、ウィズネックはJPモルガンからの質問の多さに苛立った——そのほとんどがリーマンの資金調達とは無関係だった。「帳簿の額は？　モデルの算定条件は？」ホーガンが訊いた。「計画をすべて実行するには、かなり資本がいるんじゃないか」リーマン側の出席者は答えることができず、CFOに連絡してほしいと言った。

ウィズネックには、こうした質問の真の意図はリーマンの流動性の状況を判断することだとわかっていた——取引相手はからんでいるのか、資金繰りはどうなのか。賢明な投資家なら誰もが疑問に思うことだ。だが今回にかぎっては、リーマンではなくJPモルガンを守るために訊いているのではないかと思った。対照的に、シティグループのシェドリンはリーマン救済策のさまざまな枠組みについて尋ねてきたが、その声は机についたほかの銀行家たちにかき消された。

両銀行の意見でひとつ一致したのは、埋めるべき〝穴〟——どのくらいの資本注入が必要か――をしっかり確認するまでは、スピンコ計画を公表すべきではないということだった。

「資金がいくら必要になるかわからない。計画を公《おおやけ》にしても、市場の不安は増すだけだ。リーマンはつぶれてしまうぞ」ホーガンが警告した。

シェドリンはさらに遠慮がなかった。「スピンコ戦略を示すのはあなたたちにとって非常に危険だ。人の目には、たんに莫大な資本不足と映る。資本不足で調達の見通しが立たないような話を公表しても、これまで以上に市場に振りまわされるだけだ」

会合は終わり、ウィズネックとホイットマンはふたつの明白なメッセージを受け取った。その一、計画の発表はあきらめろ。もしどうしても発表するなら、資金調達の説明はきわめて慎重におこない、具体的な数字はいっさい出すな。

しかし、自分たちの苦境は本当に深刻だと気づかせてくれたのは、もうひとつのメッセージだった――自分でなんとかしろ。どちらの銀行も新しい融資限度額は提示しなかった。

ブラウンスタインとホーガンは、建物を出てレキシントン・アベニューを渡るとすぐに、ダイモンとブラックに連絡した。

「話はこうです」ホーガンは携帯電話に叫んでいた。「彼らはもうだめだ」翌日リーマンが公表しようとしている詳細をすべて伝えた。

「これから戻って、発生しうるすべてのリスクに備えなければなりません」ホーガンは主張した。「この件で痛い目に遭いたくない」

ノース・カロライナ州シャーロットのバンク・オブ・アメリカ本社から、グレゴリー・カールは財務省のケンドリック・ウィルソンに電話をかけた。ウィルソンはまだオフィスにいて、次々にかかってくる電話に必死で対応していた。カールからの連絡を待っていた彼は、これからリーマンのデュー・ディリジェンス（M&Aの買い手企業による対象企業の経営実態調査）を始めるためにニューヨークに向かうと言った。

しかし、カールが電話したのはまったく別の件だった。「リッチモンド連銀ともめている」彼の説明によれば、バンク・オブ・アメリカが七月にカントリーワイドを買収して以来、リッチモンド連銀のジェフ・ラッカー総裁が銀行の状態を憂慮し、増資しろと圧力をかけていた。リッチモンド連銀は、バージニア州、メリーランド州、ノース・カロライナ州、サウス・カロライナ州、ワシントンDC、およびウェスト・バージニア州の一部の銀行を監督し、資本準備金の規制を通して相当の権力を行使している。

「彼らはくだらないことを言い張っている」カールは不満をもらし、この話を初めて聞くウィルソンに、バンク・オブ・アメリカが一月にカントリーワイド買収を検討した時点で——政府がカントリーワイドの崩壊を防ぐためにひそかに後押しした買収だった——連銀は取引に協力するなら資本要件を緩和すると黙約したはずだ、と語った。少なくともルイスはそう思っていた。

なのに、買収が成立して二カ月のいまごろ、ラッカーは配当を減らせと脅しをかけている。

そのことをバンク・オブ・アメリカはまだ公表しておらず、情報がもれるまえに解決したいと望んでいた。午後はずっとリッチモンド連銀に電話をかけつづけ、ラッカーの思惑を聞き出そうとしたが、うまくいっていない。「財務省に助けてもらいたい」カールはウィルソンに言った。「そうしないと、まえに進めない」

ウィルソンにはバンク・オブ・アメリカの策略がはっきりと見えた。彼らはリーマンの状況を交渉材料にしている。リーマンを救うのは、見返りに政府が便宜《べんぎ》を図ってくれる場合にかぎられるというわけだ。ルイスはカールを通して強気の駆け引きをしようとしている。くわしく調べてみると約束したうえで、ウィルソンは即座にポールソンに電話した。「信じられないことだが……」

午後一〇時、ハーバート・マクデイドはいらいらしながら、リーマン・ブラザーズ本社三一階の役員室でまだ会議をしていた。バンク・オブ・アメリカが明朝ニューヨークに来ないことを知らされたばかりだった。はっきりした理由はわからない。「時間との闘いなのに」と罵《ののし》った。

数時間前、彼はファルドに家に帰って少し寝てくださいと言った。明日の収益発表には、最高にぱりっとした姿で出てもらわなければならない。ファルドが帰宅してから、マクデイドはさまざまな報道発表の原稿を見直した。明日はなんと言うべきだろうか。何が言える？　どう言えばいい？

CFOのロウィットに発表の手順を教え終わったとき、ちょうどウィズネックとホイットマンが、JPモルガンとシティグループとの会合から戻ってきた。

役員室での会議に加わるまえに、ふたりはジェラルド・ドニーニ、マット・ジョンソンほか数人の幹部と集まって話した。ホイットマンが会合の一部始終を伝え、「信じられないよ」と首を振って話し終えた。「まるでJPモルガンのリスク管理会議だった！」

一同は会議室にいるマクデイドに合流した。ウィズネックとドニーニがスピンコ計画について説明した。ウィズネックはJPモルガンとシティグループから受けた助言を伝え、ドニーニは「増資するつもりかどうかの伝え方には、充分気をつけなくてはならない」と注意をうながした。

ようやく全員が仕事を終えたのは午前一時半ごろだった。七番街のビルのまえに黒いタウンカーが短い列を作り、幹部たちを家に送り届けた。わずか五時間後にはオフィスに戻らなければならない。仮眠をとり、シャワーを浴びるくらいの時間しかないだろう。そうして、彼らの未来を決定する一日が始まる。

第13章　誰がリーマンを救うのか？

二〇〇八年九月一〇日の水曜、リチャード・ファルドのオフィスには朝刊が散乱していた。眠れぬ夜をすごしたハーバート・マクデイドとアレックス・カークが六時三〇分には出社し、ほんの三時間半後に迫った電話会議に向けて、最後の準備にとりかかっていた。ニュースは不穏だった。

ニューヨーク・タイムズのトップ記事――〝ブッシュ政権がわが国の二大不動産金融会社を政府管理下に置いてからわずか数日後、ウォール街は、またしても金融大手のリーマン・ブラザーズも破綻するのではないか、そして今度ばかりは政府も救いの手を差し伸べないのではないかという新たな恐怖にさいなまれている〟[注1]

数段落下には、いまファルドらが直面している脅威を簡潔に表わした文章が引用されていた――〝すでに巨額の税金を使った財務省には、リーマンという重荷まで負う余力はもはや残っていないと懸念する向きもある〟とフォックスピット・ケルトンのアナリスト、デイビッド・トロンは語った。[注2]

ウォール・ストリート・ジャーナルは、ベア・スターンズ末期に起きたことと、目下リーマンで起きていることのちがいに注目した。そのひとつは、リーマンの場合には連銀の融資を受けられる可能性があることだった。[注3]

気をもんでいたのは投資家ばかりではなかった。ファルドとマクデイドのもとには、その朝すでに、さらに多くのヘッジファンドがリーマンから資金を引き上げているという取引フロアからの報告が入りはじめていた。事態の深刻さを示すひとつの兆候は、ロンドンに拠点を置く欧州最大のヘッジファンド、GLGパートナーズ――リーマンは一三・七パーセントを保有する最大株主だった――がリーマンとの取引を縮小したことだった。

幹部たちが電話会議の原稿をもう一度読んでいるときに、カークの携帯電話が鳴った。ゴールドマン・サックスのハーベイ・シュワルツが、カークが準備している守秘義務契約の件でかけてきたのだった。ところが、シュワルツは本題に入るまえに重要な話があると切り出した。「疑われないように言っておくが、ゴールドマン・サックスは顧客のためにこれをしているのではない。主義としてやっているのだ」

カークは一瞬沈黙し、シュワルツが言ったことばを頭のなかで整理した。

「本当に？」とショックを押し隠して訊いた。「ゴールドマン・サックスが買い手なのか」

「ああ」シュワルツは平然と答えた。

「わかった。あとで折り返し電話する」カークは言って、手短に会話を終わらせ、すかさずファルドとマクデイドに声をかけた。「彼らには顧客がいないそうだ！」

「どういう意味だ？」ファルドが原稿から充血した目を上げて訊いた。

「自分たちのためにやっているということだ。ゴールドマンのために。シュワルツはそう言った」

それから数分間、三人は会社の行動方針について激しい議論を交わした。マクデイドは当然ながら、直接のライバルと情報交換するのは不安だと言った――向こうはどこまで明かしてくる？　とはいえ、マクデイドはポールソン考案の――彼はそう信じていた――計画に反対するわけにもいかないと感じていた。

カークはマクデイド以上に危惧していた。「どうしてわざわざゴールドマン・サックスを巻きこむ？　みんな『天才たちの誤算』を読んでないのか」ロングターム・キャピタル・マネジメントの破綻について書いたロジャー・ローウェンスタインのベストセラーのことだ。その一節に、ゴールドマン・サックスはこの破綻をうまく利用したと書かれていた。ロングターム・キャピタル・マネジメントに援助を申し出て、相手の帳簿に侵入し、ポジションをそっくりノートパソコンにダウンロードしたと――ゴールドマンのほうは濡れ衣だと必死に否定していたが。

「連中にレイプされるぞ」カークは忠告した。

マクデイドは刻々と迫る電話会議の準備に注意を戻しながら、自分の意見を述べた。「ヘンリー・ポールソンに、入れろと言われたのだ。入れるしかないだろう」

二七階下ではリーマンのトレーダーたちが集まり、スピンコ計画の説明を聞いていた――

一時間後の収益発表で触れられることになっている〝バッド・バンク〟のスピンオフである。マクディドはトム・ハンフリーとエリック・フェルダーに、社内への事前説明をまかせていた。

くわしい内容を聞いたあと、トレーダーたちはいつになく黙りこんだ。沈黙が破られたのは、新興市場のグローバル責任者であるムハンマド・グリミーが、恐怖の表情を浮かべて立ち上がったときだった。

「これだけ？　ほんとにこれだけなのか？」彼は言った。「三一階のぼんくらどもが二カ月かけて出した結論がこれなのか？　ほんとにこれだけ？　冗談を言ってもらっては困る。このままじゃわれわれは破滅だ！」[注5]

グリミーは、ハンフリーとフェルダーがスピンコについて説明しているときから、話の行き着く先を見抜いていた――JPモルガンとシティグループが前夜目にしたもの、そして市場がいずれ目にすることになるものを正確に見抜いていた。

「そんなのは右のポケットの一ドルを左のポケットに移しただけだ。巨額の不良資産でスピンコは開業前から破産だよ」彼が言うと、それを後押しするように、当惑した職員の怒りのつぶやきが大きくなった。

メリルリンチのグレゴリー・J・フレミング社長兼COOは、テキサス州ダラスのリッツ・カールトン・ホテルのヘルス・クラブで、CNBCを見ながらトレッドミルで走っていた。

前日、ヒューストンの顧客とすごした彼は、このあとダラス支店の社員会合に出たあと、飛行機に飛び乗ってニューヨークに戻る予定だった。

前のめりでジョギングしていると、つい先ほどリーマン・ブラザーズが電話会議に先立って収益見通しを発表したというニュースが耳に入った。発表にあたって、同社は異例のスピンオフ計画の説明もおこなったと記者が詳細を述べた。フレミングは部屋に戻り、同僚に頼んで発表内容を送ってもらった。その資料の末尾に重要な一文が埋もれていた――〝株主価値を最大化すべく、あらゆる戦略的選択肢を検討していく立場に変わりはありません〟[注6]つまり、なんでもありということだ。リーマンがひそかに会社の一部を売りに出していることは知っていたが、この一文はそれを公表したも同然だった――少なくとも、関心を抱いている人に対して。いまやリーマン全体が売りに出されたのだ。

フレミングは金融企業の合併にたずさわってきた経験から、リーマンが競売にかけられたら、買い手はバンク・オブ・アメリカだろうと思っていた。が、もしリーマンが実際にバンク・オブ・アメリカに売られたら、彼の会社メリルリンチにとっても影響は甚大だ。昔からフレミングは、バンク・オブ・アメリカはメリルにぴったりの買い手だと信じていた。ちょうど一カ月前の取締役会でも、共存できる数少ない合併相手のひとつとしてバンク・オブ・アメリカが挙げられていた。

フレミングは、バンク・オブ・アメリカとの交渉を引き受けてくれそうな知り合いがいないか考えた。最初に思いついたのは、長年の友人で、銀行のM&Aでは屈指の弁護士でもある、ワクテル・リプトン・ローゼン&カッツのエドワード・ハーリヒーだった。ハーリヒーはこの一〇年、バンク・オブ・アメリカが主導したほぼすべてのM&Aにかかわっている。[注7]

「たいへんなことになってきた」フレミングは携帯電話でハーリヒーをつかまえると言った。

「シャーロットにいるわが友人たちは元気かな？」

ハーリヒーは会話の進む先を察して、すぐに話題をそらした。「その話はやめよう、グレッグ」

「いいから話してくれ。リーマンを検討しているんなら、そう言ってもらわないと。うちだって、どこかで交渉に関心を持たないともかぎらない。あなたも私も、メリルのほうがずっとふさわしい相手だということはわかってるんだから」

ハーリヒーはいかにも気まずそうに言った。「われわれも素人じゃない。依頼もないのに動いたりはしないよ。そちらが本気で考えているのなら、一歩踏み出すのはいまかもしれない」

やはりバンク・オブ・アメリカはリーマン買収を狙っている――フレミングが確信するのには、ハーリヒーのそのことばがあれば充分だった。

朝一番の会議に向かうまえに、もうひとり電話すべき人物がいた。ただし、CEOのジョン・セインに連絡するのはまだ早い。現段階でセインが興味を持つとは思えなかった。これまで緊急時のメリル売却計画について何度議論しようとしても、否定的な答えしか返ってこなかったのだ。代わりに、フレミングはメリルのM&A担当弁護士のピーター・ケリーに電話をかけ、ハーリヒーとの会話をざっと報告した。「まずはバンク・オブ・アメリカがわれわれの側にいることを確認する必要がある」合併による影響について話し合ったあと、ケリーはフレミングに助言した。「そして、ジョンを説得しなくては」

「ハードルが高いな」フレミングは言った。彼とセインが基本的に反目しているのは、どちらも認めるところだった。

「わかります」ケリーは言った。「しかし、あなたはそれで大金をもらっているのです」電話を切るまえに、ケリーは最後にもう一度念を押した――セインの頭越しに交渉せざるをえなくなるかもしれないと。「ジョンを説得できなかった場合、取締役会に直接働きかける必要があります。もちろん、破壊的な行動であるのはわかるけれど、株主の利益を考えればそうするしかない」

リーマン・ブラザーズ本社三一階の会議室は、収益発表を待ち受ける人々でいつも以上に混んでいた。通常ならいくぶん機械的におこなわれるこの業務が、このところ弾劾《だんがい》裁判の様相を呈していた。リーマンはこの事態を重く見て、ふだんより部屋に入れる弁護士の数を増やしていた。同じころリーマンの技術者たちは、この電話会議とウェブ上でのストリーミング配信が滞りなく始められるよう、確認作業に追われていた。要望に応えて、電話回線も数百本追加していた。その朝発表されたプレスリリースでは、第３四半期の損失が三九億ドル

——会社史上、最高額——に達すると予想していた。[注8]

ファルドはふだんどおり自信たっぷりに部屋に入った。しかし彼はもう何年も、こうした会議はあまり好きではないと言ってすべてCFOにまかせており、それは部屋にいた誰もが知っていた。ファルドは上座に腰をおろし、気を落ち着かせるように原稿や書類を置いて、トレードマークの人懐っこい目で部屋を見まわした。これが大きな賭けであることは本人も自覚していた。ここに来るまえにブルームバーグの端末をすばやく見て、株価指数先物の数字を確認していた。少しでも上昇していれば、彼自身もリーマンに関する不安を抑えることができる。しかし、アジア各国の株価はひと晩で軒並み急落、欧州株もそれに輪をかけて下げていた。この日、多くのことが彼の話にかかっていた——彼の発表がどう受け取られるかによって、世界市場での取引は、何百万ドルという損失にも利益にもなりうる。

投資家向け広報の責任者、ショーン・バトラーがボスを見やって言った。「始めてよろしいですか？」

「ああ」ファルドはかすれた低い声で答えた。

電話会議開始が宣言されると、ファルドはおもむろに頭を下げ、声に意識的に抑揚《よくよう》をつけて原稿を読みはじめた。「この二日間の動きを考慮して、今朝、わが社は第３四半期の収益発表を前倒しでおこないました。さらにこの会議では、わが社の経営方針を大きく変える、財務および業務関連の重要な変革をいくつか発表します。そのひとつは、商業用および住宅用不動産資産のエクスポージャーを積極的に減らすことです。

この変革によってバランスシート上のリスクが大幅に軽減し、これまで以上に顧客を重視したビジネスが可能となります。さらに、将来の評価減が縮小し、会社の収益性が回復し、適正な資本収益率を確保できるようになるでしょう」

要はこういうことだった――リーマン・ブラザーズは大丈夫です。ご心配は感謝しますが、事態は収拾しました。

「わが社にはこれまでにも、逆境にありながら期待どおりの結果を出してきた歴史があります」ファルドは続けた。「困難な時期にも団結し、グローバルなチャンスを生かしてきた実績があります……まえふたつの四半期を乗り越え、正しい軌道に戻っています……」注9

ここまで言うと、ファルドはCFOのロウィットにバトンタッチした。ロウィットは歯切れのいい南アフリカ訛《なま》りの英語で、リーマンが〝主要戦略構想〟と名づけた計画について説明した。すなわちリーマンは、ニューバーガー・バーマンを含む資産運用部門の五五パーセントの株式を売却する意向であり、保有する商業用不動産――〝不良資産〟として知られる――についても大半を新会社にスピンオフする。

三六〇軒の高級マンションを抱えるアーチストーン・スミスや、不動産開発業者サンカルへの投資を含む、三〇〇億ドルもの商業用不動産資産を切り離すのは大仕事だった。まず変更が生じるのは、リーマンの不動産資産に対する自己評価額だ。

ロウィットは続けた。「資本構成内のさまざまな資産からなる売却用不動産のポートフォリオは、今回、低価法によって評価減に計上されており、実際に売却されるまで時価利益を反映しません。ＲＥＩグローバルは」――新会社の頭文字をとった呼び名――「資産を満期保有価格ベースで算定するため、変動が激しい時価評価の圧力を受けることなく運用できます。ＲＥＩグローバルは、みずから実態価値と考える価格以下での資産売却を強いられません[注10]」

表面上、このスピンオフはすっきりしてエレガントな解決策に見えた。バランスシートから不良資産を除去することで、ファルドが示唆したとおり、リーマンはより健全な会社になる。ただし、彼が口に出さなかったことがあった。それはまさに、前夜のＪＰモルガンとシティグループとの会合で、銀行家たちを不安に陥れたことだった――新会社には資金が必要なのだ。リーマン自身も資本を極力維持しなければならないのに、いったいどこからその金を調達するというのか。

そこから半マイルも離れていないグランド・セントラル駅近くのオフィスで、グリーンライト・キャピタルのデイビッド・アインホーンは、アナリスト・チームとともに、スピーカーフォンから流れてくるリーマンの電話会議を聞いていた。アインホーンは耳を疑った。彼らはいまだに有害なゴミ資産の評価減を避けようとしている。いったい何が目的なのだ？　問題の資産の価値がリーマンの主張よりずっと低いのは、アインホーンの目には明らかだった。

「プレスリリースでも、評価減を計上しないことを認めてる！」アインホーンはアナリストたちに言うと、リーマンの声明にある一文を読み上げた。「〝REIグローバルは、みずから実態価値と考える価格以下での資産売却を強《し》いられません〟」その代わり、不動産資産をスピンオフすることにより、〝資産を満期保有価格ベースで算定する〟ことができるとリーマンは言っていた。

「要するに」アインホーンの非難は続いた。「いかようにも数字をでっち上げられるということだ」

ダウンタウンのニューヨーク連銀ビルでは、スティーブン・シャフランと連銀職員たちが電話会議に耳を傾けていた。彼らのなかにも愕然とする者がいた。財務省特別補佐官のシャフランは、リーマンの状況が急速に悪化した場合に、財務省、連銀、SEC間の調整役を果たすため、ポールソンの要請によって前夜ニューヨークに到着していた。シャフランと連銀チームの大多数は、前夜のうちにリーマンからこの計画の概要説明を受けていたが、それと生で聞く発表とは天と地ほどの差があった。ゴールドマンで働いたこともあるシャフランは、怒りのあまり首を振って断言した。「こんなのがうまくいくわけがない！」

続く会議をよそに、シャフランは職員たちに言った。「この件で心底驚くのは、彼らがタフな局面でタフなアドバイスをして大企業から礼金をもらう投資銀行家だということだ。ほら、古い言いまわしがあるだろう、医者の不養生という。どうやらそういう状況のようだ」

質疑応答がなかばをすぎたころ、ドイツ銀行の敏腕アナリスト、マイケル・メイヨーが資本の問題について単刀直入に訊いた。「その新会社には七〇億ドルの出資が必要になるかもしれない」彼の声がスピーカーフォン越しに響いた。「IMD［より将来性のある投資管理部門］の一部をスピンオフして得られるのは三〇億ドル。残りの四〇億ドルはどうやって調達するつもりですか」

ロウィットは一瞬沈黙した。前夜JPモルガンやシティグループと話し合ったときに言われた明確な指示を思い出したのだ——具体的な数字はいっさい出すな。破滅するぞ。彼はいま、いちばん答えたくない質問を突きつけられていた。

「そうですね、われわれとしては、七〇億ドルをカバーするために新たに資金調達する必要はないと思っています」努めてリーマンの資本基盤に自信があるという印象を与えようとした。「なぜなら、今期末と比べてリーマン本体において、レバレッジをかけられる資本が少なくなりますから」[注11]

つまり、本質的には会計上の操作だった。リーマンはスピンオフの結果、規模が小さくなり、レバレッジ比率も下がるので、資本も少なくてすむ。

メイヨーはリーマンの計画には疑問があると返したが、ウォール街の慣習にしたがって、それ以上食い下がらなかった。ここは対決の場ではない。

ほんのわずかのあいだ、ファルドが勝利宣言できそうな気配が漂った。その朝、リーマン・ブラザーズの株価は一七・四パーセント上がって寄り付いた。この上昇で、ファルドもやっとひと息つけるかもしれなかった。

大西洋の反対側のロンドンでは、バークレイズの上級幹部たちがカナリー・ワーフに建つ本社ビル――別名〝バンガロー〟――の会議室に集まり、細かくメモをとりながら、熱心に電話会議に耳を傾けていた。[注12] この会議には仮名で登録している。バークレイズ・キャピタルのCEOロバート・ダイアモンドは、四月に財務省のロバート・スティールの電話を受けてから、ずっとリーマンの買収を検討していた。六月に開かれたバークレイズの取締役会で、アメリカ進出計画を議論した際に、初めてその買収話を持ち出したが、そのときには結局、ジョン・バーレイ会長のことばを借りれば〝投げ売り価格で買えないかぎり〟リーマンのことは追求しないという決定を下していた。ダイアモンドはその旨、スティールに伝えた。

それがここに至って、機が熟したかに見えた。「驚くのは、ここまで危なっかしい状況になっているのに、財務省が電話の一本もよこさないことです。財務省は、投げ売り価格ならうちがふたつ返事で買うことを知っていますからね。その読みはほぼ正しい」ダイアモンドは電話会議前日の火曜に、バーレイにそう話したばかりだった。ペンシルバニア大学の名門ビジネススクール、ウォートン校で開かれた求人説明会で講演をしている最中に、携帯電話が震えたのだ。かけてきたのがバーレイだとわかると、ダイアモンドは話を中断して、舞台袖に引き上げた。「取締役会を開くなら明日しかない」バーレイは言った。翌朝到着のヒースロー行き直行便は三本しかなかった。ダイアモンドはその一本に飛び乗り、フィラデルフィアをあとにしたのだった。

夜行便に駆けこんでロンドンに戻ったのは、リーマン買収に対する支持を改めて求めるためだった。とにかくバーレイと取締役会を説き伏せなくてはならない――しかも早急に。

バーレイは保守的イギリス人の典型で、バークレイズを創設したクエーカー教徒の一家に婿入りしていた。穏やかで口調は丁寧、毎日サスペンダーを着用し、趣味は卓球と釣りで、リスクに対する許容度はダイアモンドよりはるかに低い。けれども、職業上の好みがなんであれ、ダイアモンドにはつねに大きな自由を与えていた。もっとも、ダイアモンドの取引欲にひそかに不安を抱いてはいたが。

このふたりは長いこと複雑な関係にあった。二〇〇三年には最高職の争奪戦をくり広げ、結局その地位を勝ち取ったのはバーレイだったが、ダイアモンドは上司であるバーレイのほぼ六倍の報酬をもらうことになった[注13]（二〇〇七年のダイアモンドの収入四二〇〇万ドルに対し、バーレイは八四〇万ドルだった）[注14]。ダイアモンドが長年バークレイズの取締役会に加わっていないのは、その報酬契約が発覚するのを避けるためだった。発覚すれば、イギリスじゅうのタブロイド紙から〝太った猫〟という批判を食らう。ダイアモンドは多くの社員にとって、肩書きとは関係なく事実上のCEOだった。二〇〇六年など、ドイツの証券会社ドレスナー・クラインオートのアナリストが書いた報告書に、〝ロバート・ダイアモンド三、ジョン・バーレイ〇〟という挑発的な見出しがついたほどだった[注15]。

リーマンの電話会議が終わるや、バークレイズの上級幹部は全員の意見が一致していることとを知った――リーマン獲得に動く。ただしそれは、バーレイが念を押したとおり、格安で買える場合にかぎられた。

ダイアモンドはオフィスに戻り、ワコビアのCEOに着任してまもないロバート・スティールの新しい電話番号にかけた。「リーマンについて話したことを憶えているか?」彼は訊いた。

「もちろん」スティールは答えた。

「ようやくうちも興味を持った」

電話会議後、リーマン株はたしかに一時安定したが、そのわずか数時間後、ファルドは新しい問題に直面していた。ムーディーズがリーマンの信用格付け見直しを発表し、即刻〝より強力な金融パートナーと戦略的取引を結ばなければ〟格付けを下げるという警告を発したのだ。

ファルドはモルガン・スタンレーのCEOジョン・マックに電話することにした。とにかく選択肢が必要だった。それに、バンク・オブ・アメリカのケネス・ルイスや、ゴールドマン・サックスのロイド・ブランクファインとの関係とちがって、マックには信頼を寄せていた。

「聞いてくれ、本気で行動を起こさなければならない」ファルドはマックに言った。「手を結べないか」

マックは日ごろからファルドに好意を抱いており、相手の声に緊張を感じとって心配にもなった。が、取引をするつもりは毛頭なく、ファルドは何かの勘ちがいでこんな電話をしてきたのだろうかと思った。

「ディック、私としても手を貸したいのは山々だが、やはり無理だ。まえにも話し合ったじゃないか」マックは言い、夏に彼の自宅でおこなった会合を思い出させた。「ビジネスが重なる部分が多すぎる」

ところが電話を切ったあとも、マックはリーマンとの合併のことを考えていた。好奇心をそそられていた。リーマンの株価が四〇ドルだったときには直感的に実行不可能と感じ、それはたしかに正しかったかもしれないが、現在の価格を考えると、金銭的に魅力的な取引にも思えた。

「あのあとずっと考えていたんだが」ファルドに折り返し電話をして言った。「きみの言うとおりだ。話をしよう」

ファルドが礼を言うと、マックは一瞬ためらってから、きっぱりと言った。「ディック、私は非常に単純な男だ。きみのことは本心から好きだが、ひとつ確認しておきたい。これは対等合併ではない。仕切り役はひとりだけだ。そのことをあらかじめはっきりさせておく」

気まずい沈黙が流れ、ようやくファルドが答えた。「私はそんなふうに考えていなかった」そしてまたわずかに躊躇《ちゅうちょ》してつけ加えた。「少し考えさせてくれ。あとで電話する」

二〇分後、ファルドは改めて電話をかけた。

「きみの言うとおりだ」このところの疲れが声に現われていた。「うまくやりたい。何ができるか見てみよう」

ファルドは、両社の上級幹部を集めて、ファルドとマック抜きで事の是非《ぜひ》を決めさせようと提案した。

会合はその夜、モルガン・スタンレーの共同社長であるワリッド・チャマーのアパートメントでおこなわれることになった。

バークレイズのロバート・ダイアモンドはいらいらしながら、財務省のアンソニー・ライアンが受話器の向こうに現われるのを待っていた。ロバート・スティールに勧められてかけた電話だった。「アンソニー」ダイアモンドは切り出した。「スティールと私の会話についてですが」

一瞬、ライアンは混乱した。

「というと?」彼はダイアモンドの言っていることがわかるふりをした。

「リーマンの件です」

「ああ、そうだ、そうだった」

「電話したのは、財務長官と話すのも無駄ではないと考えたからです。話せなくても仕方ありませんが、一度話し合うべきだと私の勘が言っているので」

ライアンは、早急にポールソンに連絡させると約束した。

一時間後、ダイアモンドは秘書に、ニューヨーク連銀のティモシー・ガイトナー総裁から電話ですと告げられた。「私にできることはあるかな？」ガイトナーは訊いた。

ダイアモンドは、投げ売り価格でならリーマン買収を真剣に考えたいと伝えた。

「ファルドに連絡してみたらどうだろう」ガイトナーは言った。

「だめです」ダイアモンドは言った。「この件で挑発的な行動は控えたい」それから、バークレイズがABNアムロ銀行買収を試みたときの体験――交渉が決裂して会社がどれほど困ったか――を話した。[注16]「あちこちに手を出していると思われたくないのです」ダイアモンドは言った。「それはまずい」

ガイトナーには、こうした無用の心配りはいかにもイギリス人らしく思えた。といっても、ダイアモンド自身はアメリカ人だが。ガイトナーは何も言わずに耳を傾けた。

「われわれとしては、あなたがたの勧誘と指導にしたがって行動を起こしたという体裁《ていさい》をとりたい」ダイアモンドは主張した。「以前そちらから、これなら関心を持つという価格はあるかと訊かれたことがある。あるのなら〝何が必要か考えてみろ〟と。だからといって、私からすぐファルドに電話するわけではありません。それとこれとは話がちがう」

ガイトナーは相手の煮えきらない態度に苛立ち、改めて訊いた。「ファルドにただ電話すればいいでしょう。どうしてできないんです？」

「当事者に、投げ売り価格で買えないかなどと訊けるわけがない」ダイアモンドは言った。「それができるのは、あなたがたが仲立ちをしてくれるときだけです。無理だと言うならけっこう。恨みっこなしで、こちらも支障はありません」

バークレイズは他人の不幸につけこんでいるという印象を与えまいと躍起《やっき》だったが、言うまでもなく、それこそが彼らがしようとしていることだった。

水曜の午後、ベンジャミン・バーナンキFRB議長は地区理事会の会合になかなか集中できないでいた。ウォール街の混沌のさなかにも定期的な地区連銀回りを続けており、この日もミズーリ州セントルイスのダウンタウンに建つ、ずんぐりした石灰石のビルを訪問中だった。

しかし、彼の頭を占領していたのはリーマン危機だった。ガイトナーとポールソンとは、すでに朝の八時半と午後一時に電話で打ち合わせをし、三度めも午後六時に予定されていた。その二度目の電話で、バーナンキはふたりから最近の悩みの種を教えられた。バンク・オブ・アメリカが自己資本比率を緩和してほしいと要求してくることだった。「彼らは相当腹を立てている。カントリーワイド証券買収で、大物の仲間入りを果たしたと勘ちがいしてるのだ」ポールソンは言った。

ガイトナーは、どんな手を使ってでもバンク・オブ・アメリカをニューヨークに呼んで、デュー・ディリジェンスを始めさせるべきだと主張した。決定的時期を逃してしまうことを懸念していた。

ポールソンは、直接ケネス・ルイスに電話して、事態収拾に力を貸してもらえるか訊いてほしい、とバーナンキに頼んだ。そして最後にもう一度、「彼らがうまく着地できる道筋をつけてやらないと」と強調した。

　バーナンキは、セントルイス連銀の臨時オフィスからルイスに電話をかけた。

「ぜひニューヨークに来て、リーマンを調査してほしい」交渉役という新しい役割に居心地の悪さを感じながらも、ルイスを急《せ》き立てた。「必要なら、自己資本率軽減でもなんでも協力する」

　ルイスは彼の電話に感謝し、ニューヨークに部下を派遣してリーマンとの交渉を開始させると言った。

　これで一件落着したと思ったバーナンキは、セントルイスを訪れた本来の理由に専念した。職員たちと会話を交わし、セントルイス連銀総裁に新しく就任したジェイムズ・ブラードともゆっくりすごした。ブラードは四月にウィリアム・プールのあとを継いでいた。プールは地区連銀総裁のなかでは歯に衣着せぬ論客のひとりで、その日は連銀の緊急融資について講演するため、たまたまワシントンDCにいた。市場には政府によるリーマン救済が必要という憶測があったため、プールの見解には並々ならぬ関心が寄せられていた。

「私の記憶が正しければ、これまで連銀と財務省は、連銀の資金の投入先についてなんら基準を示したことがない。ただ、ファニーとフレディについては投入すると言った」プールはその講演で発言した。

「連銀は一九七五年にニューヨーク市を、一九七九年にはクライスラーを〝ノー〟と突き放した。しかし、ベア・スターンズの前例を考えると、次もノーと言うのは容易ではない。私が心配するのは、影響力のある大企業への支援を連銀がどこかで拒否しないかぎり、融資の限界はわからないのではないかということだ[注17]」

ケネス・ルイスは連銀には強気の姿勢だった。バーナンキとの電話を切るなり、ティモシー・ガイトナーの番号をダイヤルした。そして、バーナンキから心強い電話をもらったものの、自己資本比率の問題が正式に決着するまで、自社チームをニューヨークに派遣するわけにはいかないと説明した。

「その件では支援するつもりです」ガイトナーは言った。丁寧だが確固とした口調だった。ところがルイスは、その保証を鵜呑《うの》みにしなかった。「ずいぶん長いこと待たされていますから」と不満をもらした。「わが社をリーマンに関与させたいのなら、書面に残してもらわないと」

思いがけず最後通牒を突きつけられ、面食らったガイトナーは答えた。「FRB議長から言質《げんち》を取ったんでしょう。議長のことばが信じられないとしたら、そっちのほうが問題だ」

ガイトナーの態度は不動だと悟ったルイスはようやく引き下がり、木曜の朝にもデュー・ディリジェンスを開始すべく、チームを派遣することに同意した。

水曜がゆっくりと暮れていった。ファルドは引きつづき電話と格闘しつつ——そのときの通話記録は、ウォール街とワシントンで活躍する大物全員のリストと言っても過言ではなかった——さらなる恐慌の兆候を見逃すまいと、市場に目を光らせていた。

徐々に痛ましいニュースが明らかになってきた。リーマン株はほぼ一日持ちこたえたあと、最後の一時間で下落し、六・九パーセント安の七・二五ドルで引けた。リーマンのCDSも膨張、一三五ベイシス・ポイント上昇して六一〇になった。この倒産保険で一〇〇〇万ドルの債権を守るための保険金が、年額六一万ドルになるという意味だ。投資家たちは事態がひたすら悪化するほうに賭けているのだ。スピンコ計画がリーマンの運命を変えるという希望は、あっという間に消えつつあった。[注18]

ファルドの電話作戦もまた思わしい結果が得られなかった。少しまえには、ゴールドマン・サックスのロイド・ブランクファインと骨の折れる会話をしていた。かけてきたのはブランクファインのほうで、リーマンがゴールドマンとの交渉を中断したことに対して不満を言い立てた。その日の朝、アレックス・カークとマーク・ウォルシュは、ミッドタウンにある法律事務所でゴールドマンのハーベイ・シュワルツらのチームと二時間話し合ったが、カークもウォルシュもゴールドマンに全帳簿を開示する気になれず、さっさと交渉を中断してしまっていた。

ファルドはポールソンとも話していた。ポールソンはバークレイズとの取引のメリットを並べて説得にかかったが、明るい見通しが描けなかったファルドは、バンク・オブ・アメリカとの取引が視野に入ったので、それを危険にさらすようなことはしたくないと説明した。

「ディック」ポールソンは辛抱強く話しつづけた。「ルイスはきみのことを何度も拒絶してきた人物だ。一方で、ほかにも関心を抱いている人物がいる。どちらの選択肢も追求すべきじゃないかね」

しかしファルドは、昔から気になって仕方がない話題に戻りたがった――〝わが社を破滅させようとしている〟空売り屋の糾弾だ。その後一〇分間にわたり、SECのクリストファー・コックス委員長に電話をかけてくれとポールソンに訴えた。空売りの禁止や調査開始――〝なんでもいいから、私に復活のチャンスを与えてくれそうな行動〟――をコックスにとらせてほしいと。夕方には、廊下のすぐ先にオフィスがある取締役のスティーブン・バーケンフェルドをつかまえて、愛用のキャッチフレーズで、リーマン株に対する攻撃を非難した。

「空売りと偽情報《ショート・アンド・ディストート》！」

そのころロンドンでは、バークレイズのCEOロバート・ダイアモンドが、ピカデリーのはずれのセント・ジェイムズ通りにあるフィフティという会員制クラブで人を待っていた。リーマンのヨーロッパ事業の責任者だったジェレミー・アイザックスを呼び出していたのだ。リーマンの数字にも文化にも精通し、内部事情を正確に把握している者がいるとしたら、それはアイザックスだった。彼は四日前に、自身の〝引退〟計画を正式に発表したばかりだった。[注19]

アイザックスが前職を辞したのは、マクデイドの昇任が明確になったときのことだった。

じつのところ、ダイアモンドの誘いには乗るべきでなかった。五〇〇万ドルの退職手当をめぐって、リーマンと契約交渉している最中だったからだ（その契約は翌日にそのまま承認された）。その取り決めのなかで、アイザックスは〝会社に不利益をもたらす行為〟や〝会社の名誉を傷つける行為〟に関与せず、〝会社の機密事項を口外しない〟ことに同意していた。[注21] 彼はこの夜、リーマンの存続にひと役買うべく、その契約のあらゆる条項に抵触するぎりぎりの行動に出ようとしていた。[注20]

ワリッド・チャマーのマンションは、マンハッタンのアッパー・イースト・サイドに三棟しかない、ドアマン付きタウンハウスの一棟だった。五番街から入ってすぐ、そのボザール様式の石灰石の建物には九戸しか入っていない。ミッドタウンや、パーク・アベニューの有象無象の銀行家から安全な距離を保ってひっそりと建ち、リーマンとモルガン・スタンレーの合併を秘密裡に話し合うには恰好の場所だった。妻子がチャマーの本拠地のロンドンに滞在中だったこともあり、彼らはまさにそこを独占していた。

午後九時、チャマーとモルガン・スタンレーのもうひとりの共同社長ジェイムズ・ゴーマンのほか、チームのメンバーがキッチンをうろつき、ハーバート・マクデイドとリーマン代表団の到着を待っていた。「少なくとも体裁は整えよう」チャマーは仲間に言った。「ただし、この会合が不毛に終わることは覚悟しておいてくれ」

マクデイドがようやく、ヒュー・マギー、マーク・シャファー、アレックス・カークらを連れて到着した。彼らの青白くやつれた顔は、その日がどれほどストレスに満ちた一日だったかを物語っていた。

ゴーマンとマクデイドは、ともに証券業金融市場協会の理事を務めたときからの知り合いだった。ふたりはちょうど一週間前、モルガン・スタンレーがリーマンの混乱につけこんで、優秀なプライベート・ウェルス・アドバイザーを含む人材の引き抜きにかかっていることについて、張りつめた会話を交わしたばかりだった。マクデイドは怒りに駆られてゴーマンに電話し、「手を引いてくれ。うちはいまとんでもない状況なんだ。みな疲労困憊《こんぱい》している」と言っていた。結局ゴーマンも引き抜きをやめ、ふたりは経験豊富なプロらしく気持ちを切り替えた。

チャマーは二〇〇一年産のテヌータ・デル・オルネライア——ひと壜一八〇ドルもする、ボルドー・ブレンドのイタリア・ワイン——をグラスに注ぎ、場の雰囲気をやわらげつつ、本題に入るきっかけを作った。それで全員が居間に着席した。

マクデイドは一同に、今夜こうしていると既視感に襲われるよと言った。ほんの数カ月前、ほぼ同じメンバーが集まって、同じ話題で議論したのだ。前回とちがうのは——口にこそ出さなかったが——いまやリーマンが深刻な事態に陥ったという事実だった。マクデイドは、リーマンが検討しているさまざまな資金調達法について説明を始めた——資産の売却、ことによっては会社全体の売却も考えている。もっとはっきり言えば、モルガン・スタンレーが買収に興味を持ってくれるなら、条件にはこだわらない。さらに、取引の可能性があるなら、

〝社会問題〟にも執着しない。この最後のことばは、合併後に誰が経営者となるかを仄《ほの》めかす暗号だった。マクデイドは事実上、ファルドを見捨てたのだ。

「経営にわれわれの誰かが必要なら、喜んで加わる。だが必要としないなら、それでもかまわない。もはやわれわれがどうこう言う問題ではない」彼は言った。

次にシャファーが、少し無理のある取引に見えるかもしれないが、これは双方にとって少なからぬ経費を削減するいい機会だと思うと言った。それこそがあらゆる企業合併を支える基本理念ではなかろうかと。

シャファーの楽観的な見方と裏腹に、チャマーは、これほど大規模な合併になれば、社員の大量解雇――何千とは言わないまでも何百人ものレイオフ――は避けられないとはっきり認識していた。また、どんな合併でも利点はつかみどころがないことも承知していた。

その後、一同はたっぷり一時間かけて、数字とリーマンが所有するさまざまな資産を調べ、モルガン・スタンレーとして欲しいものがあるかどうかを見きわめた。が、意見を交わし、書類をあれこれ渡し合っているうちに、合意点を見出せないことが明らかになってきた。チャマーは、いずれにせよモルガンの取締役会は、リーマンにとって真の支援になるほど迅速には行動できないと言った。これは彼が、リーマン・ブラザーズはもはや死に体と考えていることのしるしだった。

マクデイドらが引き上げたあと、ゴーマンは自分のチームと厳粛な面持ちで向かい合った。いい、いい、うちになる可能性もあった、と言いたげな気配も見せたが、実際に口にしたのは次のことばだった。「われわれはたったいま、奈落の底をのぞきこんでいる連中を見た」

夜が明けてまもなく、グレゴリー・カールはパーク・アベニューのランドマークで現代建築の粋《すい》でもある、三八階建てのシーグラム・ビルの広場を歩いていた。ロビーに足を踏み入れると、腕時計で時刻をチェックし、頼りになる助言者の到着を待った。

バンク・オブ・アメリカの代表交渉人としてリーマン・ブラザーズとの取引の可能性を探っていたカールは、水曜の夜、一〇〇名を超える経営幹部とともに、本拠地ノース・カロライナ州シャーロットから空路ニューヨーク入りし、ミッドタウンにあるサリバン&クロムウェル法律事務所の会議センターでデュー・ディリジェンスを開始した。助っ人として、銀行業の奥義につうじたプライベート・エクイティ投資家、クリス・フラワーズの協力を取りつけていた。

ふたりは奇妙なコンビだった。片やカールは、バンク・オブ・アメリカのベテランながら目立たない存在で、ウォール街に知り合いはほとんどいない。片やフラワーズは弁が立ち、ときに俗悪で、大胆な取引をしては朝刊の第一面をにぎわす、元ゴールドマン・サックス銀行家。

それでも、リーマンへの対処法を思案していたカールにとって、フラワーズは真っ先に味方につけたい相手だった。フラワーズなら三〇秒以内にバランスシートを読むことができ、正確で理路整然とした判断を下せる度胸も持ち合わせている。彼は一九九〇年代の終わりにゴールドマンを離れ、銀行に投資するプライベート・エクイティ会社を興した。その会社は大成功を収め、個人的にも日本の新生銀行に投資して五億四〇〇〇万ドルもの財産を築いていた。[注22]つねにアメリカを代表する資産家に名を連ね、アッパー・イースト・サイドのタウンハウスを五三〇〇万ドルで購入したときには、マンハッタンの不動産史上最高額を記録した。[注23]カールが信頼を寄せる銀行家はほとんどいないが、フラワーズは例外だった。取引における――また、人生における――フラワーズの冷静かつ真摯《しんし》なアプローチにとりわけ感心していた。信用危機が始まる直前の二〇〇七年、彼らはいっしょに連邦奨学金融資金庫《サリーメイ》に入札した。そしてすぐにそれが誤りだったことに気づくと、その年の残りは互いに協力し合って、入札を撤回する作業に取り組んだ。カールとしては、この件でフラワーズを責める気持ちはまったくなかった。フラワーズが法律上の技を駆使して合併契約に逃げ道を作り、ふたりとも取引から抜け出すことができたからだった。

フラワーズなら、たんなる助言以上に役立ってくれそうだった。カールの見立てでは、フラワーズはバンク・オブ・アメリカとともにリーマンに投資するだけでなく、リーマンのなかでももっとも危険な資産を進んで引き受ける可能性もあった。

ちょうど二四時間前に所在を突き止めたとき、フラワーズは東京で新生銀行の取締役会に出席していた。「リーマン・ブラザーズに興味があるだろう。きみと手を組んで検討したいと思っている」カールは彼に伝えた。「話がしたい。ニューヨークに戻ってきてくれないか？」フラワーズはふたつ返事で応じると、さっそく空港行きの車を手配し、マンハッタンへの帰路についた。

一四時間後、いかにも時差ぼけらしい表情で現われたフラワーズは、ゴールドマン時代の同僚、ジェイコブ・ゴールドフィールドを同伴していた(偶然ながら、ゴールドフィールドは、窮地に立たされたロングターム・キャピタル・マネジメントをゴールドマンが支援した際に、この会社の全情報を自分のノートパソコンに不正にダウンロードした人物として、ロジャー・ローウェンスタインの『天才たちの誤算』に登場している。[注24] リーマンのカークがこの前日、ゴールドマンへの情報提供についてファルドに消極的な発言をしたのは、このゴールドフィールドのことが念頭にあったからだった)。

ゴールドフィールドもまたリーマンに精通していた。春にAIG元会長のハンク・グリーンバーグが、六〇億ドルにのぼるリーマンの普通および優先株を購入する投資家集団に加わったとき、精査を手伝ったからだった。[注25]

フラワーズは帰りの機中で、一昨日に発表されたリーマンの四半期報告書を熟読し、重要な論点になりそうな問題に注目していた――リーマンの不動産資産の価値だ。ことによると、二五〇ないし三〇〇億ドルの値打ちがあるのか?

カール、フラワーズ、ゴールドフィールドは、コーヒーとペイストリーが用意された、サリバン&クロムウェル提供の会議室で作業を開始した。

長い一日になりそうだった。

　ウォール街のアナリストは、二四時間かけてリーマンのスピンコ計画を検討した結果、計画――と同社そのもの――にこぞって背を向けた。一夜明けた木曜に、彼らが疑問を投げかける電子メールを顧客にいっせいに送信したため、すでに暴落していたリーマン株はさらに打撃を受けた。前日の終値は七パーセント安の七・二五ドル、それがさらに下落しようとしていた。

〝経営陣は株価の下落圧力となっていた問題を解消できなかった〟とゴールドマン・サックスのアナリスト、ウィリアム・タノナはメールで断言した。[注26]

　リーマン株の投資判断について、二〇〇七年四月以来〝買い〟を維持してきたアナリスト、マイケル・メイヨーは、もっと暗い見通しを送信した。信用格付け機関がリーマンの評価引き下げに傾いていることから、副次的な悪影響が発生することを懸念したのだ――〝信用格付け機関の態度の変化は予想外の障害となり、清算売却につながるかもしれない〟[注27]言い換えれば、次は処分特売という事態になりかねないということだった。

　メリルリンチのアナリスト、ガイ・モスコウスキも、やはりリーマン売却について容赦のない見通しを立て、リーマンはいわゆる〝テイク・アンダー〟――市場価格以下の株価による企業買収――を受け入れざるをえないかもしれないと書いた。

　リーマンは基本的に健全だと信じていたアナリストも、もはや〝認知が数字に勝る〟事態になりつつあることに気づきはじめた。すなわち、リーマンの株価暴落で市場の不安があおられて自己実現的な予言が生まれ、そのためリーマンは買い手探しに奔走していると。

リチャード・ファルドの会社に追悼文を書きたくてたまらないウォール街のアナリストのなかで、唯一、公然と擁護にまわったのはモルガン・スタンレーのジョン・マック会長兼CEOだった。合併相手としてファルドが望んだ人物だ。マックはその朝のタイムズ紙でこう引用された――〝彼はいつものように闘志満々だが、この件では苛立って疲れている。誰だってそうだろう〟[注28]

ところがマックはその裏でファルドに電話をかけ、希望を打ち砕くようなニュースを伝えていた――モルガン・スタンレーにリーマンとの交渉を継続すべき理由があるとは思えないと。

それでも、まだ息の根を止められたわけではなかった。ティモシー・ガイトナーがファルドに連絡してきて、バークレイズが――まだ直接の接触はないものの――リーマン獲得に本気で興味を持っていると請け合った。ガイトナーはファルドに、ダイアモンドのロンドンの電話番号を教えた。

「あなたからの電話を待っている」ガイトナーは保証した。

「そちらに電話するよう勧められたのだが」ダイアモンドに電話をかけたファルドは言った。

しかし、ダイアモンドは狼狽《ろうばい》した。ファルドとじかに取引の話をするのは避けたいとガイトナーに明言したつもりだったのだ。取引にはアメリカ政府の仲介が必要だと。

「話し合いたい」ファルドはなんとか交渉に持ちこもうとした。

「無理だ、うまくいくとは思えない」ダイアモンドは答えた。

ファルドにはわけがわからなかった。連絡しろとガイトナーに指示されたのだ。なのにダイアモンドは興味がないと言うのか？

無理に決着をつけたくなかったので、ファルドは会話を終え、ガイトナーに電話をかけ直した。

「いまロバート・ダイアモンドと電話で話したところだが」ファルドは怒りをこめてガイトナーに言った。「興味ないらしい。話をしたがっているということじゃなかったのか？」

「もちろん話したがっている」ガイトナーは言い張った。「もう一度かけるべきだ」

五分後、ファルドはもう一度ダイアモンドにかけた。

「さっき興味がないと言ったはずだ」ダイアモンドはくり返した。

ファルドは謎かけでもされているような気分になり、改めてガイトナーに抗議した。「何がどうなっているのかわからない。二度電話して二度拒否された。あなたは彼が興味を持っていると言い、彼はそうじゃないと言う」

ガイトナーは自分からもダイアモンドに連絡すると約束したうえで、最後にもう一度電話をするようにと主張した。

最後の最後の挑戦で、ダイアモンドは急に乗り気になった。

「今夜の便に乗る」ダイアモンドは言った。「チームも金曜の朝から始められるように手配する」

このひと言で正式に決まった――バークレイズとバンク・オブ・アメリカはいまやライバ

ルになった。

ファルドにはひとつ知らされていないことがあった。ダイアモンドたちはその日の午前中、ずっとガイトナーおよびポールソンと連絡をとり合い、バークレイズがリーマンの帳簿を可及的すみやかに精査するという合意に達していた。どんな救済策をとるにしろ、ファルドの役割は形式的なものになりつつあったのだ。

ダイアモンドはその夜ニューヨークに発《た》つまえに、無駄足にならない保証が欲しいと考えた。そこで、ポールソンに電話をかけ、バークレイズはリーマンの唯一の交渉者なのかと具体的に訊いた。バンク・オブ・アメリカが興味を示しているという報道を読んで、みずからの経験から、手強いライバルになりそうだ――ぶち壊し屋になる可能性もある――と考えていたのだ。

一年前、バンク・オブ・アメリカはABNアムロ銀行の買収合戦にいきなり飛びこんできた。このときバークレイズと競合していたのは、ロイヤル・バンク・オブ・スコットランド（RBS）を筆頭とする三社連合だった。が、バンク・オブ・アメリカは、ABNからシカゴのラサール銀行を二一〇億ドルで買収する合意を取りつけ、取引の目玉をかっさらっていった。[注29] RBS連合にとってこのラサール銀行は何より手に入れたかった資産であり、それ抜きのポートフォリオではバークレイズを上まわる金額を提示することができなかった。最終的にバークレイズはABNの買収合戦で敗退したが、バンク・オブ・アメリカのほうはラサール銀行をまんまと獲得することになった。このときの失敗は、ダイアモンドと彼の拡大志向の夢にとって大打撃となり、それ以来彼は、バンク・オブ・アメリカのラサール買収は法外な払いすぎだったと信じていた。

「万一バンク・オブ・アメリカが参入してきても、われわれの顔をつぶすようなことはしないでください」ダイアモンドはポールソンに言った。「われわれに取引させておいて、最後はバンク・オブ・アメリカに勝たせるなどというシナリオはお断りだ」

「ほかを締め出すことはできない」ポールソンは答えた。「ただし、そちらは強い立場だ。迷惑することがないよう私も目を光らせておく」

電話を切る間際に、ダイアモンドはもうひとつはっきりさせておきたいと言った。〝ジェイミー・ディール〟を期待している、つまり、なんらかのかたちで政府の協力を求めるかもしれないと言ったのだった。

ポールソンは、政府からの支援は期待しないでほしいと断言したあと、言い添えた。「だがなんとか協力できないか、方法を探ってみよう」

トマス・ルッソがリチャード・ファルドのオフィスに足を踏み入れるや、ファルドは相手の浮かない表情に気づいた。三一階全体に漂う暗い雰囲気を考えても、尋常ではない顔つきだった。

「どうした？」ファルドは大声で訊いた。

「トマス・バクスターと電話で話したんだが」ルッソはニューヨーク連銀の法律顧問の名前を出した。「ガイトナーはあなたをニューヨーク連銀理事会からはずしたがってるそうだ」ルッソはそこでことばを切り、ファルドが理解するのを待ってから続けた。「われわれの立場を考えると、事情が複雑すぎて、余計な摩擦が起きるからだと」

ショックを受けるべき要求ではなかった。リーマンの買い手を探す過程で、政府が取引額の一部を負担せざるをえなくなる可能性もあるとすれば、ガイトナーにとって、理事会のメンバーのひとり――内部関係者――を支援していると見られることは何より避けたい。多少とも贔屓《ひいき》していると思われれば破滅を招きかねない。

それでもファルドはこれを個人的侮辱ととらえ、むっつりとした表情でテーブルに目を落とした。一瞬泣きそうに見えたが、気を静めて小声で言った。「信じられん」

ファルドとルッソは、理事会のスティーブン・フリードマン議長あての辞表を口述した。

親愛なるスティーブ、

非常に残念ではありますが、私こと、本状によりニューヨーク連銀の理事を辞任いたします。リーマン・ブラザーズにおける目下の立場を考えますと、遺憾ながら理事職に取り組む時間的余裕がなく、ゆえにただいま職を辞するのが理事会にとっても最大の利益になると考えます。在任中はたいへん有意義な時間をすごしました。理事会、機関双方に大いなる敬意を捧げます。心より感謝いたします。

控えめだが重いため息をひとつつくと、ファルドは〝D〟の文字をひときわ大きく書いて署名した。注30

同じ日の朝、信用格付け機関との重要な会議をまえに——このところ格下げについて脅迫まがいの言い合いになっている——AIGのCEOロバート・ウィラムスタッドは、パイン通り七〇番地のオフィスを落ち着きなく歩きまわっていた。緊張が高まっていく。ちょうどガイトナーとの電話を切ったばかりだった。注31 AIGのブローカー・ディーラー化の話を続けると同時に、ちょっと圧力もかけてやろうと考えたのだが、ガイトナーは「いまリーマンの件で少々忙しくて」とひと言詫びただけで受話器を置いてしまった。「明日の朝また話しましょう」と。

まだ午前一〇時半だったが、市場はその週に入ってからウィラムスタッドがずっと押しとどめてきた緊張感を、すでに感じ取っていた。AIGのCDSは一五パーセント上昇し、会社史上最高値の六一二ベイシス・ポイントを記録した。すなわち、AIGの一〇〇〇万ドルの負債をカバーするのに、投資家は今後五年間、年六一万二〇〇〇ドルを支払うことになる。注32 リーマンが金策に奔走している現状を受けて、投資家たちはAIGもまもなく同じ問題に直面すると考えていた。さらにAIGは、リーマンの破産に備えて多額の保険金をつぎこんでいる投資家に対して、天文学的な金額を支払うことになるかもしれない。

なお悪いことに、その日、以前の不正会計疑惑に関してニューヨーク州司法長官から証言を求められている元会長のグリーンバーグが、ことあるごとに噛みついてきていた。[注33]「きみたちはいったい何を待ってる？」と言って、会社の立て直しが遅々として進まない理由を知りたがった。[注34]

こうした重圧を受けながらも、ウィラムスタッドは相変わらず、グリーンバーグが退任後にAIG相手に起こした、長期にわたる訴訟を解決しようとがんばっていた。グリーンバーグがアジアでの人脈にものを言わせて、資金調達に協力してくれるのではないかと期待していたのだ。不透明で油断のならない日本と中国の市場で、AIGを一大企業に育て上げた人物である。ウィラムスタッドは、シンプソン・サッチャー法律事務所にいる自分の弁護士ジェイムズ・ギャンブルに、グリーンバーグの弁護士デイビッド・ボイズとの会合を手配させた、と相手に伝えた。あなたが納得できる解決策を探りましょうと。

ウィラムスタッドが頭を痛めていた喫緊《きっきん》の問題は、その週前半に交わしたJPモルガンのCEOジェイミー・ダイモンとの会話だった。「まだ充分ではないようだ」ウィラムスタッドはダイモンに言い、資金調達に手を貸すか、JPモルガン自体から融資してほしいと要請した。

「その、そちらの問題は、われわれが予想した以上に大きいので」ダイモンは答えた。「われわれの計算によれば、AIGの資金は来週にも底を突きますよ」

JPモルガンはもはや資金援助しないという事実をウィラムスタッドが認めたのは、この瞬間だった。AIGのロバート・ジェンダー財務部長からは、そうした実情について警告されていたが、ウィラムスタッドは半信半疑だった。「JPモルガンはつねに手強い相手だ」彼はジェンダーに言った。「シティは頼めばなんでもしてくれる。彼らに〝ノー〟の文字はない」しかし、賢明なジェンダーはただ辛辣《しんらつ》に答えた。「正直言って、JPモルガンが押しつけてくるくらいの規律がこちらにあればと思いますけどね」

ウィラムスタッドはダイモンから、完璧でなくてもいいから、とにかく計画を立てようとうながされていた。「準備万端でなくてもいい。AIGがこれからどうするのかを市場に知らせるのです。実行はそのあとでいい。資金調達が必要なら、資金調達の必要があると伝える」

昨日そうしたリーマンのざまを見ろ。ウィラムスタッドは心につぶやいた。

とうとうムーディーズとの憂鬱な会議の時間だった。いくらか信頼性を付与し、AIGの資金調達計画に関する質疑応答に協力するために、JPモルガンのスティーブン・ブラック社長もダウンタウンのオフィスに来ていた。ただウィラムスタッドにとって、みずから資金調達の固い決意を表明することと、JPモルガン社長から支援を取りつけることは、まったくの別物だった。かかわる金額が半端ではないからだ。格付け機関がほんの一ノッチでもAIGを格下げすれば、一〇五億ドル相当の追加担保が必要となりうる。[注35] おまけにスタンダード&プアーズまで同じ行動に出れば――ウィラムスタッドに言わせれば「盲人が盲人を導く」であるにせよ、その可能性は高い――数字は一三三億ドルに跳ね上がる。万が一にもそういう事態になり、ＡＩＧが金策に行き詰まれば、それは死刑判決に等しかった。

会議が始まってわずか一五分後、ムーディーズのアナリストが、ＡＩＧを一ないし二ノッチ格下げすると明言した。ウィラムスタッドの計算によれば、格下げの発表が月曜なら、担保差し入れまで少なくとも三日ある。つまり、水曜もしくは遅くとも木曜までに、莫大な資金をどこからか工面しなければならない。

ＪＰモルガンのブラックは、残された時間はもっと少ないのではないかと思った。彼の計算では火曜の朝が限界だった。会議が終わると、ウィラムスタッドを部屋の隅《すみ》に連れていって忠告した。「格下げに対処する方法をいますぐ考えておいたほうがいい」

ウィラムスタッドはうなずいた。「準備する必要がある。まったく同感だ」

建物をあとにしたブラックは、到着したときよりＡＩＧに失望を感じていた。誰も彼も、いい、いい、行動があまりにも遅すぎる。

五番街と五九丁目通りが交差する角地一区画を占めるゼネラル・モーターズ・ビルでは、ワイル・ゴッツァル＆マンジェス法律事務所の名だたる破産専門弁護士、ハーベイ・ミラーが机を離れ、部屋のなかを歩きはじめた。オフィスを一周してしまうと、本棚のあちこちに飾ってあるテキサコのトラックや、イースタン航空の飛行機模型を見つめた。[注36] 彼が担当したなかでも、とりわけ有名な訴訟の記念品だった。

ミラーは七五歳。破産法の長老と目され、依頼人に一時間約千ドルを請求する大弁護士だった。[注37]テキサコとイースタン航空以外にも、サンビーム、ドレクセル・バーナム・ランベール、そしてエンロンの破産にかかわったほか、一九七〇年代に金融危機に陥ったニューヨーク市の代理人を務めたこともある。

つねに人を元気づける落ち着きをたたえ、上等な仕立てのスーツ、オペラへの愛、長文で流暢な弁舌でも知られていた。フローリング材のセールスマンのひとり息子として生まれ、ブルックリンのグレイブセンドで育った彼は、ブルックリン・カレッジに進学して、一族で高等教育を初めて受けた。[注38]しばらく軍隊ですごしたあと、コロンビア大学のロースクールに入学した。

当時まだワスプの影響が大きかった法曹界で、破産は小規模なユダヤ系法律事務所が独占していた数少ない企業金融分野だった。ミラーは一九六三年、破産専門の小さな法律事務所、セリグソン＆モリスに入り、その六年後、コーポレート・ガバナンスの第一人者であるアイラ・ミルスタインに引き抜かれ、ワイル・ゴッツァルが新設した破産・企業再生部門の最初の弁護士になった。

その日の昼すぎ、ワイル・ゴッツァルのスティーブン・J・ダンハウザー会長が電話をよこし、ミラーにぎょっとするような質問を投げかけた。「うちの事務所はいま、リーマンの準備にあたる余裕はあるかな？――万一に備えてということだが」ミラーは、わかっていると答えた。経済紙を読めばわかる。リーマンは非常に重要な得意先だった。じつは事務所最大の顧客で、年間四〇〇〇万ドルを超える取引があった。リーマンのことは熟知している。

ダンハウザーのところにリーマンのスティーブン・バーケンフェルド取締役から電話があり、今後七二時間で事態が好転しなかったときのために準備してもらいたい、と依頼されたという。バーケンフェルドは電話を切る直前に、この会話は内密にと要望していた――ワイル・ゴッツァルと接触したことを、ファルドにさえ黙っていたのだ。

破産専門弁護士であるミラーは、顧客とのこうした繊細なつき合いに慣れていた。「破産とは、体重三五〇キロのゴリラと踊るようなものだ。ゴリラが踊りたいだけ踊りつづける」かつてそう言ったことがある。[注39]

しかしそのわずか数時間後、ミラーは窮地に追いこまれた相手から電話を受けた。

「トマス・ルッソといいます。リーマン・ブラザーズの最高法務責任者です」電話の向こうの声が言った。「あなたはリーマンの担当ですか」

ルッソと面識のないミラーは虚を突かれて言った。「いや、ええ、偶然ですが」

ルッソは詳細を語るより、メッセージを伝えようとした。「このことは極秘に願います。目下、非常に切迫した状況ですから。どんな噂も流すわけにはいきません」

緊急性は理解しているとミラーが請け合おうとしたとき、ルッソが不安げに尋ねた。「担当者は何人になります？」

「えー、四人かな」ミラーは答えた。「まだ準備段階と聞いたので」

「そう、準備段階です」ルッソは強調した。「それ以上増やさないでください。あくまで他言無用でお願いします」

ルッソが電話を切り、ミラーはいったい何が起きているのかと当惑した。

バンク・オブ・アメリカのCEOケネス・ルイスが、チームをニューヨークのサリバン＆クロムウェルに送ったことを知り、リチャード・ファルドはシャーロットにいるルイスに思いきって電話をかけた。取引をするつもりなら、やはりCEO同士で話し合うべきだと思ったからだった。

ルイスが電話に出るなり、ファルドは真情をこめてしゃべりはじめた――一致協力していこう。この合併のことを考えると、最高にわくわくしてくる。リーマン・ブラザーズが誇る一流の投資銀行業務と、バンク・オブ・アメリカの巨大商業銀行業務が合体するのだから。統合後の資産はJPモルガンやシティグループにも匹敵し、これでバンク・オブ・アメリカもいよいよ真の金融スーパーマーケットとなる……。

ルイスは辛抱強く聞いていたが、内心どう反応したものか迷っていた。彼としては、ファルドではなく政府と交渉しているつもりだった。ファルドが何を言おうと、正直なところすべて的《まと》はずれだったのだ。

受話器を置くまえに、ファルドは自信たっぷりでつけ加えた。

「この取引が成立するのはわかっている。パートナーになれて光栄だ」

主要登場人物／組織一覧　※肩書きは2008年当時のもの。

商業・投資銀行／投資ファンド

◆リーマン・ブラザーズ

リチャード（ディック）・ファルド　最高経営責任者（CEO）

ジョゼフ（ジョー）・グレゴリー　社長兼最高執行責任者（COO）
エリン・キャラン　最高財務責任者（CFO）
イアン・ロウィット　最高財務責任者（CFO）兼共同最高管理責任者（CAO）
ハーバート（バート）・マクデイド　エクイティ部門責任者、のちに最高経営責任者（CEO）
トマス・ルッソ　最高法務責任者（CLO）
スコット・フライドハイム　最高管理責任者（CAO）
スティーブン・バーケンフェルド　取締役
アレックス・カーク　信用商品グローバル責任者
ヒュー・マギー　投資銀行業務責任者
ジェフリー・ワイス　金融サービス部門責任者
ジェラルド・ドニーニ　グローバル・エクイティ部門責任者
マイケル・ゲルバンド　債券取引責任者
アンドルー・ガワーズ　広報責任者
マーク・シャファー　グローバルM＆A責任者
ラリー・ウィズネック　グローバル財務責任者
ジャスジット・バッタル　アジア・パシフィック業務責任者
チョ・クンホ　ソウルの最高幹部

◆ゴールドマン・サックス

ロイド・ブランクファイン　取締役会長兼最高経営責任者（CEO）

ゲイリー・コーン　共同社長兼共同最高執行責任者（ＣＯＯ）
ジョン・ウィンケルリード　共同社長兼共同最高執行責任者（ＣＯＯ）
デイビッド・ビニア　最高財務責任者（ＣＦＯ）
クリストファー・コール　投資銀行部門
ジョン・ロジャーズ　首席補佐
デイビッド・ソロモン　投資銀行部門共同責任者

◆バークシャー・ハザウェイ

ウォーレン・バフェット　最高経営責任者（ＣＥＯ）

◆ＪＰモルガン・チェース

ジェイミー・ダイモン　取締役会長兼最高経営責任者（ＣＥＯ）

ジェイムズ・リー・ジュニア　取締役副会長
スティーブン・ブラック　共同社長、投資銀行部門
ジョン・ホーガン　最高リスク管理責任者（ＣＲＯ）、投資銀行部門
ダグラス・ブラウンスタイン　投資銀行部門責任者
マーク・フェルドマン　取締役
ティモシー・メイン　金融機関、投資銀行部門責任者

◆モルガン・スタンレー

ジョン・マック　取締役会長兼最高経営責任者（ＣＥＯ）

ロバート・キンドラー　副会長、投資銀行部門
ジェイムズ・ゴーマン　共同社長
ロバート・スカリー　共同社長
ワリッド・チャマー　共同社長
コルム・ケラハー　エグゼクティブ・バイス・プレジデント、最高財務責任者（ＣＦＯ）、戦略立案共同責任者
ケネス・ディレット　最高リスク管理責任者（ＣＲＯ）
ゲイリー・リンチ　最高法務責任者（ＣＬＯ）
トマス・ナイズ　最高管理責任者（ＣＡＯ）

ルース・ポラット　金融機関担当部門責任者
ポール・トーブマン　投資銀行部門責任者
ジョナサン・キンドレッド　日本のモルガン・スタンレー証券社長

◆メリルリンチ

ジョン・セイン　取締役会長兼最高経営責任者（CEO）

グレゴリー・フレミング　社長兼最高執行責任者（COO）
ピーター・クラウス　エグゼクティブ・バイス・プレジデント兼執行委員会メンバー
ジョン・フィネガン　取締役
ピーター・ケリー　社内弁護士、M＆A担当
トマス・モンタグ　トレーディング・セールス部門責任者
スタンレー・オニール　前取締役会長兼最高経営責任者（CEO）

◆アメリカン・インターナショナル・グループ（AIG）

ロバート・ウィラムスタッド　最高経営責任者（CEO）

ブライアン・シュライバー　シニア・バイス・プレジデント
ジョゼフ・カッサーノ　AIGフィナンシャル・プロダクツ責任者
マーティン・サリバン　前CEO

◆シティグループ

ビクラム・パンディット　最高経営責任者（CEO）

エドワード・ケリー　金融機関グローバル・銀行業務部門責任者
サンフォード・ワイル　元取締役会長

◆バンク・オブ・アメリカ

ケネス（ケン）・ルイス　最高経営責任者（CEO）

グレゴリー・カール　最高幹部
ジョー・プライス　最高財務責任者（ＣＦＯ）

◆バークレイズ

ロバート・ダイアモンド　バークレイズＰＬＣ社長、バークレイズ・キャピタル最高経営責任者（ＣＥＯ）

ジョン・バーレイ　会長兼最高経営責任者（ＣＥＯ）
アーチボルド・コックス　会長、バークレイズ・アメリカス
マイケル・クライン　顧問

◆ブラックロック

ラリー・フィンク　最高経営責任者（ＣＥＯ）

◆ブラックストーン・グループ

スティーブン・シュワルツマン　最高経営責任者（ＣＥＯ）、共同設立者
ジョン・スタジンスキ　AIG 担当

◆ファニーメイ

ダニエル・マッド　社長兼最高経営責任者（ＣＥＯ）

◆フレディマック

リチャード・サイロン　最高経営責任者（ＣＥＯ）

◆グリーンライト・キャピタル

デイビッド・アインホーン　共同設立者

◆J・C・フラワーズ&カンパニー

クリストファー・フラワーズ　会長、設立者

◆ペレラ・ワインバーグ・パートナーズ

ジョゼフ・ペレラ　　取締役会長兼最高経営責任者
ゲイリー・バランシク　　パートナー
ピーター・ワインバーグ　　パートナー

◆ワコビア

ロバート・スティール　最高経営責任者（CEO）

デイビッド・キャロル　社長、ビジネス開発部門責任者

◆ウェルズファーゴ

リチャード・コバスビッチ　会長、社長兼最高経営責任者（CEO）

◆韓国産業銀行（KDB）

ミン・ユソン　　最高経営責任者（CEO）

◆中国投資有限責任公司（チャイナ・インベストメント・コーポレーション）

高西慶　　最高経営責任者（CEO）

◆三菱UFJフィナンシャル・グループ

畔柳信雄　　社長、最高経営責任者（CEO）

法律事務所

◆クラバス・スウェイン&ムア法律事務所

ファイザ・サイード　　パートナー

◆シンプソン・サッチャー&バートレット法律事務所

リチャード・ビーティ　　会長
ジェイムズ・ギャンブル　　パートナー

◆サリバン&クロムウェル法律事務所

ロジン・コーエン　　会長
ジェイ・クレイトン　　パートナー
マイケル・ワイズマン　　パートナー

◆ワクテル・リプトン・ローゼン&カッツ法律事務所

エドワード・ハーリヒー　　パートナー

◆ワイル・ゴッツァル&マンジェス法律事務所

スティーブン・ダンハウザー　　会長
ハーベイ・ミラー　　シニア・パートナー、破産専門弁護士
ロリ・ファイフ　　シニア・パートナー
トマス・ロバーツ　　シニア・パートナー

アメリカ政府／中央銀行

◆ホワイトハウス

ジョージ・W・ブッシュ　アメリカ合衆国大統領

ジョシュア・ボルテン　大統領首席補佐官

◆議会

バラク・オバマ（民主党／イリノイ州）　上院議員、次期大統領候補

ヒラリー・クリントン（民主党／ニューヨーク州）　上院議員
クリストファー・ドッド（民主党／コネチカット州）　上院議員、銀行委員会長
バーネット・フランク（民主党／マサチューセッツ州）　下院議員、金融サービス委員長
ナンシー・ペロシ（民主党／カリフォルニア州）　下院議長
ジョン・マケイン（共和党／アリゾナ州）　上院議員
ミッチ・マコーネル（共和党／ケンタッキー州）　上院議員

◆財務省

ヘンリー（ハンク）・ポールソン　財務長官

ミシェル・デイビス　広報担当次官補、政策計画官
ケビン・フロマー　財務次官補、立法問題担当
ロバート・ホイト　法律顧問
ダン・ジェスター　特別顧問
ニール・カシュカリ　財務次官補、国際担当
デイビッド・ネイソン　財務次官補、金融機関担当
ジェレマイア・ノートン　財務次官補代理、金融機関政策担当
アンソニー・ライアン　財務次官補、金融市場担当
スティーブン・シャフラン　特別顧問
ロバート・スティール　財務次官、国内ファイナンス担当

フィリップ・スウェイゲル　財務次官補、経済政策担当
ジェイムズ・ウィルキンソン　首席補佐官
ケンドリック・ウィルソン　特別顧問

◆連邦準備制度理事会

ベンジャミン（ベン）・バーナンキ　第14代議長

スコット・アルバレス　法律顧問
ドナルド・コーン　副議長
ケビン・ウォーシュ　理事

◆ニューヨーク連邦準備銀行

ティモシー（ティム）・ガイトナー　総裁

トマス・バクスター・ジュニア　法律顧問
クリスティン・カミングス　副総裁
ウィリアム・ダドリー　マーケッツ・デスク・チーフ
カルビン・ミッチェル三世　報道責任者

◆証券取引委員会（ＳＥＣ）

チャールズ・クリストファー・コックス　委員長

マイケル・マキアロリ　アソシエイト・ディレクター
エリック・シリ　市場規制部門責任者

◆連邦預金保険公社（ＦＤＩＣ）

シーラ・ベア　総裁

◆ニューヨーク市

マイケル・ブルームバーグ　市長

◆ニューヨーク州保険局

エリック・ディナロ　　局長

イギリス政府

ジェイムズ・ゴードン・ブラウン　　首相

アリステア・ダーリング　　財務大臣
カラム・マッカーシー　　金融庁長官
ヘクター・サンツ　　金融庁副長官

原注および情報ソース

このプロジェクトを始めた当初、執筆にこれほどの紆余曲折が待っていようとは想像もつかなかった。ニューヨーク・タイムズの記者として、過去一〇年間にウォール街やワシントンで築き上げた多くの人間関係を頼りに、私は記録の再構築に取りかかった。情報源に頼みこんで何百もの会議や電話を再現してもらった。惜しみなく時間を割いてくれる人もいれば、気乗りがしない人もいた。経済危機の傷痕はまだ生々しく残っていたのだ。

だが幸せなことに、大勢の関係者が取材に応じてくれた。一〇時間にわたって話してくれた人もいる。知り合って数年になるひとりのＣＥＯは、取材初日、連銀に集まったあの週末にとった詳細なメモを持参した。そこには、参加者がテーブルのどの位置に坐ったかという絵まで描いてあった。「このメモを渡すのは、メモをとったのと同じ理由からだ」彼は言った。「歴史的瞬間の記録だから」いくつかの社内会議のビデオテープを提供してくれた人もいるし、こちらがうまく説得すると、日程表や保存メールを見せてくれた人もいる。妙なことだが、私にとっていちばんの難題は、多すぎる情報を処理することだった。たとえば、ある会議についての５種類の説明を——寝不足で朦朧としていた出席者からの証言を——まとめようとするときなど、ほんの些細なことを確認するために、同じ情報源に話を聞きに戻ることもしばしばだった。

執筆にあたっては、できるだけ文書記録に頼るようにした。幸運にも、見事なメモをとっていた人や、社内の資料、メール、発表、覚書などにアクセスさせてくれる人が見つかった。情報公開法にもとづいて請求した政府文書にも頼った。ヘンリー・ポールソンとティモシー・ガイトナーの日程表は、重要な日時を知る参考になった。しかし、こうした日程表はたいてい——ほかの人の日誌などもそうだが——日付や特定の会議に関して誤った情報を含んでいる、ということには触れておくべきだろう。

このプロジェクトを開始したときから明らかだったのは、公表を前提にしたインタビューをいかに熱心におこなっても、この劇的な時期にうずまいた個人的陰謀の全容を本当にとらえることなどできないということだ。冒頭で述べたように、大部分の人は、情報源を明かさないという条件でインタビューに応じてくれた。彼らの思い出したことばや感情を本文で使う

のは、私の自由だったけれど。

ふたりだけで交わしたように見える会話でさえ、大勢の他人が内容を知っている可能性があるのには驚く。たとえばＣＥＯや政府の役人は、スピーカーフォンで電話会議をおこなうことが多いが、その会話に１ダースの人々が聞き耳を立てていることもあった。また、対談の直後に、参加者のひとりがその詳細を同僚にメールし、それがほかの人に転送されることもあっただろう。

この本に登場する会話の大部分は、取材に答えてくれた人たちが思い出せるかぎりのものである。つまり、正確な口述筆記ではない。とくに印象的な発言については、できるかぎり多くの情報源にあたって裏づけを取ったが、結局は思い出せる人の記憶に頼るほかなかった。

金融報道の同業者による貴重な報告の数々にも助けられた。彼らはリアルタイムですばらしい取材をおこなった。このあとの注にその名前を挙げていく。私自身が情報を確認した場合でも、それを最初に伝えた記事を特定するようにした。とはいえ、本書に出てくるニュースの内容を伝えた出版物や記事のいくつかを、うっかり見落としていることはあるにちがいない。

この期間に報じられた最高のニュースのいくつかは、誇らしいことに、ニューヨーク・タイムズのわが同僚の手によるものだ。しかし、他社の報道にも卓越したものがあった――ＡＰ通信、ブルームバーグ、ビジネスウィーク、ＣＢＳ『60ミニッツ』、ＣＮＢＣ、フォーブス、フォーチュン、インスティテューショナル・インベスター、ロイター通信、ワシントン・ポスト、ウォール・ストリート・ジャーナル。とりわけ、ウォール・ストリート・ジャーナルのふたりの優秀な記者の名前を挙げておきたい。本書で私は彼女たちの記事をたびたび引用した――リーマン破綻の取材をリードしたスザンヌ・クレイグ、そして第１級のワシントン取材をおこなったデボラ・ソロモン。

以下の注に記されていない事実や会話はすべて、ひとりか複数の秘密情報源の話、または私に提供された文書証拠をもとにしている。

プロローグ

1 Susanne Craig, Deborah Solomon, Carrie Mollenkamp, and Matthew Karnitschnig, “Lehman Races Clock; Crisis Spreads,” *Wall Street Journal,* September 13, 2008.

2 Christine Harper, “Wall Street Bonuses Hit Record,” Bloomberg.

3 Christine Harper, "Wall Street Bonuses Hit Record $39 Billion for 2007," Bloomberg, January 17, 2008; Susanne Craig, Kate Kelly, and Deborah Solomon, "Goldman Sets Plan to Escape U.S. Grip," *Wall Street Journal,* April 14, 2009.

4 Louis Uchitelle, "The Richest of the Rich, Proud of a New Gilded Age," *New York Times,* July 15, 2007.

5 Paul Barrett, "What Brought Down Wall Street?" *BusinessWeek,* September 19, 2008.

6 Charles A. Bowsher, comptroller general of the United States, said this on May 18, 1994, before the Senate Committee on Banking, Housing, and Urban Affairs. http://www.gao.gov/products/GGD-94-133

7 "Chairman Bernanke Testifies Before Joint Economic Committee," U.S. Fed News, March 28, 2007.

8 Kate Kelly, "Barclays Sues Bear Over Failed Funds," *Wall Street Journal,* December 20, 2007.

9 "BNP Paribas Freezes Funds Amid Subprime Concern," Bloomberg, August 10, 2007.

第1章

1 Steve Fishman, "Burning Down His House," *New York*, December 8, 2008.

2 Susanne Craig, "Lehman Finds Itself in Center of a Storm," *Wall Street Journal,* March 18, 2008.

3 同上。

4 Michael Shnayerson, "Profiles in Panic," *Vanity Fair,* January 2009.

5 同上。

6 Craig, "Lehman Finds Itself," *Wall Street Journal.*

7 Ben White, "A Fighter on the Ropes," *Financial Times*, June 14, 2008.

8 Andy Serwer, "The Improbable Power Broker: How Dick Fuld Transformed Lehman from Wall Street Also-ran to Super-hot Machine," *Fortune,* April 17, 2006.

9 Charles V. Bagli, "Morgan Stanley Selling Nearly Completed Office Tower to Lehman for $700 Million," *New York Times,* October 9, 2001.

10 Joe Kernen, *Squawk Box,* CNBC, March 17, 2008.

11 Patricia Kowsmann, "DBS Not Entering New Positions with Lehman–

Sources," Dow Jones Newswires, March 17, 2008.
12 Craig, "Lehman Finds Itself," *Wall Street Journal.*
13 Yalman Onaran and John Helyar, "Lehman's Last Days," *Bloomberg Markets,* January 2009.
14 David Cho and Neil Irwin, "Crises of Confidence in the Markets; Federal Reserve's Rescue of Bear Stearns Exposes Cracks in Financial System," *Washington Post,* March 18, 2008.
15 同上。
16 Andrew Gowers, "The Man Who Brought the World to Its Knees EXPOSED," *Sunday Times (London),* December 14, 2008.
17 Gary Silverman and Charles Pretzlik, "Richard Fuld—A Cunning Player Shows His Hand," *Financial Times,* August 17, 2001.
18 Ianthe Jeanne Dugan, "Battling Rumors on Wall St.; Lehman Brothers Chairman Launches Aggressive Defense," *Washington Post,* October 10, 1998.
19 Fuld, in an interview with Craig, "Lehman Finds Itself," *Wall Street Journal.*
20 http://www.group30.org/pubs/pub_1401.htm
21 "$21 Million Wreck," *New York Post,* February 6, 2007.
22 Fuld's ROTC recruitment has been reported previously by various publications, including the *Wall Street Journal* and *Fortune,* but this scene between Fuld and his sergeant, to the author's knowledge, has never been published before.
23 "Jacob W. Schwab, 89, Textile Manufacturer," *New York Times,* March 30, 1982.
24 Justin Schack, "Restoring the House of Lehman," *Institutional Investor—Americas,* May 12, 2005; Tom Bawden, "Bruiser of Wall St. Dick Fuld Looked After His People, But Didn't Know When to Quit," *The Times (London),* September 16, 2008; Annys Shin, "Capitol Grilling for Lehman CEO," *Washington Post,* October 7, 2008.
25 Schack, "Restoring the House," *Institutional Investor.*
26 Ann Crittenden, "Lehman's Office Move Marks End of an Aura," *New York Times,* December 20, 1980.
27 Diana B. Henriques, "Lewis Glucksman, Veteran of a Wall St. Battle, Dies at 80," *New York Times,* July 8, 2006.

28 Edward Robinson, "Lehman's Fuld, a Survivor, Now Eyes Investment Banking Business," *Bloomberg Markets,* July 2008.
29 Lehman's history: Charles Geisst, *The Last Partnership: Inside the Great Wall Street Dynasties* (New York: McGraw-Hill, 2001), 49–51; Auletta, *Greed and Glory On Wall Street*, 27–30.
30 Keith Dovkants, "The Godfather, a Man They Call the Gorilla and How a Banking Legend Was Lost," *Evening Standard (London),* September 16, 2008.
31 "Trading Up: To Crack Wall Street's Top Tier, Lehman Gambles on Going Solo," *Wall Street Journal,* October 13, 2004; Schack," Restoring the House of Lehman," *Institutional Investor—Americas*; Louise Story, "At Lehman, Chief Exudes Confidence:" *New York Times,* June 17, 2008.
32 Fishman, "Burning Down His House," *New York.*
33 Shnayerson, "Profiles in Panic," *Vanity Fair.*
34 Auletta, *Greed and Glory*, 118.
35 David Patrick Columbia, "Highs and Lows," *New York Social Diary,* January 27, 2009.
36 Ken Auletta "Power, Greed and Glory on Wall Street: The Fall of the Lehman Brothers," *New York Times Magazine*, February 17, 1985.
37 Robinson, "Lehman's Fuld," *Bloomberg Markets,* July 2008.
38 Shearson/American Express acquiring Lehman: Robert J. Cole, "Shearson to Pay $360 Million to Acquire Lehman Brothers," *New York Times,* April 11, 1984.
39 Ken Auletta, "The Fall of Lehman Brothers: The Men, the Money, the Merger," *New York Times,* February 24, 1985.
40 Peter Truell, "Market Place: Is Lehman Ready to Take the Plunge?" *New York Times,* June 3, 1997.
41 Robinson, "Lehman's Fuld," *Bloomberg Markets.*
42 Peter Truell, "Pettit Resigns as President of Lehman Brothers," *New York Times,* November 27, 1996; Peter Truell, "Christopher Pettit Dies at 51; Ex-President of Lehman Bros." *New York Times,* February 19, 1997.
43 Fishman, "Burning Down His House," *New York.*
44 "Take Notice, It's Lehman," *US Banker*, May 1, 2001.
45 Fishman, "Burning Down His House," *New York.*
46 Schack, "Restoring the House of Lehman," *Institutional Investor.*

47 *Wall Street Journal*, October 14, 2005.

48 Schack, "Restoring the House of Lehman," *Institutional Investor*.

49 Fishman, "Burning Down His House," *New York*.

50 Robinson, "Lehman's Fuld," *Bloomberg Markets*.

51 Yalman Onaran, "Lehman Brothers Paid CEO Fuld $40 Million for 2007," Bloomberg News, March 5, 2008.

52 Fishman, "Burning Down His House," *New York*.

53 同上。

54 Susanne Craig, "Lehman's Straight Shooter," *Wall Street Journal*, May 17, 2008.

55 http://www.law.nyu.edu/alumni/almo/pastalmos/20072008almos/erincallanapril/index.htm

56 Pierre Paulden, "Rainmakers—Alpha Female," *Institutional Investor*, June 2007.

57 Lysandra Ohrstrom, "15 CPW Alert! Lehman Lady Lands $6.5 M. Pad," *New York Observer,* April 25, 2008. James Quinn, "Sting Rubs Shoulders with Giants of Finance at $2bn Apartments," *Daily Telegraph (London)*, February 2, 2008; Christina S. N. Lewis, "Private Properties," *Wall Street Journal,* October 3, 2008.

58 DealBook, "Lehman's C.F.O. Checks into 15 C.P.W." *New York Times,* April 29, 2008.

59 *Today,* NBC, March 18, 2008.

60 Robin Sidel, Greg Ip, Michael M. Phillips, and Kate Kelly, "The Week That Shook Wall Street," *Wall Street Journal,* March 18, 2008.

61 Jenny Anderson, "Swinging Between Optimism and Dread on Wall Street," *New York Times,* March 19, 2008.

62 "Lehman Lifts Mood, and So Does Goldman," *International Herald Tribune*, March 19, 2008.

63 Susanne Craig and David Reilly, "Goldman, Lehman Earnings: Good Comes from the Bad," *Wall Street Journal*, March 19, 2008.

64 Lehman Brothers Holdings Inc. (LEH) F1Q08 Earnings Call, March 18, 2008.

65 同上。

66 Anderson, "Swinging Between Optimism and Dread," *New York Times*; Rob Curran "Lehman Surges 46% As Brokers Rally Back," *Wall Street*

Journal, March 19, 2008.
67 Curran, "Lehman Surges 46%," *Wall Street Journal*.
68 Alejandro Lazo and David Cho, "Financial Stocks Lead Wall Street Turnabout," *Washington Post*, March 19, 2008.

第2章

1 Kelly, *Street Fighters*, 204.
2 Kate Kelly, "The Fall of Bear Stearns: Bear Stearns Neared Collapse Twice in Frenzied Last Days," *Wall Street Journal*, May 29, 2008.
3 Kelly, *Street Fighters*, 205.
4 Robin Sidel and Kate Kelly, "J.P. Morgan Quintuples Bid to Seal Bear Deal," *Wall Street Journal*, March 25, 2008.
5 同上。
6 Kelly, "The Fall of Bear Stearns," *Wall Street Journal*.
7 Maura Reynolds and Janet Hook, "Critics Say Bush Is Out of Touch on the Economy," *Los Angeles Times*, March 18, 2008.
8 Kelly, *Street Fighters*, 34.
9 同上。
10 "The Quiet Ascendancy of Hank Paulson," *Institutional Investor*, July 1, 1998.
11 "A Skeptical Outsider Becomes Bush's 'Wartime General,'" *Washington Post*, November 19, 2008.
12 Fred Barnes, "Bolten's White House: And Why Hank Paulson, the Former Goldman Sachs Chief, Is the New Treasury Secretary," *International Economy*.
13 Landon Thomas Jr., "Paulson Comes Full Circle," *New York Times*, May 31, 2006; Terence Hunt, "Treasury Secretary Snow Resigns, Replaced by Goldman Sachs Chairman Henry M. Paulson," Associated Press, May 30, 2006.
14 Ellis, *The Partnership*, 662.
15 Susanne Craig, "Boss Talk: Goldman CEO Tackles Critics, Touchy Issues," *Wall Street Journal*, April 26, 2006.
16 Eddy, *Science and Health*, 391–92.
17 Deborah Solomon, "Bush Taps Paulson as Treasury Chief—Goldman CEO Is Promised More Power Than Snow," *Wall Street Journal*, May 31,

2006.
18 Cho, "A Skeptical Outsider," *Washington Post*.
19 "Ethics Agreement of Henry M Paulson Jr.," dated June 19, 2008.
20 "Paulson to Sell His Goldman Shares," Bloomberg News, June 22, 2006.
21 Valerie Shanley, "Profile: Hank Paulson," *Sunday Tribune (Dublin)*, September 14, 2008.
22 "Goldman Seeking Capital Investment; Firm Beset by Falling Profits, Departing Partners," Bloomberg, September 16, 1994.
23 Ellis, *The Partnership*, 541.
24 Kevin McCoy and Edward Iwata, "Treasury's Paulson Is 'The Hammer' Behind the Bailout," *USA Today*, September 23, 2008.
25 "Wall Street's Lone Ranger," *BusinessWeek*, March 4, 2002.
26 "Goldman Sachs Promotes Paulson, Takes Step Toward Public Offering," Dow Jones, June 1, 1998.
27 Lowenstein, *When Genius Failed*, 215.
28 Patrick McGeehan, "Goldman Shelves Plan to Go Public—Unsettled Markets Cited as Chief Cause," *Wall Street Journal*, September 29, 1998.
29 Anita Raghavan, "Zuckerberg, Goldman's Vice Chairman, to Retire as the Guard Changes at Firm," *Wall Street Journal*, October 23, 1998.
30 Ellis, *The Partnership*, 609–13.
31 "Goldman Sachs Shares Soar In Long-Awaited Trading Debut," Dow Jones, May 4, 1999.
32 Marc Gunther, "Paulson to the Rescue," *Fortune*, September 29, 2008.
33 同上。
34 Gunther, "Paulson to the Rescue," *Fortune*.
35 Daniel Gross, "The Captain of the Street," *Newsweek*, September 29, 2008.
36 "Senate Committee on Banking, Housing and Urban Affairs Holds Hearing on U.S. Credit Markets," Congressional Quarterly transcripts wire, September 23, 2008.
37 John Helyar and Yalman Onaran, "Fuld Sought Buffett Offer He Refused as Lehman Sank," Bloomberg News, November 10, 2008.

第3章

1 http://documents.nytimes.com/geithner-schedule-new-york-fed#p=1

2 "Testimony Before the U.S. Senate Committee on Banking, Housing, and Urban Affairs, Washington, D.C," April 3, 2008. http://www.newyorkfed.org/newsevents/speeches/2008/gei080403.html

3 Robin Sidel and Kate Kelly, "J.P. Morgan Quintuples Bid to Seal Bear Deal," *Wall Street Journal,* March 25, 2008.

4 http://econclubny.org/fi les/Transcript_Volcker_April_2008.pdf

5 Jonathan Stempel and Dan Wilchins, "Citigroup CEO Prince Expected to Resign," Reuters, November 4, 2007; Tomoeh Murakami Tse, "Citigroup CEO Resigns," *Washington Post*, November 5, 2007.

6 Jo Becker and Gretchen Morgenson, "Member and Overseer of Finance Club," *New York Times,* April 27, 2009.

7 Scott Lanman, "Geithner Nomination Takes Top Fed Wall Street Liaison," Bloomberg News, November 24, 2008; Robert Schmidt, "Geithner Takes Salary Cut to Run Treasury, Bloomberg News, Gets Fed Severance," January 27, 2008.

8 Joseph Berger, "Suddenly, There's a Celebrity Next Door," *New York Times,* January 2, 2009.

9 "A reassuring figure for Treasury," *The Economist*, November 22, 2008.

10 Greg Ip, "Geithner's Balancing Act—The Fed's Go-to Man for Financial Crises Takes on Hedge Funds," *Wall Street Journal,* February 20, 2007.

11 Lowenstein, *When Genius Failed*, 216; Victoria Thieberger, "Fed's McDonough a Cool Head in Financial Storms," Reuters, January 16, 2003.

12 Gary Weiss, "The Man Who Saved (or Got Suckered by) Wall Street," *Conde Nast Portfolio*, June 2008; Yalman Onaran and Michael McKee, "In Geithner We Trust Eludes Treasury as Market Fails to Recover," Bloomberg News, February 25, 2009; Daniel Gross, "The Un-Paulson," Slate, November 21, 2008.

13 Peter S. Canellos, "Conservatives' Sour on 'Rebel Media,'" *Boston Globe*, April 19, 2007.

14 Onaran and McKee, "In Geithner We Trust," Bloomberg News.

15 Deepak Gopinath, "New York Fed's Geithner Hones Skills for Wall Street," *Bloomberg Markets,* April 22, 2004.

16 Candace Taylor, "Quiet NY Fed Chief Makes Loud Moves," *New York Sun,* March 31, 2008.

17 *Time*'s headline for its February 15, 1999.

18 Jon Hilsenrath and Deborah Solomon, "Longtime Crisis Manager Pleases Wall Street, Mystifies Some Democrats," *Wall Street Journal,* November 22, 2008.

19 Onaran and McKee, "In Geithner We Trust," Bloomberg News.

20 http://www.ny.frb.org/newsevents/speeches/2006/gei060228.html

21 Bethany McLean, "Fannie Mae's Last Stand," *Vanity Fair*, February 2009; Carol D. Leonnig, "How HUD Mortgage Policy Fed the Crisis," *Washington Post*, June 10, 2008.

22 Justin Fox, "Hank Paulson," *Time,* August 11, 2008.

23 Brendan Murray and John Brinsley, "Paulson's Surrogate Steel Sees 'Initial' Progress in Markets," Bloomberg News, March 19, 2008.

24 Rick Rothacker, Stella M. Hopkins, and Christina Rexrode, "Wachovia's New CEO Is Pro in Crisis Control," *Charlotte Observer*, July 13, 2008.

25 "Panel I of a Hearing of the Senate Banking, Housing and Urban Affairs Committee," Federal News Service, April 3, 2008.

26 "Panel II of a Hearing of the Senate Banking, Housing and Urban Affairs Committee," Federal News Service, April 3, 2008.

27 Ken Kurson, "Jamie Dimon Wants Respect," Money, February 2002.

28 Eric Dash, "Rallying the House of Morgan," *New York Times,* March 18, 2008.

29 Robin Sidel, "In a Crisis, It's Dimon Once Again," *Wall Street Journal,* March 17, 2008.

30 Andrew Bary, "The Deal—Rhymes With Steal—of a Lifetime," *Barron's*, March 24, 2008.

31 Leah Nathans Spiro, "Ticker Tape in the Genes," *BusinessWeek*, October 21, 1996.

32 Shawn Tully, "In This Corner! The Contender," *Fortune,* March 29, 2006.

33 Leah Nathans Spiro, "Smith Barney's Whiz Kid," *BusinessWeek,* October 21, 1996.

34 Monica Langley, *Tearing Down the Walls,* 50.

35 同上、74。

36 同上、71。

37 同上、103。

38 Robert J. Cole, "2 Leading Financiers Will Merge Companies in $1.65 Billion Deal," *New York Times,* August 30, 1988.

39 Dana Wechsler Linden, “Deputy Dog Becomes Top Dog,” *Forbes,* October 25, 1993.

40 Langley, *Tearing Down the Walls*, 201.

41 Greg Steinmetz, “Primerica, Travelers Seal Merger Pact; Takeover May Speed Insurer's Recovery, *Wall Street Journal,* September 24, 1993.

42 Langley, *Tearing Down the Walls*, 241.

43 同上、254。

44 Langley, *Tearing Down the Walls*, 289–93. Michael Siconolfi, “Citicorp, Travelers Group to Combine in Biggest-Ever Merger,” *Wall Street Journal,* April 7, 1998.

45 Langley, *Tearing Down the Walls*, 314.

46 Roger Lowenstein, “Alone at the Top,” *New York Times Magazine*, August 27, 2000.

47 Timothy L. O'Brien and Peter Truell, “Downfall of a Peacemaker,” *New York Times,* November 3, 1998.

48 Duff McDonald, “The Heist,” *New York*, March 24, 2008.

49 Shawn Tully, “In This Corner! The Contender,” *Fortune,* March 29, 2006.

50 The Credit Suisse Group Financial Services Forum, February 7, 2008.

51 Alistair Barr, “Dimon Steers J.P. Morgan Through Financial Storm,” MarketWatch.com, December 4, 2008.

52 “Panel II of a Hearing of the Senate Banking, Housing and Urban Affairs Committee,” Federal News Service, April 3, 2008.

53 “Panel I of a Hearing of the Senate Banking, Housing and Urban Affairs Committee,” Federal News Service, April 3, 2008.

第4章

1 “Attendees for G7 Outreach Dinner with Banks,” Reuters, April 11, 2008.

2 Jenny Anderson, “Trying to Quell Rumors of Trouble, Lehman Raises $4 Billion,” *New York Times,* April 2, 2008.

3 Joseph A. Giannone, “Goldman CEO Says Credit Crisis in Later Stages,” Reuters, April 10, 2008.

4 International Monetary Fund, “Global Financial Stability Report,” April 2008, 50.

5 Senate Joint Economic Committee, “Financial Meltdown and Policy Response,” September 2008.

6 "Hearing on Causes and Effects of the Lehman Brothers Bankruptcy," House of Representatives Committee on Oversight and Government, October 6, 2008. http://oversight.house.gov/story.asp?ID=2208

7 Author obtained a copy of the proposal from a confidential source.

8 Deborah Solomon, "U.S. News: Paulson to Tap Adviser to Run Rescue Program," *Wall Street Journal,* October 6, 2008.

9 Jeannine Aversa, "At Ceremonial Swearing-in, New Fed Chief Bernanke Vows to Work with Congress," Associated Press, February 6, 2006.

10 John Cassidy, "Anatomy of a Meltdown," *New Yorker,* December 1, 2008; Roger Lowenstein, "The Education of Ben Bernanke," *New York Times Magazine,* January 20, 2008; Larry Elliott, "Ben Bernanke," *Guardian,* June 16, 2006; Mark Trumbull, "Backstory: Banking on Bernanke," *Christian Science Monitor,* February 1, 2006; Ben White, "Bernanke Unwrapped," *Washington Post,* November 15, 2005.

11 John Cassidy, *New Yorker*, December 1, 2008.

12 Lowenstein, "The Education of Ben Bernanke," *New York Times Magazine,* January 20, 2008.

13 同上。

14 "Fed Keeps Rates Steady," Dow Jones, August 7, 2007.

15 "Text of Federal Reserve's Interest Rate Decision," Dow Jones Capital Markets Report, August 7, 2007.

16 Jim Cramer, *Mad Money,* CNBC, August 3, 2007.

17 Sebastian Boyd, "BNP Paribas Freezes Funds as Loan Losses Roil Markets," Bloomberg News, August 9, 2007.

18 同上。

19 "ECB Injects 95 billion Euros Into Money Supply Amid US Subprime Worries," Agence-France Presse, August 9, 2007.

20 Randall W. Forsyth, "Why the Blowup May Get Worse," *Barron's*, August 13, 2007.

21 Bagehot, *Lombard Street*, 69.

22 "S&P 500 Futures Sharply Higher On Fed Statement," Dow Jones, August 17, 2007.

23 Ben Bernanke's speech, "The Housing Market and Subprime Lending," June 5, 2007. Via satellite to attendees of the 2007 International Monetary Conference in Cape Town, South Africa. http://www.federalreserve.gov/

newsevents/speech/bernanke20070605a.htm
24 Faber, *And Then the Roof Caved In*, 95.
25 Stanley Reed, "Barclays: Anything But Stodgy President Bob Diamond has turned the once-troubled investment banking unit into a powerhouse," *BusinessWeek*, April 10, 2006.
26 "Barclays PLC—Directorate Change," Regulatory News Service, May 27, 2005.
27 " 'Coach' Proud of His Trading Floor Origins," *Financial News*, December 4, 2000.
28 Carrick Mollenkamp, "Barclays's CEO Shifts to Plan B—U.K. Bank Pursues Emerging Markets As ABN Bid Fails," *Wall Street Journal,* October 6, 2007.

第5章

1 "DealBook: Wall Street on Spitzer: 'There Is a God,'" *New York Times*, March 10, 2008.
2 "Cramer Is Uptick'd Off " and "Out with Cox, in with Uptick Rule," *Mad Money,* CNBC, May 4, 2009, November 21, 2008.
3 Cassell Bryan-Low, Carrick Mollenkamp, and Gregory Zuckerman, "Peloton Flew High, Fell Fast," *Wall Street Journal,* May 12, 2008.
4 Hugo Lindgren, "The Confidence Man," *New York,* June 23, 2008.
5 http://www.atcfkid.com/
6 Einhorn, *Fooling Some of the People All of the Time*, 14.
7 Jesse Eisinger, "Diary of a Short-Seller," *Conde Nast Portfolio*, May 12, 2008.
8 "BNP Paribas Unit to Suspend NAV Calculation of Some Funds," Dow Jones, August 9, 2007.
9 Lindgren, "The Confidence Man," *New York*.
10 Chris O'Meara, Lehman's Chief Financial Officer, from the "Q3 2007 Lehman Brothers Holdings Inc. Earnings Conference Call," September 18, 2007.
11 Lindgren, "The Confidence Man," *New York*.
12 David Einhorn, "Private Profits and Socialized Risk," Grant's Spring Investment Conference, April 8, 2008.
13 Susanne Craig, "Finance Chief Is Demoted," *Wall Street Journal*, June

13, 2008.
14 "Stock Picks from Sohn Investment Conference," Reuters, May 23, 2008.
15 Stephen Taub, "Speaking Candidly," *Alpha*, May 2005.
16 Lindgren, "The Confidence Man," *New York*.
17 David Einhorn, "Accounting Ingenuity" speech at the Ira W. Sohn Investment Research Conference, May 21, 2008.

第6章

1 Susanne Craig, "Lehman Struggles to Shore Up Confi dence," *Wall Street Journal,* September 11, 2008.
2 Susanne Craig, "Lehman Is Seeking Overseas Capital—As Its Stock Declines, Wall Street Firm Expands Search for Cash, May Tap Korea," *Wall Street Journal,* June 4, 2008.
3 Joe Bel Bruno, "Lehman Brothers Treasurer: Firm Did Not Tap Fed Discount Window to Avert Cash Problems," Associated Press, June 3, 2008.
4 Susanne Craig, "Lehman's Straight Shooter," *Wall Street Journal,* May 17, 2008.
5 Jesse Eisinger, "Diary of a Short-Seller," *Conde Nast Portfolio*, April 2008.
6 Hae Won Choi, "Woori Sets Pact with Lehman to Cut Bad Debt," *Asian Wall Street Journal,* September 6, 2002; Donald Kirk, "No Pause for Woori," *Institutiona Investor*, July 1, 2002.
7 Song Jung-A, "Man Behind Doubts Rise over KDB's Push for Global Status," *Financial Times,* September 2, 2008.
8 Kim Yeon-hee, "KDB's CEO: A Leopard on the Hunt for Lehman," Reuters, September 5, 2008.
9 "Lehman Brothers Email Regarding Punishing Short Seller," http://oversight.house.gov/story.asp?ID=2208
10 Craig, "Lehman Struggles to Shore Up Confidence," *Wall Street Journal,* September 11, 2008.
11 Kim Yeon-hee, "KDB Confirms Lehman Talks; Korea Bank Shares Fall," Reuters, September 1, 2008.
12 Leman's 10-K filing with the Securities and Exchange Commission on January 29, 2008.
13 "Lehman Brothers Email Regarding Suspending Executive

Compensation," House Oversight and Government Reform Committee's investigation, http://oversight.house.gov/story.asp?ID=2208

14 Michael Shnayerson, "Profiles in Panic," *Vanity Fair,* January 2009; Christina S. N. Lewis, "Hot Words in Finance: 'For Sale,'" *Wall Street Journal,* January 16, 2009.

15 Shnayerson, "Profiles in Panic," *Vanity Fair*; "Spelman Receives $10 Million Gift," *Jet,* November 19, 2007.

16 Devin Leonard, "How Lehman Brothers Got Its Real Estate Fix," *New York Times,* May 3, 2009; Dana Rubinstein, "Mark Walsh, Lehman's Unluckiest Gambler," *New York Observer,* October 1, 2008.

17 Nick Mathiason, Heather Connon, and Richard Wachman, "Banking's Big Question: Why Didn't Anyone Stop Them?" *Observer (London)*, February 15, 2009.

18 Chris Wright, "Can Lehman Build on Grange?" *Euromoney,* July 2007.

19 "Lehman Buys Rest of Energy Marketing Co. Eagle Energy," Reuters, May 9, 2007.

20 Leonard, "How Lehman Brothers Got Its Real Estate Fix," *New York Times.*

21 "Lehman Brothers Announces Expected Second Quarter Results," Reuters, June 9, 2008.

22 Susanne Craig and Tom Lauricella, "Big Loss At Lehman Intensifies Crisis Jitters," *Wall Street Journal,* June 10, 2008; "Preliminary 2008 Lehman Brothers Holdings Inc. Earnings Conference Call," June 9, 2008.

23 "Lehman's $2.8B Loss," George Ball, *Squawk Box,* CNBC, June 9, 2008.

24 "Lehman's Q2 Loss," Carl Quintanilla, *Squawk Box,* CNBC, June 9, 2008.

25 "Charlie Gasparino Leaves The Greatest Voicemail(s) of All Time," September 22, 2008. http://dealbreaker.com/2008/09/charliegasparino-leaves-the-g.php

26 "Lehman Brothers Email Regarding Lack of Accountability," House Oversight and Government Reform Committee's investigation, http://oversight.house.gov/story.asp?ID=2208

27 Steve Fishman, "Burning Down His House," *New York*, December 8, 2008; Susanne Craig, "Lehman Shuffles 2 Key Jobs In Bid to Restore Confidence—Finance Chief Is Demoted; 'Wall Street Wants a Head,'" *Wall Street Journal,* June 13, 2008.

28 Yalman Onaran, "Lehman Drops Callan, Gregory; McDade Named President," Bloomberg News, June 12, 2008.

第7章

1 "BlackRock's Fink Says Lehman Not Another Bear-CNBC," Reuters, June 11, 2008.
2 Landon Thomas Jr., "On the Menu for Breakfast: $1 Trillion," *New York Times,* February 16, 2006.
3 Joseph A. Giannone, "Merrill CEO Wants Ongoing Fed Access, Rules Reform," Reuters, June 10, 2008.
4 Joe Bel Bruno, "Merrill CEO Sees More Industry Consolidation," Associated Press, June 10, 2008.
5 Tenzin Pema, "Merrill Lynch Outlook Cut at JP Morgan," Reuters, June 11, 2008.
6 Dominic Rushe, "The IRobot Rides In to Sort Out Merrill Lynch," *Sunday Times (London),* November 18, 2007.
7 Kate Kelly, Greg Ip, and Ianthe Jeanne Dugan, "For NYSE, New CEO Could Be Just the Start," *Wall Street Journal,* December 19, 2003.
8 Gary Weiss, "The Taming of Merrill Lynch," *Portfolio,* May 2008.
9 Justin Schack, "The Adventures of Superthain," *Institutional Investor—Americas,* June 14, 2006.
10 Lisa Kassenaar and Yalman Onaran, "Merrill's Repairman," *Bloomberg Markets,* February 2008.
11 同上。
12 "John A. Thain, Chairman and Chief Executive Officer–Merrill Lynch, to Participate in a Conference Call Hosted by Deutsche Bank on June 11-Final," Fair Disclosure Wire, June 11, 2008.
13 同上。
14 Nick Antonovics, "Merrill CEO Says Won't Need More Capital," Reuters, March 8, 2008; "Full Text of Interview with Merrill Lynch CEO John Thain," *Nikkei Report,* April 4, 2008; John Satish Kumar, "Credit Crunch: Merrill's Thain Backs Auction-Rate Securities," *Wall Street Journal,* May 8, 2008.
15 Reinhardt Krause, "Lehman Bros. Extends Slide As Wall St. Doubts Future," *Investor's Business Daily,* June 13, 2008.

16 Kassenaar and Onaran, "Merrill's Repairman," *Bloomberg Markets.* Craig Horowitz, "The Deal He Made," *New York,* July 10, 2005.
17 Ellis, *The Partnership,* 613.
18 同上。
19 同上。
20 同上。
21 同上。
22 Kimberly Seals McDonald, "Goldman's Bounty—Top Execs Will Pocket Up to $869m in IPO," *New York Post,* April 13, 1999; Erica Copulsky, "Goldman Notifies Top Non-partners of Payout Formulas," *Investment Dealers Digest,* May 3, 1999.
23 Charlie Gasparino, "John Thain's $87,000 Rug," The Daily Beast, January 22, 2009.
24 Susanne Craig and Dan Fitzpatrick, "Merrill Architects Criticized," *Wall Street Journal,* January 20, 2009.
25 Ellis, *The Partnership,* 660.
26 Cardiff de Alejo Garcia, "Financial News: Thain to Get Up to $11M from Restricted Shares," Dow Jones, September 16, 2008.
27 Jed Horowitz, "Merrill Seeks Intl Investments for Itself, Clients: Pres," Dow Jones, February 6, 2008.
28 Susanne Craig, "The Weekend That Wall Street Died," *Wall Street Journal,* December 29, 2008.
29 同上。
30 "Merrill Lynch to Pay New EVP Montag $600,000 Salary," Dow Jones Corporate Filings Alert, May 2, 2008.
31 Kevin Kingsbury, "Kraus the Latest Ex-Goldman Hire at Merrill," Dow Jones, May 5, 2008; Heidi N. Moore, "Merrill's Kraus Gets $25M, Then Leaves," Dow Jones, December 22, 2008.
32 Charlie Gasparino, "John Thain's $87,000 Rug," The Daily Beast, January 22, 2009.
33 Louise Story and Julie Creswell, "Love Was Blind," *New York Times,* February 8, 2009.
34 "It's kind of 'Raise as you go'" Fair Disclosure Wire, June 11, 2008.
35 "Thain to the Rescue," *Investment Dealers Digest,* November 19, 2007.
36 John Cassidy, "Subprime Suspect: The Rise and Fall of Wall Street's First

Black C.E.O," *New Yorker,* March 31, 2008; David Rynecki, "Can Stan O'Neal Save Merrill?" *Fortune,* September 30, 2002.

37 Wheaties, "Bullish on America" :"Charles Merrill, Broker, Dies, Founder of Merrill Lynch Firm," *New York Times,* October 7, 1956; "Advertising: Jackpot," *Time,* August 20, 1951; Joseph Nocera, "Charles Merrill," *Time,* December 7, 1998; Suzanne Woolley, "A New Bull at Merrill Lynch," *Money,* March 1, 2002; Helen Avery, "Merrill Shrugs Off the Herd Mentality," *Euromoney,* August 1, 2004.

38 Charles Gasparino, "Bull by the Horns," *Wall Street Journal,* November 2, 2001.

39 David Rynecki, "Putting the Muscle Back in the Bull," *Fortune,* April 5, 2004.

40 Erick Bergquist, "Merrill Wins Bidding for First Franklin," *American Banker,* September 6, 2006.

41 Avital Hahn, "Leading CDO Team Breaks into Two; Ricciardi Joins Cohen Brothers as CEO," *Investment Dealers Digest,* February 27, 2006.

42 Serena Ng and Carrick Mollenkamp, "Merrill Takes $8.4 Billion Credit Hit," *Wall Street Journal,* October 25, 2007.

43 Bradley Keoun, "Merrill Names Semerci, D'Souza to Run FICC, Equities," Bloomberg, July 25, 2006.

44 Nicolas Brulliard, "Merrill Lynch Exec VP Fleming Gets $20.4M Stk Bonus," Dow Jones Corporate Filings Alert, January 24, 2007; Louise Story, "Bonuses Soared on Wall Street Even as Earnings Were Starting to Crumble," *New York Times,* December 19, 2008.

45 Cassidy, "Subprime Suspect," *New Yorker.*

46 Jenny Anderson and Landon Thomas Jr., "Merrill's Chief Is Said to Float a Bid to Merge," *New York Times,* October 26, 2007.

47 Cassidy, "Subprime Suspect," *New Yorker.*

第8章

1 Duff McDonald, "The Heist," *New York,* March 24, 2008.

2 Crisafulli, *The House of Dimon,* 7.

3 David Enrich, "Citigroup Pres Willumstad to Step Down in Sept," Dow Jones, July 14, 2005.

4 "Willumstad and Magner Establish Private Equity Firm that Will Focus on

Financial Services Investments in Emerging Markets," Business Wire, January 22, 2007.

5 Mark McSherry and Jonathan Stempel, "Citigroup's Consumer Chief Magner to Leave," Reuters, August 22, 2005.

6 Emily Thornton and Jena McGregor, "A Tepid Welcome for AIG's New Boss," *BusinessWeek,* June 30, 2008.

7 Francesco Guerrera, "Quiet Giant Confronts a Colossal Challenge," *Financial Times,* September 17, 2008; Lynnley Browning, "A Quiet Banker in a Big Shadow," *New York Times,* March 10, 2002.

8 Gillian Tett, "The Dream Machine," *Financial Times,* March 25, 2008.

9 Shawn Tully, "The Jamie Dimon Show," *Fortune,* July 22, 2002.

10 Liam Pleven, Randall Smith, and Monica Langley, "AIG Ousts Sullivan, Taps Willumstad as Losses Mount," *Wall Street Journal,* June 16, 2008.

11 Shelp, *Fallen Giant,* 17–28, 153–60; Brian Bremner, "AIG's Asian Connection; Can It Maintain Its Strong Growth in the Region?" *BusinessWeek,* September 15, 2003; Carol J. Loomis, "AIG: Aggressive. Inscrutable. Greenberg," *Fortune,* April 27, 1998;

12 Matthew Karnitschnig, Liam Pleven, and Peter Lattman, "AIG Scrambles to Raise Cash, Talks to Fed," *Wall Street Journal,* September 15, 2008.

13 Devin Leonard, "Greenberg & Sons," *Fortune,* February 21, 2005.

14 CV Starr's story and AIG: 同上、Monica Langley, "Eastern Front: AIG and Fired Chief Greenberg Cross Paths Again—in China." *Wall Street Journal,* December 2, 2005; Shelp, *Fallen Giant,* 95–102.

15 Leonard, "Greenberg & Sons," *Fortune.*

16 Cindy Adams, "Ex-AIG Executive on Friends, Family," *New York Post,* October 25, 2005.

17 Albert B. Crenshaw, "Another Son of CEO Leaves AIG," *Washington Post,* September 20, 2000; Christopher Oster, "Uneasy Sits the Greenbergs' Insurance Crown," *Wall Street Journal,* October 18, 2004; Diane Brady, "Insurance and the Greenbergs, like Father like Sons," *BusinessWeek,* March 1, 1999.

18 U.S. Securities and Exchange Commission, "AIG Agrees to Pay $10 Million Civil Penalty," September 11, 2003. http://www.sec.gov/news/press/2003-111.htm

19 *Securities and Exchange Commission v. American International Group,*

Inc., Litigation Release No. 18985 / November 30, 2004. http://www.sec.gov/litigation/litreleases/lr18985.htm

20 Pamela H. Bucy, "Trends in Corporate Criminal Prosecutions Symposium: Corporate Criminality: Legal, Ethical, and Managerial Implications," *American Criminal Law Review,* September 22, 2007.

21 Lynnley Browning, "AIG's House of Cards," *Portfolio,* September 28, 2008.

22 Clare Gascoigne, "A Two-Faced Form of Investment—the Culture of Derivatives," *Financial Times,* May 3, 2003.

23 Robert O'Harrow Jr. and Brady Dennis, "The Beautiful Machine," *Washington Post,* December 29, 2008.

24 同上。

25 同上。

26 同上、Randall Smith, Amir Efrati, and Liam Pleven, "AIG Group Tied to Swaps Draws Focus Of Probes," *Wall Street Journal,* June 13, 2008.

27 Gillian Tett, "The Dream Machine," *Financial Times,* March 24, 2006; Jesse Eisinger, "The $58 Trillion Elephant in the Room," *Portfolio,* November 2008.

28 Brady Dennis and Robert O'Harrow Jr., "Downgrades and Downfall," *Washington Post,* December 31, 2008.

29 同上。

30 "American International Group Investor Meeting—Final," Fair Disclosure Wire, December 5, 2007.

31 Serena Ng, "Goldman Confirms $6 Billion AIG Bets," *Wall Street Journal,* March 21, 2009.

32 AIG investor meeting, Fair Disclosure Wire, December 5, 2007.

33 同上。

34 James Freeman, "Eliot Spitzer and the Decline of AIG," *Wall Street Journal,* May 16, 2008; Daniel Kadlec, "Down . . . But Not Out," *Time,* June 20, 2005.

35 James Bandler, "Hank's Last Stand," *Fortune,* October 13, 2008.

36 Theo Francis and Diya Gullapalli, "Insurance Hazard: Pricewaterhouse's Squeeze Play," *Wall Street Journal,* May 3, 2005.

37 Gretchen Morgenson, "Behind Biggest Insurer's Crisis, a Blind Eye to a Web of Risk," *New York Times,* September 28, 2008; Carrick Mollenkamp,

Serena Ng, Liam Pleven, and Randall Smith, "Behind AIG's Fall, Risk Models Failed to Pass Real-World Test," *Wall Street Journal,* November 3, 2008.

38 Liam Pleven, "AIG Posts Record Loss, As Crisis Continues Taking Toll," *Wall Street Journal,* May 9, 2008.

39 J. Lynn Lunsford and Liam Pleven, "AIG Leasing Unit Mulls Split-Up," *Wall Street Journal,* May 12, 2008.

40 Liam Pleven and Randall Smith, "Financial Rebels With a Cause: AIG—Hank Greenberg, Who Built the Giant Insurer, Steps Up His Attack," *Wall Street Journal,* May 13, 2008.

41 Liam Pleven and Randall Smith, "Big Shareholders Rebel at AIG—Letter to the Board Cites Problems With Senior Management," *Wall Street Journal,* June 9, 2008.

42 同上、Francesco Guerrera and Julie MacIntosh, "AIG removes Sullivan as chief executive," *Financial Times,* June 15, 2008.

43 "Manchester United Signs Shirt Deal with American Insurance Giant," Associated Press, April 6, 2006.

44 Liam Pleven and Randall Smith, "AIG Offers Empathy, Little Else—Some Shareholders Left Wanting More After Insurer's Slips," *Wall Street Journal,* May 15, 2008.

45 Randall Smith, Amir Efrati, and Liam Pleven, "AIG Group Tied to Swaps Draws Focus of Probes," *Wall Street Journal,* June 13, 2008; Liam Pleven, "AIG's $5.4 Billion Loss Roils the Markets— Investors Impatient on New CEO's Plan as Problems Attack the Complex Insurer," *Wall Street Journal,* August 8, 2008.

46 Liam Pleven, "Two Financial Titans Put on Best Face," *Wall Street Journal,* June 17, 2008; Lilla Zuill, "New AIG Chief and Ex-CEO Greenberg Set to Meet Thursday," Reuters, June 18, 2008.

第9章

1 "Russia's Crude Money Box," *International Securities Finance,* June 26, 2008; Jason Bush, "Prime Minister Putin Primes the Pump," *BusinessWeek,* June 30 2008.

2 Dominic Elliott, "Fundamentals Drive the 'BRICs'Rebound," *Wall Street Journal,* July 27, 2009.

3 Lowenstein, *When Genius Failed,* 140–45.

4 同上。

5 Bethany McLean, "The Man Who Must Keep Goldman Growing," *Fortune,* March 17, 2008.

6 Chris Blackhurst, "The Credit Crunch Genius Who Masterminded a £2 billion Jackpot," *Evening Standard (London),* December 18, 2007.

7 Ellis, *The Partnership,* 37.

8 "Russia Hires Goldman Sachs as Adviser," *Washington Post,* February 18, 1992.

9 Joseph Kahn and Timothy L. O'Brien, "For Russia and Its U.S. Bankers, Match Wasn't Made in Heaven," *NewYork Times,* October 18, 1998.

10 Corinna Lothar, "Gem of the North—St. Petersburg Reclaims Its Glory as Russia's 'Window to the West,'" *Washington Times,* December 27, 2003.

11 Jenny Anderson, "Goldman Runs Risks, Reaps Rewards," *New York Times,* June 10, 2007.

12 Neil Weinberg, "Sachs Appeal," *Forbes,* January 29, 2007; Ellis, *The Partnership,* 669; Bethany McLean, "The Man Who Must Keep Goldman Growing," *Fortune,* March 17, 2008; Susanne Craig, "How One Executive Reignited Goldman's Appetite for Risk," *Wall Street Journal,* May 5, 2004.

13 Ellis, *The Partnership,* 707.

14 Craig, "How One Executive Reignited," *Wall Street Journal,* May 5, 2004.

15 同上。

16 同上、"Laura Jacobs Engaged to Lloyd C. Blankfein," *New York Times,* May 15, 1983.

17 H. J. Maidenberg, "Goldman, Sachs Buys Big Commodity Dealer," *New York Times,* October 30, 1981.

18 Endlich, *Goldman Sachs,* 96.

19 Bethany McLean, "Rising Star: Lloyd Blankfein, Goldman Sachs," *Fortune,* February 6, 2006.

20 Craig, "How One Executive Reignited," *Wall Street Journal.*

21 Ellis, *The Partnership,* 266.

22 Craig, "How One Executive Reignited," *Wall Street Journal.*

23 Adrian Cox and George Stein, "Winkelman, Denied Top Goldman Job,

Seeks to Fix Refco," Bloomberg News, October 24, 2005.
24 Jenny Anderson, "Blankfein Next in Line at Goldman," *New York Post,* December 19, 2003; Kate Kelly, Greg Ip, and Ianthe Jeanne Dugan, "For NYSE, New CEO Could Be Just the Start," *Wall Street Journal,* December 19, 2003.
25 Ellis, *The Partnership,* 639.
26 Barbara A. Rehm, "Commerce, a Reform Gem, in Fed's Hands," *American Banker,* November 9, 2000.
27 Serena Ng, "Goldman Confirms $6 Billion AIG Bets," *Wall Street Journal,* March 21, 2009.
28 Peter Finn, "Putin's Chosen Successor, Medvedev, Elected in Russia; Power-Sharing Is Main Focus After a Crushing Win," *Washington Post,* March 3, 2008.
29 "Treasury Secretary Paulson to Travel to the Middle East," Department of the Treasury Press Releases/Statements, May 28, 2008; "Nukaga, Paulson Set to Meet Ahead of G-8 Finance Ministers' Talks," Japan Economic Newswire, June 13, 2008.
30 "Remarks by U.S. Treasury Secretary Henry M. Paulson, Jr. on the U.S., the World Economy and Markets before the Chatham House," July 2, 2008. http://www.treas.gov/press/releases/hp1064.htm
31 David Lawder, "Paulson in Russia to Meet with Medvedev, Putin," Reuters, June 29, 2008.
32 "Putin—No Sovereign Wealth Fund in Russia Yet," Reuters, June 30, 2008.

第10章

1 Susanne Craig, "Gelband, Kirk Rejoin Lehman in Shake-Up," *Wall Street Journal,* June 25, 2008; Jed Horowitz, "Lehman's New President McDade Brings in His Own Team," Dow Jones, June 25, 2008.
2 Susanne Craig, "Lehman Vet Grapples With the Firm's Repair," *Wall Street Journal,* September 4, 2008.
3 Mary Jane Credeur, "Paulson's Georgia Investment Rises as Blind Trust Becomes Joke," Bloomberg News, January 14, 2008.
4 Paulson's speech in London on the U.S., the world economy and markets, July 2, 2008. http://www.treas.gov/press/releases/hp1064.htm

5 Anita Raghavan, "Paulson Brothers On Either Side of Lehman Divide," *Forbes,* September 12, 2008.

6 David Mildenberg and Hugh Son, "Wachovia Ousts Thompson on Writedowns, Share Plunge," Bloomberg News, June 2, 2008.

7 James R. Hagerty and Serena Ng, "Mortgage Giants Take Beating On Fears Over Loan Defaults," *Wall Street Journal,* July 8, 2008.

8 同上。

9 Harting Report released on Monday, July 7, 2008. Aaron Lucchetti, "How Fannie/Freddie Selldown Went Down," *Wall Street Journal,* July 12, 2008.

10 "US House to Have GSE Bill by End-Mar," Reuters, February 7, 2007.

11 David A. Vise, "The Financial Giant That's in Our Midst," *Washington Post,* January 15, 1995.

12 Shannon D. Harrington and Dawn Kopecki, "Fannie, Freddie Downgraded by Derivatives Traders," Bloomberg, July 9, 2008.

13 Steven A. Holmes, "Fannie Mae Eases Credit to Aid Mortgage Lending," *New York Times,* September 30, 1999.

14 James Tyson, "Fannie, Freddie Retreat as Mortgage Bonds Mutate," Bloomberg News, September 6, 2006.

15 Damian Paletta and James R. Hagerty, "U.S. Puts Faith in Fannie, Freddie," *Wall Street Journal,* March 20, 2008.

16 Dawn Kopecki and Shannon D. Harrington, "Fannie, Freddie Tumble on Bailout Concern, UBS Cut," Bloomberg, July 10, 2008.

17 Kate Kelly and Susanne Craig, "Goldman Is Queried About Bear's Fall," *Wall Street Journal,* July 16, 2008.

18 Frank Partnoy, *Fiasco,* 99.

19 Michael Carroll, "Morgan Stanley's global gamble," *Institutional Investor,* March 1, 1995.

20 "Systemic Risk and the Financial Markets" hearing, with witnesses Henry Paulson and Ben Bernanke, held on July 10, 2008. http://financialservices.house.gov/hearing110/hr071008.shtml

21 同上。

22 Deborah Solomon, "The Fannie & Freddie Question—Treasury's Paulson Struggles with the Mortgage Crisis," *Wall Street Journal,* August 30, 2008.

23 Stephen Labaton and Steven R. Weisman, "U.S. Weighs Takeover Plan for

Two Mortgage Giants," *New York Times,* July 11, 2008.
24 Brendan Murray, "Paulson Backs Fannie, Freddie in Their 'Current Form,'" Bloomberg News, July 11, 2008.
25 Office of the Press Secretary, "President Bush Meets with Economic Team," July 11, 2008, 11:38 a.m. EDT.
26 "OTS Closes IndyMac Bank and Transfers Operations to FDIC," July 11, 2008. www.fdic.gov/news/news/press/2008/pr08056.html
27 James Surowiecki, "Too Dumb to Fail," *New Yorker,* March 31, 2008.
28 Julie MacIntosh and Francesco Guerrera, "Lehman Failed to Convince Fed Offi cials Over Survival Strategy," *Financial Times,* October 6, 2008; Julie Creswell and Ben White, "The Guys from 'Government Sachs,'" *New York Times,* October 19, 2008.
29 Susanne Craig, Jeffrey McCracken, Aaron Lucchetti, and Kate Kelly, "The Weekend That Wall Street Died," *Wall Street Journal,* December 29, 2008.
30 Cohan, *The Last Tycoons,* 517–20.
31 Zachary R. Mider, "Lewis Turns to Tomato-Growing 'Unknown Genius' on Merrill Deal," Bloomberg News, September 24, 2008.
32 Daniel S. Morrow, "Kenneth Lewis Oral History," Computerworld Honors Program International Archives, May 3, 2004. www.cwhonors.org/archives/histories/Lewis.pdf
33 Heidi N. Moore, "Ken Lewis Tells Investment Bankers All Is Forgiven," WSJ Blog/Deal Journal, June 11, 2008.
34 Deborah Solomon, "The Fannie & Freddie Question—Treasury's Paulson Struggles With the Mortgage Crisis," *Wall Street Journal,* August 30, 2008.
35 同上。
36 "Paulson Announces GSE Initiatives," press release, Department of the Treasury, July 13, 2008. http://www.treas.gov/press/releases/hp1079.htm
37 "Part I, Part II of a Hearing of the Senate Banking, Housing and Urban Affairs Committee," Federal News Service, July 15, 2008.
38 Kara Scannell and Jenny Strasburg, "SEC Moves to Curb Short-Selling," *Wall Street Journal,* July 16, 2008.
39 Dennis K. Berman, "Where Was Lehman's Board?" WSJ Blog/Deal

Journal, September 15, 2008.
40 Susanne Craig, "In Ken Wilson, Paulson Gets Direction from the Go-To Banker of Wall Street," *Wall Street Journal,* July 22, 2008.

第11章

1 "American International Group Names Robert B. Willumstad Chief Executive Officer." Transcript of an AIG board conference call, June 16, 2008.
2 Liam Pleven, "AIG Posts $5.4 Billion Loss as Housing Woes Continue," *Wall Street Journal,* August 7, 2008.
3 Aaron Lucchetti, "The Fannie-Freddie Takeover: Two Veterans Led Task for Morgan Stanley," *Wall Street Journal,* September 8, 2008.
4 Al Yoon, "Freddie Posts 4th Straight Qtrly Loss, Slashes Dividend," Reuters, August 6, 2008.
5 同上。
6 Henny Sender and Francesco Guerrera, "Lehman's Secret Talks to Sell 50% Stake Stall," *Financial Times,* August 20, 2008.
7 "Lehman Brothers CEO Is Local Land Baron," *Idaho Mountain Express,* September 24, 2008.
8 Ben Bernanke and Mark Gertler, "Monetary Policy and Asset Price Volatility," Federal Reserve Bank of Kansas City's Economic Symposium, Jackson Hole, Wyoming, 1999. http://www.kc.frb.org/Publicat/sympos/1999/S99gert.pdf
9 John Cassidy, "Anatomy of a Meltdown," *New Yorker,* December 1, 2008.
10 Ben Bernanke, "Housing, Housing Finance, and Monetary Policy," Federal Reserve Bank of Kansas City's Economic Symposium, Jackson Hole, Wyoming, August 31, 2007. http://www.federalreserve.gov/newsevents/speech/bernanke20070831a.htm
11 Ben Bernanke, "Reducing Systemic Risk," Federal Reserve Bank of Kansas City's Annual Economic Symposium," Jackson Hole, Wyoming, August 22, 2008.
12 Alan S. Blinder, "Discussion of Willem Buiter's, 'Central Banks and Financial Crises,'" Federal Reserve Bank of Kansas City's Annual Economic Symposium," Jackson Hole, Wyoming, August 23, 2008. http://www.kc.frb.org/publicat/sympos/2008/blinder.08.25.08.pdf

13 Jody Shenn, "Fannie, Freddie Preferred Stock Downgraded By Moody's," Bloomberg News, August 22, 2008.

14 Andy Kessler, "The Paulson Plan Will Make Money for Taxpayers," *Wall Street Journal,*" September 25, 2008.

15 Hugh Son, "AIG Falls as Goldman Says a Capital Raise Is 'Likely,'" Bloomberg News, August 19, 2008.

16 AIG's 10-Q filing on August 6, 2008.

17 AIG's press release on September 18, 2008. http://www.aig.com

18 Rebecca Christie and John Brinsley, "U.S. Takeover of Fannie, Freddie Offers 'Stopgap,'" Bloomberg News, September 8, 2008.

19 "Fhfa Director Lockhart Issues Statement on Safety and Soundness Concerns," U.S. Fed News, September 7, 2008.

第12章

1 Yeon-hee and Chris Wickham, "Eyes on Lehman Rescue as Korea Lifeline Drifts," Reuters, September 8, 2008.

2 同上、Susanne Craig, Diya Gullapali, and Jin-Young Yook, "Korean Remarks Hit Lehman," *Wall Street Journal,* September 9, 2008.

3 Joe Bel Bruno, "Lehman Shares Plunge 30 percent on Report that Talks with Korea Development Bank Ended," Associated Press, September 9, 2008.

4 "Wachovia CEO Robert K. Steel to Present at Lehman Conference," PR Newswire, September 3, 2008.

5 John Helyar and Yalman Onaran, "Fuld Sought Buffett Offer He Refused as Lehman Sank," Bloomberg News, November 10, 2008.

6 "Stocks to Watch," CNBC, September 9, 2008.

7 John Helyar and Yalman Onaran, "Fuld Sought Buffett Offer He Refused as Lehman Sank," Bloomberg News, November 10, 2008.

8 Alison Vekshin, "Dodd Plans Senate Hearing on Fannie, Freddie Takeover," Bloomberg News, September 8, 2008.

9 Bunning's statement on September 8, 2008, "Bunning Rips Bailout of Fannie and Freddie."

10 Joe Bel Bruno, "Lehman Shares Plunge 30 Percent on Report That Talks with Korea Development Bank Ended," Associated Press, September 9, 2008.

11 Scott Pegram, "Davis Polk, Weil Gotshal, Sullivan, Simpson Work on AIG Restructuring," *New York Law Journal,* March 5, 2009; Matthew Karnitschnig and David Enrich, "A Lawyer for All Wall Street Navigates Tempestuous Times," *Wall Street Journal,* October 9, 2008.

12 Greg Farrell and Stephanie Kirchgaessner, "Goldman links to US Treasury Raise Questions," *Financial Times,* October 12, 2008.

13 "Lehman Brothers Announces Preliminary Third Quarter Results and Strategic Restructuring," PR Newswire, September 10, 2008.

14 Dick Bove to Erin Burnett, *Streets Signs,* CNBC, "LEH Shares Down," September 9, 2008.

15 Shawn Tully, "Meanwhile, Down in Charlotte . . . ," *Fortune,* October 13, 2008.

第13章（前半）

1 Jenny Anderson and Ben White, "Wall Street's Fears on Lehman Bros. Batter Markets," *New York Times,* September 10, 2008.

2 同上。

3 Susanne Craig, Randall Smith, Serena Ng, and Matthew Karnitschnig, *Wall Street Journal,* September 10, 2008.

4 GLG Partners' statement On September 16, 2008.

5 McDonald and Robinson, *A Colossal Failure of Common Sense,* 314.

6 Lehman's press release, "Lehman Brothers Announces Preliminary Third Quarter Results and Strategic Restructuring," September 10, 2008.

7 "Bailout Lawyer Optimistic Worst Is Over," Wall Street Journal Blog/Deal Journal, October 16, 2008.

8 Ben White, "With Big Loss Forecast, Lehman to Spin Off Assets," *New York Times,* September 11, 2008.

9 Lehman Brothers preliminary F3Q08 Earnings Call Transcript, September 10, 2008.

10 同上。

11 同上。

12 Dominic Walsh, "Barclays Bungalow; City Diary," *The Times (London),* July 8, 2006.

13 Grant Ringshaw, "Barclays' Odd Couple John Varley and Bob Diamond,"

Sunday Times, February 17, 2008.
14 "Barclays' Diamond Gets 21 Million Pounds in Pay and Bonus," Reuters, March 27, 2008; Ben Livesey and Jon Menon, "Barclays Pays Diamond Five Times More than CEO Varley," March 26, 2007.
15 Ringshaw, "Barclays' Odd Couple," *Sunday Times.*
16 Julia Werdigier, "Barclays Withdraws Bid to Take Over ABN Amro," *New York Times,* October 6, 2007.
17 Brian Blackstone, "Ex-Fed Official Poole: Fed Not Defining Post-Bailout World," Dow Jones, September 10, 2008.
18 Susanne Craig, Randall Smith, Serena Ng, and Matthew Karnitschnig, "Lehman Faces Mounting Pressures," *Wall Street Journal,* September 10, 2008.
19 Mark Kleinman, "Jeremy Isaacs to Step Down at Lehman," *Daily Telegraph,* September 7, 2008.
20 Danny Fortson, "Five Lehman Chiefs Coop $100m Days Before Collapse," *Sunday Times,* October 12, 2008.
21 From Exhibit A of Lehman's "Termination Arrangements for Executives" in a section called "Restrictive Covenants." Document was made public by the House Oversight and Government Reform Committee. "Materials for Lehman Brothers Compensation Meeting." http://oversight.house.gov/story.asp?ID=2208
22 Matthew Miller, "Cash Kings," *Forbes,* October 9, 2006.
23 Zachery Kouwe, "Sallie's Suitor—Flowers' Power: Art of the Deal," *New York Post,* October 7, 2007.
24 Roger Lowenstein, *When Genius Failed,* 170–85.
25 Lavonne Kuykendall, "Greenberg: Lehman 'A Great Franchise,' Now Has Enough Capital," Dow Jones, June 10, 2008.
26 Patrick M. Fitzgibbons, "Lehman in Sale Talks as Survival Questioned—Sources," Reuters, September 11, 2008.
27 Alistair Barr, "Treasury, Fed Reportedly Helping as Deal Sought by This Weekend," MarketWatch.com, September 11, 2008.
28 Louise Story, "Tough Fight for Chief at Lehman," *New York Times,* September 11, 2008.
29 "ABN AMRO Shareholders Vote in Favor of Sale, Breakup," Dow Jones, April 26, 2007.

30 著者が入手した手紙。

31 Monica Langley, Deborah Solomon, and Matthew Karnitschnig, "Bad Bets and Cash Crunch Pushed Ailing AIG to Brink," *Wall Street Journal,* September 18, 2008.

32 "AIG Woes Knock Its Market Value Below Peers," Reuters, September 11, 2008.

33 Amir Efrati, "Greenberg Settles AIG Shareholder Case," *Wall Street Journal,* September 12, 2008.

34 James Bandler, "Hank's Last Stand," *Fortune,* October 7, 2008.

35 Mary Williams Walsh and Jonathan D. Glater, "Investors Turn Gaze to A.I.G.," *New York Times,* September 12, 2008.

36 Stephen Labaton, "Bankruptcy Bar: Never So Solvent," *New York Times,* April 1, 1990.

37 Jonathan D. Glater, "The Man Who Is Unwinding Lehman Brothers," *New York Times,* December 14, 2008.

38 同上、Labaton, "Bankruptcy Bar," *New York Times.*

39 同上。

本書は二〇一〇年七月に早川書房より単行本として
刊行された作品を文庫化したものです。

REWORK

小さなチーム、大きな仕事

——働き方の新スタンダード

ジェイソン・フリード&デイヴィッド・ハイネマイヤー・ハンソン
黒沢健二・松永肇一・美谷広海・祐佳ヤング訳

ハヤカワ文庫ＮＦ

ビジネスの常識なんて信じるな！いま真に求められる考え方とは？

「会社は小さく」「失敗から学ぶな」「会議も事業計画もオフィスもいらない」「けんかを売れ」——。世界的ソフトウェア開発会社「37シグナルズ（現・ベースキャンプ）」の創業者と開発者が、常識破りな経営哲学と成功の秘訣を明かす、全米ベストセラー・ビジネス書。

訳者略歴　1962年生，東京大学法学部卒，英米文学翻訳家　訳書『誰よりも狙われた男』ル・カレ，『盗まれた貴婦人』『春嵐』パーカー，『ミスティック・リバー』『夜に生きる』ルヘイン，『ディープゾーン』テイバー（以上早川書房刊）他多数

HM=Hayakawa Mystery
SF=Science Fiction
JA=Japanese Author
NV=Novel
NF=Nonfiction
FT=Fantasy

リーマン・ショック・コンフィデンシャル

追いつめられた金融エリートたち

〔上〕

〈NF401〉

二〇一四年二月十五日　発行
二〇一八年四月十五日　三刷

（定価はカバーに表示してあります）

著者　アンドリュー・ロス・ソーキン
訳者　加《か》賀《が》山《やま》卓《たく》朗《ろう》
発行者　早川　浩
発行所　株式会社　早川書房

郵便番号　一〇一-〇〇四六
東京都千代田区神田多町二ノ二
電話　〇三-三二五二-三一一一（大代表）
振替　〇〇一六〇-三-四七七九九
http://www.hayakawa-online.co.jp

乱丁・落丁本は小社制作部宛お送り下さい。
送料小社負担にてお取りかえいたします。

印刷・三松堂株式会社　製本・株式会社フォーネット社
Printed and bound in Japan
ISBN978-4-15-050401-4 C0133

本書は活字が大きく読みやすい〈トールサイズ〉です。